Bibliotheca Academiae Hungariae – Roma

Studia

6

Istituto Balassi
Accademia d'Ungheria
in Roma

ISTITUTO BALASSI - ACCADEMIA D'UNGHERIA IN ROMA

Chiese e *nationes* a Roma: dalla Scandinavia ai Balcani

Secoli XV-XVIII

a cura di
Antal Molnár, Giovanni Pizzorusso e Matteo Sanfilippo

viella

Prima edizione: marzo 2017
ISBN 978-88-6728-828-1

Questo volume è pubblicato con il contributo di:

viella
libreria editrice
via delle Alpi, 32
I-00198 ROMA
tel. 06 84 17 758
fax 06 85 35 39 60
www.viella.it

Indice

Abbreviazioni

ACDF	Archivio storico della Congregazione per la Dottrina della Fede
ACGr	Archivio del Collegio Greco di Roma
ACGU	Archivio del Collegio Germanico-Ungarico
AFSP	Archivio della Fabbrica di San Pietro
APA	Archivio della Penitenzieria Apostolica
APF	Archivio storico della Congregazione de Propaganda Fide
APICR	Archives of the Pontifical Irish College in Rome
ASMA	Archivio di Santa Maria dell'Anima
ASR	Archivio di Stato di Roma
ASV	Archivio Segreto Vaticano
ASVR	Archivio Storico del Vicariato di Roma
AVCAU	Archivum Venerabilis Collegii Anglorum de Urbe
BA	Biblioteca Angelica (Roma)
BAV	Biblioteca Apostolica Vaticana
SOCG	Scritture Originali riferite nelle Congregazioni Generali
S.O., St. St.	Sant'Offizio, Stanza Storica

Antal Molnár

Per una tipologia e topografia delle chiese e istituzioni nazionali a Roma in età moderna. Una introduzione

La genesi del convegno internazionale che costituisce il fondamento del presente volume risale all'autunno del 2011. Quando nel settembre di quell'anno assunsi la direzione dell'Accademia d'Ungheria in Roma mi dovetti occupare delle potenzialità e, insieme, dei limiti della presenza ungherese a Roma nella mia duplice qualità di storico e di responsabile di un'istituzione "nazionale". In questo quadro si evidenziò come importante anche la questione della rappresentanza ecclesiastica, da una parte per la sua dimensione storica e, dall'altra, per la convivenza e la stretta collaborazione esistente tra il Pontificio Istituto Ecclesiastico Ungherese e l'Accademia d'Ungheria in Roma. Nell'esaminare la storia delle chiese nazionali (o di carattere nazionale) ungheresi ossia le cause dell'effettiva assenza di una chiesa nazionale ungherese a Roma mi trovai prestissimo ad affrontarne problemi tipologici. Che cosa significa esattamente "chiesa nazionale a Roma"? Le chiese considerate nazionali rappresentano tutte identiche realtà giuridiche e istituzionali? Per quale motivo determinate nazioni dispongono a Roma di una propria chiesa nazionale e altre no?

Per chiarire tale genere di questioni e altre similari avevo previsto inizialmente una rapida esplorazione di orientamento nella letteratura specialistica ma, ben presto, mi sono dovuto arrendere all'evidenza che non mi sarebbe stato possibile. Sulla storia di alcune singole chiese nazionali, infatti, era disponibile una bibliografia vastissima (in primis storico artistica, naturalmente) e tuttavia, per contro, fino a quel momento esse non erano state ancora esaminate con taglio comparatistico e non esisteva nessuno studio impostato con un approccio finalizzato a delinearne una definizione di tipo teorico. I vecchi volumi consunti stipavano in un'unica categoria tutte le chiese contraddistinte da un qualche legame di tipo nazionale,[1] senza porsi tanti problemi rispetto alle differenze cronologiche – di secoli o addirittura di mille anni – o rispetto all'assoluta diversità di profili che qualificavano tali legami. Appariva infatti immediatamente evidente che è ben arduo esaminare in uno stesso quadro interpretativo le chiese delle *scholae* altomedievali e le chiese a Roma delle nazioni o dei popoli extraeuropei del XX secolo, così come è ugualmente opportuno distinguere tra le chiese degli ospizi nazionali del tardo medioevo, i centri a Roma dei singoli ordini religiosi caratterizzati da legami nazionali e le chiese situate accanto ai collegi dei secoli XVI-XVII. Per non dire del fatto che le esigenze di rappresentanza a Roma, estremamente complesse e articolate, delle monarchie composite (come i regni di Francia e di Spagna o il Sacro romano impero della nazione germanica) difficilmente possono essere comparate con le forme della presenza romana di nazioni e paesi situati nei territori di confine europei, divenuti in parte o interamente protestanti, caduti in parte o interamente sotto il dominio ottomano, che talora avevano anche perso la loro autonomia statale o che non l'avevano neanche mai avuta.

All'epoca, nel corso degli anni 2011 e 2012, non ero l'unico interessato a tali questioni. Esattamente nello stesso periodo in cui stavo svolgendo le mie esplorazioni orientative, vari centri studi stavano elaborando programmi di ricerca finalizzati a svolgere un'analisi comparata delle chiese nazionali nella Città Eterna e, in senso più ampio, della presenza e della rappresentanza degli stranieri a Roma. Nel marzo del 2012 l'Istituto Storico Italiano per il Medioevo e l'Istituto di Storia dell'Europa Mediterranea hanno organizzato un incontro su *Comunità straniere a Roma 1377-1870*, con il quale hanno inteso avviare un progetto di ricerca di ampia portata con il coinvolgimento delle accademie e degli istituti di ricerca italiani e stranieri presenti nell'Urbe.[2] Sempre nel 2012 si è costituito il gruppo interdisciplinare di ricerca *Roma communis patria* (*Le chiese nazionali a Roma tra medioevo ed età moderna*) presso la Bibliotheca Hertziana, con il sostegno della Società Max Planck, che analizza le tematiche della presenza nazionale e della rappresentanza nazionale a Roma dal secolo XV al XVII.[3] Insieme all'Istituto Storico Germanico il gruppo di ricerca ha

1. O. F. Tencajoli, *Le chiese nazionali italiane in Roma*, Roma 1928; L. Salerno, *Roma communis patria*, Bologna 1968; *Le chiese nazionali a Roma*, a cura di C. Sabatini, Roma 1979.

2. http://www.isem.cnr.it/ProgRoma.pdf. Download: il 30 novembre 2016.

3. http://www.biblhertz.it/en/research/research-projects-of-the-institute/roma-communis-patria/. Download: il 30 novembre 2016.

organizzato nel maggio del 2013 il suo primo, grande convegno d'esordio, gli atti del quale hanno visto la luce nel 2016.[4] Si inserisce nella medesima serie di iniziative il progetto di ricerca dell'Academia Belgica di Roma, *Le modèle musical des églises nationales à Rome à l'époque baroque*, che è stato presentato nel dicembre del 2013 nel quadro di una giornata di studi romana.[5] In ordine di tempo, le ultime manifestazioni dedicate a questo tema sono state infine i seminari organizzati dall'Università di Roma Tre nell'aprile del 2014 e nell'ottobre del 2015, intitolati *Venire a Roma / Restare a Roma* e *Forestieri e stranieri fra Cinque e Settecento*,[6] nonché il dibattito organizzato alla Scuola Spagnola di Storia e Archeologia in Roma nel marzo 2016, intitolato *I forestieri a Roma tra '500 e '600.*[7]

L'incremento del numero dei progetti di ricerca e dei congressi indica in maniera evidente l'attualità dell'argomento, attestata sotto molti punti di vista. Il carattere cosmopolita - universalistico - transnazionale di Roma può risultare interessante per lo storico del XXI secolo non solamente in quanto prefigurazione, in un certo senso, delle tendenze allo sviluppo globale dell'età contemporanea ma anche, inteso in termini di segno opposto, può contribuire a una comprensione più puntuale dei concetti di nazione antecedenti il nazionalismo dei secoli XVIII-XIX. Nelle ricerche sulla presenza nazionale a Roma si associano dunque felicemente gli studi sulla caratteristica forse più distintiva della Città Eterna e l'esame del processo di formazione delle singole identità nazionali.[8]

È in questo clima intellettuale romano, assai stimolante sotto tanti aspetti, che per effetto di conversazioni con colleghi italiani e stranieri sono stati concepiti nell'ottobre del 2011 i primi progetti di organizzazione di un con-

4. *Identità e rappresentazione. Le chiese nazionali a Roma, 1450-1650*, a cura di A. Koller, S. Kubersky-Piredda, con la collaborazione di T. Daniels, Roma 2015 [2016!].

5. http://web.philo.ulg.ac.be/transitions/le-modele-musical-des-eglises-nationales-a-rome-a-lepoque-baroque/. Download: il 30 novembre 2016.

6. http://www.stmoderna.it/public/Allegati/20140417085812_ProgrammaStranieri.pdf; http://gina.uniroma3.it/download/1444823090_Programma_Venire%20a%20Roma-Restare%20a%20Roma%202.pdf. Download: il 30 novembre 2016.

7. http://www.dipscr.uniroma1.it/sites/default/files/Forestieri_17Mar_Ita_2016.pdf. Download: il 30 novembre 2016.

8. Sotto questo aspetto desidero rimandare solamente a due scritti fondamentali degli ultimi due decenni: A. Esposito, *Un'altra Roma. Minoranze nazionali e comunità ebraiche tra medioevo e rinascimento*, Roma 1995; *Roma, la città del papa. Vita civile e religiosa dal giubileo di Bonifacio VIII al giubileo di papa Wojtyla*, a cura L. Fiorani e A. Prosperi, Torino 2000.

vegno internazionale per studiare le rappresentanze nazionali nella Roma multietnica e multinazionale nel XVI e XVII secolo. Il programma del convegno è stato formulato nel corso degli anni 2014 e 2015 conoscendo i progetti di ricerca già in corso e in sintonia con essi. In questo lavoro ho potuto contare sull'aiuto di Giovanni Pizzorusso e Matteo Sanfilippo, con i quali durante i miei anni romani abbiamo collaborato con continuità a svariati progetti scientifici e insieme ai quali è stato stilato il programma definitivo.

L'obiettivo principale del convegno organizzato all'Accademia d'Ungheria in Roma è stato quello di cercare risposte a quesiti non contemplati nei progetti in corso e nei convegni già svolti e abbiamo a tal fine stabilito una delimitazione tematica e una geografica. Si è in primo luogo deliberatamente evitato l'approccio storico artistico. Non siamo affatto in disaccordo con i princìpi sostenuti dal gruppo di ricerca della Bibliotheca Hertziana, secondo i quali porre insieme le questioni storiche e storico-artistiche favorisce una conoscenza più approfondita della problematica delle chiese nazionali a Roma. Tuttavia desideravamo di proposito concentrare fortemente l'attenzione sulle questioni storico-concettuali di chiesa nazionale e di presenza nazionale, impostazione ulteriormente rinforzata da una delimitazione geografica. Il nostro incontro, nella consapevolezza dei limiti delle nostre forze e per evitare parallelismi, ha esaminato esclusivamente i centri romani delle nazioni dei territori di confine dell'Europa: dalle isole britanniche attraverso la Scandinavia agli esempi tedesco, polacco, ceco, ungherese e ruteno fino ai Balcani, vale a dire fino ai luoghi della presenza croata, albanese e greca a Roma. Non intendevamo pertanto trattare né le istituzioni romane delle grandi nazioni (di spagnoli, francesi e in parte tedeschi) né le chiese e le confraternite a Roma degli stati e delle città della Penisola Italiana.[9] Da una parte, con questa scelta abbiamo in linea di massima escluso la possibilità di condurre analisi attinenti alla storia dell'arte, poiché si parla di chiese oggi per lo più scomparse oppure scarsamente importanti sotto l'aspetto storico artistico; dall'altra, arricchiamo le ricerche sulla presenza a Roma delle nazioni europee da una prospettiva importante sinora non contemplata. Semplificando, potremmo anche dire che il seminario dell'Accademia d'Ungheria in Roma e il relativo volume degli atti integrano organicamente il convegno e il volume della Bibliotheca Hertziana. Nella discussione animatissima seguita alle relazioni è stato certo espresso il

9. A questo proposito prescindo qui dall'indicare i riferimenti bibliografici, poiché nel volume citato alla nota 4 il lettore troverà la bibliografia sostanzialmente completa sulla questione.

legittimo parere che senza le istituzioni della rappresentanza nazionale delle nazioni più grandi non sarebbe possibile esaminare la presenza e le sedi a Roma delle nazioni più piccole, per le quali le prime costituivano per molti versi modelli da imitare. E tuttavia, proprio rinviando alle ricerche testè citate, cioè alle monografie e agli atti dei convegni pubblicati negli anni scorsi sulla presenza spagnola, francese e tedesca,[10] e ai risultati così raggiunti ci si offre la possibilità di presentare – per la prima volta nella storiografia romana – in maniera comparata le istituzioni romane delle nazioni europee meno massicciamente e continuativamente presenti nella città eterna.

In considerazione di tali premesse, il convegno tenuto all'Accademia d'Ungheria in Roma l'8 aprile 2016 e il presente volume, che ne raccoglie le relazioni, mirano a circoscrivere cosa si debba intendere per chiesa nazionale nella Città Eterna nei secoli XV-XVIII, come si evolva tale concetto nel corso dei secoli e se e quanto esso contribuisca alla definizione dell'idea di "natio". In particolare si è voluto investigare sui tratti comuni delle chiese nazionali in Roma attraverso una definizione delle loro differenti tipologie e sulla loro identificazione dal punto di vista giuridico-amministrativo, se fossero inserite o meno nel tessuto parrocchiale della diocesi romana e se appartenessero o meno a ordini religiosi (sia pure a forte connotazione nazionale) o al clero secolare. Abbiamo voluto analizzare tutto a partire da un modello della cui esistenza, sino a questo momento, le ricerche storiche romane non hanno affatto – o solo in minima parte – tenuto conto: il paradigma delle istituzioni a Roma delle nazioni dei territori ai confini dell'Europa, più o meno periferiche dal punto di vista della Chiesa cattolica, per la maggior parte considerate obiettivi di attività missionaria.

Dei tredici saggi del volume, due analizzano i fenomeni di cui sopra in termini riassuntivi, di carattere generale, mentre undici trattano la presenza romana e delle istituzioni delle singole nazioni (inglese, scozzese, irlandese, svedese, fiamminga, tedesca, polacca, ceca, ungherese, croata, albanese, corsa, rutena e greca).

Nel primo saggio *Domenico Rocciolo* esamina le chiese nazionali e le loro istituzioni nel contesto della diocesi di Roma. Le istituzioni ecclesiastiche nazionali erano organicamente connesse al tessuto pastorale della città, le autorità diocesane romane partecipavano talora alla fondazione delle istituzioni nazionali e intervenivano anche nella loro gestione, come possiamo

10. A questi fa ampiamente riferimento il più recente saggio di sintesi: S. Kubersky-Piredda, *Chiese nazionali fra rappresentanza politica e Riforma cattolica: Spagna, Francia e impero a fine Cinquecento*, in *Identità e rappresentazione*, pp. 17-63.

vedere dagli esempi della fondazione della chiesa nazionale e dell'ospedale dei polacchi o della controversia della Compagnia della Madonna della Purificazione degli Ultramontani di Banchi. L'autore evidenzia, attraverso una raccolta che dispiega una gran messe di dati archivistici sinora sconosciuti, un fenomeno sostanzialmente passato inosservato agli studi precedenti, e cioè che solamente una parte degli stranieri (tanto dei pellegrini e dei viaggiatori quanto di coloro che si stabilivano in città per un periodo più lungo) si integrava nelle istituzioni nazionali, molti si appoggiavano piuttosto a organizzazioni professionali e ad altre istituzioni devozionali e alle loro necessità provvedevano vari tipi di istituzioni caritative (non nazionali).

Il saggio di *Matteo Binasco* evidenzia le interessantissime differenze che contraddistinguono la presenza nell'Urbe di nazioni tra loro vicine geograficamente e in parte aderenti al protestantesimo. Inglesi, scozzesi e irlandesi nel tardo medioevo furono presenti a Roma con intensità assai diseguale e cionondimeno, in tutti e tre i casi, si rifondarono le istituzioni classiche della chiesa e dell'ospizio nazionali nei secoli XVI-XVII o si tentò di trasformarle in collegi missionari. La fondazione dei collegi inglese e scozzese riuscì, mentre gli irlandesi (dopo una presenza decisamente limitata in età medievale) nella prima età moderna ebbero difficoltà a creare un sistema istituzionale autonomo. L'élite irlandese che frequentava Roma si mostrò del tutto disinteressata a creare istituzioni nazionali e sino alla fondazione del collegio francescano di Sant'Isidoro e del Collegio Irlandese i suoi punti di riferimento furono altri collegi e altre chiese; d'altro canto, l'assenza dell'istituzione nazionale influiva negativamente anche sull'apprezzamento degli irlandesi nei confronti della Città Eterna. La presenza istituzionale a Roma di tutte e tre queste nazioni era connessa alla formazione dei missionari, la chiesa nazionale in quanto forma di rappresentanza rivestiva dunque soltanto un ruolo marginale ed era per lo più legata ai collegi.

La presenza a Roma dei cittadini dei paesi nordici, che avevano assunto la religione di Stato protestante, e le sue sedi offrivano innumerevoli possibilità alternative rispetto alle forme tradizionali di chiesa nazionale – ospizio nazionale. Lo esemplifica il saggio di *Anu Raunio*, che a Roma segue presso l'Ospizio dei Convertendi il percorso dei nobili svedesi convertiti. La conversione al cattolicesimo riduceva entro limiti relativamente ristretti le possibilità del non ingente numero dei convertiti svedesi, poiché in Svezia non potevano vivere da cattolici a causa del divieto statale. In maggior parte essi rimanevano per forza di cose a Roma, confluendo nel punto di attrazione più importante della nobiltà cattolica nordica, ossia la corte romana della regina Cristina di Svezia, ed entravano al servizio della Santa Sede come soldati. Ai pochi che ritornavano in patria, invece, non restava altra scelta che abbandonare la religione cattolica appena adottata.

Il saggio di *Johan Ickx* sulla storia della chiesa e dell'ospizio di San Giuliano dei fiamminghi è molto importante anche dal punto di vista del ruolo svolto dalle istituzioni romane nel delimitare i confini di singole identità nazionali. La demarcazione dell'appartenenza nazionale, sia della comunità che esercitava la giurisdizione sulle istituzioni, sia delle persone che nell'ospizio avevano diritto all'ospitalità, costituiva una difficoltà soprattutto per le nazioni caratterizzate da confini geografici e linguistici incerti, e le controversie dei secoli XVII-XIX sui diritti relativi alle istituzioni romane contribuirono in molti casi in misura significativa anche al dibattito condotto nella madrepatria sul concetto di nazione. Ickx chiarisce la storia della formazione del mito di fondazione legato alla chiesa nazionale fiamminga e ne stabilisce la corretta data di istituzione (1213), quindi espone le discussioni originate dalle varie accezioni (ora più ampie, ora più stringenti) delle *nationes* fiamminga / belga / vallona / olandese. In seguito a lunghe diatribe legali l'interpretazione del termine si indirizzò, anche nel caso dei fiamminghi (come pure degli "illirici" in quello stesso periodo), verso un'accezione più ristretta.

Analogamente al saggio precedente, nell'esaminare il carattere nazionale tedesco di Santa Maria dell'Anima, *Tobias Daniels* giunge alle medesime conclusioni, cioè che nella prima età moderna anche nel contesto romano i concetti di nazione e di chiesa nazionale sono assai difficili da circoscrivere, nonostante Roma costituisca per lo studio di tale questione un laboratorio privilegiato in virtù del suo carattere – per usare un termine in voga – transnazionale. L'autore mostra con numerosi esempi come nel caso dell'Anima, considerata chiesa nazionale (una delle chiese nazionali) dei tedeschi quello che si percepisce di meno è proprio il carattere nazionale tedesco puro. Sebbene di fondazione tedesca, la chiesa era inizialmente priva di un deciso carattere nazionale in quanto la comunità della sua confraternita aveva in origine impronta nettamente internazionale e il suo rapporto con il Sacro romano impero era ambivalente. Nella confraternita, divenuta a partire dalla fine del XV secolo sempre più aristocratica, il numero dei tedeschi si ridusse dopo la Riforma e dopo il sacco di Roma. Similmente al San Giuliano, anche nel caso della confraternita dell'Anima il carattere nazionale generò nel XVII secolo controversie importanti, nell'ambito delle quali si scontravano principalmente tentativi di espropriazione tedeschi e fiamminghi.

Un blocco distinto rappresentano nel volume i paesi di Visegrád, ossia i saggi scritti sulla rappresentanza di Polonia, Boemia e Ungheria. Sotto l'aspetto della presenza a Roma la via scelta dai polacchi è quella che segue più da vicino l'esempio delle grandi nazioni, sia pure con ampio ritardo. Nel saggio di *Hieronim Fokciński* si delinea in che modo, dopo l'esigua presenza medievale, si sia arrivati a ottenere che papa Gregorio XIII nel 1578 donasse alla nazione polacca la chiesa di San Salvatore in Pensilis, fondando anche l'ospizio polacco, grazie all'impegno di uno degli uomini forti della curia pontificia: il cardinale polacco Stanislao Osio. A partire da quel momento le istituzioni nazionali polacche poterono contare sul sostegno dei loro sovrani e delle loro élites ecclesiastiche e laiche. Dalla metà del XVIII secolo lo Stato polacco estese con forza crescente il proprio influsso sulla chiesa e sull'ospizio, che – analogamente a innumerevoli altre strutture romane similari – versavano ciononostante continuamente in difficoltà economiche.

Nella prima età moderna la rappresentanza nazionale a Roma dei regni di Boemia e d'Ungheria appartenenti all'impero asburgico era assai più modesta e meno strutturata. Il saggio di *Tomaš Parma* esamina la storia delle due istituzioni simbolo della presenza ceca: l'altare di San Venceslao nella basilica di San Pietro e l'ospizio boemo. La fondazione dell'ospizio nazionale dei cechi si può ricollegare alle visite a Roma dell'imperatore Carlo IV (1355, 1368) e il suo momento di più intensa attività coincise con gli anni santi del 1390 e del 1400. In seguito, a causa dell'ussitismo, il numero dei pellegrini boemi si ridusse in misura notevole e dalla metà del XV secolo gli amministratori dell'ospizio divennero tedeschi, poi italiani. Nel secolo XVI l'istituzione perse il suo carattere nazionale ceco e una parte dei suoi introiti venne assegnata al collegio gesuita di Praga, l'ospizio ceco invece continuò a esistere come soggetto giuridico nel quadro dell'Ospedale della Santissima Trinità dei Pellegrini. Parma individua le cause della debolezza di tali istituzioni nazionali principalmente nell'assenza di una comunità ceca e nello scarso numero di pellegrini boemi, cause che ebbero come risultato il mancato sviluppo o, comunque, la dissoluzione di quella struttura istituzionale che nel caso di altre nazioni garantiva la rappresentanza nazionale. A differenza di altre nazioni, nei secoli XVI-XVII i cechi non fondarono nessun collegio nella Città Eterna, dato che il centro della ricattolicizzazione della Boemia divenne sin dal suo effettivo inizio Praga. I cechi che giungevano a Roma o che vi si stabilivano, in numero peraltro ridotto, venivano assorbiti nelle istituzioni tedesche.

Delle istituzioni ecclesiastiche ungheresi a Roma tratta il saggio di *Antal Molnár*. L'ospizio ungherese venne istituito da re Santo Stefano, fondatore dello Stato ungherese cristiano, accanto alla chiesa abbaziale di Santo Stefano Minore – situata sul lato meridionale della basilica vaticana di San Pietro – probabilmente negli anni venti del secolo XI e la sua attività è attestata lungo tutto il corso del medioevo. La seconda fase delle istituzioni ungheresi iniziò al tempo dell'imperatore del Sacro romano impero e re d'Ungheria Sigismondo di Lussemburgo, che nel 1404 insediò a Roma l'ordine religioso di fondazione ungherese dei Paolini, i quali trovarono collocazione dal 1454 nella chiesa di Santo Stefano Rotondo e nell'annesso monastero. La terza fase ebbe inizio nel 1579, quando papa Gregorio XIII tolse ai Paolini il monastero adiacente a Santo Stefano Rotondo per fondarvi il Collegio Ungarico, a guida gesuita, che l'anno successivo, nel 1580, venne però unificato con il Collegio Germanico, assumendo il nome di Collegio Germanico-Ungarico. Nella prima età moderna l'ospizio ungherese perse ogni importanza, nel 1776 venne demolito e il Collegio Germanico-Ungarico divenne il principale punto di attrazione per gli ungheresi in arrivo a Roma. La fondazione di istituzioni ungheresi autonome nella città fu ostacolata tanto dalla situazione politica e religiosa del Paese quanto dalla mancanza assoluta di una comunità locale ungherese.

I saggi di *Jadranka Neralić* e *Anna Esposito* analizzano la presenza a Roma dei cattolici dell'area balcanica e le relative istituzioni. Possiamo affermare senza esagerare che, tra le nazioni situate ai confini dell'Europa, erano i croati e i dalmati – o schiavoni o illirici, come venivano denominati nei secoli dal XV al XVII secolo – a disporre della rete istituzionale più rilevante e meglio strutturata. Dal 1453 papa Sisto IV fondò per i dalmati e gli schiavoni che vivevano nell'*Urbs* una confraternita autonoma, la quale amministrava l'ospizio e l'ospedale annessi alla chiesa di San Girolamo. Nel 1589 papa Sisto V istituì nella chiesa un capitolo, che fu l'unico capitolo nazionale nella Città Eterna. Per i secoli XV-XIX possiamo pertanto riferirci al sistema istituzionale a Roma dei croati come a un sistema collocabile sullo stesso piano delle strutture romane delle grandi monarchie europee, con la non trascurabile differenza che i croati non avevano alle spalle uno stato autonomo, dato che all'epoca i componenti di quella che sarebbe stata nel futuro la nazione croata vivevano sparsi tra Impero asburgico, Impero ottomano e Repubblica di Venezia. Non è dunque un caso che, anche per i croati, la questione in merito a chi potesse alloggiare nell'ospizio ed entrare a far parte della confraternita e del capitolo risultasse alquanto controversa e che venissero applicati criteri geografici, linguistici e religiosi disomogenei. Dopo lunghe discussioni e controversie legali alla metà del XVII secolo si giunse a stabilire chi fossero gli aventi diritto all'utilizzo delle istituzioni. Esattamente come nel caso dei fiamminghi, tra le varie concezioni contrastanti finì per prevalere una definizione ristretta di *natio*, e le porte delle istituzioni illiriche a Roma rimasero aperte solamente per gli abitanti cattolici di Croazia, Dalmazia, Schiavonia e Bosnia. Le dispute intorno alle istituzioni illiriche a Roma contribuirono in tal modo in misura significativa alla definizione degli antecedenti del moderno concetto di nazione croata. Lo studio di Neralić presenta i retroscena della nascita della confraternita. Attraverso l'analisi delle fonti notarili la studiosa presenta dati e aspetti molto importanti per l'esame della stratificazione sociale e la collocazione geografica degli slavi meridionali insediati a Roma e illustra gli inizi dello sviluppo del quartiere "Schiavonia" e delle strategie immobiliari della confraternita. La comunità slava, numericamente importante, proveniente dall'altra sponda – che vide peraltro alcuni dei suoi membri rivestire talora posizioni di rilievo all'interno dell'élite laica ed ecclesiastica romana – esprimeva una forza sociale e materiale sufficiente a creare e mantenere un sistema istituzionale stabile, benché priva del sostegno di uno stato e nonostante le difficoltà economiche e il grave indebitamento gravanti anche sulle istituzioni croate. Allo stesso tempo – come pienamente si conferma nelle conclusioni tratte da Domenico Rocciolo nel saggio pubblicato nel presente volume – la lealtà dei membri della comunità croata non era monodirezionale: i testamenti confermano infatti che, per molti, lo stretto legame con le sedi romane della pratica religiosa e il rapporto che li univa all'antica patria e alle istituzioni nazionali erano importanti in identica misura.

Anna Esposito esamina la minoranza albanese a Roma, praticamente sconosciuta agli studi precedenti, confrontandola con un'altra diaspora "difficile": la corsa. L'analisi è condotta in parallelo proprio in ragione di tale carattere "difficile" dal punto di vista dell'integrazione, poiché entrambe le minoranze erano posizionate ai margini della società romana, i membri delle loro comunità avevano uno status sociale di basso livello e le etnie albanese e corsa erano sovente associate alla criminalità. Di conseguenza entrambe le colonie (soprattutto agli inizi) erano alquanto chiuse e territorialmente facilmente localizzabili e, nel loro caso, il fenomeno associativo risulta tardo e carente. Mentre, però, i corsi continuarono a intrattenere con la madrepatria rapporti molto stretti, le relazioni degli albanesi con la nazione di origine si interruppero a causa dei ben noti cambiamenti storici.

Entrambe le comunità si trovarono una chiesa (i corsi San Crisogono, gli albanesi Santa Maria de Puteo) e si organizzarono ciascuno in una confraternita. La confraternita dei corsi aveva numerosi membri romani mentre sull'*universitas* e sull'ospizio degli albanesi disponiamo di dati solamente per la prima metà del secolo XVI; in seguito, gli albanesi compaiono piuttosto come membri della confraternita di San Girolamo degli Illirici e di altre confraternite romane, segno della loro assimilazione.

La presenza a Roma dei cristiani uniati d'Oriente è trattata nei saggi di *Laurent Tatarenko* e *Cesare Santus*. Tatarenko osserva al microscopio la sede più importante della presenza a Roma dei ruteni, la chiesa dei Santi Sergio e Bacco e l'ospizio collegato. I ruteni non costituirono a Roma una comunità nazionale, anzi: non avevano neanche uno Stato autonomo e tuttavia, nei secoli XVII-XVIII, i monaci basiliani svolsero un ruolo importantissimo nella politica missionaria della Santa Sede. Grazie a tale duplicità, fu particolare anche la loro rappresentanza romana. Da una parte, l'ospizio ruteno ricopriva il ruolo di una sorta di peculiare legazione e il suo rettore faceva da tramite tra Roma e le chiese locali in qualità di procuratore della Chiesa Uniate slava nell'Urbe; per la Santa Sede l'ospizio rappresentava una finestra sul mondo cattolico slavo. Allo stesso tempo l'istituzione, in quanto male amministrata e in stato di indigenza, aveva continuamente problemi economici, a causa dei quali i progetti di trasformare l'ospizio in un collegio ruteno sfumarono nel corso degli anni quaranta del Seicento. L'istituzione, che rappresentava il centro romano dell'unionismo slavo, rappresentava un importante punto d'incontro per gli orientali in arrivo nella Città Eterna ma, dal punto di vista politico, era in rapporto stretto con i polacchi che vivevano a Roma. L'integrazione della chiesa rutena a Roma è bene esemplificata dal fatto che, sin dall'inizio, vi si celebrò anche secondo la liturgia latina per gli abitanti della zona e che la devozione alla loro icona miracolosa divenne parte integrante del culto locale romano.

Ancora più ambivalente è il carattere "nazionale" della chiesa di Sant'Atanasio del collegio greco. La chiesa era infatti il luogo di culto a uso interno, sostanzialmente chiuso, del collegio e nessuna comunità si organizzò intorno a essa, contrariamente a quanto era accaduto con le chiese della diaspora dei mercanti e dei marinai greci dei porti del Mediterraneo. Santus la vorrebbe definire chiesa rituale più che nazionale, poiché il significato principale del termine "greco" indicava in questo contesto il seguace del rito "orientale", cioè bizantino. Cionondimeno anche questa definizione può essere utilizzata solamente con riserva, dato che, per effetto del progressivo rafforzamento della confessionalizzazione, prevaleva talora il significato linguistico-etnico-geografico dell'aggettivo "greco", basti pensare al gran numero di allievi latini di Chios che studiavano nel collegio e al carattere fortemente latineggiante del collegio stesso e della chiesa. Essendo difficile per i sudditi ottomani svolgere studi a Roma, la continua riduzione dell'elemento ellenico indebolì ulteriormente il carattere "nazionale" del collegio (e, insieme a esso, della chiesa), una tendenza rispetto alla quale vennero inoltrati innumerevoli ricorsi in nome della "natio graeca". L'autore esamina in dettaglio la presenza a Roma dei convertiti greci, i quali, in mancanza di un proprio sistema istituzionale "nazionale", cercarono di sfruttare sino in fondo le possibilità offerte dal sistema istituzionale caritativo della Santa Sede, mentre le autorità romane controllavano in maniera sempre più stringente i loro movimenti in città.

Il saggio di *Giovanni Pizzorusso* e *Matteo Sanfilippo* inquadra le relazioni del convegno nel contesto storiografico della storia degli stranieri a Roma, riassume le conclusioni più importanti e delinea le possibili direzioni delle ricerche future. L'analisi dei punti di attrazione delle nazioni più piccole amplia sotto molti aspetti i criteri da applicarsi alle ricerche sulle chiese nazionali a Roma e sulle istituzioni connesse, contribuendo in tal modo in maniera sostanziale alla comprensione del fenomeno. Le strutture del sistema istituzionale internazionale a Roma subirono tra i secoli XVI-XVII trasformazioni fondamentali, in primo luogo per volontà di papa Gregorio XIII, al quale si deve l'ingresso sulla scena di una nuova tipologia: il collegio nazionale, ad affiancare la precedente terna di chiesa nazionale – confraternita nazionale – ospizio nazionale. Tale nuova forma istituzionale fu caratteristica quasi esclusivamente delle nazioni dei territori di confine politici e confessionali della cristianità occidentale, da noi esaminate. L'iniziativa della fondazione dei collegi – al contrario delle strutture medievali – non proveniva dal basso, dalla comunità nazionale o dalla sua élite politico-ecclesiastica nella madrepatria, bensì era promossa dalla Santa Sede e pertanto la nuova struttura collocava su basi completamente nuove le forme e i baricentri della presenza internazionale. In primo luogo, rispetto al carattere cosmopolita del sistema precedente, essa era espressione delle tendenze universalistiche del papato dopo il Concilio di Trento e dei nuovi paradigmi della cristianizzazione e della missione; dall'altra parte, alle nazioni più lontane e meno rappresentate nella Città Eterna garantiva una presenza fondamentalmente clericale. Di conseguenza, tali nazioni erano talvolta presenti a Roma con un peso religioso-culturale significativamente maggiore, in proporzione, rispetto alla loro consistenza numerica o rispetto alla loro importanza politica. Costituisce un aspetto rilevante e un possibile, notevole tema di ricerca l'analisi del ruolo di tali collegi di nuovo tipo nella rappresentanza nazionale e nel coinvolgimento delle comunità nazionali (che fossero residenti stabili a Roma o pellegrini) nella loro assistenza materiale e spirituale: in quale misura assunsero funzioni di questa natura, che in precedenza erano state svolte da altre tipologie di istituzioni, e in che misura invece si sottrassero?

Nella conclusione di Pizzorusso e Sanfilippo viene ribadita l'osservazione, più volte sottolineata nei saggi, secondo cui il sistema delle chiese e delle istituzioni nazionali a Roma è un fenomeno complesso, molto difficile da descrivere e da tipizzare. Mentre la rappresentanza delle grandi nazioni era assicurata da una struttura istituzionale ampiamente articolata, per le piccole poteva risultare problematico mantenere anche un unico luogo di culto, dallo stato giuridico incerto. Proprio per questo, l'allargamento dell'indagine a queste ultime amplia l'orizzonte tipologico in misura significativa, e non soltanto per via dei collegi di nuovo genere. In base a solidità giuridica e legittimazione della fondazione possiamo distinguere, semplificando, tra *chiesa bullata* e *chiesa non bullata*. Si opera una distinzione forse ancora più chiara, quando si parla di *chiesa nazionale* nel caso di chiese inserite in un sistema istituzionale creato con un atto di fondazione e affidato anche formalmente alla gestione di una determinata nazione in virtù di un decreto papale, e invece di *chiese di carattere nazionale* quando parliamo di una chiesa connessa in forme diverse a una determinata nazione (per esempio in quanto luogo di ritrovo di una diaspora o della sua *universitas* oppure in quanto sede centrale di un ordine religioso legato a una specifica nazione) ma non ceduta formalmente a quella nazione. Ugualmente può costituire un possibile approccio tipologico considerare *chiese rituali* e non nazionali le chiese romane dei cristiani uniati orientali unificati con Roma (privi di uno specifico riferimento statale). I saggi del volume chiariscono anche che le chiese dei singoli collegi rappresentano una tipologia a parte (*chiese collegiali*), del tutto autonoma, per via della loro autoreferenzialità.

È importante sottolineare che è stato possibile cogliere questa varietà tipologica soltanto grazie all'esame delle chiese di quelle nazioni, per le quali oggettivamente non sussistevano o sussistevano solo parzialmente le condizioni per una fondazione, da una parte a causa dell'assenza o della debolezza di una comunità nazionale a Roma, o in difetto di un'autonoma struttura statale, dall'altra, invece, per via dell'offensiva del protestantesimo. Appare importantissimo lo studio comparato delle controversie identitarie nazionali intorno alle singole istituzioni a Roma, poiché se ne potranno senza dubbio trarre conclusioni di rilievo utili al dibattito sul fenomeno del protonazionalismo della prima età moderna; ancora una volta, le istituzioni delle nazioni "minori" nel contesto del cosmopolitismo romano costituiscono in tal senso un modello molto importante.

I saggi pubblicati in questo volume e le ulteriori indagini che speriamo vengano avviate sulla scorta di tali studi forniscono un'integrazione importante anche alla topografia funzionale delle chiese di Roma. Il ruolo delle istituzioni e delle chiese delle nazioni esaminate in questa sede sono per una quota rilevante scarsamente note agli studi romani. In un caso non si conosceva addirittura neanche il carattere nazionale della chiesa (albanesi); in altri, errori storici fondamentali aleggiavano sull'edificio (fiamminghi) o ne erano sconosciute la molteplicità delle funzioni (ruteni), l'integrazione nella rete delle parrocchie romane (corsi, ruteni) e la forma del loro legame nazionale (ungheresi). Non v'è dubbio che le nuove ricerche miranti a ricostruire la rete delle chiese romane della prima età moderna non possano tralasciare le sedi ecclesiastiche della presenza a Roma delle nazioni "minori".

Riassumendo, possiamo soltanto concordare con la conclusione finale di Giovanni Pizzorusso: nonostante si riesca sovente ad avere della storia della presenza a Roma di queste nazioni un'immagine soltanto molto frammentaria, con comunità numericamente irrisorie o inesistenti e istituzioni che appaiono e scompaiono, il lavoro di ricerca da noi proposto e avviato non può tuttavia considerarsi deludente. In particolare, perché proprio tali rappresentazioni nazionali diversissime l'una dall'altra e dai contorni labili contribuiscono a comprendere le molteplici sfaccettature di quel cosmopolitismo millenario che ha sempre contraddistinto la Città Eterna e che ancora oggi la qualifica.

Desideriamo infine ringraziare i relatori di avere tutti accettato di presentare le loro ricerche e di avere contribuito con i loro preziosi saggi alla ricchezza di contenuti del volume. Un ringraziamento particolare va ai presidenti di sessione del convegno, Irene Fosi, Maria Antonietta Visceglia e Gaetano Platania, per avere contribuito con le loro preziose osservazioni e con i loro stimolanti interventi a inserire questa impresa, per molti versi pionieristica, tra le prospettive e gli esiti più recenti della ricerca su Roma *communis patria*.

Vorremmo anche ricordare il professor Egmont Lee, illustre studioso della *Descriptio Urbis* e delle *nationes* a Roma, purtroppo scomparso durante la preparazione di questo libro, che ci aveva onorato della sua presenza in occasione della giornata congressuale.

Domenico Rocciolo

Chiese nazionali e Chiesa locale a Roma in età moderna: aspetti giurisdizionali e interrelazioni

Quando si parla di confraternite in età moderna, ci si chiede se esse appartennero alla sfera laica, a quella religiosa o ad entrambe. Mirella Mombelli Castracane le definì di frontiera, nel senso che si collocarono nella zona intermedia tra la sfera ecclesiastica e quella laicale. Si potrebbe affermare, che la dottrina giuridica del tempo non andasse oltre alle definizioni di collegi di persone o di luoghi pii di natura ecclesiastica: concetti che furono utili ai canonisti per richiamare i principi di religione e di carità, al fine di incardinare le confraternite nei ruoli istituzionali della Chiesa. Sotto questo aspetto l'approvazione canonica del vescovo sugellò il principio di obbedienza dei fedeli all'autorità ecclesiastica imposto dalla riforma tridentina.[1] Altri studiosi, come Angelo Turchini e Roberto Rusconi, hanno invece suggerito di identificare la natura laica o ecclesiastica delle confraternite sulla base dei loro scopi istituzionali.[2] Dunque, come potrebbero essere definite le confraternite romane? Istituzioni di religione e di carità, certamente, se si guarda alla loro identità formale sulla base degli statuti e dei regolamenti, ma forse è più aderente alla realtà identificare la loro specificità in rapporto alla città e ai suoi dinamismi sociali, religiosi e cul-

1. M. Mombelli Castracane, *Ricerche sulla natura giuridica delle confraternite nell'età della Controriforma*, in «Rivista di storia del diritto italiano», LV (1982), pp. 43-116; Ead., *Le confraternite romane: la lotta al pauperismo e i conflitti con lo Stato italiano*, in *Luigi Fiorani storico di Roma religiosa e dei Caetani di Sermoneta*, a cura di C. Fiorani e D. Rocciolo, Roma 2013, pp. 136-139.

2. A. Turchini, *I "loca pia" degli antichi stati italiani fra società civile e poteri ecclesiastici*, in *Fonti ecclesiastiche per la storia sociale e religiosa d'Europa: XV-XVIII secolo*, a cura di C. Nubola e A. Turchini, Bologna 1999, pp. 371-384; R. Rusconi, *Confraternite, compagnie e devozioni*, in *Storia d'Italia. Annali*, 9, *La Chiesa e il potere politico dal medioevo all'età contemporanea*, a cura di G. Chittolini e G. Miccoli, Torino 1986, pp. 503-504.

turali. In questa seconda prospettiva, la loro originalità si coglie nella storia stessa dell'Urbe intesa come città sacra, nella quale il pontefice esercitò la sua presidenza teologica, canonica e disciplinare nei confronti della Chiesa universale.[3]

Per entrare nel tema del rapporto confraternite-città partiamo dal calcolo che fece il segretario del Tribunale del cardinale vicario mons. Nicolò Antonio Cuggiò: nella prima metà del XVIII secolo Roma ebbe 159 compagnie, delle quali 25 furono dedicate al Santissimo Sacramento, 52 appartennero agli artigiani, 41 ebbero titoli di devozione e 21 furono nazionali. Questi numeri furono pubblicati dal sacerdote vicentino e canonico della cattedrale di Anagni Giovanni Marangoni nel 1744.[4] In buona parte queste associazioni furono fondate nel medioevo e si adeguarono ai cambiamenti socio-istituzionali dell'età moderna, allentando le maglie del rigore penitenziale individuale per aprirsi ai bisogni concreti della città postridentina, mantenendo le proprie particolarità cultuali e le proprie forme di reclutamento, ma entrando in un filone associazionistico proteso alla traduzione pratica delle riforme religiose.[5] Dalla seconda metà del XVI secolo queste compagnie collaborarono con la curia diocesana per edificare la città religiosa e per dare consistenza ad una società accogliente, obbedendo agli ordini. Si prestarono, per così dire, ad un servizio comandato dall'alto, nel senso che si impegnarono a rafforzare la religione del popolo e a consolidare il governo confessionale. In particolare, dal 1564, anno delle prime applicazioni delle norme tridentine, le loro attività furono sorvegliate e incluse in un progetto religioso complessivo.[6]

3. L. Fiorani, *Discussioni e ricerche sulle confraternite romane negli ultimi cento anni*, in «Ricerche per la storia religiosa di Roma», 6 (1985), pp. 90-91 e 100-101. Vedi anche *La storiografia confraternale e le confraternite romane. Tavola rotonda*, con interventi di A. Monticone, G. De Rosa, G. Alberigo, G. De Sandre Gasparini, Ch. De La Roncière, G. Vitolo, in «Ricerche per la storia religiosa di Roma», 5 (1984), pp. 19-70.

4. G. Marangoni, *Delle cose gentilesche, e profane trasportate ad uso, e adornamento delle chiese*, Roma 1744, p. 164.

5. L. Fiorani, *«Charità et pietate». Confraternite e gruppi devoti nella città rinascimentale e barocca*, in *Storia d'Italia. Annali*, 16, *Roma, la città del papa. Vita civile e religiosa dal giubileo di Bonifacio VIII al giubileo di papa Wojtyła*, a cura di L. Fiorani e A. Prosperi, Torino 2000, pp. 429-476. Sulle associazioni dei forestieri nell'età pretridentina cfr. A. Esposito, *Fondazioni per forestieri e studenti a Roma nel tardo medioevo e nella prima età moderna*, in *Comunità forestiere e «nationes» nell'Europa dei secoli XIII-XVI*, a cura di G. Petti Balbi, Napoli 2001, pp. 67-80.

6. Cfr. D. Rocciolo, *Gli archivi delle confraternite per la storia dell'assistenza a Roma in età moderna*, in «Mélanges de l'École française de Rome. Italie et Méditerranée», 111, 1

Come le altre sedi di culto dell'Urbe, anche le chiese nazionali e regionali subirono l'ispezione dei visitatori apostolici. Alla fine del XVI secolo le chiese visitate furono poche (ad esempio San Luigi dei Francesi e Sant'Ivo dei Bretoni), ma dagli anni 1620-1630 quelle controllate crebbero considerevolmente (San Giuliano dei fiamminghi, Sant'Andrea degli scozzesi, San Nicola dei lorenesi, Sant'Antonio dei portoghesi, San Girolamo degli Illirici, San Giacomo degli spagnoli, Santa Maria dell'Anima, Santa Maria della Pietà in Campo Santo dei tedeschi, San Stanislao dei polacchi, Santo Stefano di Ungheria e quelle dei lombardi, bergamaschi, fiorentini, lucchesi, genovesi, senesi, napoletani, siciliani, camerinesi, piemontesi, piceni, norcini, ecc.). Le visite, come è noto, furono indette dai papi per accertare e eventualmente correggere i modi di celebrare la messa, di praticare le devozioni e di mantenere i luoghi di culto e di assistenza.[7]

Una prima constatazione che possiamo fare sulla base delle fonti riguarda le ragioni dell'immigrazione. Sappiamo che gli stranieri e i forestieri giunsero a Roma fuggendo dalla patria in guerra, cercando di liberarsi dalla morsa della povertà, ambendo a un lavoro e ad una sistemazione abitativa, desiderando di formare una famiglia, esprimendo sentimenti religiosi più o meno sinceri e forse ancor più semplicemente volendo far parte della città del papa.[8] Si può affermare, che non necessariamente entrarono nelle compagnie nazionali o si iscrissero ai locali sodalizi devozionali. Piuttosto, se esercenti un'arte, si unirono ad una corporazione di mestiere, perché fu la via maestra per lavorare.[9]

(1999), pp. 362-365. Vedi anche L. Fiorani, *L'esperienza religiosa nelle confraternite romane tra Cinque e Seicento*, in «Ricerche per la storia religiosa di Roma», 5 (1984), pp. 155-196.

7. Cfr. S. Pagano, *Le visite apostoliche a Roma nei secoli XVI-XIX. Repertorio delle fonti*, in «Ricerche per la storia religiosa di Roma», 4 (1980), pp. 317-464. Vedi anche L. Fiorani, *Le visite apostoliche del Cinque-Seicento e la società religiosa romana*, *ibidem*, pp. 53-148 e A. Monticone, *L'applicazione a Roma del Concilio di Trento. Le visite del 1565-1566*, in «Rivista di storia della Chiesa in Italia», VII (1953), pp. 225-250.

8. Recentemente si sono svolti due incontri di studio sull'immigrazione nella Roma pontificia: il convegno *Identità e rappresentazione. Le chiese nazionali a Roma, 1450-1650*, tenuto dalla Biblioteca Hertziana e dal Max Planck-Institut für Kunstgeschichte (Roma, 23-24 maggio 2013) e il seminario *Venire a Roma/restare a Roma. Forestieri e stranieri nella città del papa (secc. XVI-XVIII)*, organizzato dall'Università Roma Tre (28-29 aprile 2014 e 22-23 ottobre 2015). Si veda il volume *Identità e rappresentazione. Le chiese nazionali a Roma, 1450-1650*, a cura di A. Koller e S. Kubersky-Piredda, Roma 2015. Del secondo incontro di studio, gli atti sono in preparazione.

9. Su questo tema vedi il fascicolo *Corporazioni e gruppi professionali a Roma tra XVI e XIX secolo*, in «Roma moderna e contemporanea», VI, 3 (1998).

Un'altra osservazione che possiamo fare è la seguente: se i forestieri e gli stranieri furono di passaggio, molto probabilmente contattarono familiari, conoscenti, corrispondenti, personalità e nativi conterranei, oltreché l'ospizio, l'ospedale e la chiesa della compagnia nazionale per ottenere agevolazioni e ricevere ospitalità, per assicurarsi l'assistenza medica e anche per parlare nella propria lingua. Se entrarono per restarci, invece, le difficoltà da superare furono maggiori.[10] In questo caso l'insediamento presuppose l'accettazione del sistema socio-istituzionale vigente. In altri termini, l'integrazione nella società romana passò attraverso vari livelli: religioso-devozionale, economico-professionale, sociale e abitativo, giuridico-giudiziale, educativo-relazionale e persino politico. Vi furono alcuni tornanti o passaggi ricorrenti del sistema socio-istituzionale romano, che i forestieri e gli stranieri fecero propri. Innanzitutto, accettarono i sussidi economici forniti dalle chiese e ospedali nazionali. Per averli dovettero iscriversi o comunque dovettero farsi conoscere. Se furono poveri e furono familiari di giovani donne, le loro aspettative di aiuto aumentarono considerevolmente. Ad esempio, in un ristretto del XVIII secolo della chiesa e ospedale dei Borgognoni compaiono i nomi delle fanciulle presentate dai parenti per accedere alle doti (non pagate) e si leggono cognomi come Bascet, Bovellier, Mauré e Mandé. Si trattò di un caso tipico di esecuzione testamentaria, secondo le disposizioni lasciate da conterranei a favore di ragazze originarie della nazione.[11] Si tenga presente, che il sistema dei sussidi dotali fu estremamente diffuso, sia ai fini del matrimonio, che della monacazione.[12]

Un secondo aspetto del processo di integrazione, che fluttuò tra l'accettazione della tradizione romana e la conservazione delle radici esogene, riguardò la custodia delle memorie. In un documento sulla «congregazione illirica» conservato nell'Archivio Storico del Vicariato di Roma, si legge che nella chiesa di San Girolamo ricostruita da Sisto V, si insediò una collegiata con l'arciprete, sei canonici e quattro beneficiati tutti nati o oriundi

10. Cfr. gli importanti studi di E. Canepari, *Arrivare in città, conoscersi, associarsi: immigrazione e inurbamento nella Roma del Seicento*, in «Archivio storico dell'immigrazione italiana», 1 (2007), pp. 129-144, e *Stare in compagnia. Strategie di inurbamento e forme associative nella Roma del Seicento*, Soveria Mannelli 2008.

11. ASVR, Atti della segreteria, nuova serie, 30, fasc. 1. Sui Borgognoni a Roma cfr. G. Moroni, *Dizionario di erudizione storico-ecclesiastica*, 26, Venezia 1844, pp. 229-230.

12. D. Rocciolo, *Il costo della carità: doti per matrimoni e monacazioni nell'età moderna*, in *Chiesa e denaro tra Cinquecento e Settecento*, a cura di U. Dovere, Cinisello Balsamo 2004, pp. 305-326.

illirici e «possidenti la lingua illirica, in perpetuo», dalla quale «non solo furono costantemente tenuti lontani i Romani, o persone di altre nazioni ad ostare detti posti, ma eziandio persone limitrofe alle loro patrie», concludendo che i beni posseduti furono il risultato di investimenti nel territorio romano.[13] Si nota il doppio binario di accettazione delle regole sociali e di conservazione del proprio passato, del quale si è accennato.

Tralascio argomenti noti, come le forme di esaltazione della patria durante le cerimonie vissute durante gli anni santi, le visite di sovrani, le canonizzazioni, le solennità e gli ordinari ritmi educativi dei collegi ecclesiastici.[14] Vorrei spostare l'attenzione, invece, sull'asse prettamente romana (prospettiva rovesciata), di come le parrocchie, i sodalizi, i monasteri, i conservatori e gli istituti di religione in genere, accolsero gli stranieri e i forestieri.

È possibile citare molti esempi, ciascuno con attributi e contenuti diversi, ma qui mi limito a riportarne alcuni. Quando la Congregazione degli Operai della Divina Pietà con sede a Santa Galla incaricò sacerdoti di varie nazioni di insegnare i rudimenti del cattolicesimo ai poveri «d'ogni paese» che numerosi languivano in città,[15] viene spontaneo pensare che quei numerosi poveri di ogni paese fossero persone bisognose non prese in carico dai gruppi di connazionali organizzati, ma dalla Roma devota, istituzionale e solidale, fondata sul principio di carità. Infatti, moltissimi furono gli istituti che sostentarono i miseri e gli emarginati, perché immagini del Cristo povero e sofferente. Di questi ricordo il Conservatorio di Sant'Eufemia,

13. ASVR, Atti della segreteria, nuova serie, 30, fasc. 7/B. Sull'Arciconfraternita di S. Girolamo degli Schiavoni cfr. M. Maroni Lumbroso, A. Martini, *Le confraternite romane nelle loro chiese*, Roma 1963, pp. 154-157. Vedi anche *Chiesa sistina, 1589-1989*, I, a cura di R. Perić, Roma 1989.

14. La bibliografia su questi temi è vastissima. Mi limito a citare M. A. Visceglia, *La città rituale. Roma e le sue cerimonie in età moderna*, Roma 2002; Ead., *Les cérémonies comme compétition politique entre les monarchies française et espagnole à Rome, au XVIIe siècle*, in *Les cérémonies extraordinaires du catholicisme baroque*, sous la direction de B. Dompnier, Clermont Ferrand 2009, pp. 365-388; *La storia dei giubilei*, III, *1600-1775*, a cura di A. Zuccari, Roma-Prato 1999; M. Gotor, *La canonizzazione dei santi spagnoli nella Roma barocca*, in *Roma y España. Un crisol de la cultura europea en la Edad Moderna*, coordinador C. J. Hernando Sánchez, II, Madrid 2007, pp. 621-639; F. Bellini, *I collegi e gli insediamenti nazionali nella Roma di Gregorio XIII (con una nota su Sant'Atanasio dei greci e la Trinità dei Monti)*, in «Città e storia», 2, 1 (2007), pp. 111-130.

15. ASVR, Atti della segreteria, 43, ff. 241-245v. Nel 1727 la congregazione si trasferì a S. Gregorio a Ponte Quattro Capi. Cenni storici in L. Fiorani et al., *Repertorio degli archivi delle confraternite romane*, in «Ricerche per la storia religiosa di Roma», 6 (1985), pp. 224-227.

che non distinse le giovani accolte sulla base della provenienza, ma dell'effettivo bisogno, che doveva essere «estremo».[16]

Utile alla nostra riflessione è un accenno alla gestione dei momenti principali dell'esistenza umana: la nascita, il matrimonio e la morte, di competenza delle parrocchie.[17] In questo ambito il rapporto tra stranieri e Chiesa locale fu imprescindibile. La cura delle anime procedette, come sappiamo, attraverso l'amministrazione dei sacramenti, alcuni dei quali scandirono (come avviene oggi) i ritmi dell'esistenza umana secondo le prescrizioni della Chiesa. Se i battesimi sancirono l'unione dei nuovi nati alla comunità cattolica, i matrimoni furono alla base delle nuove famiglie poste sotto il controllo del clero parrocchiale, mentre le esequie conclusero i riti preparatori alla buona morte e soprattutto seguirono le unzioni degli infermi, precedettero le sepolture ecclesiastiche e generarono gli obblighi derivanti dalle fondazioni di messe (i cosiddetti pii legati).[18] In questo settore i sodalizi nazionali svolsero soltanto ruoli di sostegno. Di fatto furono esclusi dalla parte più importante del sistema di gestione della vita spirituale (in qualche modo anche economico-patrimoniale), dovettero limitare i propri interessi particolaristici e dovettero accontentarsi di rappresentare modi secondari di coesione per la costruzione della città religiosa. Come scrisse Carlo Bartolomeo Piazza, sorti attorno agli ospedali eretti per assistere i pellegrini e divenuti gestori di chiese,[19] in età tridentina questi centri nazionali furono sempre più rappresentativi di un'identità straniera chiamata a partecipare al grande programma di riforma della Chiesa locale. Giovanni Marchetti osservò che Roma primeggiò nel «commercio di carità», perché Roma era

16. Sul Conservatorio di S. Eufemia esiste un fascicolo non ancora inventariato in ASVR, miscellanea (posizione provvisoria), n. 168.

17. Cfr. E. Sonnino, D. Rocciolo, S. Passigli, *Verso la città moderna: trasformazioni istituzionali e territoriali delle parrocchie romane (secoli XVI-XIX)*, in *«Rome des quartiers»: des vici aux rioni. Cadres institutionnels, pratiques sociales, et requalifications entre Antiquité et époque moderne*, Actes du colloque international de la Sorbonne (20-21 mai 2005), édités par M. Royo, É. Hubert, A. Bérenger, Paris 2008, pp. 89-163.

18. Cfr. C. Schiavoni, *Le registrazioni dei battesimi e matrimoni a Roma* e C. Sbrana, *Le registrazioni di morte a Roma*, in *Le fonti della demografia storica in Italia*, I/II, a cura del Comitato italiano per lo studio dei problemi della popolazione, Roma 1972, pp. 731-755 e 869-874; E. Sonnino, *Le anime dei romani: fonti religiose e demografia storica*, in *Storia d'Italia. Annali*, 16, *Roma, la città del papa*, pp. 329-364.

19. C.B. Piazza, *Evsevologio romano overo delle opere pie di Roma*, Roma 1698, pp. 79-126. Vedi anche M. Vasi, *Itinerario istruttivo di Roma antica e moderna ovvero descrizione generale dei monumenti antichi e moderni, e delle opere le più insigni di pittura, scultura, ed architettura di questa alma città e delle sue adjacenze*, Roma 1804.

la madre comune, specialmente dei forestieri. Nell'età moderna i domini del papa furono varcati da «ogni genere di mendicanti, e di vagabondi». La «generosa misericordia» romana portò ad un «gravoso sfamo continuo di tante bocche oziose», che chiesero aiuto al padre comune, il papa, ma con un evidente sgravio economico per gli stati sovrani.[20]

Nel contesto dei rapporti tra comunità nazionali e Chiesa locale, il Tribunale del cardinale vicario svolse un ruolo centrale, perché invitò i sodalizi degli stranieri a partecipare alle cerimonie religiose proprie della diocesi. Detto in poche parole, le compagnie che pure ebbero ruoli decisivi per l'esaltazione delle nazioni e la difesa dei compatrioti e dei loro diritti, soggiacquero al potere non solo della curia pontificia, ma di quella diocesana ed entrarono a far parte dei programmi edificanti (pastorali) locali sul piano liturgico e devoto.[21] Per esercitare il loro ruolo di supporto, esse dovettero conformare i loro statuti e i loro regolamenti a quelli delle altre strutture associative, in modo da appartenere ad un unico movimento confraternale, pur essendo autonome dal punto di vista gestionale, restando sotto la direzione dei propri protettori e dei ministri inviati dai sovrani.

Difficili da chiarire restano gli andamenti su medio e lungo termine, gli investimenti e gli sviluppi delle compagnie nazionali e regionali. Dai documenti ricaviamo che tutte le compagnie furono chiamate a partecipare ai principali riti sacri. Nel 1607 Paolo V diede ordine al cardinale vicario Girolamo Pamphili, che tutte le confraternite della città, anche quelle nazionali e regionali, procedessero il giovedì santo verso la basilica di San Pietro in Vaticano senza ornamenti e segni distintivi, ma con sincero atteggiamento di devozione.[22] Nel 1654, in occasione del «giro ordinario dell'orazione continua delle quaranta ore», tra le chiese da frequentare, il tribunale comprese quelle di San Giacomo degli spagnoli, di Santa Maria dell'Anima e dei Santi Ambrogio e Carlo dei lombardi. Nel 1676, per le preghiere al SS. Sacramento per l'elezione del nuovo papa (Innocenzo XI), il medesimo tribunale ordinò che restassero aperte le chiese dei siciliani, senesi, piemontesi, bolognesi, bresciani, lombardi, bergamaschi, norcini,

20. G. Marchetti, *Del danaro straniero che viene a Roma, e che ne va per cause ecclesiastiche*, Roma 1800, pp. 21-22.

21. Cfr. D. Rocciolo, *Oltre l'architettura sacra: funzioni istituzionali degli edifici religiosi a Roma a metà Settecento*, in *Roma nel Settecento. Immagini e realtà di una capitale attraverso la pianta di G. B. Nolli*, I, a cura di C. M. Travaglini e K. Lelo, Roma 2013, pp. 115-121.

22. ASVR, Bandimenta, 1606-1618, ff. 13-14.

tedeschi, napoletani e fiorentini.[23] Queste disposizioni più o meno variate secondo le circostanze, restarono pressoché inalterate nella sostanza fino alla fine del XVIII secolo, quando le strategie di consolidamento della religiosità popolare cambiarono di fronte all'avanzata del fronte anticattolico e giansenista, sfociato nei rivolgimenti francesi del 1798-1799. Per contrastare le filosofie moderne, diverse chiese romane aprirono oratori notturni sul genere di quello della Comunione Generale, detto del Caravita, allo scopo di istruire nella dottrina cristiana il popolo romano (compresi gli immigrati).[24] Il 5 maggio 1796 la chiesa di San Girolamo degli Schiavoni inaugurò il suo oratorio ed entrò a far parte della Congregazione degli Oratori, il cui regolamento stabilì che obiettivo principale da conseguire era «di spargere la parola di Dio ne' vari quartieri della città» sotto la guida del cardinale vicario *pro tempore*.[25] Un altro oratorio simile fu istituito a Sant'Andrea degli scozzesi. Questi nuovi centri di aggregazione risposero all'urgenza di rievangelizzare la città, al fine di ridurre l'analfabetismo religioso dilagante.[26] Nella Chiesa di Roma la formula degli oratori costituì un valido contributo alla difesa della tradizione cattolica, alla quale parteciparono anche le comunità nazionali. Da un lato perdurò il modo tradizionale di riunirsi per finalità devote e dall'altro si sperimentarono nuove formule di socialità, che avranno piena affermazione nel XIX secolo.[27] Per il momento, sul piano della pietà e della reciprocità tra confraternite, valse la tradizione, come nel caso della Compagnia di Santa Maria della Pietà in Campo Santo Teutonico, che continuò a donare casse di terra (detta «terra santa») del suo cimitero, secondo un rituale ben definito.[28]

Che le compagnie nazionali fossero particolarmente attive per l'accoglienza dei pellegrini negli anni santi, lo si ricava da tutte le fonti conserva-

23. ASVR, Atti della segreteria, 49/B, ff. 20-20v e 43-43v.

24. Cfr. D. Rocciolo, *Gli oratori notturni del cardinale Leonardo Antonelli*, in «Strenna dei romanisti», 70 (2009), pp. 587-594.

25. ASVR, Decreti del Tribunale del Cardinale Vicario, 1796, ff. 834-840v e 857- 862.

26. S. Nanni, *Roma religiosa nel Settecento. Spazi e linguaggi dell'identità cristiana*, Roma 2000.

27. M. Casella, *L'associazionismo cattolico a Roma e nel Lazio dal 1870 al primo Novecento*, Galatina 2002.

28. N.A. Cuggiò, *Della giurisdittione e prerogative del vicario di Roma*, a cura di D. Rocciolo, Roma 2004, p. 50. La formula di consegna si trova in ASVR, Atti della segreteria, 55, ff. 642-642v. Sull'arciconfraternita cfr. K. Schulz, *Confraternitas Campi Sancti de Urbe. Die ältester Mitgliederverzeichnisse (1500/01-1536) und Statuten der Bruderschaft*, Freiburg 2002 e A. De Waal, *Der Campo Santo der Deutschen in Rom*, Freiburg i. B. 1896.

te negli archivi e nelle biblioteche. Il citato canonico Piazza, parlando degli organismi operativi sul territorio e in special modo delle confraternite, auspicò che non venisse mai meno l'ospitalità per tutte le nazioni rappresentate a Roma «loro gran Madre, e patria comune», dove «sempre aperto» fu «il seno della sua Apostolica carità per sollievo d'ogni umana miseria».[29] Come dire, che l'elemento caritativo distinse quelle compagnie, in special modo quando giunsero le aggregate forestiere per la visita delle basiliche. Ma anche qui occorre sottolineare che la gara di solidarietà fu propria di tutto il movimento confraternale romano, perché i sodalizi non nazionali si adoperarono in egual misura per dare accoglienza ai pellegrini e «almeno un poco di refezione». Rifulse l'esempio dell'Arciconfraternita delle Sacre Stimmate di San Francesco, che dispose stanze e letti per far riposare i «fratelli» forestieri, senza dimenticare di porre ben visibile «a capo di ciaschedun letto» un'immagine del padre serafico di «carta e stampa buone».[30] Da parte sua, l'Arciconfraternita della Trinità dei Pellegrini e Convalescenti si impegnò a «fare carezze alli oltremontani», dei quali i romani ebbero timore, trattandosi di «pellegrini sconosciuti», nei confronti dei quali la comunità cristiana fu invitata dalle autorità ecclesiastiche a compiere atti di bontà piuttosto che di diffidenza.[31] Anche questa compagnia, come le altre ospedaliere, dovette superare grandi difficoltà, «ma tutti gli stranieri sempre ne testimoniarono la preparazione tecnica e l'assistenza precisa nel campo materiale e la pietà spirituale». Ciò significa, che le compagnie laicali prestarono la propria opera facendola convergere il più possibile verso un'azione comune. In questo senso le confraternite nazionali e regionali non fecero passi indietro, né si sottrassero alle proprie responsabilità. Tra i numerosi esempi che possiamo richiamare, vi è quello della compagnia delle donne istituita nella chiesa dei Santi Faustino e Giovita dei bresciani a via Giulia, dedita ad assistere le puerpere, le donne cadute nella prostitu-

29. C.B. Piazza, *Opere pie di Roma descritte secondo lo stato presente*, Roma 1679, p. non numerata nella premessa.

30. *Rituale della Venerabile Archiconfraternita delle Sagre Stimmate del Padre S. Francesco di Roma*, Roma 1711, p. 221. Sul sodalizio cfr. A. Serra, *Le «Sacre Stimmate de Santo Francesco». Una confraternita e un culto nella Roma del Cinque-Seicento*, in «Rivista di storia e letteratura religiosa», 48 (2012), 2, pp. 305-352.

31. S. Cabibbo, *Civilité e anni santi. La santa opera di «albergar li pellegrini» nelle cronache dei giubilei (1575-1650)*, in *La città del perdono. Pellegrinaggi e anni santi a Roma in età moderna. 1550-1750*, a cura di S. Nanni e M. A. Visceglia, Roma 1998, p. 413. Sull'arciconfraternita e ospedale della SS. Trinità dei Pellegrini e Convalescenti cfr. F. Garofalo, *L'ospedale della SS. Trinità dei Pellegrini e dei Convalescenti*, Roma 1950.

zione, le vedove e le neofite. Questa confraternita si uniformò all'altra più nota di Sant'Anna eretta nella chiesa di San Pantaleo dalla Congregazione dei Chierici Regolari (gli scolopi).[32] In questa compagnia, che possiamo chiamare primaria, prestarono la propria opera donne dell'alta società o di fascia popolare, anche di origine straniera, come la marchesa Chiara Silva in Correa, che ai primi del XVIII secolo fu tra le deputate e le consultrici perpetue e si dedicò all'assistenza delle donne bisognose nel rione Campo Marzo.[33] Suo marito, il marchese Andrea Correa, fu sepolto nella chiesa nazionale di Sant'Antonio dei portoghesi.[34] Lei, originaria di Lisbona, si impegnò nella principale compagnia femminile di Roma.

Ma in molti e forse in tutti gli statuti delle confraternite romane troviamo la porta aperta a uomini e donne di altre nazioni. Nelle regole del 1729 dell'Arciconfraternita del Sacro Cuore di Gesù a Campo Vaccino, ad esempio, è scritto, che una volta ammesso, il nuovo fratello doveva comunicare al segretario il proprio nome e cognome, la sua patria, la professione che svolgeva, dove abitava e la parrocchia nella quale risiedeva (si intese ovviamente la circoscrizione).[35] Il riferimento alla parrocchia fa pensare alle confraternite del SS. Sacramento, che furono erette nelle sedi parrocchiali per ordine del cardinale vicario Gaspare di Carpegna in esecuzione della bolla di Paolo III *Dominus Noster* del 30 novembre 1539 (disposizione, che fu riconfermata successivamente dal cardinale vicario Giovanni Antonio Guadagni). Queste compagnie adunarono i forestieri e gli stranieri in quanto parrocchiani (in particolare per l'accompagnamento del SS. Viatico nelle processioni).[36]

Aperta agli stranieri fu anche la Confraternita della Divina Perseveranza, che ebbe sede a San Salvatore alle Coppelle, dove si riunì il Collegio dei Parroci. Si occupò degli stranieri moribondi nelle locande.[37] Le

32. Piazza, *Opere pie*, p. 555. Sulla congregazione istituita dagli scolopi e approvata da Urbano VIII nel 1640, cfr. Maroni Lumbroso, Martini, *Le confraternite*, pp. 45-47. Vedi anche Fiorani *et al.*, *Repertorio degli archivi*, pp. 286-288.

33. ASVR, Atti della segreteria, 43, f. 23. Il documento è una notificazione a stampa datata 1703.

34. M. De Angelis D'Ossat, *Il marchese Correa e il mausoleo di Augusto*, in *Illuminismo e Ilustración. Le antichità e i loro protagonisti in Spagna e in Italia nel XVIII secolo*, a cura di J. Beltrán Fortes *et al.*, Roma 2003, p. 136.

35. *Regola della venerabile Archiconfraternità del Santissimo Cuore di Gesù eretta in Roma l'anno 1729*, Palestrina 1732, p. 16.

36. *Regole ed istruzzioni da osservarsi nell'accompagnamento del SS. Viatico*, Roma 1758.

37. Cfr. D. Rocciolo, *Il Collegio dei parroci di Roma in età moderna (secc. XVIII-XIX)*, in *Realtà archivistiche a confronto: le associazioni dei parroci urbani*, Atti del con-

autorità obbligarono gli osti e gli albergatori a comunicare alla compagnia la presenza di forestieri malati nelle loro case, pena la carcerazione. In uno specifico «bollettino» i locandieri dovettero scrivere il nome, il cognome e la patria dello straniero malato (specialmente se oltremontano), il rione, la strada e l'insegna della locanda, per poi depositarlo nella «bussola esposta alla porta grande della chiesa» di San Salvatore alle Coppelle. Dopo aver stilato l'inventario dei beni lasciati dallo straniero deceduto e averne consegnato copia agli eredi e al Vicariato, la compagnia terminò le procedure con gli offici funebri e il seppellimento della salma. Sul tema della morte e della pietà ad essa associata, converse l'interesse di gran parte dei sodalizi. Morichini scrisse che le confraternite di Roma recarono a sepoltura non soltanto i confratelli «ma anche gli stranieri».[38] Sappiamo che all'Orazione e Morte si iscrissero persone abili a svolgere «carichi dell'Archiconfraternità» sotto la guida degli officiali. I maestri dei novizi registrarono nomi e cognomi dei nuovi iscritti, le loro patrie di provenienza, le loro professioni e i loro luoghi di residenza,[39] mentre il provveditore dei morti tenne aggiornato un libro, nel quale riportò i nomi e i cognomi, i luoghi di origine, di decesso e di sepoltura dei trapassati e anche se furono poveri. Per di più, per concessione di Urbano VIII con breve del 29 novembre 1641, alla compagnia spettò il diritto e il dovere di dare sepoltura ai «cadaveri degl'uccisi, tanto in Roma quanto nelle campagne, avvisati et accertati prima della recognitione fatta dalla curia di monsignor governatore di Roma».[40]

Un caso interessante fu quello della compagnia dei Santi Crispino e Crispiniano dei calzolai, che nel XVII secolo si insediò a Santa Bonosa.[41] Le notizie su questa confraternita sono confuse. Sappiamo che dal XV secolo i calzolai tedeschi in Roma ebbero un proprio sodalizio, anch'esso intitolato ai santi Crispino e Crispiniano, che si occupò di soccorrere i confratelli poveri e, dopo il loro decesso, di seppellirli al Campo Santo Teutonico.[42] Sem-

vegno, Ravenna, 24 settembre 2010, a cura di G. Zacchè, Modena 2011, pp. 39-40 e Maroni Lumbroso, Martini, *Le confraternite*, pp. 376-378.

38. C.L. Morichini, *Degl'istituti di pubblica carità ed istruzione primaria e delle prigioni in Roma*, I, Roma 1842, p. 155.

39. *Statuti della vener. Archiconfraternità della Morte et Oratione*, Roma 1590, p. 48.

40. ASVR, Atti della segreteria, 43, ff. 184-188.

41. *Ibidem*, 43, f. 76. Devono ancora essere chiariti i dati storici del sodalizio. Vedi anche Maroni Lumbroso, Martini, *Le confraternite*, pp. 102-103.

42. De Waal, *Der Campo Santo*, pp. 180-182 e 246-247; A. Schmidt, *Das Archiv des Campo Santo Teutonico*, in «Römische Quartalschrift», Supplement, 31 (1967), pp. 34-35, 44 e 77-78; Fiorani *et al.*, *Repertorio degli archivi*, p. 271.

brerebbe, dunque, che vi fossero due compagnie di calzolai: una composta di tedeschi, che si riunì in Sant'Agostino e poi, dal 1681, in una cappella nella Schola Sutorum (oggi tra via Sant'Anna e via Monte della Farina) e una di esercenti l'arte di diverse nazionalità, che dal 1662 si riunì in Santa Bonosa. Se così fu, entrambe si posero sotto la protezione dei Santi Crispino e Crispiniano.

Altri casi da segnalare sono i seguenti: dal 1648, nella casa professa della Compagnia di Gesù, si riunì una congregazione di sacerdoti del clero secolare denominata dell'Immacolata Concezione, la quale si impegnò a migliorare la vita spirituale dei sacerdoti e attraverso di essi, dei fedeli. I partecipanti alle riunioni si dedicarono alla meditazione e alle pratiche di pietà, tra cui l'esercizio della buona morte. La Congregazione aprì le porte agli ecclesiastici di passaggio, affinché da quella esperienza traessero vantaggio per «l'edificatione di tutte le nationi straniere».[43] Nell'ambito di una decisa azione di contrasto delle devianze morali, la Compagnia della Divina Grazia sotto l'invocazione del SS.mo Sacramento fondata nella chiesa di Santa Maria in Portico in Campitelli (un'agguerrita confraternita decisa a procurare ad ogni costo la salute delle anime e a farsi capostipite di tutte le altre compagnie che cercarono di ottenere il medesimo risultato), propose una lunga serie di esercizi spirituali e di comportamenti penitenziali a chiunque volesse praticarli, anche vivente in clausura e in «lontani paesi».[44] Una proposta così ferma di vita religiosa fu pienamente in linea con l'edificazione di Roma come luogo santo. Quindi, l'Arciconfraternita del Santissimo Nome di Maria, sorta in seguito alla rottura dell'assedio di Vienna nel 1683, dispose nei propri statuti, poco dopo, nel 1689, che fossero accolti «tutti li christiani cattolici esistenti nel grembo della Santa Madre Chiesa di qualsivoglia qualità e conditione indistintamente». In sostanza, i fedeli d'ogni nazione.[45]

Prima di concludere, vorrei sottolineare che non conosciamo la consistenza della rete d'assistenza imbastita dalle confraternite romane per i bisognosi di altri paesi. Abbiamo l'esempio dell'Arciconfraternita di San Girolamo della Carità, che erogò sussidi dotali a ragazze povere di Città di Castello,[46] ma del fenomeno di assistenza a distanza, che fu largamente diffuso a Roma, al momento non ne ravvisiamo l'entità. Riassumo, infine,

43. ASVR, Atti della segreteria, 43, ff. 90-91.

44. *Ibidem*, ff. 109-124v.

45. Cfr. le *Regole e statuti della Venerabile Archiconfraternità del Santissimo Nome di Maria*, Roma 1689, pp. 2-3 e 14.

46. ASVR, Atti della segreteria, 43, ff. 106-106v.

le origini del sodalizio dei polacchi in Roma e cito un episodio riguardante la Compagnia della Madonna della Purificazione degli Ultramontani di Banchi, che adunò letterati e curiali delle nazioni francofone in Roma. Nel 1575 il cardinale Stanislao Osio (Stanisław Hozjusz), vescovo di Varmia (Ermland) e penitenziere maggiore, con il consenso di Gregorio XIII e la collaborazione del cardinale vicario Giacomo Savelli, scelse la chiesa di San Salvatore *in Pensilis* (de Sorraca), nel rione Campitelli, in contrada Botteghe Oscure, per destinarla a sede di ospitalità dei pellegrini polacchi.[47] La chiesa dipese dal capitolo di San Marco e fu parrocchia. Con il consenso del papa e del cardinale vicario, la cura delle anime fu trasferita alla vicina parrocchia di Santa Lucia alle Botteghe Oscure.[48] Il 16 ottobre 1578 Gregorio XIII concesse la chiesa di San Salvatore alla nazione polacca. Il cardinale Osio morì nel 1579, i polacchi eressero un ospedale e un ospizio annessi alla chiesa, redassero gli statuti della compagnia nazionale e si impegnarono a ricevere «tutti li poveri polacchi che con il permesso dei rispettivi loro vescovi» sarebbero venuti a Roma. Nel 1598 la confraternita dedicò la chiesa a San Stanislao.[49] L'esempio settecentesco della Compagnia della Madonna della Purificazione degli Ultramontani di Banchi, invece, riguarda la decisione dei dirigenti di rivolgersi al cardinale vicario per dirimere controversie interne al sodalizio.[50] Entrambi questi riferimenti vogliono mettere in luce l'interrelazione che vi fu tra le chiese nazionali e la Chiesa diocesana di Roma.

47. Come affermò l'Armellini, questa chiesa prese il nome da un lupanare che le fu contiguo: M. Armellini, *Le chiese di Roma dal secolo IV al XIX*, Roma 1891, pp. 568-569. Altri ritengono, invece, che costruita nel medioevo sui resti del Circo Flaminio, prese il titolo dalle fornaci del circo. L'appellativo "de Sorraca" derivò da una famiglia con questo nome.

48. In seguito all'editto Savelli del 1569 la chiesa di S. Lucia alle Botteghe Oscure divenne filiale di S. Marco. Tra il 1559 e il 1597 ricevette le competenze territoriali delle soppresse cure di S. Caterina dei Funari e dei SS. Quaranta Martiri: *Fonti per la storia della popolazione*, 1, *Le scritture parrocchiali di Roma e del territorio vicariale*, Roma 1990, p. 56.

49. Presiedette la cerimonia il cardinale Giorgio de Radziwill, vescovo di Cracovia. Il racconto della fondazione della comunità nazionale e degli eventi successivi fino all'Ottocento si trova in ASVR, Atti della segreteria, Varie, 18, ff. 1-11. Molto tempo dopo, nel 1800, la compagnia aprì le porte della sua chiesa alle adunanze della Pia Unione di S. Paolo Apostolo, fondata dal gesuita Luigi Felici, eretta dal cardinale vicario Giulio Maria della Somaglia il 17 marzo 1797, attiva negli ospedali e presente in S. Maria in Cappella per l'istruzione religiosa dei marinai, punto di riferimento per sacerdoti e laici impegnati nella formazione cristiana dei fedeli.

50. ASVR, Atti della segreteria, 43, ff. 248-248v.

Dunque, possiamo dire, in sintesi, che gli immigrati scelsero di rivolgersi o meno alla compagnia nazionale e di appartenere ai sodalizi di devozione romani, che le compagnie nazionali furono partecipi delle attività religiose della Chiesa locale, che gli stranieri e i forestieri, come i cittadini romani, dipesero gli organismi di governo e dalle parrocchie (non solo per la cura spirituale, ma per gli obblighi normativi relativi ai comportamenti e ai precetti liturgici) e che la loro «romanità» passò attraverso l'accettazione del sistema istituzionale, sociale e religioso vigente. Concludo con l'auspicio che queste poche osservazioni possano essere d'aiuto a nuove e più approfondite ricerche su Roma e il suo popolo in età moderna.

Matteo Binasco

Le comunità anglo-celtiche nella Roma del XVI e XVII secolo

Tracciare ed analizzare il processo di radicamento delle comunità anglo-celtiche nella Roma del XVI e della prima metà del XVII secolo è un esercizio particolarmente difficile. Nonostante la comune provenienza da quell'area geografica che viene genericamente indicata come "British Isles", gli inglesi, gli irlandesi e gli scozzesi che arrivarono e si stabilirono a Roma lo fecero in tempi e con modalità estremamente differenti.

A prima vista un primo elemento di forte differenziazione è dato proprio dagli iniziali contatti che ciascuna delle tre comunità sviluppò con la città. La comunità inglese è quella che si era radicata per prima, e più precisamente già dall'VIII secolo quando venne fondata la *Schola Saxonum*.[1] Nel basso medioevo questo legame si rafforzò ulteriormente attraverso gli ospizi di San Tommaso, e di San Edmundo, fondati rispettivamente nel 1361 e nel 1396.[2] Oltre a queste due strutture, la presenza inglese era anche attestata in curia, dove, a partire dal 1300, si registrò una certa presenza di procuratori «angli», che avevano contribuito a rafforzare i legami fra il regno d'Inghilterra e la Corte Pontificia.[3]

1. M. Perraymond, *Le scholae peregrinorum nel borgo di S. Pietro*, in «Romanobarbarica», 4 (1979), pp. 183-200; J. Champ, *The English Pilgrimage to Rome. A Dwelling for the Soul*, Leominster 2000, pp. 13-39; N. Howe, *Rome: Capital of Anglo-Saxon England*, in «Journal of Medieval and Early Modern Studies», 34/1 (2004), pp. 147-172.

2. M. Harvey, *The English in Rome, 1362-1420. Portrait of an Expatriate Community*, Cambridge 1999, pp. 10-78; di Harvey vedi anche *England, Rome, and the Papacy, 1417-1464. The Study of a Relationship*, Manchester 1993; B. Linares, *The Origin and the Foundation of the English Hospice*, in *The English Hospice in Rome*, a cura di The Venerable English College, Rome 2012, pp. 15-42; J. Ibbet, *The Hospice of St. Edmund in Trastevere*, *ibidem*, pp. 82-98.

3. M. Vendittelli, *"In Partibus Angliae". Cittadini romani alla corte Inglese nel Duecento: la vicenda di Pietro Saraceno*, Roma 2001; T. Boesplug, *La Curie au temps de*

Rispetto agli inglesi, il processo di radicamento a Roma degli irlandesi e scozzesi fu più problematico. Nel caso degli scozzesi, essi riuscirono a fondare un ospizio presso la chiesa di Sant'Andrea delle Fratte, che verosimilmente fu attivo dal 1450.[4] Ancora più travagliata fu l'esperienza degli irlandesi che non riuscirono a fondare alcun ospizio o chiesa fra il XIV ed il XV secolo, un evidente contrasto con altre comunità che, durante questo periodo, eressero una o addirittura entrambe queste strutture.[5] L'unica eccezione di rilievo fu un misterioso ospizio, fondato nel 1413, per il sostegno del clero che si recava in visita a Roma, ma di cui non si riesce a tracciare lo sviluppo e la fine a causa della mancanza di fonti.[6] Questa assenza di una struttura dedicata può essere imputata alla scarsa presenza irlandese, sia ecclesiastica che laica, a Roma nel XV secolo. Più in generale la città non sembrava attirare l'interesse dei laici irlandesi. Un dato che conferma questo aspetto è fornito dal numero di irlandesi che, nel tardo XV secolo, s'iscrissero alla confraternita di Santo Spirito in Sassia, eretta da Sisto IV (1414-1484) nel 1478. I registri della confraternita riportano soltanto i nomi di ventisei irlandesi fra il 1484 ed il 1500, un numero esiguo rispetto agli ottantuno scozzesi, e soprattutto ai 269 inglesi che vi aderirono in quel periodo.[7]

Boniface VIII. Étude prosopographique, Roma 2005; fra il 1466 ed il 1555 fu attestata la presenza di dodici procuratori scozzesi presso il tribunale della Sacra Rota. Vedi ASV, Sacra Romana Rota, Manualia Actorum, vol. 1, f. 98; vol. 3, ff. 51; vol. 4, ff. 55, 105, 243v; vol. 11, f. 44; vol. 28, f. 433v; vol. 37, f. 217; vol. 43, ff. 63, 110; vol. 263, f. 324v; J.T. Robertson, *Scottish Legal Research in the Vatican Archives: A Preliminary Report*, in «Renaissance Studies», 2/2 (1988), pp. 339-346.

4. C. Fanucci, *Trattato di tvtte l'opere pie dell'alma citta di Roma,* Roma 1601, pp. 90-92; ASV, Archivio della Valle Del Bufalo, busta 99, fasc. 13, pp.77-78. L'ipotesi che l'ospizio di Sant'Andrea delle Fratte fu fondato alla fine dell'undicesimo secolo dal re Malcom III (1031-1093) e da sua moglie Margherita (1045-1093) rimane tuttora da verificare nelle fonti. Vedi R. Anderson, *Rome Churches of Special Interest for English-Speaking People*, Vatican City 1982; D. McRoberts, *The Scottish National Churches in Rome. I. The Medieval Church and Hospice of Sant'Andrea delle Fratte*, in «Innes Review», 1/2 (1950), pp. 112-116.

5. Per un quadro generale sulla fondazione delle chiese e degli ospizi nazionali fra il XIV secolo ed il XV secolo vedi A. Esposito, *Un'altra Roma. Minoranze nazionali e comunità ebraiche tra Medioevo e Rinascimento*, Roma 1995; M. Sanfilippo, *Roma nel Rinascimento: una città di immigrati,* in *Le forme del testo e l'immaginario della metropoli*, a cura di B. Bini e V. Viviani, Viterbo 2009, pp. 73-85.

6. ASMA, A II, t. 1, f. 61rv; K. Walsh, *The Roman Career of John Swayne, Archbishop of Armagh, 1418-1439: Plans for an Irish Hospice in Rome*, in «Seanchas Ard Mhacha. Journal of the Armagh Diocesan Historical Society», 11, 1 (1983-1984), pp. 1-21.

7. P. Egidi, *Liber fraternitatis S. Spiritus et S. Mariae in Saxia de Urbe: cod. Lancisiano, n. 328*, in *Necrologi e libri affini della provincia romana*, a cura di Id., Roma 1914,

Sulla base di queste premesse la comunità inglese era quella che appariva maggiormente inserita nel contesto della città. La fondazione dei due ospizi, che nel 1464 vennero uniti in un'unica amministrazione, favorì il rafforzamento dei legami con la madrepatria. In particolare l'ospizio di San Tommaso venne progressivamente identificato come un centro di aggregazione.[8] Un elemento che mette in risalto questo aspetto è il numero dei pellegrini che l'ospizio poteva ospitare. Basti pensare che fra il 1504 ed il 1507 ben 489 pellegrini furono accolti in questa struttura.[9] Un'altra caratteristica che mette in evidenza la capacità aggregativa dell'ospizio è che, già dalla fine del XIV secolo, era dotato di una cappella dedicata a San Tommaso, a cui venne annesso un cimitero alla metà del XV secolo.[10]

Questa capacità aggregativa non era invece riscontrabile nell'ospizio scozzese di Sant'Andrea delle Fratte. Secondo le poche informazioni disponibili, l'ospizio consisteva di una casa con annessa una piccola chiesa, dedicata a Sant'Andrea, dove venivano sepolti «quelli della natione». Questa struttura, che funzionò anche come la loro prima chiesa nazionale, fu però caratterizzata da una cronica carenza di fondi, tanto che, nel 1511, venne affidata al controllo della famiglia Del Bufalo.[11]

Con lo scisma anglicano le comunità anglo-celtiche di Roma andarono incontro a dei profondi cambiamenti. I maggiori sconvolgimenti si verificarono dopo l'ascesa al trono della regina Elisabetta nel 1558, quando si registrò un deciso impulso al processo di uniformità alla chiesa anglicana. Le promulgazioni dell'Act of Uniformity e dell'Act of Supremacy, rispettivamente nel 1558 e nel 1559, portarono ad un crescente clima di intolleranza verso i cattolici che da quel momento non poterono più essere

vol. 2, pp. 107-446. Sulle confraternite romane vedi M. Maroni Lumbroso, A. Martini, *Le confraternite romane nelle loro chiese*, Roma 1963. Sull'ospedale di Santo Spirito in Sassia vedi P. De Angelis, *L'Ospedale apostolico di Santo Spirito in Saxia nella mente e nel cuore dei papi*, Roma 1956; J. Harris, *Greeks at the Papal Curia in the Fifteenth Century: The Case of George Vranas, Bishop of Dromore and Elphin*, in *Greeks, Latins, and Intellectual History, 1204-1500*, a cura di M. Hinterberger e C. Schabel, Leuven 2011, pp. 423-438. Ringrazio la Professoressa Anna Esposito per avermi dato delle utili indicazioni sulla confraternita di Santo Spirito in Sassia.

8. Harvey, *The English in Rome*, p. 86.

9. AVCAU, Liber 1, ff. 29r-32r.

10. AVCAU, Membrane, 25.3.1446; BAV, Vaticani Latini, 12159, ff. 98, 176, 206rv.

11. Fanucci, *Trattato di tvtte l'opere pie*, pp. 90-92; ASV, Archivio della Valle Del Bufalo, busta 99, fasc. 13, pp. 77-78

ammessi nelle università inglesi e scozzesi, dovendo così ripiegare sulle università continentali per completare la loro educazione.[12]

Gli effetti dell'inasprimento delle leggi anti-cattoliche e delle crescenti persecuzioni non tardarono a farsi sentire a Roma. Già nel 1560 un anonimo memoriale suggeriva a Pio IV (1499-1565) di usare le rendite dell'ospizio di Tommaso per trasformarlo in un collegio per la formazione di preti, che dovevano tornare in patria come missionari.[13] La richiesta appariva più che giustificata se si considera che il legame con la corona inglese, che aveva finanziato l'ospizio dal 1496, si era interrotto nel 1538, quando Paolo III (1468-1549) aveva deciso di affidare l'intera struttura al controllo del cardinale Reginald Pole (1500-1558).[14]

Questo drastico passaggio di controllo, unito ad un calo dei pellegrini provenienti dall'Inghilterra, nonché alla necessità di fondare delle istituzioni sul continente per educare un clero missionario in chiave anti-protestante, fu la premessa che portò alla nascita del Collegio inglese, che venne ufficialmente fondato nel 1579.[15] Nella bolla di fondazione promulgata da Gregorio XIII (1502-1585) emergono con chiarezza due punti cruciali: il primo è che il collegio veniva costituito dentro le strutture dell'ospizio; il secondo è che nel documento si faceva espressamente menzione di una chiesa, che era intitolata a San Tommaso Martire, e che, come il collegio, doveva essere sostenuta tramite le rendite delle proprietà dell'ospizio.[16]

Durante il pontificato di Gregorio XIII anche gli scozzesi cercarono di riutilizzare il proprio ospizio per poterlo trasformare in un collegio missionario. Il primo che avanzò questa proposta fu Alexander Seton, figlio di George Seton (1531-1586),[17] uno dei più ferventi sostenitori della re-

12. H. Hammerstein, *Aspects of the Continental Education of Irish Students in the Reign of Elisabeth I*, in «Historical Studies», III (1971), pp. 137-153.

13. ASV, Armadio LXIV, vol. 28, ff. 299-300.

14. B. Newns, *The Hospice of St. Thomas and the English Crown, 1474-1538*, in *The English Hospice*, pp. 145-176; AVCAU, Liber 4, f. 370.

15. M.E. Williams, *The Venerable English College, Rome: A History, 1579-1979*, London 1979, pp. 1-6. Sui contrasti fra gli studenti inglesi e quelli gallesi all'interno del collegio vedi J.A. Nice, *Being "British" in Rome: The Welsh at the English College*, 1578-1584, in «The Catholic Historical Review», XCII, 1 (2006), pp. 1-24.

16. ARS, Camerale III, Organi e uffici preunitari, Istituzioni di beneficenza ed istruzione 1552-1896 - collegi, busta 2046, ff. 1rv-2rv. Per la traduzione inglese del testo vedi Williams, *The Venerable English College*, Appendix III, pp. 210-219.

17. Alexander Seton fu un convittore del Collegio germanico da metà giugno a metà settembre del 1571. Da metà settembre di quell'anno fino ai primi di dicembre del 1578 fu con-

gina Maria Stuart (1542-1587).[18] La sua richiesta, sostenuta in apparenza dalla regina stessa, fu probabilmente presentata a Gregorio XIII nel 1578, che però la rigettò, decidendo di donare l'intera struttura alla confraternita del Santissimo Sacramento nel 1585.[19] Il progetto di utilizzare l'ospizio per fondare un collegio continuò, però, almeno fino alla fine del XVI secolo grazie alle petizioni portate avanti dal vescovo William Chisholm († 1593) e soprattutto dal gesuita James Tyrie (1543-1597), che, secondo un rapporto redatto nel 1597 da una spia inglese, era definito il «capo degli scozzesi» a Roma.[20] Fu proprio quest'ultimo, tramite le sue richieste, a convincere Clemente VIII, che, nel 1600, autorizzò la fondazione del Collegio scozzese, posto sotto il controllo di Camillo Borghese (1552-1621), cardinale protettore di Scozia. Nella bolla di fondazione era chiaramente specificato che veniva donato un edificio appartenente alla Camera Apostolica, ubicato vicino alla chiesa di Santa Maria di Costantinopoli, che doveva servire per la fondazione di un collegio per la formazione dei giovani preti scozzesi.[21]

È strano notare come proprio durante il pontificato di Gregorio XIII, caratterizzato da un forte sostegno alla creazione di una serie di collegi per la formazione del clero missionario,[22] non venne eretta nessuna struttura a favore degli irlandesi a Roma. L'ipotesi più accreditata è quella secondo

vittore nel Collegio Romano. Vedi M. Dilworth, *Scottish Students at the Collegium Germanicum*, in «Innes Review», 19 (1968), 15-22; sulla presenza degli stranieri nel Collegio Romano fra il Cinquecento ed il Seicento vedi P. Broggio, *L'Urbs e il mondo. Note sulla presenza degli stranieri nel Collegio Romano e sugli orizzonti geografici della "Formazione Romana" tra XVI e XVII secolo*, in «Rivista di Storia della Chiesa in Italia», 1 (2002), pp. 81-120.

18. Sulla percezione della Scozia e sulla morte della regina Maria nella letteratura italiana del Seicento vedi S. Villani, *From Mary Queen of Scots to the Scottish Capuchins: Scotland as a Symbol of Protestant Persecution in Seventeenth-Century Italian Literature*, in «The Innes Review», 64, 2 (2013), pp. 100-119.

19. Fanucci, *Trattato di tvtte l'opere pie*, pp. 91-92.

20. British Library, Harley MSS 588, f. 15; sull'opera dei Gesuiti scozzesi nel Cinquecento vedi T. M. McCoog, SJ, *The Society of Jesus in Ireland, Scotland, and England, 1589-1597. Building the Faith of Saint Peter's upon the King of Spain's Monarchy*, Farnham 2012.

21. Aberdeen University Library, Special Collections, Scottish Catholic Archives, SCA CA/3/1; M. Dilworth, *Beginnings, 1600-1707*, in *The Scots College*, Rome, 1600-2000, a cura di R. McCluskey, Edinburgh 2000, pp.19-20; per un quadro generale sui collegi scozzesi in Europa fra Cinquecento e tardo Settecento vedi T. McInally, *The Sixth Scottish University: The Scots College Abroad: 1575 to 1799*, Leiden 2012.

22. R.M. Wiltgen, *Propaganda is Placed in Charge of the Pontifical Colleges*, in *Sacrae Congregationis de Propaganda Fide Memoria Rerum*, a cura di J. Metzler, Rom 1971, vol. I/1, pp. 483-505.

la quale il pontefice aveva inizialmente stanziato dei fondi per fondare un collegio, che però vennero destinati per sostenere la ribellione anti-inglese nella provincia del Munster nel 1579.[23]

La mancanza di una chiesa o di un collegio a loro dedicato portò gli irlandesi a doversi appoggiare alle strutture preesistenti di altre comunità. Ciò fu particolarmente evidente negli ultimi decenni del Cinquecento, quando stabilirono un legame con la comunità tedesca, ed in particolare con il Collegio germanico e con la chiesa di Santa Maria dell'Anima. Nel primo caso il collegio accettò sei studenti irlandesi fra il 1562 ed il 1580.[24] Nel secondo caso invece il legame si esplicitò nel 1598 con la nomina di David Kearney (1568-1625) a cappellano della chiesa, dove sarebbe rimasto fino al 1600.[25] Ancor prima della nomina di Kearney, Santa Maria dell'Anima aveva ospitato, nel 1582, la celebrazione per l'ordinazione di tre vescovi irlandesi.[26]

Nei primi due decenni del Seicento la situazione non registrò significativi cambiamenti. La differenza principale fra le tre comunità delle "British Isles" di Roma continuò ad essere legata al fatto che gli irlandesi non avevano ancora fondato un collegio o una chiesa che potessero funzionare come un polo di aggregazione. L'assenza di un collegio irlandese contrastava con la capacità del Collegio inglese, ed in tono minore, di quello scozzese, che avevano ormai stabilito un *network* missionario con le ri-

23. J. Silke, *The Irish Abroad, 1534-1691, in the Age of the Counter-Reformation*, in *A New History of Ireland. Early Modern Ireland, 1534-1691*, a cura di T.W. Moody, F.X. Martin, F. J. Byrne, Oxford 1976, vol. III, p. 618.

24. A. Bellesheim, *Geschichte der katholischen Kirche in Irland von der Einführung des Christenthums bis auf die Gegenwart*, Mains 1890-1891, vol. II, pp. 714-715. L'ultimo studente irlandese ad essere ammesso nel Collegio Germanico fu David Rothe nel 1607. Vedi Archivio Storico del Collegio germanico-ungarico, Liber iuramentorum 1584-1627, Fondo Historica, "Nomina alumnorum Collegii Germanici et Hungarici", no. 42; M. Curran, *Our Predecessors. 1. Irishmen in the Germanicum*, in «Manuscript Journal of Irish College», IV, 3 (1928), pp. 26-36.

25. Prima di Kearney, John Bole, arcivescovo di Armagh dal 1457 al 1470-71, aderì alla confraternita di Santa Maria dell'Anima dal 1457 al 1464. Vedi *Liber Confraternitas B. Marie de Anima Teutonicorum de Urbe*, a cura di C. Jänig, Romae 1875, 11, p. 20. ASMA, A VI, t. 3, f. 248v; A. Hudal, *Promemoria sui Diritti dei Neerlandesi all'Anima*, Roma 1923, p. 23; F. Ó Fearghail, *Irish Links with Santa Maria dell'Anima in Rome*, in «Seanchas Ard Mhacha. Journal of the Armagh Diocesan Historical Society», 22, 2 (2009), pp. 33-41; *S. Maria dell'Anima: zur Geschichte einer "deutschen" Stiftung in Rom*, a cura di M. Matheus, Berlin 2010.

26. BAV, Urbinati Latini, 1050, f. 159; *Hierarchia catholica medii aevi*, a cura di C. Eubel, Regensburg 1910, vol. III, pp. 212, 282, 322.

spettive madrepatrie. I registri dei due collegi mettono in evidenza questo aspetto. Fra il 1579 ed il 1619 il Collegio inglese aveva ammesso ben 611 studenti. Minore era invece la capacità ricettiva del Collegio scozzese, che accettò 64 studenti fra il 1602 ed il 1615.[27]

Quello che stupisce maggiormente della comunità irlandese di Roma nei primi del Seicento è che annoverava figure di spicco, sia a livello politico che a livello religioso, che avrebbero potuto portare avanti delle iniziative per fondare un collegio o una chiesa nazionale. Questa anomalia diventa ancora più evidente se si considera che, dal 1598, risiedeva in curia Peter Lombard, uno dei religiosi più autorevoli ed influenti di tutta l'isola. Nonostante il crescente prestigio acquisito a seguito della sua nomina, nel 1602, a consultore nella Congregazione sulla grazia divina, Lombard non dimostrò alcun interesse a fondare una struttura per i propri connazionali a Roma.[28] Il prelato si limitò ad ospitare un imprecisato numero di studenti irlandesi nella sua abitazione in Strada Gregoriana, dove viveva dal 1612.[29]

La mancata fondazione di una struttura per gli irlandesi divenne ancora più tangibile quando, nel 1608, arrivarono a Roma i conti Hugh O'Neill (c. 1550-1616) e Rory O'Donell (1575-1608), i principali leader dei clan gaelici dell'Ulster, con i loro familiari e seguaci. Sin dal loro arrivo, ai due conti e al loro seguito furono accordati un trattamento di riguardo tanto da essere invitati, come ospiti d'onore, alla cerimonia per la canonizzazione di Santa Francesca Romana a fine maggio del 1608.[30] Tuttavia, nonostante l'alta considerazione ed il supporto del papa che concesse ai conti l'utilizzo di Palazzo Salviati, O'Neill si dimostrò completamente disinteressato

27. Aberdeen University Library, Special Collections, Scottish Catholic Archives, SCA CA/3/3, pp. 2-3; BAV, Barberini Latini, 8629, ff. 26-27; *Liber Rvber Venerabilis Collegii Anglorvm de Vrbe*, a cura di W. Kelly, London 1940, vol. I, pp. 4-194.

28. B. Boute, *Our Man in Rome: Peter Lombard, Agent of the University of Louvain at the Grand Theatre of European Politics, 1598-1612*, in *The Ulster Earls and Baroque Europe. Refashioning Irish Identities, 1600-1800*, a cura di T. O'Connor e M. A, Lyons, Dublin 2010, pp. 111-131.

29. BAV, Barberini Latini, 8928, ff. 37r-38r; I. Fennessy, *Patrick Roche of Kinsale and St. Patrick's College, Rome*, in «Journal of the Cork Historical and Archaeological Society», 100 (1995), pp. 91-104.

30. Sulla partecipazione dei conti alla cerimonia di canonizzazione di Santa Francesca Romana vedi M. Mac Craith, *Early Modern Catholic Self-Fashioning: Tadgh Ó Cianain, the Ulster Earls and Santa Francesca Romana*, in *The Ulster Earls and Baroque Europe*, pp. 242-261; su Santa Francesca Romana vedi *La canonizzazione di Santa Francesca Romana, santità, cultura e istituzioni a Roma tra Medioevo ed età moderna*, Atti del convegno internazionale, Roma, 19-21 novembre 2009, Firenze 2013.

ai problemi dei suoi connazionali in città, preferendo invece dedicarsi ad elaborare una strategia per fare ritorno in Irlanda.[31]

Sia i conti che i rispettivi seguaci usarono la chiesa di San Pietro in Montorio e quella di Santo Spirito in Sassia come punti di riferimento. Nella prima furono seppelliti O'Neill e O'Donell, assieme ad altri sei influenti nobili della loro cerchia.[32] Nella seconda invece ci sono tracce d'irlandesi già dal 1599. Infatti il libro dei morti riporta i nomi di venticinque «hibernesi» che, fra il 1599 ed 1640, furono sepolti nella cripta della chiesa.[33] A prima vista la scelta di San Pietro in Montorio come luogo di sepoltura dei due conti era giustificata dai forti legami esistenti fra questa chiesa e la monarchia spagnola, il tradizionale alleato dei cattolici irlandesi fra la fine del Cinquecento e la prima metà del Seicento.[34] L'utilizzo di Santo Spirito in Sassia appare invece più difficile da comprendere, soprattutto se si considera che, nelle sepolture, la chiesa veniva indicata come «nostra». Un'ulteriore prova del legame fra questa chiesa e la comunità irlandese

31. T. Ó Cianáin, *The Flight of the Earls*, a cura di P. Walsh, Maynooth 1916, pp. 169-171; *Turas na dTaoiseach nUltach as Éirinn from Ráth Maoláin to Rome*, a cura di N. Ó Muraíle, Rome 2007, pp. 342-343, 564; C.P. Meehan, *The Fate and Fortunes of Hugh O'Neill, Earl of Tyrone, and Rory O'Donel, Earl of Tyrconnel; Their Flight from Ireland, Their Vicissitudes Abroad, and Their Death in Exile*, Dublin 1868; su Hugh O'Neill vedi H. Morgan, *Tyrone's Rebellion: The Outbreak of the Nine Years War in Tudor Ireland*, Woodbridge 1993; B. MacCuarta, *Papal Privileges for Ulster Churches, 1608*, in «Seanchas Ard Mhacha. Journal of the Armagh Diocesan Historical Society», 21-22, 1-2 (2007-2008), pp. 59-68; F. Ó Fearghail, *The Tomb of Hugh O'Neill in San Pietro in Montorio in Rome*, *ibidem*, pp. 69-85; per il contesto europeo dell'arrivo dei conti a Roma vedi J. McEvoy, *The Soujourn of the Ulster Earls at Louvain*, in *The Ulster Earls and Baroque Europe*, pp. 1-38; J. Bergin, *The Europe that the Earls Encountered*, *ibidem*, pp. 5-17.

32. ASVR, *Liber Mortuorum di Santo Spirito in Sassia*, vol. I, 1591-1621, ff. 59v, 60r, 65v, 72r, 77v, 92r, 96v, 110r, 112v.

33. *Ibidem*, vol. I, 1591-1621, ff. 24r, 25v, 33r, 58v, 59v, 60r, 65v, 66v, 71rv, 73r, 93v, 100v, 107v, 122r; vol. II, 1619-1652, ff. 6r, 13r, 30v, 31r, 70v, 101r, 116r.

34. E. Fitzpatrick, *San Pietro in Montorio, Burial-Place of the Exiled Irish in Rome*, in «History Ireland», XV, 4 (2007), pp. 46-51; su San Pietro in Montorio e più in generale sull'influenza spagnola su Roma vedi F. Cantatore, *San Pietro in Montorio. La chiesa dei Re Cattolici a Roma*, Roma 2007; *La corte di Roma tra Cinquecento e Seicento*, a cura di G. Signorotto e M.A. Visceglia, Roma 1998; *Spain in Italy: Politics, Society, and Religion 1500-1700*, a cura di T.J. Dandelet e J. Marino, Leiden 2007; T.J. Dandelet, *Spanish Rome, 1500-1700*, New Haven 2008; *The Spanish Presence in Sixteenth-Century Italy: Images of Iberia*, a cura di P. Baker-Bates e M. Pattenden, Farnham 2015; sui legami fra la corona spagnola e l'Irlanda vedi *Irlanda y la monarquía hispánica: Kinsale 1601-2001: guerra, política, exilio y religión*, a cura di E. García Hernán, M.A. Bunes, O. Recio Morales, Madrid 2002; I. Pérez Tostado, *Irish Influence at the Court of Spain in the Seventeenth*

è rappresentata dalle ordinazioni di dodici preti irlandesi fra il 1615 ed il 1624, che furono celebrate da Lombard.[35] Lo stesso prelato venne seppellito a Santo Spirito in Sassia, nella cappella di Sant'Agostino, ai primi di settembre del 1625.[36] Dopo la morte di Lombard il legame fra gli irlandesi e la chiesa di Santo Spirito in Sassia si affievolì però rapidamente, tanto che nel periodo successivo al 1640 un solo irlandese vi fu sepolto.[37]

Il fatto che sia O'Neill che Lombard non sostennero la fondazione di nessun collegio continuò a giocare contro la comunità irlandese di Roma, che veniva percepita come marginale e priva di influenza in curia. Secondo la maggior parte del clero dell'isola, l'erezione di un seminario sarebbe servita per dare un'immagine differente dell'Irlanda e degli irlandesi a Roma, sui quali c'erano molti pregiudizi. Questo fu chiaramente messo in evidenza in una petizione scritta da una serie di vescovi irlandesi, e che fu presentata al papa probabilmente prima del 1620.[38]

La vera svolta per la comunità irlandese di Roma avvenne fra il 1625 ed il 1628, quando furono fondati il Collegio di Sant'Isidoro, per la provincia francescana d'Irlanda, ed il Collegio irlandese, per la formazione del clero secolare. Rispetto al Collegio inglese e a quello scozzese, in cui l'impulso papale fu determinante, la fondazione dei primi due collegi irlandesi di Roma fu portata avanti dal francescano Luke Wadding (1588-1657), e dal cardinale Ludovico Ludovisi, protettore d'Irlanda dal 1627. Nel caso del collegio francescano, fu Wadding che gestì l'intero processo di fondazione. Egli si appoggiò ad un *network* di influenti amicizie, sia all'interno sia all'esterno della Curia, che aveva costruito sin dal suo arrivo, nel 1618, a Roma in qualità di teologo dell'ambasciata spagnola che doveva definire la dottrina dell'immacolato concepimento della Vergine. Questa rete di autorevoli personalità, fra i quali figuravano Urbano VIII, i due cardinali Antonio e

Century, Dublin 2008; E. García Hernán, *Ireland and Spain in the reign of Philip II*, Dublin 2009; Ó. Recio Morales, *Ireland and the Spanish Empire, 1600-1825*, Dublin 2010. Per un quadro sui legami diplomatici fra Inghilterra e Papato fra il Cinquecento ed il Seicento vedi S. Villani, *Britain and the Papacy: Diplomacy and Conflict in the Sixteenth and Seventeenth Century*, in *Papato e politica internazionale nella prima età moderna*, a cura di M.A. Visceglia, Roma 2013, pp. 301-322.

35. H. Fenning, *Irishmen Ordained at Rome*, 1572-1697, in «Archivium Hibernicum», LIX (2005), pp. 10-12.

36. ASVR, *Liber Mortuorum di Santo Spirito in Sassia*, vol. II, 1619-1652, f. 30v.

37. Il suo nome era Jacob Connelly Rainley, e fu sepolto il 23 agosto del 1661. Vedi ASVR, *Liber Mortuorum di Santo Spirito in Sassia*, vol. III, 1660-1681, f. 6.

38. BAV, Barberini Latini, 4994, f. 50r.

Francesco Barberini, e il cardinale Ludovisi, assicurò al collegio un sostegno finanziario iniziale di quasi 20.000 scudi.[39] Decisamente minore fu invece il supporto dato al collegio secolare, che nacque grazie ad un'iniziativa personale del cardinale Ludovisi, che donò 1.000 scudi per sostenere un limitato numero di studenti secolari in un modesto palazzo vicino a Sant'Isidoro.[40]

Un elemento comune a entrambi i collegi, che veniva chiaramente sancito nelle bolle di fondazione, è che dovevano accettare e preparare dei missionari da inviare in Irlanda per combattere il protestantesimo, allineandosi così ai Collegi inglese e scozzese. Tuttavia, sin da subito, le analogie fra Sant'Isidoro e il collegio secolare furono minori rispetto alle differenze che emersero. Infatti fino al 1657, anno della morte di Wadding, Sant'Isidoro si affermò come l'istituzione per la formazione per eccellenza del clero irlandese a Roma. Questo fu dovuto principalmente a due fattori: il primo fu la maggior capacità di formare e d'inviare missionari in Irlanda; il secondo è che il collegio diventò un centro intellettuale di primo piano per lo studio della teologia scolastica.[41] Al contrario il Collegio irlandese rimase fino al 1660 una struttura periferica, che soffrì della mancanza di un adeguato supporto finanziario e di una serie di forti contrasti fra i rettori e il corpo studentesco.[42]

Con la fondazione di Sant'Isidoro e del Collegio irlandese, la situazione delle comunità anglo-celtiche di Roma era ormai caratterizzata dall'esisten-

39. F. Harold, *Vita Fratris Lucae Waddingi*, Quaracchi 1931, pp. 63-65. Sull'arrivo di Wadding a Roma vedi P. Broggio, *Un teologo irlandese nella Roma del Seicento: il francescano Luke Wadding*, in «Roma moderna e contemporanea», 18, 1-2 (2010), pp. 151-178; T. O'Connor, *Luke Wadding's Networks at Home and Abroad, in The Irish College, Rome, and its World*, a cura di D. Keogh e A. McDonnell, Dublin 2008, pp. 14-23; G. Cleary, *Father Luke Wadding and St. Isidore's College Rome: Biographical and Historical Documents*, Rome 1925; P. Conlan, *St. Isidore's College, Rome*, Roma 1982.

40. ASV, Archivio Boncompagni-Ludovisi, Armadio IX, "Discorso e informazione sopra la erezione del collegio Ibernese fatta dal Cardinale Ludovico Ludovisi nella Città di Roma vicino alla chiesa di San Isidoro", protocollo 317, numero 1, ff. 458-465; APICR, vol. I, ff. 10-107. Sul Collegio irlandese vedi anche *Collegium Hibernorum de Urbe. An Early Manuscript Account of the Foundation and Development of the Ludovisian College of the Irish in Rome, 1628-1678*, a cura di A. McDonnell, Rome 2003.

41. B. Jennings, *Theses Defended at St. Isidore's College, Rome, 1631-1649*, in «Collectanea Hibernica», 2 (1959), pp. 95-105; B. Hazard, *Saint Isidore's Franciscan College, Rome: From Centre of Influence to Site of Memory*, in *Redes de nación y espacios de poder. La comunidad irlandesa en España y la América Española, 1600-1825. Power and Strategies: Spain and Ireland, 1600-1825*, a cura di O. Recio Morales, Valencia 2012, pp.103-114.

42. Per le differenze fra i due collegi vedi M. Binasco, *Gli esuli irlandesi nella Roma del Seicento*, in «Bollettino della Società di Studi Valdesi», 214 (2014), pp. 92-103.

za di strutture che erano state create come base per la formazione di un clero missionario. L'elemento della chiesa nazionale sembrò quindi essere relegato ad una posizione ormai marginale rispetto alla crescente importanza assunta dai collegi. L'unica eccezione di rilievo avvenne fra il 1644 ed il 1646, quando il gesuita William Christie, rettore del Collegio scozzese durante quel biennio, avviò la costruzione di una chiesa per la comunità scozzese. Il suo progetto venne sostenuto finanziariamente da William Thompson, uno dei primi studenti del collegio nonché cappellano della regina Enrica Maria (1609-1669), e da Henrietta Stuart (1573-1642), moglie del cripto cattolico George Gordon, primo marchese di Huntly (1562-1636).[43]

Le scarse informazioni su questa chiesa per il periodo seicentesco impediscono di farsi un quadro preciso delle attività che vi si svolgevano e soprattutto del suo ruolo all'interno della comunità scozzese di Roma. Il primo riferimento ad una sepoltura è della fine di luglio del 1652, quando Robert Watson, uno studente ammesso al collegio nel 1646, vi fu interrato come il «primus in nostra Ecclesia».[44] Tuttavia è solo con l'arrivo a Roma della corte Stuart nel 1719 che la chiesa divenne un punto di aggregazione per la comunità scozzese di Roma. Ancora più importante fu però il ruolo che assunse la basilica dei Santi Dodici Apostoli, che divenne il vero centro d'incontro delle comunità anglo-celtiche di Roma durante il Settecento.[45]

43. Thompson fu accettato nel Collegio scozzese nel 1602. Vedi Aberdeen University Library, Special Collections, Scottish Catholic Archives, SCA CA/3/6, p. 2; D. McRoberts, *The Scottish National Churches in Rome. II. The Present National Church of Sant'Andrea degli scozzesi*, in «Innes Review», 1/2 (1950), pp.120-121; S. Murdoch, *James VI and the Formation of a Scottish Military Identity*, in *Fighting for Identity: Scottish Military Experience, c.1550-1900*, a cura di Id. e A. Mackillop, Leiden 2002, pp. 6-11; R. A. Marks, *The Scots in the Italian Peninsula during the Thirty Years War*, in *The Ulster Earls and Baroque Europe*, pp. 327-348. Su George Gordon vedi J. R. M. Sizer, George Gordon, *First Marquess of Huntly*, in Oxford Dictionary of National Biography, 2004 consultabile alla pagina http://www.oxforddnb.com/view/article/11036.

44. Aberdeen University Library, Special Collections, Scottish Catholic Archives, SCA CA/3/6, p.13; SCA CA/3/3, p.4.

45. Sulla corte Stuart a Roma vedi *The Stuart Court in Rome: The Legacy of Exile*, a cura di E. Corp, Aldershot 2003; Id., *The Jacobites at Urbino: An Exiled Court in Transition*, Basingstoke 2009; Id., *The Stuarts in Italy. A Royal Court in Permanent Exile*, Cambridge 2011; Id., *The Stuart Court and the Patronage of Portrait-Painters in Rome*, in *"Roma-Britannica": Art Patronage and Cultural Exchange in Eighteenth-Century Rome*, a cura di D. R. Marshall, S. Russell, K. Wolfe, London 2011, pp. 39-53; I. Fosi, *Convertire lo straniero. Forestieri e Inquisizione a Roma in età moderna*, Roma 2011; A. Menniti Ippolito, *Il Cimitero acattolico di Roma. La presenza protestante nella città del papa*, Roma 2014.

In conclusione questo intervento ha cercato di tracciare il quadro del processo di radicamento delle comunità anglo-celtiche a Roma fra il XVI e la prima metà del XVII secolo. Fino ai primi del Cinquecento si poteva identificare nell'ospizio di San Tommaso ed in tono molto minore in quello di Sant'Andrea delle Fratte le strutture che potevano funzionare come centri di aggregazione sia per gli ecclesiastici che per i laici di queste comunità. Lo scisma anglicano alterò, però, la percezione di Roma, che venne vista come una base dove fondare strutture che avrebbero contribuito ad educare e rimandare in patria un clero militante formato secondo i dettami della Controriforma. Nonostante le evidenti differenze fra loro, è possibile vedere nei quattro collegi delle comunità anglo-celtiche di Roma un elemento comune, quello di stabilire un *network* missionario fra le rispettive aree di appartenenza. Una frase di Oliver Plunkett (1625-1681), il più prestigioso degli studenti educati nel Collegio irlandese nel Seicento,[46] è emblematica a questo proposito. Secondo Plunkett gli studenti educati a Roma «sanno meglio l'intentione della Sede Apostolica, sanno li principji d'essa»,[47] un'indicazione che la formazione ricevuta nell'Urbe era la migliore per sostenere il cattolicesimo «martire» delle "British Isles".[48]

46. Oliver Plunkett venne ammesso nel Collegio irlandese nel 1649. Dal 1657 al 1669 insegnò teologia nel Collegio Urbano della Sacra Congregazione "de Propaganda Fide". Nel 1669 venne nominato arcivescovo di Armagh, dove sarebbe rimasto fino al 1681, anno dell'esecuzione a Londra. APICR, Liber I, ff. 76r, 86r; Liber XX, f. 1r; H. Concannon, *Blessed Oliver Plunkett: Archbishop of Armagh and Primate of all Ireland; Martyred at Tyburn, 11th July 1681, Dublin 1935; The Letters of Saint Oliver Plunkett, 1625-1681, Archbishop of Armagh and Primate of all Ireland*, a cura di J.J. Hanly, Dublin 1979; J. Gibney, *Ireland and the Popish Plot*, Basingstoke 2009.

47. Archivio della Sacra Congregazione "de Propaganda Fide", Congressi Irlanda, vol.2, f. 725rv.

48. L'espressione di chiesa martire riferita al cattolicesimo delle *British Isles* si trova in R. Po-Chia Hsia, *The World of Catholic Renewal, 1540-1770*, Cambridge 1998, pp. 88-93.

Anu Raunio

Piante tenere del giardino cattolico. I nobili svedesi convertiti al cattolicesimo presso l'Ospizio dei Convertendi di Roma*

1. *Introduzione*

Nell'anno 1673 fu fondato a Roma da membri della Congregazione dell'Oratorio di San Filippo Neri l'Ospizio dei Convertendi, un sodalizio che riceveva sia persone recentemente convertite al cattolicesimo romano, sia quelle desiderose di cambiare fede e forniva loro istruzione religiosa nonché aiuto materiale. Nelle iniziative sia pubbliche che private di assistenza c'era la preoccupazione di abbinare il soccorso materiale alla salvezza spirituale, aspetto caratterizzante della carità romana del Seicento. Il soccorso offerto dai vari ospedali, pubblici, delle arti e di diverse nazioni, era un mezzo per raggiungere uno scopo definito cioè la salvezza dell'anima. Quest'ultima era la più importante e richiedeva una specializzazione degli istituti caritativi, che offrivano un ambiente protetto entro cui si svolgeva un periodo di transizione da uno stato all'altro.[1] Gli stranieri dell'Ospizio romano, convertiti recenti o potenziali che fossero, stavano a cuore alla carità cristiana per aver fatto, come i pellegrini, un sacrificio per la fede. Erano ritenuti meritevoli di aiuto non soltanto perché vivevano in uno stato di povertà, ma anche per la situazione nella quale si trovavano. Erano spesso

* Il presente saggio è apparso sulla rivista «Settentrione» nel 2009 ed è stato rivisto e aggiornato in occasione di questa edizione italiana.

1. B. Pullan, *The Old Catholicism, the New Catholicism, and the Poor*, in *Timore e carità. I poveri nell'Italia moderna*, a cura di G. Politi, M. Rosa, F. della Peruta, Cremona 1982, p. 25; A. Groppi, *Roman Alms and Poor Relief in the Seventeenth Century*, in *Rome-Amsterdam. Two Growing Cities in Seventeenth-Century Europe*, a cura di P. van Kessel e E. Schulte, Amsterdam 1997, pp. 185 e 188; I. Fosi, *Percorsi di salvezza. Preparare le strade, accogliere, convertire nella Roma barocca*, in *La Storia dei Giubilei*, III, Prato 1999, p. 62.

abbandonati dalla famiglia per le simpatie cattolicheggianti e lontani dalla propria patria, alla quale sarebbe stato pericoloso tornare da cattolici.[2]

I documenti relativi alla storia di questo collegio e alle persone da esso accolte sono conservati presso l'Archivio Segreto Vaticano. Ogni ospite della casa veniva diligentemente registrato su un volume intitolato *Primo registro generale degl'ospiti ricevuti dall'anno 1673 a tutto l'anno 1714*.[3] In questo libro erano registrati nome, nazione, provincia e città di provenienza dell'ospite, la sua professione, età, fede prima della conversione, data dell'abiura e della cresima, data di arrivo all'Ospizio e data di partenza, durata della permanenza e, nella sezione *ricapito*, informazioni miscellanee in maniera sintetica. Da questi dati è possibile dedurre che fra gli ospiti della casa, dalle origini internazionali,[4] vi era un numero modesto ma costante di scandinavi: su un totale di 2203 ospiti accolti nel periodo 1673-1706 solo il 4,6% proveniva dai due regni della Scandinavia, che nei secoli XVI e XVII reagirono al cattolicesimo con una legislazione severa: i propri cittadini convertitisi al cattolicesimo rischiavano la confisca dei beni, l'espulsione dal paese e perfino la morte.[5] Visto che la Svezia e la Danimarca si chiudevano al cattolicesimo e visto che i tentativi sporadici di missioni clandestine nel Nord fallirono sovente sul nascere, alla Chiesa cattolica conveniva volgere lo sguardo agli scandinavi recatisi a Roma, meta non soltanto di gentiluomini, ma anche di artisti e artigiani itineranti.[6] Gli svedesi costituivano la stragrande maggioranza di questi ospiti scandinavi, il 73%.[7]

In base al *Primo registro generale* dell'Ospizio dei Convertendi si è in grado di delineare un profilo del convertito scandinavo: di sesso maschile; relativamente giovane, tra i 21 e i 30 anni; proveniente da Stoccolma o Co-

2. Si veda, ad esempio, ASV, Ospizio Convertendi, 1, f. 21r, 42v.

3. ASV, Ospizio Convertendi, 5, ff. 148.

4. I gruppi più numerosi nel periodo studiato furono i tedeschi provenienti dalle terre del Sacro Romano Impero (40%) e gli inglesi (20%), seguiti da olandesi, svizzeri e francesi.

5. In Danimarca si concesse libertà di coscienza con la costituzione del 1849; in Svezia un decreto di tolleranza per i cattolici stranieri fu emanato nel 1781, ma si dovette aspettare fino al 1873 perché i cittadini svedesi ottenessero il diritto di lasciare la Chiesa luterana e aderire a un'altra comunità religiosa.

6. Per un approfondimento, si vedano soprattutto I. Fosi, *Convertire lo straniero. Forestieri e Inquisizione a Roma in età moderna*, Roma 2011, e R. Matheus, *Konversionen in Rom in der Frühen Neuzeit. Das Ospizio dei Convertendi 1673-1750*, Rom 2012.

7. A. Raunio, *Scandinavian converts to Catholicism in Rome 1673-1706*, in «Scandinavian Journal of History», 36 (2011), p. 282.

penaghen. I gruppi più numerosi per quanto riguarda l'origine sociale dei convertiti erano i militari di vario grado (22), nobili e gentiluomini (20), artigiani (19) e marinai (12). Si può constatare come questi dati rispecchino una multiforme realtà di migrazione interurbana e di lunga distanza, gli ideali riguardanti l'educazione delle classi superiori, che comprendevano viaggi di formazione all'estero, e le necessità degli eserciti europei, che nella seconda metà del secolo XVII assumevano mercenari stranieri per le varie campagne militari.[8]

2. *I nobili svedesi nei registri dell'Ospizio dei Convertendi*

Un gruppo spesso "appagante" per lo storico, date le tracce lasciate nei documenti, è quello dei nobili, ma, come hanno dimostrato gli studi precedenti, l'identificazione dei convertiti in base al registro generale dell'Ospizio e agli antroponimi che contiene può risultare fuorviante. Le persone registrate sono spesso prive di cognome, oppure l'ortografia di quest'ultimo è confusa. Inoltre chi è descritto come nobile dalle fonti, lo è in base a una propria dichiarazione, oppure in base all'apparenza esteriore. Si è constatato, per esempio, che degli svedesi indicati come nobili la maggior parte non appartenesse allo Svenska riddarhuset, una conclusione cui, però, si è giunti senza identificare tutti coloro cui è stato attribuito l'appellativo nobiliare.[9] Nel registro generale dell'Ospizio dei Convertendi le persone indicate come nobili sono le seguenti:[10] Giorgio Di Son, Alesandro, Andrea Guldemblat, Giacomo Giacobin, Giovanni Federico Meyer, Pietro Werdier, Giorgio Nicolò di Werne, Olaus Haps, Gustavo Prens, Gio: Willelmo Duwal, Lorenzo Grypenfeldt, Gabrielle Blocco, Giorgio Wolfsax, Giuseppe Erasmo Plattern e Isaac Le Fevre. Fra questi, Andreas Galdenblad, Georg Nils Werre, Lars Gripenflycht, Georg Ulfsax, Isac Le Febure, Pierre Verdier, Johan Wilhelm Duwall e Magnus Gabriel von Block sono subito identificabili.[11] Eppure ignorare gli altri, escludendoli dalla defini-

8. *Ibidem.*

9. C. Callmer, *Svenska konvertiter i Rom*, in «Personhistorisk Tidskrift», 79 (1983), p. 22.

10. Le riportiamo in ordine cronologico così come appaiono nel registro.

11. Riferimenti a questi convertiti si trovano nelle ricerche svolte da Johan Arckenholtz e Carl Bildt, che non menzionano, però, l'Ospizio dei Convertendi: C. Bildt, *S. Birgittas hospital och den svenska kolonien i Rom under 1600-talet*, in «Svensk Historisk Tidskrift» 15 (1895), *passim*; J. Arckenholtz, *Memoires concernant Christine reine de Suede: pour servir*

zione di nobile dopo aver consultato esclusivamente il registro generale è fuorviante, visto che tra queste persone si trovano, in realtà, almeno altre quattro che appartengono a tale categoria, come, giustamente, attesta il registro: «Gustavo Prens» è Gustaf Prytz[12]; «Alesandro», al quale viene altrove attribuito il cognome Greissensigh, è in realtà Alexander Gripenflycht, fratello dell'ospite numero 790. «Giacomo Giacobin», invece, può essere identificato come Johan Fredrik von Schönfelt e «Olaus Haps» risulta il giovane nobile holmiense Olof Hogg.[13] Occorre prendere in esame anche l'attributo stesso e la sua applicazione nelle fonti. I criteri esatti rimangono ignoti in base ai documenti che narrano i principi di registrazione, ma qui bisogna tenere presente che l'identificazione sociale avveniva in base alle informazioni fornite dall'ospite o ai documenti che portava, oppure in base all'apparenza. Per un giovane svedese si constatava, dopo la solita descrizione di altezza e colore dei capelli, che «sarà nobile ma incognito».[14] Sembra quindi lecito assumere che l'attribuzione di nobiltà era basata sull'osservazione. C'era quindi spazio per fraintendimenti e occorre ricordare che il viaggio in generale procurava un'occasione di assumere, volendo, una falsa identità.[15] Se esaminiamo due convertendi classificati sotto la voce "nobili", possiamo forse cogliere l'essenza di questa definizione per chi era accettato nell'Ospizio. Per un danese, che in base al racconto del compagno di viaggio era identificato come nobile, si cercava sostegno nell'apparenza: «ha bene i calzoni molto nobili, e la camisiola civile, che danno peso à quanto si narra».[16] Prendiamo quindi in esame «Pietro Verdier» ed «Erasmo von Platter», che non erano membri della nobiltà svedese. Verdier era figlio di un violinista proveniente da Parigi, nonché maestro di ballo alla

d'eclaircissement a l'histoire de son regne et principalement de sa vie privée, et aux evenemens de l'histoire de son tems civile et literaire: suivis de deux ouvrages de cette savante princesse, qui n'ont jamais été imprimés, Amsterdam et Leipzig, 1751-1760, III, p. 462.

12. G. Elgenstierna, *Den introducerade svenska adelns ättartavlor*, Stockholm 1925-1936, VI, p. 64; J. Arckenholtz, *Memoires concernant Christine*, III, p. 460.

13. Tre sono stati identificati confrontando le carte dell'Ospizio con le informazioni biografiche in Elgenstierna, *Den introducerade svenska*, III, p. 136, e VII, p. 116, e in Arckenholtz, *Memoires concernant Christine*, III, pp. 460-463. Von Schönfelt è stato identificato in base alla data di partenza per la corte ducale di Mantova riportata nel registro generale dell'Ospizio e alla lettera di raccomandazione scritta in tale occasione da Cristina.

14. «Statura alta, capelli castagni, sarà nobile ma incognito», in ASV, Ospizio Convertendi, 13, f. 13v.

15. V. Helk, *Dansk-norske studierejser 1661-1813*, Odense 1991, pp. 146-148; W. Doyle, *The Old European Order1660-1800*, Oxford 1991, p. 83.

16. ASV, Ospizio Convertendi, 14, f. nn.

corte di Cristina a Stoccolma; von Platter invece, prima di andare a Roma, aveva partecipato ad alcune missioni diplomatiche e soggiornato alla corte di Vienna. Si può pensare allora che per i fratelli dell'Ospizio "nobile" era «un'etichetta elastica»,[17] che implicava non solo una qualità vera e *de facto*, ma anche un qualcosa di più vago, composto da condotta impeccabile, vestiti eleganti, maniere gentili, conoscenza delle lingue e forse la capacità di mantenersi nell'alma città senza lavorare.[18]

È da notare che l'assoluta maggioranza dei nobili svedesi, 13 su 17, fu a Roma prima del o durante l'anno 1689, quando scomparve la regina Cristina. Per questo occorre esaminare se la presenza dell'ex sovrana a Roma possa aver attirato i nobili svedesi verso la città santa e averli incoraggiati ad abbracciare la fede cattolica.

3. *Gli alunni dell'Ospizio nella corte romana della regina Cristina*

Fra gli studiosi si è soliti spiegare le conversioni non solo svedesi, ma scandinave, a Roma nella seconda metà del Seicento con l'esempio fornito dall'ex sovrana di Svezia, Cristina, convertitasi al cattolicesimo nel 1654 e poi stabilitasi nell'Urbe.[19] Non c'è dubbio che per i nobili svedesi la regina costituisse una delle attrazioni maggiori della città santa, come osservò un suo contemporaneo: Cristina era per i viaggiatori svedesi «la prima e principale cosa che bisogna mirare et ammirare». La Chiesa cattolica sperava che i convertiti illustri, nel nostro caso Cristina, diventassero un esempio da imitare, ma, dai documenti consultati per questo articolo,

17. Qui cito la definizione utilizzata dalla prof.ssa Irene Fosi in un suo commento durante la conferenza.

18. Sulla concezione di nobiltà nei secoli XVII e XVIII, cfr. J. Dewald, *The European Nobility*, Cambridge 1996, pp. 51-52 e 54-57.

19. I commenti degli studiosi: M. Caffiero, *L'anno santo come risorsa politica. Il giubileo del 1675 tra polemica antiprotestante e apologia del papato*, in «Roma moderna e contemporanea», 2-3 (1997), pp. 487-488; Callmer, *Svenska konvertiter i Rom*, p. 22; B. Neveu, *Tricentenaire de la fondation à Rome de l'Ospizio de' Convertendi (1673): ses hôtes français au XVIIe siècle*, in «Rivista di storia della chiesa in Italia», 2 (1973), p. 373; S. Pagano, *L'Ospizio dei Convertendi di Roma fra carisma missionario e regolamentazione ecclesiastica*, in «Ricerche sulla storia religiosa di Roma», X (1998), p. 326. Invece più prudentemente L. Fiorani, *Verso la nuova città. Conversione e conversionismo a Roma nel Cinque-Seicento*, *ibidem*, p. 163, osserva che «ciascuna di queste presenze portava con sé una storia particolare», ma che «per la gente dell'Europa settentrionale la conversione di Cristina dovette costituire un punto di riferimento e di stimolo».

appare piuttosto che in molti casi la corte romana dell'ex sovrana entrasse in scena *dopo* la conversione. Volgiamo, dunque, lo sguardo alla fase che segue la conversione e alla funzione della corte romana di Cristina come luogo di accoglienza dei neoconvertiti a Roma. Qui emergono soprattutto il ruolo di Andreas Galdenblad, segretario di lingua svedese di Cristina, e il suo contributo al soggiorno romano dei connazionali. A una parte dei convertiti fu infatti garantito il mantenimento grazie a Galdenblad, egli stesso alunno dell'Ospizio dei Convertendi nell'estate del 1674. Un legame tra la corte romana di Cristina e l'Ospizio risalta dalle carte amministrative di quest'ultimo: per esempio, nella riunione del 17 luglio 1685, in cui venne valutata la richiesta del «mastro di casa» della regina, Stefano de Marchis, di essere ammesso a far parte della congregazione.[20]

Andreas Galdenblad era entrato fra gli alunni della Casa di Santa Brigida, protettrice degli svedesi a Roma, direttamente dall'Ospizio: era uscito da quest'ultimo il 16 agosto e due giorni prima aveva ricevuto un sussidio di 10 scudi dalla Casa di Santa Brigida «come per lettera della Maestà della Regina di Svetia dell: 11 del corrente».[21] Negli anni seguenti Galdenblad diventò un intermediario tra l'Ospizio e la corte di Cristina, mandando giovani svedesi al primo e ricevendoli nella seconda una volta compiuto il processo proselitizzante. Spesso era proprio lui ad essere al corrente dei connazionali residenti in città e procurava a Cristina, su richiesta di quest'ultima, elenchi di convertiti svedesi a Roma. Su questa lista appaiono alcuni alunni dell'Ospizio: Carl e Isac Le Febure, Pierre Verdier, Anders Katt, Olof Hogg, David Richter e Georg Ulfsax.[22] Nel 1679, quando Galdenblad ottenne la carica di segretario, assunse tutti i convertiti svedesi, non solo nobili: «Giovanni Gens» lasciò l'Ospizio e fu ricevuto da Galdenblad, si legge nel registro generale, «per servire il Secretario della Regina di Svetia in Roma».[23]

20. «Finalmente fu riferita la supplica del Can.co D. Stefano de Marchij mastro di casa della Regina di Svezia, di essere ammesso tra nostri della Cong.ne, e doppo esser stata considerata la sua nota bontà, e li rilevanti beneficij [...] e doppo avere anco fatta riflessione, che egli serviva ad una prencipessa di si alto rango, dalla quale era ben veduto, e molto volontieri ascoltato, fu senza discrepanza de voti accettato tra Fratelli della nostra Congreg.ne» (ASV, Ospizio Convertendi, 1, f. 43r).

21. Riksarkivet (Stoccolma), E. Nygren, *Inventarium över Birgitta-husets arkiv i Rom*, 1959, p. 147.

22. Oltre a questi abbiamo i fratelli Lars e Johan Galdenblad, Anders Svensson, Struzzo (in realtà Struzzenskiöld) e Mallenberg (probabilmente un convertito che altrove appare con il nome di Niccolò Malmberg).

23. ASV, Ospizio Convertendi, 5, ff. 17v-18r, e 10, ff. 69v-70r.

Nello stesso anno il giovane nobile Georg Nils Werre, venuto a Roma con la madre Cristina Gertruda, al quale l'Ospizio dei Convertendi diede la possibilità di studiare nel Collegio Urbano, ritornò «in cura della Regina di Suetia» e «tornò habitare col Signore Secretario della Regina di Suezzia», risiedendo nel Palazzo della Lungara anche nel 1689.[24] Si delinea qui la strategia di sopravvivenza di una madre vedova, che si stabilisce con la propria famiglia a Roma, alla corte di Cristina. La scelta di mutare religione, verosimilmente per integrarsi nel seguito della regina, garantiva la protezione dell'ex sovrana e la possibilità per il figlio di studiare al Collegio di Propaganda Fide. Analogamente nel 1681 «Giona Wyberg [...] restò qualche tempo col Signore Secretario della Regina di Suecia»[25] dopo aver lasciato la casa pia e «Giorgio Jorgenson», che aveva soggiornato da Galdenblad già prima di entrare nell'Ospizio, dopo la conversione di nuovo «ritornò al secretario della Regina di Suecia, fu poi fatto soldato in Piazza di Pietra».[26]

Carl e Isac Le Febure, figli di André sarto di Magnus Gabriel de la Gardie, erano due fratelli convertiti, non dal luteranesimo come l'assoluta maggioranza dei loro concittadini[27] ma dal calvinismo, e che trovarono un impiego alla corte di Cristina.[28] Il primo si trova nel registro dell'Ospizio dei Convertendi nel 1679, dove è scritto che esercitava l'arte di pittore prima di entrare al servizio della regina. Nel 1685 anche il fratello Isac, che con la cresima prese il nome di Decio, si rivolse all'Ospizio per poi compiere l'abiura presso il Sant'Uffizio nel mese di novembre. Un documento relativo al periodo che segue la morte della regina contiene un accenno interessante a Cristina e al suo ruolo nella conversione dei due fratelli, in quanto questi scrivono nella loro petizione di aver abbandonato la fede calvinista per diventare cattolici «e tutto questo anche à persuasione della Gloriosa Memoria della Maestà della Regina di Svetia».[29] Cristina aveva assunto i due fratelli come aiutanti di camera, e tali appaiono ancora nel *Ruolo della corte reale della Regina* del 1689, promettendo loro un futuro e un mantenimento sicuri alla propria corte. I due fratelli dichiarano che furono «speranzati più, e diverse volte, che tanto in vita sua, come dopo morta, non avrebbono mai gli

24. ASV, Ospizio Convertendi, 5, ff. 17v-18r.

25. ASV, Ospizio Convertendi, 10, ff. 86v-87r, e 5, ff. 21v-22r.

26. ASV, Ospizio Convertendi, 11, ff. 2v-3r.

27. A. Raunio, *Conversioni al cattolicesimo a Roma tra Sei e Settecento. La presenza degli scandinavi nell'Ospizio dei Convertendi*, Turku 2010, pp. 73-74.

28. Callmer, *Svenska konvertiter i Rom,* p. 24.

29. AVR, Monastero di S.ta Brigida, 54, f. nn.

Oratori mendicato il vivere per l'attione fatta di avere abjurato l'Eresia».[30] La stessa cosa risulta da una petizione presentata da Carl, nella quale accenna al ruolo persuasivo ricoperto dalla regina e dal cardinal Decio Azzolino: i due «havevano intentionato l'Oratore quando si fece Cattolico che gli sarebbe stato assegnato gratiosa il mese da Santa Briggida per potersi sostentare; il che però non fu mai effettuato per i debiti che haveva il Loco Pio».[31] Le promesse non furono mantenute e dopo la scomparsa di Cristina, Carlo e Decio Fabri, questi i nomi italianizzati con cui i fratelli da ora in poi appaiono nei documenti, dovettero chiedere aiuto diverse volte alla Congregazione di Santa Brigida, protettrice della nazione svedese a Roma.

Nel 1686 un convertito svedese di nome «Giacomo Giacobin», partì dall'Ospizio dei Convertendi «verso Mantova ricevuto in Corte di S.A», il duca Ferdinando Carlo III Gonzaga-Nevers, che poco prima aveva visitato Roma ed era stato accolto da Cristina.[32] Le informazioni raccolte da Arckenholtz e la data della partenza dall'Ospizio, che coincide con la data della lettera di raccomandazione della regina, entrambe sono del giugno 1686, ci permettono di identificarlo come il giovane nobile Johan Fredrik von Schönfelt.[33] Dopo il viaggio alla corte di Mantova non abbiamo più sue notizie; però, secondo Elgenstierna sarebbe morto entro la fine del decennio.

Nella corte di Cristina a Roma vi era un livone, un convertito dell'Ospizio di nome Johan Stengel, che Galdenblad enumerò fra coloro che «potevano passare per svedesi».[34] Dopo aver lavorato come sellaio e poi come soldato del papa, Stengel appare nel «ruolo della corte» del 1689 come guardia di Cristina.[35] Nella lista della guardia di corpo appare inoltre

30. BA, Ms. 1650 (*Varia ad Ecclesiam et Hospitale Sanctae Birgittae nationis Gothorum ipsamque nationem spectantia quae in sequentibus paginis indicabuntur*), f. 27r.

31. AVR, Monastero di S.ta Brigida, 56, f. nn.

32. ASV, Ospizio Convertendi, 5, ff. 34v-35r, e 11, ff. 40v-41r.

33. «Le 17. Juin 1686. Il Baron di Schoenfeld ambizioso di servir all' A..V. m'hà pregata della presente Lettera di raccomandatione, la quale, io non hò potuto negargli, non solo perch'è figlio d'un tale Schoenfeld, che fù gia uno de' miei Generali, & è nipote di un altro che attualmente serve in Ungheria; ma per essersi nuovamente convertito quì alla nostra santa fede. Onde questo Cavaliere merita d'esser ajutato, lo raccomando però all'A..V. com'egli hà desiderato, sperando, ch'ella sarà per consolarlo secondo la confidenza, che hà riposto nelle sue grazie, e mentre l'assicuro dell'obligo ch'io le ne professerò, resto», Arckenholtz, *Memoires concernant Christine*, III, p. 463.

34. *Ibidem*, p. 462: oltre a Stengel, quelli che «passano per svedesi» inclusero Christoffer Forberger e Jean Klöker.

35. Riksarkivet (Stoccolma), K436, B2, Ruolo della Corte Reale della Regina per il mese di febraro dell'anno 1689.

un «Carlo Gustavo»: si trattava probabilmente del giovane sergente Carl Gustav von Holzhausen, il quale fu «fatto svizzero della regina» appena uscito dall'Ospizio nel novembre del 1688.[36]

In base ai documenti esaminati appare improprio sostenere che la regina fosse la forza catalizzante delle conversioni nel loro insieme, tanto più che la maggior parte di esse vedeva coinvolti modesti artigiani, marinai e soldati semplici che difficilmente potevano avere qualcosa a che fare con Cristina.[37] Tuttavia bisogna riconoscere che quest'ultima ebbe una certa influenza sulla presenza dei nobili svedesi a Roma, aumentando il fascino della città santa come meta dei viaggi di formazione. La presenza di Cristina a Roma può così spiegare l'alta percentuale di membri delle classi elevate fra i convertiti svedesi; inoltre, almeno nel caso dei fratelli Le Febure, l'ex sovrana contribuì in grande misura al processo di conversione, grazie alla promessa di un futuro stabile presso la propria corte.

4. *Un impiego di prestigio nella corte medicea*

Il neoconvertito Magnus Gabriel von Block, partito dall'Ospizio dei Convertendi nel settembre 1694, non si accontentava di vivere a Roma come modesto credente, ma desiderava diventare abate, promozione alla quale contribuirono economicamente il papa e la Congregazione di Santa Brigida. Gli fu offerto alloggio da un certo «monsignor Messier»,[38] ma solo a patto che von Block si vestisse «da abbate».[39] Riuscì in questo modo a prolungare il suo soggiorno all'Ospizio, ma alla fine la sua adesione alla famiglia del sopra citato ecclesiastico non si realizzò, infatti i documenti dell'Ospizio attestano che «non si vede che sia stato ricevuto da detto monsignore per ancora».[40] Questo spiega perché un coevo viaggiatore svedese,

36. ASV, Ospizio Convertendi, 5, f. 43r.

37. Sulla formazione sociale e professionale dei convertiti si rimanda a Raunio, *Conversioni al cattolicesimo*, pp. 65-68.

38. Potrebbe essere il figlio di un mercante francese menzionato nel 1703 in F. Valesio, *Diario di Roma*, II, Milano 1979, p. 490.

39. Questa espressione è probabilmente da intendere nel senso comune per il Settecento, cioè di persona autorizzata a portare l'abito da sacerdote, benché avesse ricevuto soltanto gli ordini minori, e che godeva di un beneficio ecclesiastico.

40. «Gli fu trovato Monsig.r Messier che l'haverebbe preso in casa con darli la tavola, ma desiderava che fosse prima vestito da Abbate; il che doppo qualche lunghezza fu fatto con m[one]ta credo lo parte del Papa, e parte di S. Brigida. Ma essendo uscito doppo due

Olof Celsius, quando menziona von Block nel suo diario di viaggio lo chiami «Abbate Block».[41]

Secondo i suoi biografi, lo svedese trovò un altro protettore nei circoli eruditi di Roma, il gesuita Eusebius Truchses, che lo aiutò a trovare il futuro impiego presso Cosimo III, granduca di Toscana, come «secretario delle lingue e lettore di camera».[42] Il ruolo di Truchses per quanto riguarda l'inserimento di von Block nella corte medicea è indubitabile, ma bisogna tenere presente che anche l'Ospizio aveva pluriennali contatti con l'ambiente mediceo e riuscì a inserirvi una parte dei suoi ospiti, di solito come semplici soldati. A lungo non è stato chiaro quando von Block partì da Roma per Firenze, ma la data può ora essere stabilita in base ai documenti della Congregazione di Santa Brigida. Questa fornì allo svedese un sussidio mensile di tre scudi per otto mesi, ma il 22 aprile 1695 von Block ricevette, oltre al solito aiuto mensile, dieci scudi «in occasione del viaggio», ovviamente per Firenze.[43] Per von Block la scelta di mutare religione comportò un netto miglioramento del tenore di vita. Convertitosi a Roma, decise di entrare nell'Ospizio poiché «astretto dal bisogno» e «mancatali la moneta».[44] Quattro anni dopo era mantenuto a Firenze dal granduca, per il quale si occupava della corrispondenza in lingue straniere. Aveva uno stipendio cospicuo e una casa tutta per sé, che impressionò un viaggiatore suo connazionale, colpito dai suoi ricevimenti.[45] Ormai von Block era un punto di riferimento per i viaggiatori svedesi, in particolare per quelli convertiti, e talvolta li aiutava a entrare al servizio del granduca.[46] Era una rete simile a quella di Andreas Galdenblad a Roma, ma fu di breve durata, poiché von Block abbandonò Firenze e il suo incarico nel 1698.[47]

mesi dall'nro Hospitio vestito nobilmente da Abbate, non si vede che sia stato ricevuto da d.º Monsig.re per ancora» (ASV, Ospizio Convertendi, 14, f. nn).

41. E. Lundström, *Olof Celsius d ä:s Diarium öfver sin resa i Italien åren 1697 och 1698*, Göteborg 1909, pp. 13, 25, 67.

42. J. Nordström, *Leibniz och Magnus Gabriel von Block. En brevväxling*, in «Lychnos» (1965-66), Uppsala 1967, *passim*; S. Lindroth, *Magnus Gabriel von Block*, Stockholm 1973, pp. 50-51.

43. AVR, Monastero di S.ta Brigida, 56, f. nn.

44. ASV, Ospizio Convertendi, 14, f. nn.

45. Lundström, *Olof Celsius*, p. 14.

46. *Ibidem*, pp. 13, 14, 26. Fra questi si enumerano tre convertiti al cattolicesimo, e cioè Johan Turesson Oxenstierna, Johan Kagg ed Erik Schnack, e due viaggiatori, Schaar e Jansonius. Petizioni presentate da Simming alla Congregazione di S. Brigida a Roma intorno al 1694 si trovano in BA, Ms. 1650, ff. 450r e 457r.

47. Si veda A. Raunio, *Äkta eller falsk övergång till katolicismen? Magnus Gabriel von Block i Rom 1694-1695*, in «Personhistorisk Tidskrift», 107 (2011), p. 33.

5. *Nobili svedesi nelle milizie del papa*

Nei memoriali dell'Ospizio, il processo per la conversione nel suo spirito controriformistico appare una lotta e infatti è narrato con linguaggio militaresco.[48] Militare fu anche la sorte della maggior parte dei convertiti. Molti, qualsiasi fosse la loro esperienza professionale precedente, furono assunti come soldati appena usciti dall'Ospizio. Numerosi trovarono impiego a Roma nelle milizie del papa. In queste troviamo il gentiluomo «Giovanni Federigo de Meyer» e Göran Ulfsax, quest'ultimo fra i soldati di Piazza di Pietra. Dei già menzionati fratelli Le Febure Decio divenne cavalleggero del papa, ma cedette il posto al fratello minore allora disoccupato. Più che all'affetto fraterno questa scelta si deve, forse, al fatto che l'impiego non era molto vantaggioso economicamente. È Decio stesso a constatare in una petizione al cardinal vicario che «l'offitio di Cavalleggiero conferitoli dalla Santità non è sufficiente al suo mantenimento». Inoltre Carlo, che mantenne l'impiego papale almeno fino al 1698, si lamentò di non guadagnare abbastanza».[49] Carlo appare nei documenti della Casa di Santa Brigida fino al 1699, quando si rivolse alla Congregazione a causa di una malattia che forse lo ha vinto, oppure si può ipotizzare che sia partito dalla città per «andar fora à mutare l'Aria acciò il male non prenda piega peggiore».[50] Di Decio non si trovano più tracce dopo il 1692, quando espresse il desiderio di sposare una certa Ottavia Alberti e poi di recarsi in Germania o in Ungheria via Venezia.[51]

Alcuni convertiti trovarono l'impiego nelle armate imperiali, altri in Ungheria o in Morea a combattere contro i turchi. Nel 1685, dopo un breve periodo passato a Roma, Gustaf Prytz («Prens»), Lorenz Gripenflycht («Grypenfeldt») e suo fratello Alexander («Greissensigh») andarono in Morea a combattere nelle truppe venete.[52] Troviamo accenni a questi per-

48. *Ibidem*, pp. 51-52.

49. BA, Ms. 1650, f. 157r; AVR, Monastero di S.ta Brigida, 56, f. nn.

50. *Ibidem*, 57, f. nn.

51. BA, Ms. 1650, ff. 178r, 213r. La possibile sposa appare nei documenti con il nome di Alberti, ma tenendo presente che il padre francese della giovane aveva fatto parte della corte di Cristina per 23 anni, potrebbe trattarsi di un errore ortografico: Ottavia potrebbe essere la figlia di Giacomo d'Alibert, segretario di camera, che aveva tre figlie e che appare nel ruolo del 1689 insieme ai fratelli Le Febure. Cfr. Riksarkivet (Stoccolma), K436, B2, e *Istoria degli intrighi galanti della regina Cristina di Svezia e della sua corte durante il di lei soggiorno a Roma*, a cura di J. Bignami Odier e G. Morelli, Roma 1979, pp. 59-60n.

52. Secondo Jean Arckenholtz «par la même bonté, dit Galdenblad, la Reine entretenoit plusieurs Gentilshommes Suédois à Rome pendant plusieurs mois, jusqu'à ce qu'ils

sonaggi nelle lettere di una giovane svedese, che seguiva la sua padrona in viaggio per l'Europa e scrisse al fratello dalla Morea nel 1686.[53]

Il gentiluomo gotlandese Matthias Brun di Visby aveva un passato militare pluriennale, quando arrivò a Roma da Livorno. Dopo la sosta nell'Ospizio dei Convertendi, passò i mesi invernali nella Città santa per servire poi l'esercito della Santa Sede. Dopo anni di vita movimentata, la galera sulla quale Brun militava, naufragò e lo svedese perse i suoi beni materiali. La dura esperienza gli fece cercare una vita più tranquilla e considerare di entrare in qualche ordine religioso. Nel 1697, quattro anni dopo la conversione, si rivolse ai deputati dell'Ospizio per sostenere le spese necessarie a entrare nell'ordine agostiniano.[54] Dai documenti dell'Ospizio risulta che ottenne la metà della cifra richiesta «pel compimento del suo vestiario» all'inizio di ottobre dello stesso anno e verosimilmente abbandonò le milizie del papa.[55]

6. *La negazione del passato*

Come abbiamo visto in precedenza, il soggiorno fiorentino di Magnus Gabriel von Block fu, in un primo tempo, felice dal punto di vista materiale e lo svedese si inserì nei circoli eruditi di Firenze, facendo amicizia con il noto bibliofilo e bibliotecario Antonio Magliabechi. Con l'andare del tempo la situazione peggiorò o forse il neo-convertito entrò in conflitto

fussent bien affermis dans la Religion qu'ils avoient embrassée: entre autres deux Fréres Gripenflycht & un Pruss, auxquels elle donna un bon viatique, & les envoya servir en Hongrie contre le Turc» (*Memoires concernant Christine*, III, p. 460).

53. Anna Åkerhielm serviva la contessa Catharina Charlotta de la Gardie, moglie di Otto Wilhelm Königsmarck, in Morea dal 1686 al 1688. Cfr. C.C. Giörwell, *Handlingar angående Jungfru Anna Åkerhielm*, in *Det Swenska Biblioteket*, III, s.l. [1759], pp. 25-28.

54. ASV, Ospizio Convertendi, 22, f. nn.: «Mattia Brun Suezese Divotiss.mo Ore, humilm.te espone alle Sig.rie loro Ill.me qualm.te essendosi anni sono convertito alla S.a Fede, e doppo servito la S.a Sede di soldato, et essendosi la Campagna passata trovato sù la Galera naufragata, hà perso tutt'il suo; ora ispirato da Dio hà risoluto di lasciare il secolo, e servir' à Dio, nella Religione dell'Agostiniani scalzi mà richiedendosi per il vestiario scudi 25. ricorre all'innata benignità delle SS.rie loro Ill.me supplicandole di promovere q.ta sua intentione con un caritatevole sussidio che l'Ore pregarà Iddio per la longa conservat.ne delle Sig.rie loro Ill.me».

55. ASV, Ospizio Convertendi, 175, f. 16v: «Svezzese n.o 1351 fatto Agostiniano Scalzo pel Compimento del suo vestiario a di 2. ottobre 12:50».

con l'ambiente mediceo, forse per il proprio carattere piuttosto polemico.[56] Forse, però, la conversione non fu più sostenibile e von Block non ne era più sufficientemente convinto. Voleva perseguire una carriera medica e per essa tornò in Svezia nel 1698.[57]

Nelle lettere tra von Block e il filosofo Gottfried Wilhelm von Leibniz lo svedese accenna alla sua conversione diverse volte, ad esempio nel 1698: «je croyois d'étre pour jamais effacè du Souvenir de tous mes Compatriotes des que je fis un pas que bien de gens n'approuve pas et que je dessaprouve moi méme, que le bon Dieu m'assiste a y apporter le remede qu'il faut!».[58] Altrove, però, la nega e asserisce di aver *finto* di essere cattolico, un dettaglio importante che spiega perché alcuni studiosi abbiano messo in dubbio la sua conversione. Scrive a Leibniz che «à dirle trà di noi, in Italia passai per Cattolico Romano, Dio mi perdoni, e tale non son mai stato», chiedendo inoltre all'amico di non rivelare a nessuno a Firenze il suo indirizzo, «per certe cagioni politiche».[59] Sembra probabile che stesse preparando il suo ritorno in Svezia, cercando in tutti i modi di prendere le distanze dal suo passato cattolico in Italia. In ogni caso, per quanto von Block sostenga di aver finto di convertirsi, rimane il fatto che una vera e propria adesione alla Chiesa cattolica, forse più formale che profondamente sentita, ebbe luogo a Roma nel 1694. Von Block sosteneva, ora, di essersi riconciliato con la Chiesa luterana, eppure la fine della lettera rivela le sue incertezze. Chiede infatti a Leibniz il suo parere sulle religioni e aggiunge «je crois que le Bon dieu ait ses fidelles par tout le monde et que qui le craint et fait ce qui nous ordonne luy soit agreable, de quel païs ou de quelque croyance qu'il puisse étre».[60] Negli anni a venire abbandonò la vita cosmopolita, scegliendo un'esistenza come segretario nel Kammarskollegium, medico provinciale e infine *translator regni*, suscitando nel mentre anche l'interesse del monarca svedese che gli offrì incarichi prestigiosi, che, però, rifiutò.[61]

Un altro nobile che tornò in patria dopo essersi convertito a Roma fu Olof Hogg. Questo giovane di Stoccolma restò nell'Ospizio dei Convertendi per tre mesi nell'autunno del 1688, abiurando la fede luterana al

56. Si veda, ad esempio, Lindroth, *Magnus Gabriel von Block*, pp. 110-111.

57. *Ibidem*, pp. 59, 67-69.

58. Lettera del 1° luglio edita in Nordström, *Leibniz och Magnus Gabriel von Block*, pp. 194-198.

59. *Ibidem*.

60. Lettera del 30 ottobre: *ibidem*, pp. 206-209.

61. S. Lindroth, *Magnus Gabriel von Block*, pp. 206-208.

Sant'Uffizio. Il suo recapito dopo la partenza rimase ignoto, nel registro si legge soltanto che «vuole esser tenuto segreto». Nel gennaio del 1695 lo troviamo di nuovo a Stoccolma, dove divenne attuario presso il Kommerskollegium. Malgrado la scarsità di informazioni, il suo caso dimostra che era possibile celare un passato cattolico e qualificarsi per incarichi statali nella patria luterana. Hogg cercò di divenire segretario della stessa istituzione, presentando una domanda nella quale fa riferimento ai propri viaggi.[62] Visto che non fu accettato, continuò il suo lavoro di prima per altri tre anni, finché non ottenne un congedo per un viaggio all'estero nel 1698, lo stesso anno in cui il fratello minore di Olof Hogg, Lars Petter, fu spedito a Roma per essere istruito come missionario cattolico. Non possiamo scartare del tutto, quindi, la possibilità che Hogg abbia contribuito alla scelta del giovane e abbia accompagnato il fratello nella città santa che già conosceva. Secondo la documentazione biografica, Hogg si trovava ancora all'estero, quando fu nominato il suo successore nel Kommerskollegium nel 1710. Il fratello minore abbandonò presto la carriera ecclesiastica preferendo quella militare, prima nelle truppe imperiali e poi in quelle svedesi. Nel 1710 era infatti di nuovo in patria come capitano nella regione di Värmland.[63]

Anche Georg Nils Werre, il primo fra gli ospiti scandinavi dell'Ospizio dei Convertendi a essere ammesso al Collegio Urbano, abbandonò gli studi a Roma e tornò in Svezia per una carriera militare. Appare infatti tra gli ufficiali del reggimento di cavalleria di Bohuslän nel 1704 come maggiore.[64] Il cambio di religione aveva una volta fatto parte della strategia della madre vedova, Cristina Gertruda, per mantenere la famiglia di undici figli, ma, una volta diventato grande, il figlio ritornò in patria cancellando l'esperienza cattolica.

Percorsi di questo tipo non furono insoliti. Si pensi, ad esempio, a Carl Horn, divenuto camerario del papa Innocenzo XII, che, però, tornò in Svezia dopo un anno; oppure a Johan Turesson Oxenstierna, cavaliere di Malta e canonico a Colonia, anche lui tornato alla fede luterana. La convinzione dei deputati dell'Ospizio dei Convertendi sul ruolo decisivo di un impiego

62. Nella domanda Hogg rappresenta come egli «ifrån barndomen har igenom studier sampt kostsame reesor på Uthländske orter, sökt at förwahra mig någon erfahrenheet». Fra queste «esperienze» si enumerava anche la conversione, naturalmente tenuta segreta in patria; Riksarkivet (Stoccolma), *Biografica,* H20, E01498, 8/11.

63. Su Olaus Hogg: ASV, Ospizio Convertendi, 5, ff. 42v-43r, e 13, f. 13v; BA, Ms. 1650, f. 618r; Elgenstierna, *Den introducerade svenska*, III, p. 653.

64. A. Mollstadius, *Karolinske officerare*, in «Genealogisk tidskrift», 9 (1954), p. 202.

per una conversione duratura non trova qui conferma. A volte esso non bastava a tranquillizzare le esistenze avventurose e inquiete di certi convertiti di alto rango, ma il problema poteva anche dipendere dalla difficoltà di mantenersi economicamente con quell'impiego.[65]

Si poteva dunque tornare in patria, tanto più se il re di Svezia era disposto a perdonare i soggetti che riteneva utili per il regno. Secondo un documento il soldato nobile Johan Wilhelm Duwall ricevette un'offerta regia tramite suo fratello: il re svedese era disposto a perdonarlo, a restituirgli i beni confiscati e a procurargli lo stesso impiego che possedeva al servizio dell'Imperatore.[66] Duwall rifiutò dicendo di accontentarsi solo dell'aiuto che avrebbe ricevuto dal pontefice e che le cose sacre che riguardavano la salute dell'anima «non si mettono in commercio».[67] Dopo la partenza da Roma Duwall fece il soldato in Ungheria, sposandosi più tardi a Pressburg, e morì senza più tornare in patria.[68]

È da presumere che la conversione fosse più duratura, o permanente, nei casi in cui l'adesione alla fede cattolica era motivata dal desiderio o dal bisogno pratico di adattarsi all'ambiente sociale, nel quale il convertito lavorava già, come nel caso degli artigiani.[69] Sebbene questa conclusione sia prematura, si potrebbe suggerire che era più comune rimanere deluse dalla nuova vita e tornare indietro per le classi sociali più elevate e benestanti, perché prima si convertivano al cattolicesimo e poi cercavano di trovare un impiego onorevole o adatto alla loro posizione. Come ha osservato Pullan, fra i convertiti del Seicento che vivevano all'estero c'era «an early spell of being fêted as an important and cherished person, followed by a growing sense of homesickness and disillusionment, a sordid struggle for pensions and patronage, an eventual defection provoking the contempt and exasperation of the embarrassed hosts, and perhaps even a grim encounter with the Inquisition».[70]

65. Su Horn, Oxenstierna e altri nobili convertiti, cfr. P.G. Berg, *Svenska adelsmäns öden*, Stockholm 1872, pp. 181-182.

66. BA, Ms. 1650, f. 666r: «Le Roy de Suede offre au Baron Duvalle de luy restituer tout son bien, et de luy donner en Suede, le même Employ qu'il possede presentement au Service de l'Empereur, Si il veut retourner a la Religion Lutherienne».

67. *Ibidem*.

68. *Ibidem*. Si veda anche Bildt, *S. Birgittas hospital*, p. 400; Elgenstierna, *Den introducerade svenska*, III, p. 357.

69. Si rimanda a Raunio, *Conversioni al cattolicesimo*, *passim*.

70. B. Pullan, *Conversion of the Jews: the Style of Italy*, in *Poverty and Charity: Europe, Italy, Venice, 1400-1700*, Hampshire 1994, pp. 69-70.

Investire su neoconvertiti scandinavi a Roma non era un buon affare per il papato e infatti ebbe risultati effimeri. Recenti studi storici sulla mobilità hanno messo in rilievo la fluidità dell'identità dei migranti[71] e questo era anche il caso degli svedesi a Roma. Come abbiamo visto, tra i rappresentanti delle élites esistono alcuni casi in cui la conversione avvenuta dall'altra parte del continente costituì solo una breve parentesi. Sono casi isolati, ma riescono comunque a mettere in dubbio la tesi secondo cui il ritorno in patria per le persone convertite fosse impossibile ancora nella seconda metà del Seicento: bastava aderire di nuovo alla Chiesa luterana, negare la fede cattolica o semplicemente tacere il proprio passato, per poter ottenere perfino offerte da parte del re e incarichi di stato. La conversione della regina Cristina poteva sembrare una rivincita, ma in realtà la Scandinavia era ormai una partita persa per il papato e quelle che a prima vista sembravano piante tenere potenzialmente floride, si dimostrarono di fioritura breve.

71. Insieme alla fluidità si parla anche della pluralità e contraddittorietà dell'identità religiosa. Si vedano, ad esempio, K. Siebenhüner, *Conversion, Mobility and the Roman Inquisition in Italy around 1600*, in «Past and Present», 200 (2008), pp. 5-6; E. Dursteler, *Venetians in Constantinople. Nation, Identity, and Coexistence in the Early Modern Mediterranean*, Baltimore 2006, pp. 22 e 105; D.H. Nexon, *The Struggle for Power. Nation, Identity, and Coexistence in the Early Modern Mediterranean*, Baltimore 2006, p. 294.

Johan Ickx

San Giuliano dei fiamminghi a Roma: legami e limiti di una *natio*

1. *Introduzione*

La Fiandra e le regioni dei Paesi Bassi che si affacciano sul mare del Nord sono caratterizzate dalla loro eccezionale apertura geografica. La Fiandra (o le Fiandre) in particolare gode di una posizione unica in Europa che le consente di essere un crocevia assai variegato di entità nazionali, linguistiche, culturali e, dal 1521, anche religiose. In passato diversi studiosi, ad esempio il rappresentante fiorentino ad Anversa, Lodovico Guicciardini nel 1567,[1] hanno cercato di trovare, per i secoli XV-XVIII, risposte alla domanda cos'è un fiammingo, un olandese, un basso tedesco (*niederdeutscher*), un fiammingo francofono (*fransvlaming*) o un "belga", denominazione quest'ultima utilizzata non di rado, anche prima del 1830, data d'inizio del regno che prese questo nome.

Le discussioni sul significato nazionale, regionale o locale dei termini summenzionati, seguivano il ritmo delle onde della storia internazionale. Così la formazione del Sacro Impero Romano, la Riforma protestante, le conseguenti guerre di religioni che segnarono la fine dell'unità religiosa, andarono delineando il confine tra l'Olanda e la regione della Fiandra attuale, l'occupazione austriaca, l'occupazione francese, quella olandese, per poi finire con la fondazione del Regno del Belgio, hanno avuto in un modo o nell'altro un loro influsso sui termini fiammingo e/o belga. Si nota un mescolarsi tra immaginario nazionale e storiografia, per di più sotto l'influsso di un potere centrale che cercava di legittimare la sua esistenza ben oltre i limiti della propria epoca.

1. C. Billen, *Vlaanderen, Geschiedenis en geografie van een land dat niet bestaat*, in *Fiamminghi a Roma 1508-1608. Kunstenaars uit de Nederlanden en het Prinsbisdom Luik te Rome tijdens de Renaissance*, Brussel 1995, p. 48.

2. *San Giuliano dei fiamminghi*

Tale storiografia assai complessa aveva le sue ripercussioni sulla realtà dell'ospedale, nei tempi remoti spesso chiamato "xenodochium", con chiesa e cimitero nella Roma dei "fiamminghi".[2] Per non perderci nel mondo dell'immaginazione – visto che l'archivio storico conservato non offre alcun documento utile alla nostra ricerca[3] – si deve ricostruire la sua storia attraverso fonti e indicazioni esterne.

Per molto tempo, esattamente fino al XX secolo, l'anno 713, durante il pontificato di Eugenio II, fu proposto, anche se non da tutti gli autori, come ipotetica data di fondazione a Roma della chiesa di San Giuliano dei fiamminghi.[4] È ovvio che tale data, risalente ad un secolo prima del regno carolingio, è del tutto insostenibile storicamente e suscita qualche domanda interessante: che cosa fu la Fiandra o furono le Fiandre in quel frangente? Possiamo considerare realmente esistenti delle terre "fiamminghe" in quell'epoca? Inoltre, spostando l'attenzione alla situazione dell'Urbe, il 713 è una data plausibile nell'insieme della storia delle chiese di Roma e dell'urbanizzazione della Città eterna?

Per la fondazione di un ospedale e chiesa dei "fiamminghi", qualcuno optò per una soluzione assai più accettabile con la data 1094,[5] anno in cui Robrecht II, conte della Fiandra, avrebbe onorato la Chiesa, non tanto con una visita, ma piuttosto con l'imposizione di una tassa nelle terre del-

2. Sull'origine e lo sviluppo del termine e sulla realtà stessa dello "*xenodochium*" nel diritto canonico occidentale e orientale, vedi F. Merzbacher, *Das Spital im kanonischen Recht bis zum Tridentinum*, in «Archiv für katholisches Kirchenrecht», 148 (1979), pp. 72-92.

3. I documenti più antichi conservati nell'Archivio Storico di San Giuliano risalgono al 1498. Interessante è il fatto che l'ospedale, la chiesa e la confraternita dei fiamminghi a Roma non figura neanche su un elenco conservato nell'archivio, *Nota della Fondazione di varie compagnie in Roma dal 1193 al 1614. Alcune confraternite e compagnie di chiese fondate a Roma dall'anno 1193* (ASGF, I, 1, ff. fasc. 3a). Cfr. anche J. Ickx, M. Pizzo, *Inventario. Chiesa e Fondazione Reale Belga "San Giuliano dei Fiamminghi" a Roma. Archivio Storico*, Roma 2016, p. 1.

4. Così per esempio P. Visschers, *Notices sur l'hospice et l'église de Saint-Julien des Belges à Rome*, in «Annales de l'académie d'archéologie de Belgique», 6 (1849), pp. 47-64, ed E. Geudens, *L'hôpital St. Julien et les asiles de nuit à Anvers depuis le XIVème siècle jusqu'à nos jours*, Anvers 1887, p. 4.

5. M. Vaes, *Les fondations hospitalières flamandes à Rome du XV au XVIII siècle*, in «Bulletin de l'Institut Historique de Rome», (1919), p. 164.

le Fiandre a favore di un ospedale a Roma: «[...] restitutum censuq[ue] adauctum anno MXCIV» come ci ricorda l'iscrizione solenne in latino, sopra il portone d'ingresso dell'attuale chiesa.

Possono essere diversi i motivi per dare ad un libro nel 1994 il titolo *1000 anni di San Giuliano dei Fiamminghi*, il quale perorava l'esistenza millenaria della Chiesa di San Giuliano e non quella di novecento anni come sarebbe stato più logico.[6] Sicuramente uno di essi fu l'esigenza di dare alla Chiesa un'origine nel lontano passato per assicurare il diritto ad un titolo cardinalizio (o di avvalorarne la legittimazione), che proprio nell'anno 1994 fu concesso da Giovanni Paolo II. L'altro impulso, per poter acclamare le origini più antiche, potrebbe essere stato dettato dalla solita rivalità con altri enti nazionali affini presenti a Roma: il Campo Santo teutonico dei tedeschi e fiamminghi ha un origine attestata nell'800; Santa Maria dell'Anima, con la sua fondazione risalente al 1300 per merito di

6. J. De Brabandere, B. De Groof, J. Ickx, H. Maertens, *1000 jaar San Giuliano dei Fiamminghi*, Brugge 1996. Tre autori dei contributi all'interno di questo libro non concordano sulla data di origine. Il compianto mons. Werner Quintens accennava al carattere arbitrario di questo lasso di mille anni: «A thousand years is both too much and too little. Too little, since the echoes of a Flemish presence in Rome in the eighth century, under pope Eugenius II, may one day become verifiable fact. Too much, while the statutes of St Julian, dating back to the year 1444 and preserved in a copy made in 1574 kept in the church's archives, presuppose a long and steady tradition that does not, however, necessarily reach back into the first millennium after Christ». Bart De Groof dava più credito ai fatti descritti nel maggior numero delle pubblicazioni, accennando alla data del 713, senza però verificarla: «According to tradition, the origin of the hospitium of San Giuliano in Rome is situated in the eighth century. Robert, Count of Flanders, may even have visited the foundation in 1096 on his way to the Holy Land. These are references belonging to the realm of legend, but they could be constructed as manifestations of the earliest contacts between Flanders and Rome [...]. The first historical references to the existence of a chapel of San Giuliano go back to the early fifteenth century [...]. From the same period dates one of the oldest manuscripts about St Julian, preserved in a copy: the statutes and ordinances of the hospice for pilgrims written down in 1444». Jan De Brabandere offriva a sua volta un'altra versione dell'origine di San Giuliano, dando per certo che Roberto II di Fiandra fosse addirittura il fondatore dell'ospizio e della chiesa: «one of the Counts of Flanders, Robert II, passing this refugium, and noticing that there is insufficient room for the pilgrims of the County of Flanders in the existing building. He will pay for the construction of a new refugium. As Count of Flanders, he puts the house under the protection of the apostle of charity, St Julian. Robert II is therefore the founder of San Giuliano dei Fiamminghi. As a matter of fact, there existed houses of St Julian in Flanders at that time [...]. For instance, a similar house of St Julian was to be found near the "Boeverie gate" in Bruges». L'autore, però, non menziona che tale ospedale a Bruges nacque non prima del 1290, quindi a distanza di due secoli dal conte Roberto II di Fiandra.

una coppia proveniente da Dordrecht (nei Paesi Bassi); anche la Chiesa dei frisoni, costruita nell'XI e XII secolo, richiama la realtà ben più antica di una *schola frisonorum* presente nell'Urbe già nell'800.[7] Anche se una conferma da fonti manoscritte coeve manca a tutt'oggi, nulla preclude l'ipotesi che il conte Robrecht nel 1096, partendo per la crociata e quindi in cammino per la Terra Santa, visitò brevemente Roma, dove fu accolto dai suoi sudditi presenti nell'Urbe. Ciò significherebbe che qualcosa di "fiammingo" nella Città eterna era pre-esistente.

Quindi mille anni sono confutabilmente e per il momento storicamente non certificabili per la fondazione di San Giuliano dei fiamminghi. In un contributo, divulgato un anno dopo la sopracitata pubblicazione,[8] è proposta la data del 1213. La lastra con testo in latino, sopra il portone d'ingresso afferma: «[...] anno salutis DCCXIII dicatum [...]», ciò ha indotto alcuni storici a cadere ciecamente nella trappola dell'anno 713. La scoperta di un documento conservato nell'Archivio reale di Bruxelles con riferimento ad un'iscrizione ancora esistente nel 1681, ha dato la chiave per risolvere il rebus e per capire come l'anno 1213 cambiò in 713.[9] Nel giugno del 1751 un certo abate Giordani fu incaricato dal cardinale Alessandro Albani di compiere un'inchiesta nella chiesa di San Giuliano dei fiamminghi a Roma. Lo scopo era di inventariare tutti i beni della chiesa e connesso ospedale. L'autorità austriaca di allora non solo voleva un censimento completo di tutti i possedimenti e di tutte le proprietà, ma nel caso specifico di San Giuliano dei fiamminghi intendeva trovare una base solida per poter estendere sulla medesima chiesa la protezione imperiale, con il titolo reale, che ha conservato fino ad oggi. Come si può presumere, anche l'abate Giordani prestò, quindi, la debita attenzione alla data d'origine, annotando nel suo rapporto: «Sicome la mancanza di libri, o trafugati maliziosamente, o per trascuraggine dispersi, o perdutisi col lungar andar' del tempo, secondo mi feci debito di scriverli con altre mie, non ci dà alcuna notizia della fondazione di essa Chiesa, ed Ospedale, così tutti i lumi, che si possono avere su questo punto si ricavano dalli statuti della med[esi]ma, fatti l'anno 1672,

7. M.P.M. Muskens, *De kerk van de Friezen bij het graf van Petrus*, Rome 1989.

8. J. Ickx, *783 Years of San Giuliano dei fiamminghi?*, in «Archivum Historiae Pontificiae», 34 (1996), pp. 369-375.

9. Algemeen Rijksarchief Brussel, Fonds van de Oostenrijkse kanselarij, n. 402, doc. D35. Y. Lammerant, *Église et Fondation Royale Belge «St Julien des Flamands»* [...] *Relevé des inscriptions murales et des dalles*, ms. Rome 1985, p. 24, cita tale fonte, ma non ne ha tratto le conclusioni.

quali per altro hanno la loro origine da un antico libro citato in essi statuti. In questi non si fà menziona alcuna di fondazione, nè di regio patronato, o protezione, ma solo dicesi che la Maesta dell'Imp[erato]re Carlo V. si degnò a scrivere il suo nome alla confraternità di detta Chiesa l'anno 1536 a li 18 Aprile, come dall'iscrizione, di un acchiusa copia à V[ostra] S[ignoria] Ill[ustrissi]ma segnata lettere, e che trovasi in un cortile dietro la sagrestia [...]». Questi elementi non offrivano nessun precedente storico per porre San Giuliano sotto la corona austriaca. Data l'insoddisfazione del cardinale Albani, l'abate Giordani dovette rifare il sopralluogo. In quel secondo momento, l'abate osservò una lastra del 1681 (oggi non più esistente), che ricordava il conte Robrecht di Fiandra, il quale aveva elargito alla chiesa somme di denaro dalle quali ricavare una rendita destinata alla sussistenza futura. Quindi le pretese di protezione imperiali spettavano all'allora erede del Contado di Fiandra, ruolo che, per successione legittima, era ricoperto proprio dall'imperatrice Maria Teresa d'Austria. Ma Giordani osservò anche qualcos'altro sulla medesima iscrizione: la fondazione della chiesa era da collocarsi nell'anno 1213 e ciò «per opera di alcuni pii e devoti Fiamenghi».

È sorprendente, ma al contempo anche facile da spiegare, come si sarebbe potuto leggere nell'iscrizione la prima cifra romana D (= 500) al posto di M (=1000): le prime aste, poco visibili o erose, fecero interpretare la fondazione esattamente cinquecento anni prima, cioè nell'anno 713. Dal 1681 tale errata lettura, che tutt'oggi brilla sopra il portale della chiesa, fu acriticamente adottata e così rimase fino alla fine del XX secolo, senza prova alcuna e senza argomenti per poter spiegare la data del 713. Camillo Fanucci aveva intuito l'imprecisione nel 1601 in quanto nel suo *Trattato delle opere pie dell'alma città di Roma* sostenne «[...] paesi soggetti al Conte di Fiandra, come si è detto nel cap[itolo] dello Spedale di questa Natione, dalla quale si trova eretta una Confraternita con il titolo di San Giuliano dei Fiammenghi; quale si pretende che fusse instituita insieme con esso Spedale l'anno settecento tredici».[10] Tale data, quindi, può essere rispedita nel regno delle leggende. Sotto l'iscrizione in latino sul portone, si nasconde infatti un qualcosa che fu elargito dal conte di Fiandra nel 1094 e che nel 1213 fu posto sotto la protezione di San Giuliano.

È interessante rilevare che la prima struttura fiamminga per pellegrini dedicata a San Giuliano, *l'ospedaliere*, sarebbe sorta proprio a Roma, seguita da altri ospedali simili nelle Fiandre, subito dopo il 1213. San Giulia-

10. C. Fanucci, *Trattato delle opere pie dell'alma città di Roma*, Roma 1601, p. 317.

no dei fiamminghi, quindi, costituirebbe il prototipo di tali ospedali. Ciò ci permette di rilevare che intorno al 1213 a Roma fu presente una comunità di fiamminghi abbastanza numerosa e rappresentativa da avere la necessità di creare un ospedale di pellegrini e al contempo abbastanza facoltosa da essere in grado di provvedere alla sua realizzazione.

Per comprendere la realtà di San Giuliano nel contesto della città di Roma è indispensabile metterlo in relazione, sotto vari aspetti, ad altre realtà "teutoniche" dell'Urbe. Non può sfuggire all'attenzione l'ubicazione stessa e quindi anche la vicinanza dell'ospedale di San Giuliano a quello di Sant'Andrea dei teutonici, fondato tra il 1372 e 1379 da Nicolaus di Culm.[11] L'Ospedale di Sant'Andrea era ubicato all'angolo tra l'attuale Via di Monte della Farina e Via Sant'Anna, ora in possesso dell'Arciconfraternita del Campo Santo teutonico dei tedeschi e dei fiamminghi. Nel muro del bellissimo palazzo ancora oggi si possono individuare i resti di una torre medievale. San Giuliano segnava il confine di ciò che più tardi sarà chiamato la *platea tedescorum*, ossia il quartiere teutonico. Tale quartiere non spuntò lì a caso. Confina con la parallela e famosa *Via Papalis*, la strada attraverso la quale passavano tutti gli importanti e solenni cortei papali. L'intero quartiere poggia sui resti romani dell'immenso complesso di colonne che dava accesso al teatro di Pompeo, di cui le rovine sono ancora visibili da Campo de' Fiori. Ed è proprio lì, all'inizio della piazza con i templi, oggi Largo Argentina, che nel giorno delle Idi di marzo del 44 a.C. fu assassinato Giulio Cesare.[12] L'attaccamento dei teutonici a quel quartiere veniva ulteriormente confermato quando, nel 1491, Johannes Burckard, cerimoniere del papa, decise di costruire il suo palazzo su un appezzamento di terreno che era proprietà dell'abbazia benedettina di Farfa.[13] L'edificio sorse, inglobando il chiostro medievale e la torre, proprio accanto a San Giuliano e Johannes Burckard divenne uno dei più noti vicini dei fiamminghi, anche grazie al diario che ci ha lasciato.[14] L'edificio,

11. P. Spezi, *Una ignorata Chiesa Trecentesca S. Andreas Teutonicorum de Urbe*, in «Bulletino della Commissione Archeologica di Roma», 49 (1931), p. 203.

12. J. Gadeyne, *Da Pompeo il Grande a Roberto II, conte delle Fiandre. Appunti per la ricostruzione della topografia antica e medievale attorno a S. Giuliano dei Fiamminghi*, Conferenza tenuta nel 2004 al Circolo Culturale Fiammingo. Testo presso l'autore, pp. 2-3.

13. A. Lombardi, *Storia di un palazzo. La casa del Burcardo*, in *Il Palazzo del Burcardo. Testimonianze di un restauro*, a cura di A. Masi, Roma [1995], pp. 31-42.

14. G. Érszegi, *Le campane siano per sempre suonate a mezzogiorno*, in *La campana di mezzogiorno. Saggi per il quinto centenario della bolla papale*, a cura di Z. Visy, Budapest 2000, pp. 188-202.

o almeno la torre che lo accompagnava, e il suo illustre abitante continuano a vivere nel nome della piazza di Largo di Torre Argentina, la piazza vicina alla torre di Burckardus *episcopus argentinensis* o *argentinus*. Riguardo al legame con le altre realtà teutoniche dovremmo insistere e varrebbe la pena approfondirlo in future ricerche per l'epoca successiva che va dal XV al XVIII secolo.

3. *Il fiammingo e la Fiandra: una* pars pro toto*?*

Nel 1600 come e quando si parlava dei fiamminghi nel contesto di Roma? Nel suo già citato *Trattato di tutte le opere pie dell'Alma Città di Roma* (1601) Camillo Fanucci si occupa di tutte le chiese, ospedali e confraternite presenti nell'Urbe. Nel capitolo dedicato agli «spedali nationali» i fiamminghi sono citati in fila con altre nazioni come «Armeni, Bretoni, Boemi, Ongari, Pollacchi e al pari con Franzesi e Teutonici». Nel Libro Quarto, cioè la quarta parte del libro, il Fanucci tratta delle confraternite. È sorprendente che non figuri in quest'elenco l'Arciconfraternita del Campo Santo teutonico dei tedeschi e fiamminghi, tutt'oggi esistente, e dove i fiamminghi hanno pieno diritto di appartenenza. Fanucci spiega che sotto il nome «de' Fiamminghi» s'intendono non solo quelli della provincia di Fiandra, ma si vogliono indicare le città libere, riconducendole anche alle tre diocesi ancora visibili con la loro allegoria nella volta della chiesa (Ieper, Gent, Brugge). Scrive Fanucci «ancora quelli delle provincie di Brabantia, Borgogna ed altri paesi soggetti al Conte di Fiandra [...] quale si pretende che fusse instituita insieme con esso Spedale l'anno settecento tredici».[15] Uno dei problemi della storia dei Paesi Bassi è stato per molto tempo la mancanza di confini naturali e l'eterogeneità degli abitanti. Questo causò non pochi problemi alla storiografia per la definizione della nazionalità e della coscienza unitaria del popolo. Come accennato all'inizio di questo contributo, non sorprende quindi che sul termine "Flandria" si siano soffermati diversi autori nordici. Uno dei più famosi tra di loro è sicuramente Godefridus-Johannes Hoogewerff, che pubblicò già negli anni Venti del Novecento studi sul tema.[16] In collaborazione con Leo van der Essen

15. Fanucci, *Trattato delle opere pie dell'alma città di Roma*, passim.

16. G.-J. Hoogewerff, *Uit de geschiedenis van het Nederlandsch nationaal besef*, in «Tijdschrift voor Geschiedenis», 44 (1929), pp. 113-134.

dell'Università Cattolica di Lovanio fece apparire, a ridosso della Seconda guerra mondiale, un *plaidoyer* per lo stretto legame tra le popolazioni della Fiandra e dell'Olanda, le quali formavano una volta i Paesi Bassi.[17] Il contributo di Claire Billen invece partiva dalla storia geografica e istituzionale del territorio, soprattutto per il Quattrocento e Cinquecento.[18] L'autrice concluse che per più di trecento anni poteri e ricchezze, concentrandosi in un territorio vastissimo, vennero con persistenza presentati come un'unità, anche se divisi e contrastanti tra loro. L'apparente unità dei Paesi Bassi era soprattutto una conseguenza della prosperità delle città e del potere dei suoi maggiorenti, che giocavano un ruolo eminente sulla scacchiera d'Europa. Per Claire Billen questa situazione fu ugualmente alla base della prestigiosa cultura d'arte di questi territori, riconosciuta sotto il nominativo comune di "fiamminga". Il glorioso passato delle città fiamminghe e la loro antica reputazione in campo economico e commerciale, spiegano perché gli stranieri assimilavano i Paesi Bassi, quindi tutti i territori tra di loro dissimili per posizione geografica, sistema politico o lingua, alla contea della Fiandra, chiamandoli con il nome di quest'ultima.

Alcuni anni prima, nel 1988, Bart De Groof aveva affrontato quella stessa tematica partendo, sulla scia di Hoogewerff e van der Essen, dalle evidenze archivistiche, o meglio da come la provenienza fosse stata annotata in vari archivi a Roma e in altre città italiane. Con le sue ricerche De Groof ha voluto dimostrare che il termine "Flandria" non fu quello più usato per indicare i Paesi Bassi: a Roma si trova invece, a partire dal 1560, il termine latino *Belgium* o Belgica, che divenne verso il 1600 di moda.[19] La ricerca di De Groof, fatta solamente su una parte degli archivi di Roma, ha rivelato che i professionisti fiamminghi "teutonici" iscritti alla Confraternita dei calzolai, legata al Campo Santo teutonico, lo fecero dal 1420 al 1697 in lingua "fiamminga", indicando poi il comune o villaggio di provenienza. In qualche caso isolato egli trovò il nome e cognome in forme latinizzate.

17. L. Van Der Essen, G.-J. Hoogewerff, *De historische gebondenheid der Nederlanden*, Brussel 1944.

18. C. Billen, *Vlaanderen, Geschiedenis en geografie van een land dat niet bestaat*, in *Fiamminghi a Roma 1508-1608. Kunstenaars uit de Nederlanden en het Prinsbisdom Luik te Rome tijdens de Renaissance*, Brussel 1995, pp. 48-52.

19. B. De Groof, *Natie en nationaliteit. Benamingsproblematiek in San Giuliano dei Fiamminghi te Rome (17e-18e eeuw)*, in «Bulletin de l'Institut historique Belge de Rome/ Bulletin van het Belgisch Historisch Instituut te Rome», 58 (1988), pp. 87-148. Si riepilogherà il pensiero di quest'autore nelle pagine seguenti.

Lo stesso si vede a San Giuliano: non si trovano descrizioni più dettagliate sulla provenienza del solo comune o villaggio, mentre nella confraternita del Campo Santo i soggetti provenienti dai Paesi Bassi (nord e sud) si iscrissero ancora nel XVII secolo come «da Lilla in Fiandra, da Mechelen in Fiandra etc. [...]» estendendo quindi l'identità a un'appartenenza più ampia, ad una *natio*, esattamente ciò che sosteneva anche la Billen. Ma per De Groof un fiammingo fa distinzione tra "patria" e "natione", quando il contesto lo richiede o necessita. Così si spiegano le più ampie iscrizioni nel *Liber Confraternitatis* di Santa Maria dell'Anima «natione Brabantinus, patria Bruxellensis». Questa specificazione è ancora più dettagliata negli archivi "romani", dove si trovano poi "nazione, provincia e patria (= città natale). Questi modi differenti di citare il proprio nome rispecchiano quindi la differenza nella lingua latina classica tra *patria* (= provenienza, il luogo di nascita) e *natione* (= un gruppo socio-politico più ampio, che, sulla base territoriale, si presenta in un contesto "straniero"). De Groof sostiene, ed è un fatto alquanto interessante, che nonostante le guerre di religione e la scissione tra nord e sud dei Paesi Bassi, a Roma si continuò ad usare il termine "fiammingo" per indicare la *natione* di tutti quelli provenienti dalle diciassette Province.

Alla stessa affermazione, ma per altre strade, arrivò anche Billen, per il quale «nonostante la divisione tra i paesi bassi nordici e quelli del sud, alcuni autori italiani continuano ad adoperare il termine Fiandra quando in realtà vogliono indicare quelle province nordiche, di cui la Fiandra come tale non fa più parte».[20] Tanto è vero che, secondo De Groof, anche quelli provenienti da terre «walloni» per molto tempo ancora vengono denominati fiamminghi: *de Namour fiammengo*, o un *Petrus Van Dicke Flander Leodinensis*. Con il suo studio il De Groof ha dimostrato che la parola "vallone" indicava comunque qualcuno dei Paesi Bassi con l'idioma francofono: cosa del tutto spiegabile, se si dà credito all'affermazione della Billen, secondo la quale i Paesi Bassi non hanno mai avuto una lingua comune.[21] Il termine "olandese", non di rado presente negli archivi, è chiaramente utilizzato unicamente per persone provenienti dalla parte nordica dei Paesi Bassi: interessante è il caso del pittore Bloemaert che si descrive come proveniente da «Utrecht nelli paesi della Fiandra sotto il dominio dell'Olanda».

20. Traduzione in italiano dall'autore. Billen, *Vlaanderen, Geschiedenis en geografie van een land dat niet bestaat*, p. 50.

21. *Ibidem*, p. 52.

Potrebbe essere per noi quindi di aiuto indicare la presenza e l'uso della lingua fiamminga negli archivi e sui monumenti. Per San Giuliano non può passare inosservato il testo degli Statuti (riscritti nel 1574), redatto in lingua fiamminga e oggetto di un ampio studio del nostro collega Michiel Verweij.[22] Secondo gli statuti dell'ospizio di San Giuliano del 1444, il consiglio di amministrazione era accessibile ai soli fiamminghi della omonima contea. Nella congiunta confraternita invece venivano ammessi tutti gli abitanti delle diciassette Province. Tra questi due organismi con il tempo si stabiliva una maggiore fusione, che complicava i nostri problemi di definizione. L'accoglienza dei pellegrini era intanto soprattutto diretta alla gente della contea di Fiandra, di Artesia, di Hainaut e di Namur. Tuttavia, nel Seicento le responsabilità nel consiglio di amministrazione venivano spesso affidate a persone che non facevano parte della contea di Fiandra e quindi che parlavano un altro idioma. Ciò non creò difficoltà, se non verso la fine del XVII secolo. Allora la solidarietà spontanea nella fondazione fu intaccata da tre grandi fattori: l'evoluzione generale verso uno stato moderno e uniforme; i diversi trattati con Luigi XIV, con i quali fino al 1713 la Francia otteneva gran parte dei territori meridionali (di lingua francese) della contea di Fiandra; le rivalità interne alla fondazione di San Giuliano. Di questi elementi si trovano le ripercussioni in una serie di processi. Una prima serie (fine XVII secolo) portò a deliberare che ci fosse soltanto una presenza fiamminga nel consiglio.[23] Da allora in poi, vennero ammessi di diritto solo coloro che facevano parte della contea di Fiandra. Al massimo, gli altri potevano essere invitati.

Questa decisione era scaturita dopo un difficilissimo processo, durante il quale si affrontarono problemi di carattere storico, filologico e giuridico, per giungere, infine, ad una appropriata definizione della nazione fiamminga. È evidente ormai che una difficoltà in questo caso era costituita dal termine "Fiandra", che in italiano indicava sia l'insieme dei Paesi Bassi che la contea. Da un altro processo della fine del Seicento emergeva che la facoltà

22. M. Verweij, *Het Broederschapsboek van S. Giuliano dei Fiamminghi en de Statuten uit 1444*, in «Forum Romanum Belgicum», 2012 [on-line], pp. 6-11. Lo stesso articolo è riapparso nel «In Monte Artium. Journal of the Royal Library of Belgium», 5 (2012), pp. 169-214.

23. Per esempio nella busta ASGF I 3 "Scritture diverse. Inventarii diversi. Filza N. XIV", 1672-1865, i fascicoli "Causa contro Giacomo Francesco Govi da Pech di non poter esser ammesso a Provisore Né poter conseguire alle figlie doti Aringhi…" e "Minuta di lettera (Roma, 1746) relativa alla ricerca fatta dal card. Alessandro Albani presso il Supremo Consiglio di Fiandra di una specificazione della Fiandra Fiamminga e della Fiandra Vallona con atto allegato (Tournai, 1745)". Cfr. Ickx, Pizzo, *Inventario*, p. 3.

di decidere spettava esclusivamente ai quattro "membri" di Fiandra, cioè le città di Bruges, Gand, e il "Franco" di Bruges.

Con il tempo le limitazioni della solidarietà con i territori dei Paesi Bassi, non appartenenti al nucleo vero della Fiandra, andarono aumentando. Nel 1715 si rifiutò l'accoglienza dei pellegrini fiamminghi, provenienti dalle terre annesse ai francesi e nel 1736 si impedì persino l'invito dei "non-fiamminghi" al consiglio.

Tuttavia ai provvedimenti politici si aggiunsero anche i problemi linguistici. Nel XVIII secolo coloro che provenivano dalla parte "gallicante" della contea di Fiandra non potevano più usufruire di alcun servizio o aiuto. La testimonianza di questa esclusione è contenuta negli atti di un processo del 1745 concernenti l'assegnazione di una dote, istituita nel 1704 dal provisore Van Haringhen (di Ypres) in favore delle zitelle povere della nazione di Fiandra "fiammingante". Così, San Giuliano divenne un centro esclusivamente a favore dei fiamminghi "fiamminganti"' della contea di Fiandra: la lingua e la nazionalità moderna del tempo (i Paesi Bassi del sud) diventarono l'elemento discriminante. Le persone provenienti dalla Fiandra gallicante non ebbero più accesso né alla confraternita né agli incarichi, una tendenza, però, che si sarebbe invertita di nuovo con la fondazione del Regno del Belgio. Con il tempo, queste manifestazioni di eccessivo spirito particolarista furono inversamente proporzionali alla reale importanza della colonia fiamminga a Roma. Il tentativo da parte dei provisori di mantenere un potere decisionale, contrastava con il rilievo reale del consiglio di amministrazione a Roma, giacché nel XVIII secolo le decisioni effettive venivano prese a Vienna, centro della monarchia asburgica. Sembra che verso quell'epoca, così conclude De Groof, "le tre Fiandre" vivessero una vita parallela, una accanto all'altra: la Fiandra vera e propria, la Fiandra "franzese" e la Fiandra "imperiale". È vero che gli statuti delle fondazioni presentavano restrizioni precise, tese a limitare la solidarietà a un gruppo ben definito. Ciò spiega perché nel XVII secolo, la colonia fiamminga di Roma, piuttosto estesa, poteva rivolgersi a tre ospizi. Santa Maria dell'Anima e Santa Maria in Campo Santo erano aperte anche ai brabantini, olandesi e liegesi, mentre coloro che facevano parte della contea di Fiandra avevano un loro proprio ospizio, quello di San Giuliano dei fiamminghi. Ma è altrettanto vero che alla fine di quel secolo e sino al XX in questa fondazione fiamminga, come del resto nelle due teutoniche prima citate, i problemi e le tensioni, causati dall'interpretazione dell'appartenenza "nazionale", sarebbero stati di continuo all'ordine del giorno.

Tobias Daniels

La chiesa di Santa Maria dell'Anima tra Papato e Impero (secoli XV-XVII)

1. Status quaestionis *e premessa metodologica*

Alla vigilia del Giubileo del 1625 una richiesta giunse a Santa Maria dell'Anima.[1] Nel 1600 era stata pubblicata una guida di Roma a firma di Ottavio Panciroli (1554-1624) dal titolo *Tesori nascosti dell'alma città di Roma*: poiché l'opera doveva essere ristampata,[2] l'editore chiedeva alla comunità ecclesiastica informazioni sulla chiesa. Nella lettera, sinora inedita,[3] si ribadiva infatti il perdurare di «alcuni dubii», nonostante i redattori si fossero già rivolti al teologo fiammingo Gerhard Voss († 1609),

1. Per il presente contributo è stato mantenuto lo stile discorsivo dell'intervento orale al convegno.

2. Cfr. in generale L. Schudt, *Le Guide di Roma. Materialien zu einer Geschichte der Römischen Topographie*, Wien 1930 (online: http://perspectiva.biblhertz.it/schudt.html), pp. 99 sg. Per il Panciroli: http://edit16.iccu.sbn.it/scripts/iccu_ext.dll?fn=11&res=10820.

3. Roma, Biblioteca Nazionale dei Lincei e Corsiniana, Fondo Faber, 424, c. 456r: «Per S. Maria dell'Anima. Havendosi a ristampare il libro de Tesori nascosti, dove si tratta di tutte le chiese di Roma con l'aiuto di varie persone divote e pie et havendosi havuta di quest'assai buon informatione a bocca dal Sig.r Gerardo Vossio di fel[ice] mem[oria], restano con tutte ciò alcuni dubii. Disse il detto Si.r Gerardo, che un canonico di Mastrich diede alcune cose per la fabbrica dello spedale, e solo havendo il nome suo di Teodoro, si desidera il cognome. Di più, se l'ospidale serve alla natione tedesca e fiaminga, havendo il Sig.e Vossio dettoci che dall'una e l'altra natione e' fondato questo sacro luogo. In oltre stando in una pietra qui notato che la chiesa è consecrata a 13 di Novembre, si dimande se in tal giorno over' in altro la fanno. Finalmente preghiamo d'haver in nota l'anno che da S. Pietro fu qua portato il corpo di Papa Adriano che pensiamo sia notato al suo sepolcro». In merito alla «pietra» con la presunta iscrizione dedicatoria in data 13 novembre, è probabile che si riferisca a un'iscrizione oggi perduta, per cui cfr. E. Nikitsch, *Das Heilige Römische Reich an der Piazza Navona. Santa Maria dell'Anima im Spiegel ihrer Inschriften aus Spätmittelalter und Früher Neuzeit*, Regensburg 2014, pp. 57 sg.

provvisore della confraternita di Santa Maria dell'Anima nel 1584.[4] Il Voss aveva riferito «che un canonico di Mastrich diede alcune cose per la fabbrica dello spedale», ma dal momento che aveva parlato solamente di un «Teodoro», si desiderava sapere anche il cognome della persona.[5] Un ulteriore dubbio riguardava la struttura organizzativa, ovvero «se l'ospidale serve alla natione tedesca e fiaminga, havendo il Signore Vossio dettoci che dall'una e l'altra natione è fondato questo sacro luogo». Anche la data di consacrazione della chiesa, ricavata da «una pietra»,[6] appariva una questione ancora aperta nonché «l'anno che da San Pietro fu qua portato il corpo di Papa Adriano che pensiamo sia notato al suo sepolcro».[7]

Ci si può chiedere se gli editori dei *Tesori nascosti*, un'opera pubblicata con privilegio pontificio, fossero così mal informati su una delle principali chiese nazionali nell'Urbe, tanto più se si considera che nello stesso 1625 l'Anima fu oggetto di una visita apostolica, di cui rimane un accurato ragguaglio.[8] Su un piano pratico, l'incertezza sembra tuttavia

4. Per Gerhard Voss, vedi S. Kubersky-Piredda, *Chiese nazionali fra rappresentanza politica e Riforma cattolica: Spagna, Francia e Impero a fine Cinquecento*, in *Identità e rappresentazione. Le chiese nazionali a Roma, 1450-1650*, a cura di A. Koller e S. Kubersky-Piredda, con la collaborazione di T. Daniels, Roma 2015, p. 45.

5. Si tratta di Dietrich von Niem. Cfr. C. Schuchard, *Das päpstliche Exemtionsprovileg für das Anima-Hospital vom 21. Mai 1406. Beobachtungen zur Geschichte der Anima im 15. Jahrhundert*, in *S. Maria dell'Anima. Zur Geschichte einer 'deutschen' Stiftung in Rom*, a cura di M. Matheus, Berlin-New York 2010, p. 7.

6. Con ogni probabilità il testo fa riferimento all'iscrizione dedicatoria nella facciata della chiesa. Cfr., per quest'iscrizione, Nikitsch, *Anima*, nr. 61, pp. 160 sg.

7. La salma del pontefice Adriano VI fu portata a S. Maria dell'Anima nel 1533. Contrariamente a quanto si afferma sopra, la data della traslazione non si trova nella iscrizione, cfr. Nikitsch, *Anima*, nr. 89, pp. 199-215. Vedi J. Götzmann, *Die Ehrung eines Papstes als Akt nepotistischer Treue: das Grabmal Hadrians VI. (1522-1523)*, in *Totenkult und Wille zur Macht*, a cura di H. Bredekamp e V. Reinhardt, Darmstadt 2004, pp. 99-120; J. Götzmann, *Römische Grabmäler der Hochrenaissance: Typologie, Ikonographie, Stil*, Münster 2010; *De Paus uit de Lage Landen. Adrianus VI 1459-1523*, a cura di M. Verweij, Lovanio 2009; F. Scholten, *Greatly averse to splendor: the funeral monument to Pope Adrian VI.*, in «Wallraf-Richartz-Jahrbuch», 71 (2010), pp. 123-143; M. Verweij, *Adrianus VI (1459-1523): de tragische paus uit de Nederlanden*, Antwerpen-Apeldoorn 2011; *Adrian VI: A Duch Pope in a Roman Context*, a cura di H. Cools e C. Santing, H. de Valk, Turnhout 2012; B. Emich, *Ein Fremder an der Macht. Adrian VI. (1522/23) und die Lupe der Kulturalisten*, in *Kulturgeschichte des Papsttums in der Frühen Neuzeit*, a cura di B. Emich e C. Wieland, Berlin 2013, pp. 29-63.

8. ASV, Sacra Congregazione della Visita Apostolica, 4, Acta Sacrae Visitationis Apostolicae S.D.N. Urbani VIII. Pars tertia (1624-1630), cc. 1004r-1006v, sulle circostanze vedi T. Daniels, *Von landsmannschaftlicher Repräsentation zu konfessioneller Propagan-*

comprensibile. Infatti, le informazioni contenute nella prima edizione della guida erano molto esigue: «E [*sic*] della natione Tedesca con l'hospitale; e "dell'Anima" si dice per una imagine [*sic*] della Madonna di marmo, che già era qui, con alcune anime sotto, che si sogliono rappresentare in forma de fanciuletti ignudi. Fù dapoi la Chiesa cominciata da Oltramontani, e finita d'Adriano VI. di natione Tedesca, & è qui sepellito».[9] D'altra parte, con le loro richieste i redattori della nuova edizione offrivano alla comunità nazionale la possibilità di potersi rappresentare autonomamente rivolgendosi soprattutto al pubblico internazionale dei pellegrini. Al centro dei loro quesiti ci sono: la storia dell'istituzione e l'identità del fondatore, la data di consacrazione della chiesa, il suo finanziamento, il gruppo che la gestisce, nonché i principali personaggi o storie rappresentate nella decorazione. Evidentemente erano queste le informazioni essenziali che un qualsiasi pellegrino si sarebbe aspettato di trovare nella guida.

Prima di tornare sui quesiti rivolti alla comunità, va evidenziato che all'inizio del Seicento non era affatto chiaro cosa fosse una chiesa nazionale e quanto contribuisse alla formazione della *natio* a Roma. L'intento del mio intervento è dunque mostrare che in realtà sia l'idea di *natio* sia il concetto di chiesa nazionale, per il loro carattere fluido, sfuggono a delle definizioni chiare e assolute.

Accantonata subito l'idea di poter comprendere queste istituzioni come "nazionali" nella valenza ottocentesca del termine,[10] è doveroso prendere spunto da alcune necessarie riflessioni metodologiche. Negli anni 1980-2000 – una stagione fertile di studi sociologici dedicati all'idea di nazione – vari studiosi hanno messo in evidenza che il concetto di nazione sia in

da: Die St.-Benno-Kapelle in Santa Maria dell'Anima (15.-17. Jahrhundert), in *Identità e rappresentazione*, p. 188.

9. O. Panciroli, *I tesori nascosti nell'alma città di Roma*, Roma 1600, pp. 463 sg. Il cenno alla rappresentazione della Madonna con le "anime" si riferisce alla scultura nel timpano della facciata, opera di Bartolomeo Lante, cfr. G. Knopp, W. Hansmann, *S. Maria dell'Anima, Die deutsche Nationalkirche in Rom*, Mönchengladbach 1979, pp. 25 sg. Per Adriano VI, vedi sopra, nota 7.

10. Cfr. K. Rudolf, *Santa Maria dell'Anima, il Campo Santo di Teutonici e Fiamminghi e la questione delle nazioni*, in «Bulletin de l'Institut Historique Belge de Rome», 50 (1980), pp. 75-79; P. Berbée, *Von deutscher Nationalgeschichte zu römischer Lokalgeschichte. Der Topos vom "nationalen Pilgerheim" am Beispiel des deutschen Frauenhospizes St. Andreas in Rom (1372-1431)*, in «Römische Quartalschrift», 86 (1991), pp. 23-52; A. Rehberg, *Le comunità "nazionali" e le loro chiese nella documentazione dei notai stranieri (1507-1527)*, in *Identità e rappresentazione*, pp. 211-231.

larga misura il prodotto di una fabbricazione mentale, definita da Benedict Anderson con il termine «imagined communities».[11] Dal momento che le chiese nazionali sono sia luoghi concreti – cioè luoghi d'incontro e di istituzionalizzazione di una comunità, nonché edifici realizzati a scopo di assistenza, di culto e di rappresentanza – sia luoghi immaginati, va inoltre tenuto presente il concetto di "luogo della memoria" elaborato da Pierre Nora.[12] Utile è inoltre la definizione di Anthony Smith, il quale individuando gli elementi che caratterizzano il senso di appartenenza, ha definito la *natio* premoderna come «una comunità storica dotata di una propria identità culturale e/o politica, distinta da un collettivo di membri che condividono miti, ricordi, simboli, valori e tradizioni, che si identificano con un territorio storico, dispongono di una cultura pubblica e osservano gli stessi costumi e leggi».[13] Infine, è stato dimostrato varie volte come i primissimi concetti di nazione furono elaborati inizialmente negli ambienti mercantili, universitari e conciliari nonché diplomatici, luoghi alimentati dalla reciproca concorrenza di determinate collettività e dalla reciproca percezione dell'altro.[14] La corte di Roma si presenta chiaramente come luogo privilegiato per un'indagine su queste dinamiche. A partire dai pellegrinaggi *ad limina* e, dal 1300, dagli Anni Santi dai flussi migratori di artigiani e mercanti diretti verso la penisola appenninica soprattutto dalla metà del XIV secolo,[15] nonché dal trasferimento stabile della Curia a Roma dopo la fine del grande scisma d'Occidente, con il conseguente sviluppo delle ambasciate più stabili, l'Urbe si caratterizzò – come ben noto – per l'elevata presenza di stranieri che vi si insediarono e formarono delle comunità. Erano gruppi costretti a coa-

11. E.J. Hobsbawm, *Nations and Nationalism since 1780. Programme, Myth, Reality*, Cambridge-New York 1990; E. Gellner, *Nations and Nationalism*, Oxford 1983; B. Anderson, *Imagined Communities*, New York-London 1991.

12. *Les Lieux de mémoire*, III, *Les France*, 3 voll., a cura di P. Nora, Paris 1992.

13. A.D. Smith, *The Cultural Foundations of Nations. Hierarchy, Covenant, and Republic*, Malden-Oxford 2008, p. 184.

14. Da ultimo, C. Hirschi, *Wettkampf der Nationen. Konstruktionen einer deutschen Ehrgemeinschaft an der Wende vom Mittelalter zur Neuzeit*, Göttingen 2005; Id., *The Origins of Nationalism. An Alternative History from Ancient Rome to Early Modern Germany*, Cambridge 2012.

15. Per una panoramica: U. Israel, *Fremde aus dem Norden. Transalpine Zuwanderer im spätmittelalterlichen Italien*, Tübingen 2005; K. Schulz, C. Schuchard, *Handwerker deutscher Herkunft und ihre Bruderschaften im Rom der Renaissance. Darstellung und ausgewählte Quellen*, Rom-Friburg i.B.-Wien 2005; *Deutsche Handwerker, Künstler und Gelehrte im Rom der Renaissance. Akten des interdisziplinären Symposiums vom 27. und 28. Mai 1999 im Deutschen Historischen Institut in Rom*, a cura di S. Füssel e K. A. Vogel, Wiesbaden 2001.

bitare, interagire, e rappresentarsi su un palcoscenico internazionale sempre più politicizzato di fronte al potere religioso e temporale dei papi.

Per quanto riguarda la comunità raggruppatasi attorno alla chiesa di Santa Maria dell'Anima è possibile mettere a fuoco tre punti salienti, che sono eloquenti dell'evoluzione del suo assetto identitario, nonché delle sue forme di espressione e di percezione dall'esterno, nell'arco temporale dal quindicesimo al diciassettesimo secolo:

1. le vicende comunitarie e il progressivo nascere di un sentimento di appartenenza rafforzato dalla concorrenza con altri gruppi nel corso del Quattrocento;
2. le problematiche identitarie legate alle questioni religiose del Cinquecento;
3. i conflitti interni e i tentativi di definire, nel Seicento, una identità collettiva in seno a un'istituzione attraverso la costruzione di un mito fondatore.

Come vedremo, tutti questi fattori sono – specialmente nel caso della comunità germanica – talmente mutevoli che suscitano sicuramente dubbi sulla possibilità stessa di definire nettamente *natio* e chiesa nazionale in un arco temporale lungo.

2. *Vicende comunitarie e concorrenza esterna*

Come anche nel caso di altre istituzioni, le origini di Santa Maria dell'Anima si devono all'iniziativa privata. Nell'immediato contesto dell'Anno Santo del 1390,[16] il *serviens armorum* Johannes Petri di Dordrecht e sua moglie Caterina acquistarono case nel Rione Parione, costruendovi un ospedale «sub vocabulo beatae Mariae animarum» con oratorio e due case d'ospizio affiancate per accogliere «pauperes Christi» (donne e uomini) provenienti dalla «natio Almanorum».[17]

16. Stando al primo documento superstite, un'indulgenza emanata il 9 novembre 1398 da papa Bonifacio IX, edita da F. Nagl, *Urkundliches zur Geschichte der Anima in Rom. I. Theil der Festgabe zu deren 500-jährigem Bestehen*, in *Mittheilungen aus dem Archiv des deutschen Nationalhospizes S. Maria dell'Anima in Rom. Als Festgabe zu dessen 500jährigem Jubiläum*, a cura di Id. e A. Lang, Rom 1899 («Römische Quartalschrift», Suppl. 12), pp. 58 sg.

17. Nagl, *Urkundliches*, pp. 58 sg. Per Johannes Petri di Dordrecht e sua moglie Caterina, la cui donazione avvenne prima del 1398, forse attorno al 1390, vedi Schuchard, *Exemtionsprivileg*, pp. 5 sg.

La successiva fondazione della confraternita è incerta, ma è verosimile che avvenne attorno agli anni 1405-1406 su iniziativa del curiale Dietrich von Niem proveniente dalla città di Brakel in Westfalia,[18] il quale si premurò anche di ottenere il decreto con cui Innocenzo VII nel 1406 garantì l'esenzione dell'«hospitalis pauperum Beatae Mariae Alamanorum de Urbe» dalle giurisdizioni locali, ponendo lo stesso ospizio sotto la protezione della Santa Sede e offrendogli il privilegio di dotarsi di un proprio cimitero.[19]

I primi statuti, tramandati in copia quattrocentesca e validi fino alla fine del XVII secolo, rispecchiano chiaramente la natura assistenziale della confraternita e il suo culto della memoria.[20] Knut Schulz ha ben spiegato che il proposito intenzionale di evitare negli statuti dei riferimenti al termine *natio* dipese probabilmente dalla prospettiva di aumentare così il potere attrattivo rispetto alla concorrenza esercitata soprattutto dalle confraternite di Santo Spirito in Sassia nonché degli Ultramontani, ovvero delle Quattro Nazioni. La confraternita era pensata come istituzione fondata da persone provenienti dalla «natio Alamannorum», ma allo stesso tempo era aperta a un pubblico internazionale.[21] Una conferma degli statuti, sinora inedita, garantita nel 1471 da papa Sisto IV, fornisce essenzialmente lo stesso quadro.[22]

18. Schuchard, *Exemtionsprivileg*, pp. 1-20. Governatori dell'ospedale – al quale la fratellanza rimase sempre inscindibilmente legata – sono attestati sin dal 1405. I "rectores", "magistri" o "gubernatores" (in seguito denominati "provisores") erano figure elette dai confratelli che fungevano sia da amministratori dell'ospedale sia da capi della confraternita. Gli statuti non si esprimono in merito al numero di provisori. Le fonti attestano per il Quattro e Cinquecento una compresenza di più provvisori. Fino alla fine del Cinquecento divenne usuale la compresenza di due provvisori, uno dei quali era amministrante, l'altro il co-provisore.

19. Privilegio del 21 maggio 1406, ed. Schuchard, *Exemptionsprivileg*, p. 18.

20. Cfr. *Liber confraternitatis B. Marie de Anima Teutonicorum de Urbe*, a cura di C. Jaenig, Roma 1875, pp. 7-10; vedi anche J. Schmidlin, *Geschichte der deutschen Nationalkirche in Rom S. Maria dell'Anima*, Friburg i.B. 1906, pp. 71-76.

21. K. Schulz, *Was ist deutsch? Zum Selbstverständnis deutscher Bruderschaften im Rom der Renaissance*, in *Päpste, Pilger, Pönitentiarie. Festschrift für Ludwig Schmugge zum 65. Geburtstag*, a cura di A. Meyer, C. Rendtel, M. Wittmer-Butsch, Tübingen 2004, pp. 135-167.

22. Vedi *Appendice*. Vi si legge che sin da antichi tempi l'«hospitale beate Marie de Anima Theotonicorum de Urbe» dispose di una chiesa con cimitero consacrato, nonché di presbiteri che ogni domenica e in occasione di festività religiose celebravano gli offici divini, udivano le confessioni dei pellegrini e dei poveri dell'ospedale della nazione, ingiungendogli penitenza e garantendo assoluzione; i presbiteri amministravano inoltre l'Eucaristia nella festa della Resurrezione e i sacramenti secondo le esigenze. I provvisori dell'ospedale ricevevano legati per svolgere pratiche funerarie, e l'intento era di usare questi contributi per l'assistenza ai poveri dell'ospedale.

Ai tempi della fondazione il criterio effettivo di appartenenza alla confraternita fu prevalentemente di natura linguistica e socio-lavorativa. È invece obsoleto e anacronistico vedervi un legame diretto all'entità politica del Sacro Romano Impero della Nazione Tedesca, oppure alla casa (poi) regnante degli Asburgo. Certamente la confraternita cercò la protezione dell'imperatore, da sempre membro onorifico. L'imperatore Massimiliano I il 15 febbraio 1518, alla dieta imperiale di Augsburg, garantì il cosiddetto privilegio della «Reichsunmittelbarkeit»,[23] una tutela speciale, e una parziale libertà dalla giurisdizione pontificia, che si affiancarono al tradizionale protettorato cardinalizio della "natio germanica".[24] Tuttavia, come è stato messo in risalto, nell'arco temporale preso in considerazione, il protettorato imperiale intervenne nella vita della confraternita soltanto in occasione di determinati conflitti, soprattutto con i pontefici. Al contrario di altre fondazioni, Santa Maria dell'Anima non fu finanziata in maniera diretta o considerevole dagli imperatori, né divenne la sede di un'ambasciata fissa, organizzata in maniera instabile fino alla metà del XVIII secolo.[25] Le ricerche di Elisabeth Garms e Rainer Heyink confermano che solo

23. Cfr. Nagl, *Urkundliches*, pp. 73-75. Vedi anche Vienna, Haus- Hof- und Staatsarchiv, Urkundenreihe 1518, Insert in ORG 1697 März 14.

24. Ciò comportò un'amalgamazione del protettorato dell'ospizio e della *natio*. J. Wodka, *Das Kardinalprotektorat deutscher Nation und die Protektorate der deutschen nationalen Stiftungen in Rom*, in «Zeitschrift der Savigny-Stiftung für Rechtsgeschichte, kanonistische Abteilung», 33 (1944), pp. 301-322; J. Lenzenweger, *Der geistliche Protektor der deutschen Nationalkirche und des Priesterkollegs Sta. Maria dell'Anima in Rom*, in «Mitteilungen des Österreichischen Staatsarchivs», 13 (1960), pp. 380-391; W. Stelzer, *Zum Kardinalprotektorat der deutschen Nation am Beginn des 16. Jahrhunderts*, in «Zeitschrift für Rechtsgeschichte, kanonistische Abteilung», 55 (1969), pp. 461-466; J. Petersohn, *Kaiserlicher Gesandter und Kurienbischof: Andreas Jamometić am Hof Papst Sixtus' IV. (1478-1481). Aufschlüsse aus neuen Quellen*, Hannover 2004; M. Faber, *Scipione Borghese als Kardinalprotektor. Studien zur römischen Mikropolitik in der Frühen Neuzeit*, Mainz 2005; B. Schwarz, *Anselmus Fabri (Smit) aus Breda in Brabant (1379-1449). Abbreviator, Referendar, Protonotar und – beinahe – Kardinal. Skizze einer Biographie*, in «Quellen und Forschungen aus italienischen Archiven und Bibliotheken», 88 (2008), pp. 161-219; R. Heyink, *Fest und Musik als Mittel kaiserlicher Machtpolitik. Das Haus Habsburg und die deutsche Nationalkirche in Rom S. Maria dell'Anima*, Tutzing 2010, pp. 8 sg.

25. A parte i nunzi pontifici alla corte imperiale, e le ambasciate straordinarie a Roma di delegati imperiali, l'incarico di rappresentanti imperiali nell'Urbe fu sovente espletato *de facto* da esponenti di importanti famiglie romane quali i Savelli, dall'Uditore della Rota o da curiali di alto rango. R. Blaas, *Das kaiserliche Auditoriat bei der Sacra Rota Romana*, in «*Mitteilungen des Österreichischen Staatsarchivs*», 11 (1958), pp. 37-152; A. Koller, *La rappresentanza imperiale a Roma intorno al 1600. Una panoramica*, in *Papato e impero*

dal tardo XVI, ma a tutti gli effetti dal XVII secolo, l'Anima fu utilizzata progressivamente come palcoscenico romano per la rappresentazione politica e dinastica degli Asburgo.[26]

Per quanto riguarda le vicende interne della confraternita, queste furono caratterizzate da una progressiva chiusura nel XV secolo. Se nel periodo precedente, il gruppo si era caratterizzato per la forte presenza di artigiani, nel corso del secolo si assistette a quello che Christiane Schuchard ha definito un vero e proprio esodo, certamente collegato anche alla definitiva fondazione nel 1454 della confraternita del Campo Santo Teutonico:[27] A partire da quel momento l'Anima accolse progressivamente sempre più curiali e procuratori tedeschi.[28] Un'asserzione di Leon Battista Alberti testimonia bene la concorrenza tra questo gruppo e le altre collettività nazionali dell'Urbe, percepita dalla stessa popolazione romana. Nel 1453 egli scrisse che la città era ormai vuota di romani, a tal punto che si vedevano soltanto «barbari». Sempre Alberti associò lo sviluppo urbanistico della città all'impegno di «[...] exterarum nationum homines nobilissimi et ornatissimi, Galli, Hispani, Germani [...]» e sostenne che il pontefice avrebbe dovuto infliggere pene severe a coloro che parlavano di un «didisco de merda».[29] Questo antagonismo è ancora più chiaramente afferrabile nella famosa decisione del 1499, quando un gruppo di curiali tedeschi, membri della confraternita di Santa Maria dell'Anima, capeggiati dal maestro di cerimonie Giovanni Burckardo, decise di costruire ex novo la loro chiesa

nel pontificato di Urbano VIII (1623-1644), a cura di I. Fosi e A. Koller, Città del Vaticano 2013, pp. 105-126; R. Becker, *Die Neubesetzung der kaiserlichen Gesandtschaft in Rom im Jahr 1634. Italienische Fürsten als Gesandte des Heiligen Römischen Reiches*, in «Quellen und Forschungen aus italienischen Archiven und Bibliotheken», 94 (2014), pp. 219-251, con ulteriori rimandi.

26. E. Garms, *Scene e attori della rappresentanza imperiale a Roma nell'ultimo Seicento*, in *La corte di Roma tra Cinque e Seicento. "Teatro" della politica europea*, a cura di G. Signorotto e M. A. Visceglia, Roma 1998, pp. 509-535; Heyink, *Fest und Musik*.

27. Vedi da ultimo, T. Daniels, *"Vita communis" in der Fremde, Mobilität und Wissenstransfer: Deutsche Handwerker und ihre Statuten in Italien vom 14. bis zum 17. Jahrhundert*, in «Römische Quartalschrift», 108/3-4 (2013), pp. 207-219.

28. C. Schuchard, *I tedeschi alla curia pontificia nella seconda metà del Quattrocento*, in *Roma capitale 1447-1527*, a cura di S. Gensini, Ospedaletto (Pisa) 1994, pp. 51-71; A. Rehberg, *Der deutsche Klerus an der Kurie: Die römischen Quellen*, in *Städtische Gesellschaft und Kirche im Spätmittelalter. Arbeitstagung auf Schloss Dhain 2004*, a cura di S. Klapp e S. Schmitt, Stuttgart 2008, pp. 37-65.

29. A. Modigliani, *Congiurare all'antica. Stefano Porcari, Niccolò V, Roma 1452. Con l'edizione delle fonti*, Roma 2013, pp. 52 e 159 sg.

come «opus laudabile Alemannico more compositum». La decisione fu infatti giustificata asserendo che

> l'ospedale della nostra nazione nell'Urbe è molto vecchio, e altre nazioni che, giuntevi dopo di noi, hanno costruito per i pellegrini delle loro nazioni ospedali, hanno costruito presso questi ospedali nuove e decenti chiese, adornate da moderni e onestissimi edifici, per cui temiamo di essere impari ed indietreggiati riguardo alle altre nazioni [...].[30]

Il progetto artistico,[31] intrapreso circa cento anni dopo la fondazione, era dunque chiaramente motivato dalla volontà di un collettivo di supremazia del gruppo, soprattutto in vista dell'imminente Anno Santo del 1500 (anno in cui, per inciso, fu anche riedificata la chiesa di Santa Maria della Pietà in Campo Santo Teutonico[32]).

3. *L'impatto della questione religiosa*

Il secondo fattore di forte impatto sui tedeschi di Roma in genere e su Santa Maria dell'Anima in particolare fu chiaramente quello della Riforma. Si tratta di un campo di ricerca vasto, in larga misura ancora da affrontare (che nel caso dell'Anima comporterebbe in special modo l'analisi delle nunziature nonché del concilio di Trento – si pensi ad esempio ai fratelli Kaspar e Johannes Gropper, l'ultimo dei quali seppellito in chiesa), e che nel suo insieme fuoriesce dai limiti del presente contributo.[33] Tre sono gli effetti che

30. Nagl, *Urkundliches*, p. 65, cfr. Daniels, *Benno*, p. 203, nota 39. Per il ruolo di Burckardo: T. Daniels, *Giovanni Burckardo e l'immagine dei curiali tedeschi a Roma nel primo Rinascimento*, in «Archivio della Società romana di storia patria», 136 (2013), pp. 37-59.

31. Vedi complessivamente, J. Lohninger, *S. Maria dell'Anima, die deutsche Nationalkirche in Rom*, Rom 1909; B. Baumüller, *Santa Maria dell'Anima. Ein Kirchenbau im politischen Spannungsfeld der Zeit um 1500. Aspekte einer historischen Architekturbefragung*, Berlin 2000; R. Samperi, *La fabbrica di Santa Maria dell'Anima e la sua facciata*, in «Annali di Architettura: rivista del Centro Internazionale di Studi di Architettura "Andrea Palladio"», 14 (2002), pp. 109-128; E. Hanke, *Santa Maria dell'Anima als Hallenkirche. Architekturwahrnehmung um 1500 und heute*, in *S. Maria dell'Anima. Zur Geschichte einer "deutschen" Stiftung in Rom*, a cura di M. Matheus, Berlin-New York 2010, pp. 111-136.

32. A. Tönnesmann, U. V. Fischer Pace, *Santa Maria della Pietà: die Kirche des Campo Santo Teutonico in Rom*, Roma 1988 («Römische Quartalschrift», Suppl. 43).

33. Si veda almeno: I. Fosi, *A proposito di una lacuna storiografica: La nazione tedesca a Roma nei primi secoli dell'età moderna*, in «Roma moderna e contemporanea»,

vorrei qui menzionare. In primis, la sensibile diminuzione della presenza tedesca in Curia in seguito alla svolta religiosa nonché al Sacco di Roma: cosa che causò a lungo termine una mutazione degli equilibri e della struttura della confraternita, sui quali torneremo.[34] In secondo luogo, la cosiddetta "identità religiosa", come definita dalla critica, che influenzò sia le dinamiche interne della collettività sia il modo in cui questa fu percepita dall'esterno.[35]

Da un lato va considerato che i tedeschi affiliati alla confraternita di Santa Maria dell'Anima furono quasi esclusivamente strenui fautori del Cattolicesimo. Per la verità, i curiali tedeschi furono intrecciati strettamente con le vicende a nord delle Alpi, non ultimo come anelli di congiunzione sul mercato delle prebende ecclesiastiche. Ciò rese loro necessariamente osservatori molto attenti di ciò che accadde in patria. Valga da esempio l'ancora inedito manuale del notaio Joachim Meynder di Münster, conservato nell'Archivio di Santa Maria dell'Anima: in questo quaderno (uno dei tanti, ancora non studiati protocolli pervenutici da parte dei curiali tedeschi), Meynder fece brevi annotazioni riguardo ad aspetti finanziari del suo mestiere da procuratore per gli anni 1527-1539; ma all'inizio del volume egli copiò un rapporto sulla caduta del *régime* degli anabattisti nella sua città natale, il 24 giugno 1535.[36] E tuttavia, va tenuto presente che, come ha recentemente mostrato Andreas Rehberg per il primo XVI secolo, non tutti i tedeschi dell'Urbe fecero riferimento all'Anima né, tantomeno, abbracciarono il cattolicesimo. Roma accolse infatti molti eterodossi (o perlomeno presunti tali) provenienti da diverse regioni dell'Impero che, a patto di talune condizioni, potevano avere degli agganci alla comunità romana

1 (1993), pp. 45-56; A. Koller, *Imperator und Pontifex. Forschungen zum Verhältnis von Kaiserhof und römischer Kurie im Zeitalter der Konfessionalisierung (1555-1648)*, Münster 2012; *Gli archivi della Santa Sede e il mondo asburgico nella prima età moderna*, a cura di M. Sanfilippo, A. Koller e G. Pizzorusso, Viterbo 2004; *Kaiserhof - Papsthof (16.-18. Jahrhundert)*, a cura di R. Bösel, G. Klingenstein e A. Koller, Vienna 2006; A. Koller, *Die Nuntien und das Konzil von Trient*, in *Das Konzil von Trient und die katholische Konfessionskultur (1563-2013)*, a cura di P. Walter e G. Wassilowsky, Münster 2016, pp. 255-274.

34. G.-R. Tewes, *Die römische Kurie und die europäischen Länder am Vorabend der Reformation*, Tübingen 2001, ma cfr. Rehberg, *Der deutsche Klerus*, e *Le chiese nazionali*.

35. W. Reinhard, *Religione e identità – Identità e religione. Un'introduzione*, in *Identità collettive tra Medioevo ed Età Moderna*, a cura di Id. e P. Prodi, Atti del convegno internazionale, Bologna, 2000, Bologna 2002, pp. 87-124.

36. ASMA, A V., Tom. 13, cc. 1r-v. Per un primo approccio al Meynder, vedi H. Schäfer, *Johannes Sander von Northusen. Notar der Rota und Rektor der Anima. Ein deutsch-römisches Lebensbild am Ausgang des Mittelalters*, Rom 1913, p. 16.

germanofona.[37] Sappiamo che molti vi si rivolsero valutando possibili conversioni. La tematica è notoriamente complessa, e necessita ancora di ulteriori studi, soprattutto per il primo XVI secolo, mentre la questione è stata ben approfondita da Irene Fosi per la seconda metà del secolo.[38] In questa sede mi limito ad alcuni spunti, partendo dalle dinamiche interne, per dare almeno avviso della complessità del problematico intreccio tra "identità nazionale" e "identità religiosa". Quando nel 1544 il medico e botanico Valerius Cordus, originario dell'Assia e di confessione luterana, si ammalò gravemente durante la sua permanenza a Roma, non solo fu seppellito nella chiesa dell'Anima, ma gli fu posta persino una lapide commemorativa all'interno dell'edificio.[39] Un altro erudito viaggiatore di confessione luterana, Salomon Küsel (Cruselius), cercò rifugio nell'ospedale dell'Anima nel 1590. A sua detta, fu sottoposto a una visita medica assai poco pudica da parte di un prete che, subito dopo, lo invitò a condividere un letto con una persona malata, ordinando anche a tutti i nuovi arrivati dell'ospizio: «Andate subito in Chiesa, salutate, e ammucchiate delle pie preghiere di fronte alle statue e altari dei Santi!». Cruselius fuggì, tornando presto nella nativa Allstedt sul confine della Turingia.[40]

Per quanto riguarda invece la percezione della comunità tedesca da parte degli osservatori esterni, si può citare a mo' di esempio il breve capitolo che Camillo Fanucci dedicò a Santa Maria dell'Anima nel suo *Trattato di tutte l'opere pie dell'alma città di Roma* del 1601. Ignorando quasi completamente la storia dell'Istituzione, Fanucci mise in risalto esclusivamente l'aspetto confessionale: i «Teutonici [...] per il tempo passato [erano] sempre stati molto Cattolici, & deuoti della Santa Chiesa Romana, fino a tanto, che dal perfido, & falso Martino Lutero si sono lassati ingannare [...]».[41]

37. Rehberg, *Le chiese nazionali.*

38. I. Fosi, *Convertire lo straniero. Forestieri e Inquisizione a Roma in età moderna*, Roma 2011.

39. E. Nikitsch, *Das Begräbnis eines Lutheraners in der römischen Kirche S. Maria dell'Anima*, in «Lutherjahrbuch», 82 (2015), pp. 225-239. Il suo sepolcro fu notato da Aernout van Buchel, *Diarium*, vedi Utrecht, Biblioteca Universitaria, Ms. 798, fol. 36v, in marg., non edito in *Diarium van Arend van Buchell*, a cura di G. Brom e L. A. van Langeraad, Amsterdam 1907, p. 163.

40. W. Ludwig, *Die abenteuerliche Reise des Salomon Küsel alias Cruselius und ihre poetischen Verarbeitungen*, in «Humanistica Lovaniensia», 53 (2004), pp. 263-298, qui p. 271.

41. C. Fanucci, *Trattato di tutte l'opere pie dell'alma città di Roma* [...], Roma 1602, pp. 101 sg. Per la percezione dell'Impero e dei tedeschi vedi ora G. Braun, *Imagines imperii. Die Wahrnehmung des Reiches und der Deutschen durch die römische Kurie im Reformationsjahrhundert (1523-1585)*, Münster 2014.

4. *Definire l'identità*

Con ciò passiamo al terzo punto che vorrei trattare in maniera più estesa. Come detto, dal XVI secolo in poi la provenienza dei membri della confraternita di Santa Maria dell'Anima fu circoscritta sempre di più alla Germania settentrionale, ai Paesi Bassi e alle Fiandre.[42] Sin dalla metà del secolo divamparono dunque discussioni interne inerenti il diritto dei fiamminghi di appartenere alla confraternita.[43] La controversia, dapprima argomentata con differenze linguistiche, fu vieppiù inasprita dalle tormentate conseguenze politiche della Riforma, sfociate nel 1568 nella cosiddetta rivolta dei Paesi Bassi calvinisti contro il regime asburgico e nella conseguenziale guerra che portò le Province Unite a un'indipendenza sancita soltanto nel 1648 nella Pace di Westfalia. La rivolta fu di duplice natura: politica – in quanto le Provincie Unite si separarono dall'Impero asburgico – e religiosa – in quanto si affrancarono dal cattolicesimo.[44] Come ha ben evidenziato, tra gli altri, Georg Lutz, non vanno inoltre dimenticate in questo contesto le conseguenze delle riforme costituzionali promosse dall'impero fin dal Quattrocento: riforme che comportarono una sempre più chiara presa di coscienza della territorialità e del senso dello stato.[45] A partire dalla fine del Cinquecento, nella confraternita si consumò così un conflitto tra i nuovi raggiunti equilibri politico-religiosi e la tradizione che, da sempre, vedeva i cosiddetti "fiamminghi" membri effettivi e indubbi dell'Anima. I registri testimoniano la loro prevalenza numerica all'interno della consorteria "nazionale" agli inizi del XVII secolo.[46] Le ripercussioni

42. Vedi G. Brom, *Der Niederländische Anspruch auf die deutsche Nationalstiftung Santa Maria dell'Anima in Rom*, Rom 1909, p. 19. Si segnala in questa sede la tesi di dottorato in corso d'elaborazione di M. Schönleben (Bamberg), col titolo *Die Bruderschaft an der deutschen Kirche Santa Maria dell'Anima in Rom 1527-1699.*

43. Cfr. anche Schmidlin, *Anima*, pp. 155-158.

44. Naturalmente la questione è più complessa di quanto è possibile renderne conto qui, ad esempio si collega anche alla vecchia distinzione tra Germania alta e Germania bassa. Schulz, *Was ist deutsch.*

45. G. Lutz, *Rom und Europa während des Pontifikats Urbans VIII. Politik und Diplomatie, Wirtschaft und Finanzen, Kultur und Religion*, in *Rom in der Neuzeit*, a cura di R. Elze *et al.*, Wien-Rom 1976, pp. 72-167; G. Lutz, *Roma e il mondo germanico nel periodo della guerra die Trent'Anni*, in *La Corte*, pp. 439-441.

46. Per il Cinquecento sono inoltre eloquenti molti protocolli notarili, ad esempio Roma, Archivio Capitolino, Archivio Urbano, Sezione II, voll. 36 e 37 (atti del notaio *Arnoldus Bull de Orsson, clericus Coloniensis diocesis*, 1529-39).

di questa contesa riguardarono anche la rappresentazione identitaria della confraternita, come ben esemplifica il caso delle guide di Roma scritte in occasione dell'Anno Santo 1625.

Per tornare alle questioni poste dall'editore dei *Tesori nascosti* e alle informazioni fornite dal Voss, è assai probabile che i confratelli di Santa Maria dell'Anima dovettero rispondere anche a un quesito di cui non rimane testimonianza diretta nella lettera che abbiamo citato all'inizio. Rispetto alla prima edizione del 1600, nella ristampa del 1625 leggiamo che l'Anima sarebbe stata fondata «l'anno 1400» da «un Fiamengo, detto Giovanni di Pietro» il quale, insieme a sua moglie Caterina, avrebbe donato «a questo luogo pio» tre case.[47] «In quella di mezzo si fece la chiesa; le altre due servirono per albergo di due nationi, Tedesca e Fiamenga». Il testo prosegue spiegando come la crescita della «devotione di questi popoli» avrebbe portato alla costruzione dell'attuale chiesa, la cui fabbrica era «degna di qualsivoglia Tempio» e «grande fù la liberalità della natione Tedesca». La donazione iniziale di alcune case da parte del fatidico canonico di Maastricht, individuabile in Dietrich von Niem,[48] avrebbe reso possibile la costruzione dell'ospedale «che serve ancora per li popoli della bassa Germania, che sono in Brabantia, Holanda, Zelandria, e Geldria; e quantunque la maggior parte sia infettata dall'heresie di Calvino, sono con tutto ciò dalla Chiesa Romana, come figli infermi da pietosa madre invitati a curarsi in questo spedale, dove non solo dei corpi, ma dell'anime ancora si procura la salute».[49] La descrizione si chiude con l'asserzione (erronea) che la chiesa era stata «honorata l'anno 1530 co'l corpo del Santissimo Pontefice Adriano», come si era riuscito a capire consultando il *Liber mortuorum*.[50]

In quello stesso Anno Santo 1625 uscì nell'Urbe anche un'altra opera, dal titolo *De pietate Romana*, scritta dal celebre erudito fiammingo Dirk

47. Per Johannes Petri e sua moglie, vedi sopra, nota 17.

48. Vedi sopra, nota 18.

49. Il testo prosegue nominando una precisa data della consacrazione dell'edificio chiesastico, il 28 novembre 1510, spiegando inoltre la festa principale: la Natività della Vergine, e in più la processione principale, quella del Santissimo Sacramento, poi espone che la chiesa è officiata da dodici cappellani – «al pari delle Collegiate», addendo che «vi sono organi, e Cantori, co'l Mastro di Cappella».

50. O. Panciroli, *Tesori nascosti dell'alma città di Roma. Con nuovo ordine ristampati, & in molti luoghi arricchiti*, Roma 1625, pp. 484 sg. («ex lib. Defunct. huius eccl.»). Infatti ASMA, *Liber mortuorum*, c. 12, riporta la data erronea di 12 agosto 1530. Per la data esatta, cfr. sopra, nota 6. Per il Liber mortuorum vedi Daniels, *Benno*, p. 205, nota 72.

van Ameyden, anch'egli varie volte provvisore di Santa Maria dell'Anima tra il 1588 e il 1608.[51] Individuando le origini dei tanti «hospitia [...] nationalia» a Roma nell'«omnium Nationum ad eam concurs», Ameyden mise in risalto come tra questi ospizi «primum honoris caussa sit Teutonicorum sive Teutonum [...]».[52] Secondo l'erudito la sua istituzione risalirebbe al 1350, sotto papa Clemente VI e sotto l'imperatore Carlo IV, «ex caussa Iubilaei», ad opera di alcuni esponenti della nazione («huius nationis hominibus»).[53] Essendo rimasti senza prole, i presunti fondatori avrebbero deciso di destinare i loro immobili all'ospitalità dei pellegrini in visita a Roma provenienti «dalle provincie soggette all'Impero». I connazionali avrebbero dunque fatto erigere un tempio sacro «non molto grande» per la «salute delle loro anime».[54] Ameyden esalta il ruolo del cardinale Willem van Enckenvoirt (originario di Mierlo negli odierni Paesi Bassi), suo connazionale, «autore della costruzione» di una nuova chiesa dopo aver compreso che l'antico edificio di culto era «solamente adeguato, ma capace di una forma più maestosa».[55] Il lungo elogio dell'Enckenvoirt si conclude attribuendogli il merito di aver fatto portare la salma del pontefice Adriano VI nella chiesa dell'Anima.[56]

51. A. Bastiaanse, *Teodoro Ameyden (1586-1656): un Neerlandese alla corte di Roma*, 'S-Gravenhage 1967, pp. 67-74; per il *De pietate* vedi pp. 237-241.

52. Dirk van Ameyden, *De pietate Romana libellus*, Roma 1625, p. 20.

53. Data contestata dalla critica. Vedi, da ultimo, Schuchard, *Exemtionsprivileg*.

54. Stando a un «Codice nationali in eodem Hospitio asseruato», Ameyden faceva riferimento ai primi passi del *Liber confraternitatis*, scritti attorno al 1463-1464 da Henricus Marweede, vedi *De pietate romana*, pp. 20 sg., cfr. Schmidlin, *Anima*, p. 36, e A. Lang, *Studien zum Bruderschaftsbuche und den ältesten Rechnungsbüchern der Anima in Rom*, in *Festgabe*, pp. 91-155, con ulteriori rimandi. Uno studio moderno con edizione scientifica è un *desideratum*.

55. Ameyden, *De pietate Romana*, p. 21: «Gulielmus deinde Enckevoirt Cardinalis Dertusensis priori templo solo aequato, alterios capacioris, & augustioris formae, ut nunc videmus, construendi auctori fuit». Per l'Enckenvoirt vedi A. Gnann, *Cardinal Wilhelm van Enckenvoirt as Patron of the Arts in Rome*, in *Adrian VI*, pp. 149-160; M. Verweij, *Papst Hadrian VI. († 1523), Kardinal Willem van Enckenvoirt († 1534) und Santa Maria dell'Anima. Nicht nur epigraphische Aspekte einer intensiven Beziehung*, in «Archiv für Diplomatik», 60 (2014), pp. 405-420. Uno studio in merito sugli archivi notarili romani porterebbe a molti nuovi risultati sull'Enckenvoirt e il suo *entourage*.

56. Il testo si chiude asserendo che all'Enckenvoirt sarebbero successe molte persone pie sia dalla Germania bassa che alta. Si era così andata a costituire una «Congregatio» di 12 o 14 connazionali ad amministrare chiesa, comunità e ospedale. Quest'ultimo era destinato ad accogliere «pauperes peregrini Teutonici», ai quali veniva data una mancia «iuxta

Sempre nel 1625 si levò anche la voce di Johannes Faber dotto medico e personaggio di spicco della comunità di Santa Maria dell'Anima originario di Bamberga.[57] Faber, che in quell'anno era provvisore dell'Anima insieme a Peter Mander,[58] scrisse al pontefice Urbano VIII una lettera, sempre inedita, del tenore seguente:

> Beatissime pater. Cum Theodorus Amidenus Belga librum nunc Romae publicare conetur "De Pietate Romana" inscriptum, in quo quaedam in summum Germanicae nationis praeiudicium continentur, velut Sancitati Vestrae coram fuit demonstratum, eiusdem Nationis nomine humillime Sanctitati Vestrae supplicatur, ut editionem libri illius inhiberi iubeat saltem tantisper, dum de iis, quae ad Nationis ius pertinent, distincte sint expositum Sanctitati Vestrae [...].[59]

Faber tentò dunque di far inibire dal pontefice la stampa del *De pietate romana* visto che, a suo avviso, l'opera conteneva delle affermazioni che mettevano in cattiva luce la nazione germanica. Tra le concause di questa energica reazione vi era certamente l'immagine che Ameyden aveva restituito dell'Impero tedesco, affermando che vi circolavano molte false idee su Roma e sul pontefice: ad esempio che ci si interrogava delle qualità di condottiero del papa: «strenuus sive dux, sive miles».[60] Inoltre emerge chiaramente che il dotto medico di Bamberga volesse salvaguardare l'immagine della comunità tedesca residente nell'Urbe. In un'altra guida, scritta nel 1625 appositamente per "tedeschi" da Hermann Bavinck, chierico della diocesi di Münster in Westfalia e prete presso Santa Maria dell'Anima, l'autore criticò espressamente le false notizie che circolavano riguardo all'Anima.[61]

personarum qualitatem»; alle donne invece – siano mogli, figlie o suore – era destinata una «separata domus». Vi erano 14 sacerdoti a somministrare, un sacrestano, un organista, quattro accoliti al servizio della Congregazione etc. Uno dei sacerdoti, chiamato cappellano ovvero «pater pauperum», dovette occuparsi dei poveri.

57. Su Faber vedi Fosi, *Convertire*, pp. 107-129, e Daniels, *Benno*, *passim*.

58. Su Peter Mander vedi Daniels, *Benno*, pp. 187 sg.

59. Roma, Biblioteca Nazionale dei Lincei e Corsiniana, Fondo Faber, 423, cc. 810r-811v, Minuta di Faber a Urbano VIII «per l'inibizione alla pubblicazione del Libro di Dirk van Ameyden, Roma 1625».

60. Ameyden, *De pietate*, 1625, p. 8; Bastiaanse, *Ameyden*, p. 238.

61. Hermann Bavinck, *Underricht und Wegweiser, wie ein Teutscher in und ausserhalb Rom, die siben auss dreihundert und mehr kirchen* [...] *besuchen kann*, Rom 1625 (ristampa ampliata dell'edizione del 1610), pp. 7 sg.: «Das neuur buchlein Romfart

Attraverso gli esempi riportati emerge piuttosto bene che, in occasioni particolari come gli Anni Santi, determinate collettività erano solite diffondere deliberate immagini della propria istituzione; poteva anche accadere che un gruppo inerente a una comunità rielaborasse la storia d'origine, esaltando il ruolo delle figure "identitarie", provocando così eventuali resistenze da parte di altri membri e raggruppamenti della stessa comunità. Questo tipo di operazione non fu un fenomeno limitato a Santa Maria dell'Anima, come ha mostrato Susanne Kubersky per il caso di San Giacomo degli Spagnoli. Fondato su iniziativa privata dal vescovo Alfonso di Paradinas nel XV secolo, l'ospizio accolse persone prevalentemente provenienti dal regno di Castiglia. A metà XVI secolo vi furono tentativi di cambiare l'assetto identitario per mezzo della diffusione – sempre attraverso le guide di Roma – di una falsa leggenda che ribadì una fondazione reale. L'intento era quello di stabilire nella chiesa di San Giacomo degli Spagnoli la sede dell'ambasciata reale di Filippo II.[62]

Nella fattispecie dell'Anima, siamo di fronte a una confraternita e a una chiesa nazionale saldate ai loro esordi da legami prevalentemente

genant fur die Schueitzer zu Constantz gedruckt redet disem brauch zu vuider. Man soll es halten fur ein irtumb, gleich vuie vil andere [...]. Die narrische beschreibung aber unsers Teutschen Spitals, bei der geuualtigen und schonen kirchen S. Mariae de Anima ubertrifft alle andere irthumb. [...] Die ietz gemeldte Teutsche kirch s. Maria de Anima ligt bei dem platz Agonis, am besten ort der stat Rom, hat alle zeit zum vuenigsten vierzehen Teutsche priester, die den gottesdienst verrichten. Ist so schon von gebeuu, capellen, grabern und monumenten der Papst Adriani des sechsten und Clementis des andern, der Cardinal Andreae von Osterreich und Vuilhelmi Enckenuort, des Fursten von Gulich und Cleue Caroli Friderici, der Bischofen, Praelaten, und andern furnemmen Herrn, das man oft horet, die mit vervuunderung sagen "come è bella questa Chiesa", vvie ist die kirch so schon, insonderheit vuuan sie auf hohe fest mit teppigen, silbern, leuchtern, ampelen, vil heiltumben und andern zierden geschmuckt. Im spital darbei vuerden der nation pilger etliche tag mit leibs narung ietz freigebiger als vergangenen iahren versehen». L'opera di riferimento è *Christliche Romfahrt: Das ist eygentliche Beschreibũg aller der fuernembsten Kirchen, Reliquien, Indulgenzen, und Antiquitaeten, welche in und ausserhalb der Ringkmauern der H. Stadt Rom, von den christlichen Pilgern andaechtiglich besucht werden. Sampt einem kurzen Praeambulo von erbawung unnd wunderbarlichen Auffnahmen der gross maechtigen Stadt, etc. Item, ein Wegweiser aus Helvetia gen Loreten und Rom etc.*, Anno Jubilaei, 1600 in Rom concipirt. Hernach zu Constatz gedruckt: Jetzund aber von newen uebersehen, corrigiert, gemehrt und verbessert durch H. Hanss Joachim Eichhorn, Priester in Underwaldten. Constantz, bei Jacob Strauch, in Verlegung Johann Haederlin in Lucern, 1640.

62. Kubersky-Piredda, *Chiese nazionali*, pp. 23 sg.

linguistici. Mentre solo nel tempo si caratterizzarono come polo di riferimento per influenti curiali di lingua tedesca, per la maggior parte provenienti dall'Impero, che qui potevano trovare un tessuto socio-economico favorevole alla loro fortuna nell'Urbe. In seguito alla Riforma e al Sacco, ad ogni modo, la natura del sodalizio subì un profondo mutamento: l'elemento fiammingo prevalse progressivamente all'interno della comunità e comportò tentativi di ridefinire la storia identitaria dell'istituzione. Da tale punto di vista è emblematico che sia le informazioni del Voss sia le dissertazioni dell'Ameyden facciano perno su personaggi fiamminghi (oltre che chiaramente sul fondatore dell'ospedale). Anche di Dietrich von Niem, il fondatore della confraternita, nato in Westfalia, queste fonti sottolineano soprattutto il fatto che fu canonico di Maastricht. Possiamo inoltre osservare che, se da un lato l'enfasi con la quale si sottolinea il ruolo di Willem van Enckenvoirt trova certamente giustificazione nell'importante contributo dato dal vescovo alla fabbrica della chiesa e alla primitiva campagna di decorazione del coro, dall'altro lato è chiaro che lui non era l'ideatore della nuova chiesa. Non possiamo inoltre non osservare come sia Voss che Ameyden omettano – senz'altro deliberatamente – episodi fondamentali della storia del sodalizio, perché di "matrice" imperiale. Sono sufficienti alcuni esempi. A parte le vicende costruttive della chiesa che precedono la nuova fabbrica, si tace sull'importante ruolo di Giovanni Burckardo e dei curiali tedeschi, sul protettorato imperiale o, ancora, sul monumento del principe di Jülich-Kleve-Berg,[63] seppellito in chiesa con l'attenzione del pontefice Gregorio XIII e sotto gli occhi di un pubblico europeo.[64] An-

63. Vedi con ulteriori rimandi, Kubersky-Piredda, *Chiese nazionali*, pp. 46-50.

64. Cfr. G. Franzini, *Le cose maravigliose dell'alma città di Roma*, Venezia 1588, pp. 42 sg.: «Questa Chiesa è vicina alla Madonna della Pace, hà un'hospedale congionto, dove per tre giorni si da albergo à qualunque della Natione Tedesca, che vi ricorre. È Chiesa di Tedeschi molto ben'officiata, fu principiata al tempo di Papa Bonifacio IX. da Giovanni Pietro Bordiacense, & poi ampliata sotto Martino V. & Eugenio IIII. da Theoderico Nyem, Abbreviatore delle lettere Apostoliche; il quale etiandio acrebbe le facoltà di detto Hospedale. Come anco hanno fatto dopò lui molti altri, de' quali essi ne tengono honorata memoria; sono in detta Chiesa tre bellissime sepolture di marmo, una di Papa Adriano VI. l'altra del Cardinale Guglielmo Encheuortio Brabantino, la terza di Carlo Federico, figliuolo del Duca di Cleves, il quale morì in Roma l'anno del Giubileo sotto Gregorio XIII. Vi sono fra l'altre reliquie un braccio di Santa Barbara vergine, & martire coperto d'argento, donatogli da Papa Adriano VI. due spine della corona di Christo nostro Signore, delle reliquie di S. Saba Abbate, di S. Constanza, di S. Potentiana, di S. Lorenzo martire, & di S. Brigida».

che il monumento per il cardinale Andrea d'Austria[65] e la cappella di san Benno[66] sono ignorati: e dobbiamo ricordare che l'allestimento artistico di quest'ultima era terminato pochi anni prima, nel 1618, sotto gli auspici di Johannes Faber. Assistiamo dunque ai tentativi deliberati di alcuni membri di spicco della confraternita di Santa Maria dell'Anima di riscrivere la storia dell'istituzione, senza aperte falsificazioni, ma con chiare manipolazioni. Lo scopo era, evidentemente, di fare dell'istituzione il punto focale di due collettività: una tedesca e una fiamminga, affermando così il diritto di appartenenza a entrambi i gruppi.

In questi controversi tentativi di (ri)definire storia e identità del sodalizio di Santa Maria nell'Anima, quasi duecentocinquant'anni dopo la sua fondazione, è possibile cogliere bene la dinamicità sulla quale nelle società di antico regime si fondarono tanto il concetto di chiesa nazionale, quanto quello stesso di nazione. Una dinamicità che è il segno di equilibri sociali, economici, politici ma anche di un sentimento di appartenenza e di riflessione mentale destinati, in larga misura, a essere rielaborati nel corso dei secoli. La trasformazione dell'Anima avvenne in un contesto romano reso sempre più politicizzato dapprima dall'incontro delle varie *nationes* poi dal concorso della questione religiosa e, infine, dalla necessità di affermazione dei vari gruppi stranieri e forestieri. Un'urgenza questa, avvertita, come visto, sia al proprio interno che, all'esterno, al fine di salvaguardare i propri diritti. Fu per questa ragione che tra XVI e XVII secolo prevalsero questioni in precedenza meno significanti, ma destinate a perdurare a lungo, anche oltre l'importante diploma del 1699, in cui l'imperatore Leopoldo I, intenzionato a sottoporre l'Anima sotto il potere del suo ambasciatore a Roma, affermò che ospedale, chiesa e confraternita erano tutti stati fondati «ab Augustissimis Caesaribus» – cioè dagli imperatori tedeschi.[67]

65. C. Ruggero, *Virtutum omnium simulacrum in statua. Monumenti funebri barocchi di alti dignitari ecclesiastici tra progetto e realizzazione*, in «Römisches Jahrbuch der Bibliotheca Hertziana», 36 (2005), pp. 139-210; M. Schraven, *Festive Funerals in Early Modern Italy. The Art and Culture of Conspicuous Commemoration*, Farnham-Burlington 2015, pp. 235 sg.

66. Vedi Daniels, *Benno*.

67. Nagl, *Urkundliches*, S. 75-78, p. 76: «Cum itaque in alma Urbe Roma magnificum hospitale cum ecclesia et confraternitate in Dei et Beatae Mariae Virginis honorem de Anima nuncupatum ab Augustissimis Caesaribus et Inclita Natione Nostra Germanica olim ad usum ipsius peregrinorum exstructum, fundatum et pluribus bonis, facultatibus, gratiis, privilegiis et exemptionibus juribusque ditatum [...]», vedi in proposito Garms, *Scene e attori*, pp. 530.

Appendice

Conferma degli statuti di Santa Maria dell'Anima da parte di Sisto IV, 1471[68]

Beatissime Pater. Hospitale beate Marie de Anima Theotonicorum de Urbe ab antiquo et a tanto tempore, cuius contrarii memoria non existit, habuit habereque consuevit, prout habet, ecclesiam, altaria et cimiterium benedictum et presbiteros celebrantes, qui per dicta tempora dicte nationis Alamanice in eodem hospitali diebus dominicis et aliis festivis divina officia decantancium peregrinorumque et pauperum ipsius hospitalis de prefata natione confessiones audire, penitentiam iniungere et eos absolvere et ecclesiastica etiam sacre eucaristie in festo Resurectionis dominice et, quotiens eorum exigebat, devotio ipsis sacramenta ministrare consueverint. Hospitale etiam ipsum per suos pro tempore provisores legata et funeralia atque mortuaria defunctorum integre et absque alicuius quarte seu portionis canonice cuiuscumque solucione percipere et in usus pauperum et hospitalis ab antiquo et per tempus, cuius etiam contrarii memoria non existit, convertere consuevit. Supplicant igitur e. S. V. pro parte curialium atque peregrinorum et pauperum rectoris, provisorum et hospitalis predictorum, quatinus dictas consuetudines ex certa scientia approbare et confirmare et illas de cetero observari posse et debere apostolica auctoritate, decernere et declarare executoresque ad hoc deputare dignemini de gratia speciali cum non obstantibus et clausis opportunis.

Fiat ut petitur confirmatio de assertis et committatur vicario Urbis F
et cum absolutione et declaratione prepepita
et sacrorum ecclesiasticorum et eucaristie miseracione Fiat ut supra F
et legatorum et funeralium perceptione et conservatione
et cum executorum super singulis premissis deputatione

Rome apud Sanctum Petrum quarto Idus octobris anno primo

[*marg. sin.*: de Urbe; confirmatio]
[*marg. destro*: T. prepositus Lub.[69]]

68. ASV, Reg. suppl. 672, f. 202. Ringrazio per il documento François Charles Uginet.

69. Si tratta di Dietrich Calvis, preposto del duomo di Lubecca dal 1461. C. Schuchard, *Lübecker und Hamburger Interessenvertreter an der päpstlichen Kurie im 14. und 15. Jahrhundert*, in *Der Kaufmann und der liebe Gott. Zu Kommerz und Kirche in Mittelalter und früher Neuzeit*, a cura di A. Graßmann, Trier 2009, pp. 106 sg.; Nikitsch, *Anima*, nr. 35, pp. 121 sg.

Hieronim Fokciński

La chiesa nazionale polacca a Roma

Nei tempi della permanenza a Roma del cardinale polacco Stanisław Hozjusz (1569-1579), plenipotenziario maggiore, molte altre nazioni già possedevano nella Città Eterna le loro proprie sedi, centri di attività e rifugi per i pellegrini, loro connazionali, mentre la nazione polacca ne era priva. È vero che esisteva un rifugio provvisorio, molto povero, privo della più elementare comodità, situato dirimpetto alla chiesa di Santa Lucia. C'era inoltre una modesta congregazione polacca che si riuniva nella cappella di San Trifone presso il convento di Sant'Agostino e perciò fu chiamata Congregatio Sancti Trifonis oppure Congregatio Nationis Poloniae e faceva parte di una più vasta congregazione denominata Santissimo Sacramento. Mancava, purtroppo, un punto fisso, stabile, un ben organizzato centro nazionale polacco.[1]

1. *Breve presentazione storico-giuridica della chiesa di San Stanislao (Stanisław)*

Quando nell'anno 1575 affluirono a Roma per l'Anno Santo numerosissimi pellegrini polacchi e si evidenziarono ristrettezze e scomodità di ogni genere, il cardinale Hozjusz assunse l'iniziativa. Durante tutto l'Anno Santo ospitò e tutelò i pellegrini polacchi presso la sua casa e li aiutò in tutti i modi. Immediatamente dopo l'Anno Santo iniziò le pratiche per porre fine a una così incresciosa situazione. Si rivolse al Papa Gregorio XIII, il quale 40 anni prima era stato suo professore all'Università di Bologna, e gli chiese di donare alla nazione polacca una chiesa adatta al normale svol-

1. H. Barycz, *Polacchi che studiano a Roma durante il Rinascimento (1440-1600)*, Kraków 1938, pp. 184-185.

gimento delle funzioni del culto divino, con annesso alloggio che potesse diventare un rifugio per i pellegrini polacchi e un centro stabile dell'organizzazione nazionale. La richiesta del cardinale Hozjusz fu benevolmente accolta dal papa. Gli fu consegnata la vecchia chiesa di San Salvatore in Pensilis, situata in Via Botteghe Oscure, sulle rovine del Circo Flaminio. Siccome era una chiesa parrocchiale, il papa permise di trasferire la parrocchia alla vicina chiesa di Santa Lucia.[2]

La bolla pontificia del 15 ottobre 1578 conservata fino ad oggi sistemò dal punto di vista giuridico tutti i particolari di quell'atto:

1. la consegna immediata della chiesa di San Salvatore con la sagrestia, gli arredi sacri, le rendite e tutti i diritti, per poter celebrare lì le sante messe e le funzioni sacre dal cardinale Hozjusz stesso, dal rettore e dai cappellani;
2. la fondazione dell'Ospizio Polacco, annesso alla sunnominata chiesa, con la concessione al cardinale Hozjusz e ai successivi amministratori della facoltà di compilare i regolamenti necessari, conformi ai canoni ecclesiastici, specialmente a quelli del Concilio Tridentino;
3. tutti i beni e tutti i diritti della chiesa e dell'Ospizio rimasero per sempre nelle mani dei rettori della Chiesa; qualsiasi cambiamento poteva essere fatto soltanto per volontà pontificia in forza di quell'atto.[3]

A seguito della bolla il cardinale Hozjusz, il sabato 6 dicembre 1578, «tam eius proprio nomine quam etiam vice et nomine totius Nationis Poloniae in Urbe degentis»[4] prese possesso della chiesa di San Salvatore con tutto ciò che gli apparteneva. La chiesa, però, si trovava in uno stato assai precario; oltretutto, attaccate ad essa, vi erano due piccole case situate dalla parte dell'odierno vicolo dei Polacchi, ambedue modeste e malandate, ed un piccolo orto. Per costruire un vero e proprio centro della Nazione polacca, si doveva iniziare il restauro e l'ampliamento della chiesa, acquistando il terreno confinante. Si doveva inoltre costruire un palazzo, adeguato alle necessità di una nazione e prima di tutto occorreva raccogliere il denaro per portare a termine il progetto. Il cardinale Hozjusz fece i primi passi, ma non ebbe il tempo di realizzare tutta l'impresa, perché morì il 5 agosto 1579. Però, grazie ai suoi collaboratori e successori, il progetto fu, passo

2. Cfr. *Ibidem*, pp. 183-187, J. Kopiec. *L'Ospizio e la Chiesa di S. Stanisław a Roma - la casa e il luogo del servizio pastorale dell'arcivescovo Szczepan Wesoły*, in *Preoccupazioni per la diaspora polacca*, Gorzów Wielkopolski 2012, pp. 189-199.

3. Il testo della bolla pontificia conservata presso l'archivio della Chiesa è pubblicato in S. Janasik, *La Chiesa ed Ospizio di S. Stanislao V.M. in Roma*, Roma 1939, pp. 19-23 (297-301).

4. *Ibidem*, p. 24 (302).

dopo passo, portato a termine negli anni. L'11 gennaio del 1580, si costituì il collegio di quattro «provisores Hospitalis S. Stanislai Episcopi et Martiri in Urbe».[5] In seguito affluirono lentamente le offerte pecuniarie della regina Anna Jagellona, del re di Polonia Stefano Báthory, del cardinale Andrea Báthory, dei vescovi e di tante altre persone eminenti. In una decina di anni la provvisoria sistemazione della chiesa e dell'ospizio fu compiuta, così che il 13 ottobre del 1591 la chiesa di San Stanisław (con annesso ospizio polacco) fu consacrata dal cardinale Jerzy Radziwiłł, vescovo di Wilno e poi di Cracovia. Al titolo del Salvatore, il cardinale Hozjusz aveva aggiunto quello di San Stanisław, l'eroico vescovo di Cracovia fatto uccidere dal re Bolesław Krzywousty nell'aprile del 1079, mentre celebrava la messa. Stanisław fu canonizzato ad Assisi da papa Innocenzo IV l'8 settembre 1253. Da allora divenne il simbolo dell'unità nazionale polacca, come a Roma lo divenne la chiesa a lui dedicata. Nei secoli XVII e XVIII la chiesa e l'ospizio diventano un vero centro delle vita religiosa, politica e sociale dei polacchi abitanti a Roma e mantiene la piena amministrazione propria. Una notevole modifica è apportata agli Statuti dalla Congregazione Generale della Chiesa ed Ospizio il giorno 18 aprile 1748, eleggendo il vescovo protempore di Cracovia in qualità di «protettore» per reggere e vigilare l'istituzione sempre sotto la giurisdizione del papa. Il vescovo Andrzej Stanisław Załuski pubblicò nell'anno 1757 un nuovo Statuto, che da allora in poi ha disciplinato giuridicamente l'attività della fondazione. Questo stato di cose durò fino al 1764, anno in cui la Dieta polacco-lituana prese sotto la propria tutela l'intero complesso. Dopo la terza spartizione della repubblica polacco-lituana nel 1795, la chiesa rimase prima senza proprietario e in seguito la Russia ne prese ufficialmente possesso. Dal 1871 al 1920 la chiesa restò chiusa e nel 1921 gli amministratori russi la restituirono nelle mani polacche.[6]

2. *San Stanislao (Stanisław) come chiesa "nazionale" polacca in Roma*

Da lungo tempo vari paesi e regioni gravitavano in vari modi e con svariata intensità intorno alla Rzeczpospolita (un termine usato senza alcun attributo etnico), che potrebbe essere equiparata al Commonwealth britannico ed indicare una sorta di comunità di destino e di stile di vita nell'Europa centrale. Dopo l'Unione di Lublino del 1569 (avvenuta pochi anni prima del-

5. *Ibidem*, p. 25 (303).
6. *Ibidem*, pp. 12-20.

la fondazione della chiesa ed ospizio di San Stanisław) la Corona di Polonia e il Gran Principato di Lituania costituirono la cosiddetta Repubblica delle Due Nazioni (che abbracciava anche i territori dell'odierna Ucraina e Bielorussia). Questa Repubblica, sempre con un re a capo, si presentava come il più eterogeneo Stato di tutta l'Europa per quanto riguardava le nazionalità, le confessioni religiose e le culture. Accanto ai tre gruppi etnici principali (polacchi, lituani e ruteni) erano presenti numerose minoranze: ebrei, tedeschi, italiani, olandesi, scozzesi, armeni, greci. La Repubblica polacco-lituana alle soglie del XVII secolo continuava ad essere in Europa lo «Stato senza i roghi», aperto a tutti, di qualunque nazionalità o religione fossero. Le diverse tradizioni culturali ed i diversi modelli di vita che derivavano dai presupposti religiosi contribuivano poi a formare un quadro policromo della cultura polacca a cavallo fra XVI e XVII secolo. Con il tempo si osservò l'integrazione della nobiltà lituana e rutena con quella polacca, un'unione paritetica (senza l'uso della forza) a tutti gli effetti. Tutto ciò ha fatto sì che il Ducato dove nel XVIII secolo la popolazione era composta per il 37% dai ruteni, per il 26% dai polacchi e solo per il 20% dai lituani, con minori percentuali per gli ebrei, russi ed altri, rischiava di diventare parte della Lituania pur non appartenendo a questa. Le città del Gran Ducato, ancora nel Novecento, divennero le capitali culturali della Confederazione, ma si trattava della cultura polacca e non di quella lituana o rutena.

La Chiesa di San Stanisław rimase ben presto strettamente legata con la storia polacca e tutti gli avvenimenti più importanti vissuti con la Polonia ebbero in essa eco e riflesso. Ricostruire la presenza dei residenti polacchi a Roma, dei pellegrini, degli studenti non è facile a causa della mancanza di fonti e delle pubblicazioni, sebbene sia possibile trarre alcune conclusioni preliminari che dovrebbero restare valide quando e se sarà disponibile un campionario più ampio. Nei secoli XVI-XVIII l'usanza di mandare a Roma i propri figli divenne una prassi abbastanza usuale fra l'aristocrazia e i nobili, ma anche fra il ceto medio e la borghesia. Tante persone sono venute in Italia per curiosità o studio, o come inviati per vari affari ecclesiastici, civili o commerciali. Indirettamente per mezzo delle istituzioni civili ed ecclesiastiche ed anche grazie al Centro polacco di San Stanisław, nuovi orientamenti penetrarono la mente di quelli che ebbero l'opportunità di raggiungere la Città Eterna e poi di trasferire le nuove idee nei paesi natii. Da questo paese così lontano arrivarono anche molti poveri pellegrini.

Il Pontificio Collegio Polacco a Roma nella sua attuale forma è stato fondato soltanto nel XIX secolo. Tuttavia gli inizi delle sue vicende potrebbero essere riferiti ad un'epoca più lontana, alla seconda metà del XVI secolo, vale a dire più o meno al periodo in cui sono sorti in Roma altri collegi nazionali, cioè seminari per l'educazione dei futuri preti e la stessa chiesa e l'ospizio polacco. Antecedentemente i giovani cercavano posto nei diversi collegi già esistenti come quello greco per i ruteni o nel Germanico. Il primo seminario per i polacchi lo istituì San Filippo Neri, fondatore della Congregazione degli Oratoriani. Purtroppo ha avuto vita breve, perché con la morte del re polacco Stefano Báthory e le diverse fondazioni dei collegi gesuiti nella Polonia, nessuno si prese cura dell'istituzione a Roma. Il successore di Batory, re Jan Kazimierz, voleva di nuovo riorganizzare il Collegio in comune con gli svedesi, ma questo progetto rimase allo stadio di ideazione. L'iniziativa di rifondare il Collegio venne felicemente realizzata da parte dei padri resurrezionisti con l'aiuto di papa Pio IX nel 1866.[7] Dal XVI secolo la chiesa polacca e l'Ospizio sono fioriti dinamicamente diventando così un importante centro della vita religiosa, scientifica, politica e sociale, accogliendo tra le sue mura oltre ai pellegrini anche diplomatici, deputati, studenti e numerosi sacerdoti. Nella chiesa venivano celebrati i più eclatanti eventi storici come le vittorie nelle battaglie e le incoronazioni dei re. Il tempio divenne il principale centro della vita dei polacchi. Di ciò rendono testimonianza molteplici ricordi, epigrafi, prestigiose collezioni di quadri, sculture, grafiche ed anche artistici manufatti. Una particolare sottolineatura va data alla fondazione della prima biblioteca polacca, scientifica e pubblica, fuori dai confini. I settori più sviluppati della biblioteca sono legati allo studio. Molto ricco si presenta il settore dei classici come anche le raccolte della storia, del diritto ed anche della letteratura. Numerosi dignitari polacchi principalmente ecclesiastici mandavano i fondi e creavano le fondazioni per i borsisti, grazie alle quali migliorarono le condizioni economiche dell'istituzione e divenne possibile fornire l'aiuto finanziario ai bisognosi. Comunque veniva a mancare il regolare introito del quale godevano simili istituzioni grazie alle loro confraternite fondate a tale scopo. In questo lasso di tempo il Centro fu amministrato dal clero diocesano, un rettore e quattro cappellani, ma l'Ospizio soffriva sempre di serie difficoltà economiche. Per questo motivo papa Benedetto XIV ha concesso il privilegio grazie al quale la chiesa e l'Ospizio ricevevano una quota di una percentuale ben precisata dalla Dataria Apostolica (1585-1967) sulle spedizioni e concessioni delle bolle e vari documenti pontifici.

7. Cfr Barycz, *Polacchi che studiano a Roma*, pp. 187-205, M. Stepin, *Gli inizi del Collegio Polacco a Roma nel XVI e XVII secolo e le azioni intraprese per la sua fondazione nel XIX secolo*, in «Diritto Canonico», 53, 1-2 (2010), pp. 299-314.

3. *Informazioni sul materiale archivistico*

La chiesa e l'Ospizio di San Stanisław sono in possesso di un prezioso patrimonio nazionale composto da collezioni d'arte, raccolte di libri antichi e principalmente dal vasto fondo archivistico di documenti accumulato dalla fine del XV secolo ai giorni nostri.[8] Diversi documenti hanno finalmente ricevuto una degna sistemazione in locali adeguati per controllarne lo stato di conservazione e per essere inventariati. Ad oggi sono stati digitalizzati 140.000 documenti e circa 4.000 fotografie sono state scannerizzate. Prossimamente verrà pubblicata un'opera in diversi volumi intitolata *Studi e documenti riguardanti la Chiesa e l'Ospizio di S. Stanisław a Roma*, seguita dalla pubblicazione del catalogo dei documenti: pergamene, manoscritti, statuti del XVII e XVIII secolo e di altri materiali scelti.[9] Negli archivi russi presso il Ministero degli Affari Militari nel fondo del Dipartimento per gli Affari Ecclesiastici delle altre confessioni si trova una considerevole raccolta di documenti che riescono a farci conoscere meglio la condizione dell'Ospizio verso la fine del XIX secolo. Ne parlano anche le relazioni dei visitatori apostolici che sono conservate presso l'Archivio Segreto Vaticano e presso l'Archivio del Vicariato della città di Roma. Altro materiale dei tempi contemporanei si trova presso gli Archivi di vari Ministeri a Varsavia e presso il P.I.S.E.

8. Altre notizie sulla chiesa e la comunità polacca a Roma si trovano in: S. Janicki, *Polski kościół i dom św. Stanisława w Rzymie* [La chiesa polacca e la casa di S. Stanislao a Roma], Rzym 1925; *Kościół i hospicjum św. Stanisława w Rzymie* [La Chiesa e l'Ospizio di S. Stanislao a Roma], a cura di H.J. Nowacki, Rzym 2000; M. Machejek, *400 lat Kościoła i Hospicjum św. Stanisława w Rzymie* [400 anni della chiesa polacca e dell'ospizio di S. Stanislao a Roma], Rzym 1978; H. Osiecka-Samsonowicz, *Cerimonie e feste polacche nella Roma barocca 1587-1696*, Roma 2014; *Polskie Procesy Informacyjne przed prowizjami biskupów i opatów w seriach: Processus Consistoriales i processus datariae Archiwum Watykańskiego.Katalog mikrofilmów i zapisów cyfrowych. Wykaz Papieskiego Instytutu Studiów Kościelnych w Rzymie i Punktu Konsultacyjnego w Warszawie*, a cura di W. Cichosz, H. Fokciński, U. Głowacka-Maksymiuk, M. Pukaniec, Warszawa 2015; M. Rożek, *Polonica w kościołach Rzymu* [Polonica nelle chiese di Roma], Rzym 1991; W. Smoczyński, *Rzym. Jego Kościoły i Ponminiki. Upominek Pielgrzymom Polskim* [Roma. Le sue chiese e i suoi monumenti. L'omaggio ai pellegrini polacchi] przedruk, Warszawa 1990.

9. J. Glówczyk, *Kościół i Hospicjum św. Stanisława B.M. w Rzymie i jego zbiory*, in *XXXVI Sesja Stałej Konferencji Muzeów, Archiwów i Bibliotek Polskich na Zachodzie*, Rzym, 17-21 września 2014, Rzym 2015, pp. 127-131.

Tomáš Parma

La scarsa presenza della nazione ceca-boema nella Roma papale tra XV e XVIII secolo

«Se bene i Boemi hanno lasciato la devotione della Sedia Apostolica et lo spedale che havevano in Roma, mi è parso nondimeno di scriverlo con gl'altri, accioche vedino che in ogni modo in questa Città si tien conto di loro ancora».[1] Con queste parole inizia la descrizione "dello Spedale de' Boemi" il senese Camillo Fanucci. Sono forse un pochino ingiuste, ma non troppo. La presenza dei pellegrini, studenti, ecclesiastici e religiosi provenienti dai Paesi della Corona Boema, cioè dalla Boemia, dalla Moravia e principalmente dalla Slesia, in comparazione con altre nazioni, non risulta infatti troppo estesa. La conseguenza principale è anche il dato che fin oggi non esiste una chiesa nazionale ceca a Roma. Ma se la presenza ceca è debole, non risulta del tutto inesistente e trova le sue espressioni materiali, *les lieux de mémoire*, che fin adesso incarnano la presenza del popolo centroeuropeo nella Città Eterna.

Questo contributo si occupa dei due monumenti principali, cioè – in ordine cronologico – l'altare di san Venceslao nella Basilica Vaticana e l'Ospizio boemo, in seguito brevemente elenca alcune altre "memorie" ceche a Roma, per concludere con brevi analisi sulle ragioni storiche di questa "scarsa presenza" e con quella della percezione dei pellegrini cechi nella Città Eterna.

1. *L'altare di san Venceslao nella Basilica di San Pietro in Vaticano*

Il primo monumento della presenza boema a Roma si trova nella Basilica vaticana, oggi nel braccio dei santi Processo e Martiniano. Anche

1. C. Fanucci, *Trattato di tutte l'opere pie dell'alma citta di Roma*, Roma 1601, p. 82.

per la sua posizione non è troppo noto, in questa zona della Basilica si trovano i confessionali e, quindi, non è semplice raggiungere l'altare barocco, adornato con il mosaico di Pietro Cristofari, realizzato nel 1743 secondo la tela originale di Angelo Caroselli, allievo di Caravaggio dal 1630.[2] L'altare stesso, consacrato il 17 di settembre 1628, e la sua presenza nella nuova Basilica di San Pietro, dopo il suo "trasferimento" dalla vecchia, sono forse collegabili con la presenza e l'intervento del cardinale Adalberto Ernesto Harrach nel 1626 per introdurre le feste dei santi boemi, cioè sant'Adalberto e san Venceslao, nel calendario liturgico della Chiesa Universale e conseguentemente nel Breviario Romano.[3] La sua domanda, respinta dal Papa,[4] sta forse all'origine della decisione del trasferimento dell'altare dalla vecchia Basilica alla nuova. Lo dimostra anche la vicenda della decisione sul titolo di quest'altare, svoltasi negli anni 1626-1627.[5] Nell'ottobre 1626 il titolo dell'altare era ancora lasciato alla scelta papale («ad mentem Sanctissimi»), ma in seguito nacque un disaccordo tra la Congregazione della Fabbrica di San Pietro ed il Capitolo dell'arcibasilica. I canonici volevano la continuità con il culto del patrono boemo, perché da sempre avevano recitato il suo ufficio e celebrato la sua festa, ricevendo le porzioni apposite.[6] I cardinali della Congregazione invece inclinavano a dedicarlo a san Carlo Borromeo, il loro patrono; un'altra proposta voleva dedicarlo a san Sebastiano, martire locale di Roma. La scelta decisiva di Urbano VIII fece prevalere le preferenze del capitolo,

2. A. Grimaldi, *Martiri e Santi. Antiche e nuove devozioni presso la tomba di San Pietro*, in *San Pietro in Vaticano. I mosaici e lo spazio sacro*, Milano 2011, pp. 297-299. Caroselli è stato pagato dalla Congregazione della Fabbrica di San Pietro l'11 agosto 1627, cfr. O. Pollak, *Die Kunsttätigkeit unter Urban VIII*, a cura di Dagobert Frey, II, Wien 1931, pp. 538-539, note 2158-2159.

3. Il cardinale Harrach supplica Urbano VIII: «nomine statuum et ordinum omnium catholicorum regni Bohemiae», Oedenburg 2 dicembre 1625: BAV, Barb. lat. 6887, ff. 45rv+50rv, documento edito in B. Jenšovský, *Knihovna Barberini a český výzkum v Římě*, in «Zprávy českého zemského archivu», 6 (1924), pp. 151-152.

4. Per la vicenda, vedi M.-É. Ducreux, *Gloire, prestige et liturgie au XVIIe siècle: l'entrée de saint Venceslas au Bréviaire romain*, in *Musarum Socius: jinak též Malý Slavnospis, to jest malá knížka studií ku cti slovutného pana Dra Martina Svatoše*, a cura di J. Förster, P. Kitzler, V. Petrbok, H. Svatošová, Praha 2011, pp. 450-452.

5. Per la vicenda dell'altare nella nuova basilica, vedi: L. Rice, *The Altars and Altarpieces of new St. Peter's. Outfitting the Basilica, 1621-1666*, New York 1997, pp. 238-241.

6. «recitatur a nostro clero illius oficium ratione cappellae», BAV, Arch. Cap. S. Pietro, H55, ff. 101-104, supplica dei canonici di S. Pietro a papa Urbano VIII, probabilmente gennaio 1627, edito in Rice, *The Altars and Altarpieces*, p. 300.

cioè la dedica a san Venceslao.[7] Sulla guida iconologica del cardinale Angelo Giorio, canonico del capitolo e altarista di San Pietro, è stato dipinto il quadro di Angelo Caroselli, *protégé* del cardinal Francesco Barberini e di monsignore Prospero Fagnani.[8] Le fonti non ci informano dei motivi della decisione di papa Barberini, ma il collegamento con il rifiuto del trasferimento delle reliquie e con la situazione politico-religiosa nei paesi cechi è verosimile.

L'altare medievale di san Venceslao fu voluto nella basilica costantiniana probabilmente da Hynek (Enrico) di Dubá, vescovo di Olomouc negli anni 1326-1333.[9] Il destino di questo prelato, però, presenta una serie di incertezze. Sappiamo che morì nel 1333, ma le fonti storiche ci offrono due possibilità inerenti i luoghi della sua morte e sepoltura: Praga (il *Chronicon Aulae Regiae* riporta la sua sepoltura nella cattedrale della capitale boema),[10] oppure Roma. Secondo il *Liber anniversariorum (benefactorum)* sarebbe stato infatti sepolto nella Basilica vaticana. Sicuramente quest'ultima beneficiò dalla sua morte, come menziona la fonte vaticana: «Obiit dominus Hyncho olim episcopus Holomicensis, de cuius bonis habuit camera nostra florenos aureos CC. qui conversi fuerunt in emptione domus cum signo episcopi, positae in platea in parrochia S. Maria de Virgariis. Pro cuius anima expendantur II florenos».[11] Lo stesso *Liber anniversario-*

7. Soltanto C. Savettieri, *Altare di San Venceslao*, in *La Basilica di San Pietro in Vaticano, Schede*, a cura di A. Pinelli, Modena 2000, pp. 660-662, menziona il possibile legame tra il titolo dell'altare e le "motivazioni politico ideologiche" della controriforma in Boemia, ricordando la nuova costituzione del paese (Verneuerte Landesordnung), promulgata proprio nel 1627.

8. Lo schizzo del Caroselli è passato dalle collezioni barberiniane al Museo di Roma, cfr. G. Incisa della Rocchetta, *Il Bozzetto di "S. Venceslao" di Angelo Caroselli*, in «Bollettino dei Musei Comunali di Roma», XII (1965), pp. 22-27; O. Ferrari, *Bozzetti italiani dal Manierismo al Barocco*, Napoli 1990, p. 105. Dopo la realizzazione del mosaico, la tela originale venne trasferita al Quirinale, oggi è conservata nel museo dell'arte di Vienna: S. Ferino-Padgen, W. Prohaska, K. Schütz, *Die Gemäldegalerie des Kunsthistorischen Museums in Wien. Verzeichnis der Gemälde*, Wien 1991, pp. 41 e 165.

9. Cfr. P.C. Claussen, *Der Wenzelsaltar in Alt St. Peter. Heiligenverehrung, Kunst und Politik unter Karl IV*, in «Zeitschrift für Kunstgeschichte», 43, 3 (1980), pp. 280-299.

10. «Anno Domini MCCCXXXIV, sexto kalendas Januarii, id est in dei beati Johanni ewangeliste, dominus Hinco [...] Prage moritur et in Pragensi maiori ecclesia sepelitur»: *Chronicon Aulae Regiae*, III.2, edito in J. Emler, *Fontes Rerum Bohemicarum – Prameny dějin českých*, IV, Praha 1884, pp. 319-320.

11. BAV, Arch. Cap. S. Pietro, H56 e H57; editi in P. Egidi, *Necrologi e libri affini della Provincia Romana, I. Necrologi della città di Roma*, Roma 1908, pp. 280-281.

rum precisa anche il modo di applicazione del lascito all'anniversario.[12] La fonte, quindi, non riferisce se il Vescovo sia stato il fondatore dell'altare, ricorda soltanto la sua esistenza e l'istituzione dell'anniversario.

L'altare, quindi, esisteva già negli anni 1330-1340 ed in suo favore furono elargite anche altre donazioni. Il suo aspetto fu cambiato in relazione con l'incoronazione dell'Imperatore Carlo IV e della sua terza moglie, Anna di Schweidnitz, durante la Pasqua del 1355. In seguito a questo evento fu commissionato l'affresco sopra la mensa dell'altare, che non ci è pervenuto,[13] ma conosciamo grazie alle riproduzioni nelle fonti del XVII secolo: lo schizzo di Grimaldi dell'anno 1605,[14] l'acquerello di Domenico Taselli del 1606[15] e l'affresco di Giovan Battista Ricci da Novara nella cappella della Madonna delle Pregnanti all'interno delle Grotte Vaticane del 1617-1618.[16] Sulla base di questi disegni è stato dipinto il grande quadro del XIX secolo che prima era collocato nella cappella della residenza estiva del Collegio boemo a Trevi (fino al 1914) e oggi conservato nel Pontificio Collegio Nepomuceno.

A questa immagine sarebbe da collegarne un'altra, probabilmente della stessa epoca: l'affresco trecentesco dell'Annunciazione nell'atrio della Basilica di Santa Maria in Trastevere, dove la Madonna è accompagnata da san Venceslao. L'affresco, mal conservato, è stato ridipinto più volte, quindi allo stato odierno non è troppo chiaro se la figura del Santo sia veramente quella del principe dei Boemi, ma da un dipinto e da una descrizione seicentesca l'identificazione del Santo risulta sicura.[17]

12. «In isto festo S. Venceslay expendantur de camera II Florenos aureos inter canonicis, benefactoribus et clericis in primis vesperis matutinis et missa, pro anima domini Hynconis olim episcopi Holomicensis. In eodem festo hora misse, dentur celebranti vel celebrantibus dictas missas omni domini episcopi supradicti. Item fiat perpetuo una missa in Cappella S. Venceslay omni septimana et dentur celebranti vel celebrantibus dictas missas omni anno florenos II», *ibidem*, pp. 256-257.

13. B. Balbín, *Bohemia docta*, II, Pragae 1778, p. 35 dice che il fondatore dell'altare era Johannes von Neumarkt, il collaboratore di Carlo IV, vescovo di Litomyšl e futuro vescovo di Olomouc. Citato da J. Šusta, *Karel IV. Za císařskou korunou 1346-1355*, Praha 1948, p. 379.

14. G. Grimaldi, *Descrizione della Basilica antica di San Pietro in Vaticano. Codice Barberini Latino 2733*, a cura di N. Reti, Città del Vaticano 1972.

15. L'acquerello è quindi stato realizzato proprio nell'anno della distruzione del vecchio affresco. Cfr. Grimaldi, *Martiri e Santi*, p. 297.

16. *La Basilica di San Pietro in Vaticano, Schede*, a cura di Pinelli, p. 872.

17. La rappresentazione proviene dall'album di Antonio Eclissi (circa 1640: BAV, Barb. lat. 4404, f. 11). Sotto l'immagine, Eclissi scrive: «Pittura antica con l'immagine di S. Vicislao, re di Boemia. Credono alcuni, la beretta del Santo essere la medesima con quella

2. *Ospizio boemo a Campo Marzio (via dei Banchi Vecchi)*

Anche il secondo monumento ceco è collegato alla presenza dell'imperatore Carlo IV a Roma. Il monarca visitò l'Urbe una seconda volta nel 1368, al ritorno del papa avignonese Urbano V.[18] L'imperatore, con un evidente richiamo a Costantino, accolse il papa nella Città Eterna il 21 ottobre, facendo *officium stratoris*, cioè conducendo il cavallo papale dal Castel Sant'Angelo fino alla Basilica Vaticana. Qualche giorno dopo entrò a Roma anche la quarta moglie di Carlo IV, Elisabetta di Pomerania, che venne incoronata in San Pietro.

Parlando delle origini dell'Ospizio boemo, i racconti, tardivi e piuttosto leggendari, riportano che Carlo IV «venuto in Roma in istretto incognito, abitò in una casa in via de' Banchi vecchi num. 132».[19] La menzione dell'incognito farebbe riferimento all'anno 1355, quando il re poteva entrare nella città soltanto il giorno della sua incoronazione, e, desiderando compiere il pellegrinaggio pasquale, trascorse – forse con l'approvazione del papa[20] – un paio di giorni (dal Giovedì al Sabato Santo) in incognito a Roma, visitandone le chiese e le reliquie. Conosciamo assai bene l'itinerario del suo viaggio,[21] che non gli avrebbe permesso di trascorrere tutta la notte in via dei Banchi Vecchi: salve poche ore di riposo, l'imperatore era sempre in attività o in contemplazione.[22] Ma forse nella casa soggiornò la futura imperatrice Elisabetta nel 1368: il sovrano alloggiò presso la Basilica Vaticana, sua moglie invece doveva risiedere «in aliquo loco vicino»; Pirchan ritiene che abbia pernottato in un ospizio qualsiasi,[23] forse nell'edificio di via dei Banchi Vecchi, non lontano dal Vaticano.

Anche se non fosse vera la leggenda della dimora dell'imperatore, resta il fatto che la coppia imperiale acquistò la casa sulla *via Pelegrinorum*,

del Prefetto di Roma». Claussen, *Der Wenzelsaltar in Alt St. Peter*, p. 288, cita un'altra rappresentazione (Windsor, Royal Library Inv. no. 8953) e rimanda a S. Waetzoldt, *Die Kopien des 17. Jahrhunderts nach Mosaiken und Wandmalereien in Rom*, Wien 1964, p. 51.

18. La visita è dettagliatamente descritta da G. Pirchan, *Italien und Kaiser Karl IV. in der Zeit seiner zweiten Romfahrt, I*, Prag 1930, pp. 293-313.

19. A. Belli, *Delle case abitate in Roma da parecchi uomini illustri*, Roma 1850, p. 63.

20. Così lo pensa Šusta, *Karel IV*, p. 378, senza riferimento ad una fonte precisa.

21. Ultimamente lo descrive K. Kubínová, *Imitatio Romae. Karel IV. a Řím*, Praha 2006, pp. 107-123.

22. Visto il percorso è improbabile che si sia recato a via dei Banchi Vecchi soltanto per dormirvi.

23. Pirchan, *Italien und Kaiser Karl IV.*, I, p. 302.

vicino a Campo de' Fiori, volendo trasformarla in un ospizio per i pellegrini poveri.[24] L'acquisto era il primo atto dell'esistenza di quest'ultimo che conosciamo grazie al secondo, avvenuto dieci anni dopo. Agli inizi del 1378 Pietro, Udalrico e Giovanni di Rosenberg, membri dell'alta nobiltà boema, chiesero all'arcivescovo di Praga, Giovanni Očko da Vlašim,[25] di confermare la loro donazione all'Ospizio boemo di Roma, la cui dimora era stata acquistata da Carlo IV e dalla consorte Elisabetta, aggiungendo che «idem princeps propter varias occupationes sacrum imperium et rempublicam concernentes huiusmodi desiderandum conceptum complere non valens nobis ulteriorem executionem ipsius commisit». La conferma di questa donazione fu poi richiesta anche dall'imperatrice vedova Elisabetta a papa Urbano VI nel 1380. La fondazione dei Rosenberg non soltanto assicurò l'esistenza materiale dell'Ospizio, ma significò di fatto per i Rosenberg la presa in carico dell'Ospizio e il suo patronato dal punto di vista giuridico.[26] Il testo della supplica contiene anche i contenuti sostanziali del regolamento della nuova istituzione: viene creato il ruolo di amministratore, sempre ricoperto da un sacerdote, si esige l'erezione di un altare «sub titulo B. Wenczeslai et S. Marthae hospitae Domini», si ordina il servizio liturgico e viene assicurato l'arrivo di rendite dalla Boemia.

Attualmente conosciamo la serie degli amministratori, mentre varie fonti ci rivelano anche gli scontri attorno a tale carica,[27] ciò significa che, dal punto di vista socio-economico, per i chierici a Roma era importante ricoprire questo incarico. Il culmine dell'attività dell'Ospizio boemo fu raggiunto nel corso degli Anni Santi del 1390 e del 1400; successivamente il flusso dei pellegrini boemi cessò, evidentemente a causa delle guerre ussite. Nella

24. L'Ospizio boemo è stato studiato poco anche dalla storiografia ceca. Gli unici studi sono assai datati: A. De Waal, *Das böhmische Pilgerhaus in Rom. Festgabe zum 900jährigen Jubiläum der Gründung des Bistums Prag*, Prag 1873; M. Pangerl, *Zur Geschichte des böhmischen Hospitals in Rom*, in «Mittheilungen des Vereines für Geschichte der Deutschen in Böhmen», 12 (1874), pp. 205-212; K. Borový, *Národní dům český v Římě*, Praha 1874; F. Mareš, *Český hospic v Římě*, in «Časopis Českého musea», 64 (1890), pp. 65-100; brevemente F. Tadra, *Kulturní styky Čech s cizinou až do válek husitských*, Praha 1897, pp. 67-69.

25. La supplica del 6 marzo 1378 è trascritta in uno dei *Liber erectionum* dell'arcidiocesi di Praga, ed era incorporata nella decisione favorevole dell'arcivescovo, datata 8 marzo dello stesso anno. Cfr. *Libri erectionum archidioecesis Pragensis saeculo XIV. et XV., Liber II. (1375-1388)*, a cura di C. Borový, Pragae 1878, n. 270, pp. 147-148.

26. Non possiamo immaginare che questo trasferimento del diritto di patronato fosse una usurpazione dei Rosenberg, fatta all'insaputa dell'imperatore o contro la sua volontà.

27. L'elenco dei procuratori e la descrizione dei loro scontri è discussa nella maggior parte dei titoli menzionati nella nota 24.

seconda metà del XV secolo l'Ospizio cadde nelle mani del procuratore Enrico (Heinrich) Rorau, che rappresentava presso la curia la nazione tedesca e il re boemo Giorgio di Poděbrady.[28] Rorau agì con violenza, irrompendo nell'Ospizio e prendendo possesso dei suoi beni mobili e del tesoro con la forza. Nel corso della sua amministrazione (1455-1463) ristrutturò l'edificio principale: un'iscrizione su una lastra marmorea lo ricorda ancora oggi.[29]

Nella seconda metà del XV secolo l'amministrazione dell'Ospizio boemo cadde definitivamente in mani italiane. I membri della famiglia Rosenberg, disgustati dalle continue controversie attorno all'amministrazione della struttura che spesso contestava i loro diritti di patronato, nel 1481 rinunciarono agli stessi pagando una somma per sbarazzarsi anche dell'obbligo annuo ad un contributo finanziario. I beni dell'Ospizio in questo momento erano già consistenti: infatti possedeva case che affittava, ricavandone rendite stabili.

I pellegrini dei Paesi boemi non erano numerosi, Fanucci scrive che l'Ospizio era frequentato da poveri romei della Polonia, che probabilmente provenivano piuttosto dalla Slesia. Ma l'Ospizio (e soprattutto le sue rendite) non veniva dimenticato in Boemia. Dopo la fondazione del Collegio dei Gesuiti a Praga, presso la chiesa di San Clemente, venne richiesto a papa Gregorio XIII di usare le rendite dell'Ospizio per il sostegno degli studenti poveri di Praga. Nel frattempo i polacchi crearono proprie strutture di assistenza.[30] Nel 1584 i membri della famiglia dei Lobkowicz chiesero, con il sostegno dell'imperatore Rodolfo II, di donare i beni dell'Ospizio boemo al Seminario gesuita di San Venceslao a Praga. Il papa concesse soltanto una certa somma di denaro a favore dalla Camera Apostolica, ma non decise sulle sorti della struttura stessa. Sisto V, nel 1588, aggiunse poi alla dotazione del predecessore per il collegio praghese una parte delle rendite dell'Ospizio boemo; l'edificio proseguì la sua esistenza giuridica, anche se i pellegrini

28. Per la sua figura, vedi A. Sohn, *Procuratori tedeschi alla Curia Romana intorno alla metà del Quattrocento*, in *Roma Capitale (1447-1527)*, a cura di S. Gensini, Roma 1994, pp. 493-503, e *Deutsche Prokuratoren an der römischen Kurie in der Frührenaissance*, Köln-Weimar-Wien 1997; R. Urbánek, *Dvě studie o době poděbradské*, Brno 1929, pp. 116 e 224, e *Věk poděbradský IV. Čechy za kralování Jiřika z Poděbrad 1460-1464*, Praha 1962, pp. 21, 343, 508, 537.

29. La lastra porta la seguente inscrizione: CAROLVS • IMPERATOR • / IIII • REX • BOEMIE • ME • FEC/IT • ET • H • RORAW • PRO-/CVRATOR • HOSPITALIS / PRESENTIS • ET • NACIO/NIS • BOHEMORVM • RVIN/OSVM • REFECIT • ANNO / M CCCCLVII, seguita da ornamenti floreali e dallo stemma dello stesso Rorau.

30. Vedi i contributi di H. Fokciński e D. Rocciolo in questo volume.

boemi venivano ormai ricevuti nell'Ospizio di Santa Maria in Cappella nella regione transtiberina, usufruendo delle rendite restanti a Roma.[31]

Il papa Innocenzo X unificò nel 1654 l'Ospizio di Trastevere con l'Ospedale della Santissima Trinità dei Pellegrini, le cui rendite furono ampliate anche con i beni dell'Ospizio boemo.[32] La personalità giuridica di quest'ultimo venne, però, conservata con la speranza di vedere ampliato il flusso dei pellegrini dei Paesi boemi, e di poter rinnovare le strutture di assistenza adatte a loro. Lo ha ricordato lo stesso Fanucci, quando trattava della conservazione della casa dell'Ospizio «per quella natione Bohema, sempre che ritorni al grembo della Santa Chiesa Cattolica Romana».[33]

La sua voce è stata profetica: nella seconda metà del XIX secolo, i vescovi di Boemia, tramite mons. Karl Jänig, rettore dell'Anima di origine praghese, recuperarono i beni dell'Ospizio, ne ristrutturarono l'edificio, acquistando ed adattando alcune case di Piazza Sforza Pallavicini, di cui una era dotata di una facciata con le immagini di san Venceslao, san Giovanni Nepomuceno, gli stemmi dell'imperatore Francesco Giuseppe I e della Boemia, e con le relative iscrizioni. Questo complesso di beni servì per il sostegno materiale del Pontificio Collegio Boemo, fondato per iniziativa di Leone XIII nel 1884.[34]

3. *Le cause della scarsa presenza della* Natio Bohemorum *a Roma*

La breve descrizione dei due fenomeni principali della presenza ceca nella Città Eterna ci offre l'occasione di soffermarci brevemente e mol-

31. Per questo Ospizio, vedi *Versus mare. Una chiesa sulla via del Mediterraneo. Santa Maria in Cappella da Urbano II ai Doria Pamphlj*, a cura di A. Mercantini, Cinisello Balsamo 2015.

32. Innocenzo X, breve *Salutis humanae amator et auctor* 21 gennaio 1654, in copia in ASR, Archivio dell'Ospizio della Trinità dei Pellegrini e Convalescenti (1500-1862), busta 276. Nel 1654, all'Ospizio boemo appartenevano 7 case che rendevano 427 scudi annui; altre redite ammontavano a circa 100 scudi l'anno. Della somma totale 345 scudi furono mandati a Praga, fino all'anno 1795.

33. Fanucci, *Trattato di tutte l'opere pie*, p. 82.

34. Per la fondazione e il destino dei collegio Bohemicum (e Nepomuceno), vedi *Dal Bohemicum al Nepomuceno. La cultura ceca e la formazione sacerdotale in un contesto di scontri nazionalisti e di coesistenza*, a cura di T. Parma, Olomouc 2011, *Česká kolej v Římě. Od Bohemica k Nepomucenu: 130 let existence české kulturní a vzdělávací instituce*, a cura di Id., Kostelní Vydří 2014.

to sinteticamente sul dato stesso della "natio" nella sua auto-definizione e nella sua recezione. Il concetto di nazione, assai discusso alla fine del secolo scorso anche nella storiografia ceca, contiene già dal XIV secolo due elementi sostanziali: quello della provenienza geografica e quello della lingua. Il territorio della Boemia, Moravia e Slesia era infatti abitato da una popolazione che parlava ceco, tedesco o polacco. Il concetto della "natio", dal punto di vista giuridico, si appoggiava, quindi, soprattutto per la nobiltà, sull'appartenenza alla terra e alle strutture politico-giuridiche della sua amministrazione, dove le diete avevano un posto eminente. Appartenere alla dieta e di conseguenza al ceto dei partecipanti, una specie di "cittadinanza" della terra significava quindi anche formare la "natio". Si deve, però, prendere in considerazione il fatto che le diete erano tenute separatamente per il regno di Boemia, il marchesato di Moravia e i ducati della Slesia Inferiore e Superiore, considerate queste ultime come terre indipendenti, legate, attraverso la persona del sovrano, nell'unione dei "Paesi della Corona di Boemia". Accanto a questo dato giuridico, che creava un'identità legata alla provenienza geografica, ne esisteva un altro, quello linguistico, che nella sua pluralità era comune per tutti questi Paesi, dove si parlavano: il ceco con i suoi vari dialetti; il tedesco, nelle forme di quello medio; ed il polacco nella Slesia, dove si svilupparono anche forti dialetti misti.

I pellegrini che provenivano dall'Europa centrale, già nel Medioevo, erano percepiti come "germani" o "tedeschi", essendo i loro Paesi parte del Sacro Romano Impero. I *topoi*, che hanno contribuito alla formazione della coscienza collettiva dei romani, attribuiscono ai "bohemi" la qualità di "hussiti" e, quindi, di eretici; questo giudizio si è formato soprattutto grazie al racconto di Enea Silvio Piccolomini, futuro papa.[35] Dopo il 1526, quando Ferdinando I divenne anche re di Boemia, e questi Paesi cominciarono a far parte della monarchia degli Asburgo, a questa denominazione si aggiunse spesso anche l'apposizione di "austriaco". Da questo proviene la difficoltà di individuare correttamente la provenienza del pellegrino nelle fonti romane. Del resto, devo riconoscere che queste ultime sono state poco usate dagli studiosi cechi, mentre restano ancora molte possibilità di ricerca negli archivi romani. Bisognerà studiare la documentazione dell'archivio storico del Vicariato di Roma, di quello quasi inaccessibile del Collegio Romano, nonché la documentazione archivistica di Santa Ma-

35. Cf. J. Špička, *La Historia Bohemica di Pio II e la storiografia ceca*, in *Pio II umanista europeo*, a cura di L. Secchi Tarugi, Firenze 2007, pp. 281-292.

ria dell'Anima, del Campo Sacro Teutonico, degli Ospizi di Santa Maria in Cappella e della Santissima Trinità dei Pellegrini.

Un primo e veloce confronto di una di queste fonti ci offre la possibilità di sondare la situazione a metà del XVII secolo. Grazie alla serie delle suppliche dei pellegrini boemi al Vicegerente di Roma, tramite il penitenziere gesuita a San Pietro in Vaticano per i polacchi e boemi negli anni 1650-1654,[36] conservata nel fondo di Trinità dei Pellegrini,[37] ci possiamo soffermare sul dato dell'autoidentificazione "nazionale" del soggetto straniero e della sua recezione nel contesto romano. Dal primo esame di queste fonti sembra, infatti, che il pellegrino si presentasse al confessore come "bohemus", il quale – dopo aver compiuto il pellegrinaggio "ad limina" – poteva usufruire di un'elemosina come aiuto per il ritorno. Il gesuita, che conosceva le lingue slave, controllava questa autodefinizione, precisando qualche volta anche la regione di provenienza, ossia «ex Moravia, ex Silesia» nella supplica da lui redatta e diretta al Vicegerente. Quanto al numero dei pellegrini, nell'Anno Santo del 1650, noto per il grande afflusso di devoti, chiesero l'elemosina 145 boemi. Il numero delle suppliche per gli anni successivi fu ancora minore: 58 nel 1651, 99 nel 1652 e 45 nel 1653.[38] Dobbiamo tener presente che il numero dei richiedenti non era uguale al totale dei pellegrini, certamente più alto, ma in ogni caso anche questa fonte ci conferma il debole flusso di pellegrini boemi nella Roma barocca.

Non abbiamo testimonianze di una comunità ceca presente a Roma, la presenza dei pellegrini non era così forte da creare una comunità nazio-

36. Per i penitenzieri gesuiti, cf. J. Wicki, *Die Jesuitenbeichtväter in St. Peter, Rom, 1569-1773. Ein geschichtlicher Überblick*, in «Archivum Historicum Societatis Iesu», 56 (1987), pp. 83-115, e *Le "Memorie" dei penitenzieri gesuiti di S. Pietro*, *ibidem*, 57 (1988), pp. 263-313.

37. ASR, Archivio dell'Ospizio della Trinità dei Pellegrini e Convalescenti, 1500-1862, busta 276.

38. Lo stesso risulta dall'esame dei libri di contabilità. Il Libro di entrata e uscita di Boemia di Santa Maria in Cappella per gli anni 1631-1636 (*ibidem*, busta 277) menziona un pellegrino nel 1631, 5 nel 1633, 10 nel 1634, 11 nel 1635 e uno nel 1636. Il Libro di entrata e uscita di Santa Maria in Cappella 1647-1653 (*ibidem*, busta 275) non elenca i pellegrini, ma cita le somme totali delle elemosine: dal 1 maggio 1647 al 31 aprile 1648 sono 44,50 scudi (f. 27v); dal 31 aprile 1648 al 31 maggio 1649 sono 49,50 scudi (f. 28r); per il resto dell'anno 1649 sono scudi 20,80 (f. 30v). L'elemosina abituale di un pellegrino povero boemo era di mezzo scudo; così per esempio ai 145 pellegrini del 1650 è stato dato un totale di 76,3 scudi (f. 32r), nel 1651 di scudi 33,10, nel 1652 di scudi 69,5 (f. 36v), nel 1653 e fino al febbraio 1654 di scudi 33,50 (f. 38r).

nale a sé stante. Con l'ussitismo, la presenza ceca sviluppatasi nel XIII e XIV secolo, formata anche dagli ufficiali di curia papale, calò. Nella seconda metà del XV secolo le relazioni tra la Boemia e la Roma papale erano molto tese, mentre con l'arrivo della Riforma di Lutero i cattolici divennero una minoranza in Boemia. Neanche la Controriforma, dopo la Battaglia della Montagna Bianca del 1620, contribuì ad uno sviluppo più consistente degli scambi: d'altronde si sviluppò in un Paese distrutto dalla Guerra dei Trent'anni e fu gestita principalmente dallo Stato. Le strutture cattoliche, guidate dal punto di vista ideologico principalmente dai gesuiti, crearono la propria rete di luoghi di pellegrinaggio, impostata nella logica della Boemia e della Moravia come "terre promesse", riconquistate miracolosamente al cattolicesimo, che Dio benediceva e colmava della sua grazia anche tramite la presenza di diversi luoghi miracolosi. Queste zone privilegiate, immagini e riflessi terrestri del Paradiso, dove Dio permetteva all'uomo di avvicinarsi a Lui tramite la realtà di questo mondo, erano così numerose che il devoto ceco, in età barocca, non aveva quasi bisogno di uscire dal proprio Paese.[39] Inoltre per la classe meno abbiente era quasi impossibile lasciare il podere dove lavorava, perché legata alla sua terra da legami giuridici di sudditanza.

L'esempio *par excellence* della rinascita del culto cattolico dei santi in Boemia è rappresentato da quello di san Giovanni Nepomuceno, beatificato da Innocenzo XIII nel 1721 e canonizzato da Benedetto XIII nel 1729. È sintomatico che la confraternita a lui dedicata sia stata creata nella chiesa romana di San Lorenzo in Lucina, nel 1737, per iniziativa del principe Federico Cristiano di Sassonia. Quindi, al momento della sua fondazione, non rappresentava, né riuniva i connazionali del santo.[40] Del resto, non esisteva una confraternita specificamente ceca a Roma, e neanche altre strutture che avrebbero potuto ricoprire un ruolo centrale nella cristallizzazione progressiva di una comunità. I cardinali nazionali erano quasi del tutto inesistenti e quei pochi che potevano essere designati risiedevano a Roma

39. Cf. J. Royt, *Obraz a kult v Čechách 17. a 18. století*, Praha 2011; H. Louthan, *Converting Bohemia. Force and Persuasion in the Catholic Reformation*, Cambridge 2011.

40. Già il 18 agosto 1732 il papa Clemente XII conferì ad istanza del cardinale Michele Adolfo Althan la indulgenza plenaria a quelli che avrebbero visitato durante il giorno della festa di san Nepomuceno (16 maggio) la basilica di San Lorenzo in Lucina. La confraternita in questa chiesa fu eretta canonicamente 13 maggio 1737 e la conferma papale fu del 1739. Questa confraternita venne ripristinata nel maggio 1883 per iniziativa di mons. Karl Jänig, rettore dell'Anima, e di p. Raffaele de Caris, caracciolino e rettore della basilica.

solo temporaneamente, mentre quelli protettori si occupavano di tutti i Paesi ereditari degli Asburgo. Neanche l'Ospizio che, con procuratori di nazionalità ceca, avrebbe potuto servire da centro, funzionava in tal senso.

A coloro che venivano dai Paesi cechi, cioè i pellegrini, ma anche gli studenti, soprattutto ecclesiastici, o i nobili che compivano il loro grand tour[41] o gli artisti che desideravano sperimentare i gusti romani,[42] si offrivano invece strutture già pronte, esistenti e funzionali.[43] Penso a Santa Maria dell'Anima, al Collegio germanico-ungarico o alle università romane. Queste strutture non erano specificamente ceche, ma permettevano ai cechi di beneficiare della loro esistenza. Santa Maria dell'Anima, essendo l'Ospizio per quelli che provenivano dal Sacro Romano Impero, era naturalmente aperta ai pellegrini che giungevano da un Paese, che era parte integrale dell'Impero. Il Collegio germanico-ungarico poi possedeva, dai tempi di Gregorio XIII, alcuni posti riservati per gli studenti della Moravia (avendo la Boemia strutture universitarie, esattamente a Praga, considerate sufficienti) e questi posti furono utilizzati fino alla Prima Guerra Mondiale.[44] I nobili nei loro viaggi di formazione avevano altri bisogni, ma anche altre possibilità di alloggio a Roma e la loro chiesa preferita, che forse suppliva

41. Per questi, vedi J. Kubeš, *Náročné dospívání urozených. Kavalírské cesty české a rakouské šlechty (1620-1750)*, Pelhřimov 2013; E. Chodějovská, *I giovani nobili provenienti dalle Terre ceche nel loro viaggio d'educazione a Roma. Topografia della loro vita quotidiana nella Città eterna del XVII secolo*, in «Bollettino dell'Istituto Storico Ceco di Roma», 8 (2012), pp. 87-114. Per il caso specifico di Herman Giacomo Černín: Z. Hojda, E. Chodějovská *et al.*, *Přes Alpy a Pyreneje. Kavalírská cesta Heřmana Jakubu Černína z Chudenic do Německých zemí, Itálie, Francie, Španělska a Portugalska*, 2 voll., Praha 2014 (con edizione dei diari di viaggio).

42. Per esempio il caso specifico di Karel Škréta: E. Chodějovská, *"Hlavně si nehledej byt příliš blízko Piazza di Spagna, Strada di Condotti a podobných německých kvartýrů!" Cizinci v Římě ve druhé polovině 17. století*, in *Karel Škréta. Dílo a doba. Studie, dokumenty, prameny*, a cura di L. Stolárová e K. Holečková, Praha 2013, pp. 51-67.

43. Per i contatti dei paesi cechi con il papato, cf. *Papežství a české země v tisíciletých dějinách*, a cura di T. Černušák, Praha 2017 e la versione inglese, purtroppo senza apparato critico, *The Papacy and the Czech Lands. A History of Mutual Relations*, a cura di Id., Praha 2017.

44. Basta leggere con attenzione le matricole del Collegio, edite da P. Schmidt, *Das Collegium Germanicum in Rom und die Germaniker. Zur Funktion eines römischen Ausländerseminars*, 1552-1914, Tübingen 1984. Per una giusta interpretazione si deve prendere in considerazione non soltanto la diocesi d'origine della persona evidenziata nella matricola, ma anche il suo curriculum successivo, che poteva condurlo fino alle alte cariche in un'altra chiesa, in un altro paese.

l'assenza di una chiesa nazionale vera e propria, era soprattutto Santa Maria della Vittoria, legata alla commemorazione della miracolosa vittoria cattolica a Montagna Bianca del 1620.[45] Del resto il pellegrino individuale cercava soprattutto i monumenti legati alla presenza dei Principi degli Apostoli e dei santi propriamente romani, mentre come ricordo della propria patria era forse sufficiente Santa Maria della Vittoria, l'altare di san Venceslao in San Pietro, oltre ad alcune cappelle nella chiesa dell'Anima: avrebbe trovato nella propria terra il Pantheon dei santi cechi, quindi non aveva bisogno di una chiesa nazionale neanche per il compimento delle pratiche religiose. Soltanto la crescita dalla nazionalità al nazionalismo nel XIX secolo portò con sé l'intensificarsi della presenza boema nella Città Eterna, nonché la già menzionata realizzazione del Bohemicum nel 1884, ma qui si apre un capitolo che oltrepassa i limiti cronologici di questo volume.[46]

45. Per la battaglia di Montagna Bianca ed il suo impatto culturale, vedi O. Chaline, *La bataille de Montagne Blanche (8 novembre 1620), un mystique chez les guerriers,* Paris 1999 (l'aggiornata edizione ceca è del 2013). Per l'immagine miracolosa e il suo culto, vedi ultimamente Š. Vácha, *Santa Maria della Vittoria a Roma e a Praga. Nuove riflessioni sulla sacra immagine e sul suo culto*, in «Bollettino dell'Istituto Storico Ceco di Roma», 9 (2014), pp. 77-110. Per la centralità del culto di Santa Maria della Vittoria per i nobili viaggiatori cechi, cf. Hojda-Chodějovská *et al.*, *Přes Alpy a Pyreneje*, vol. I, pp. 112-113. Hermann Jakob Czernin, durante il suo viaggo a Roma nel 1680, scrive nel suo diario per il giorno di 29 settembre: «dopo pranzo fui a Santa Maria Vittoria per la festa di S. Venceslao», non visita quindi l'altare del santo nella Basilica Vaticana, cfr. *ibidem*, vol. II, p. 532.

46. Questo contributo è stato sostenuto dal progetto *Information and Communication Strategy of cardinal Dietrichstein in the 1st Half of 17th Cent. European Network in the Service of Land and Diocese* (GAČR N. P405/12/0388) ed è nato anche grazie ai soggiorni nell'Istituto Storico Ceco a Roma.

Antal Molnár

Una struttura imperfetta: le istituzioni religiose ungheresi a Roma (secoli XI-XVIII)

La storia di Roma, communis patria, è in misura significativa anche la storia dei pellegrini e dei viaggiatori stranieri che vi giungevano e delle istituzioni realizzate per accoglierli, ed è parimenti storia delle nazioni stabilitesi in città e che vi si organizzavano in sistemi istituzionali autonomi.[1] A partire dal primo medioevo le strutture connesse alla loro presenza a Roma costituirono un elemento importante della rappresentazione di sé dei singoli paesi: nei secoli VIII-X, le *scholae* costituite in prossimità della basilica di San Pietro in Vaticano; nei secoli XIV-XVI, le chiese nazionali, gli ospedali e le confraternite; quindi i collegi nazionali fondati nei secoli XVI-XVII e, infine, il sistema delle istituzioni scientifiche e culturali articolato per nazionalità tra Otto e Novecento. La presenza a Roma in un certo senso rappresentava, allo stesso tempo, la presenza di un dato paese o di una data nazione all'interno del contesto internazionale e, per questo, aveva un peso di gran lunga superiore a quello che saremmo indotti ad attribuirle a prima vista. Non soltanto perché Roma, allora come oggi, non era semplicemente una delle capitali d'Europa tout court, ma anche perché tali istituzioni nazionali, oltrepassando i limiti del proprio universo ristretto, in virtù del carattere sovranazionale della città e della sua importanza sul piano sacrale contribuirono, in misura talora significativa, alla formazione di identità nazionali.[2]

La storia delle chiese nazionali inoltre costituisce, in un certo senso, un modello rappresentativo anche per comprendere la storia delle relazioni

1. Vedi tra i numerosi studi A. Esposito, *Un'altra Roma. Minoranze nazionali e comunità ebraiche tra medioevo e rinascimento*, Roma 1995.

2. L. Salerno, *Roma communis patria*, Bologna 1968.

tra Roma e la Chiesa cattolica di un determinato paese o di una determinata nazione. Le sorti di una chiesa nazionale, che rappresenta la presenza simbolico-sacrale a Roma di una nazione, sono indubbiamente in correlazione con la rilevanza e con il livello dei rapporti che intercorrevano tra un determinato paese – e, in particolare, la sua Chiesa cattolica – e Roma. Scorrendo la storia delle chiese nazionali nella Città Eterna appare assolutamente evidente che la fondazione di una chiesa nazionale e delle istituzioni a essa collegate e la continuità del loro funzionamento dipendevano sostanzialmente da due fattori: la presenza costante a Roma di una comunità (composta preferibilmente di chierici e di laici allo stesso tempo), numericamente consistente, appartenente a una data nazione, e la volontà da parte di alte autorità laiche e/o ecclesiastiche (possibilmente un sovrano o un cardinale) di fondare istituzioni di questo tipo e di mantenerle. Oltre a questi due fattori di importanza vitale, perché le istituzioni nazionali potessero funzionare sulla lunga durata era essenziale anche che gli obiettivi nazionali e la dinamica dello sviluppo istituzionale romano fossero tra loro in sincronia. Per dirla in altre parole: a Roma le istituzioni di impronta nazionale dimostravano di essere in grado di funzionare in maniera duratura soltanto nella misura in cui riuscivano a inserirsi nella realtà strutturale e urbanistica della Città Eterna.[3]

Si riassumono in questo saggio i primi risultati di una ricerca di vasto respiro sulla storia della presenza ungherese a Roma nell'età moderna.[4] Nel corso degli ultimi anni si è avuta una netta ripresa di studi sul tema delle comunità straniere nell'Urbe e sulle istituzioni a esse collegate,[5] un contesto scientifico stimolante che è stato di ispirazione anche per me, spingendomi a occuparmi in maniera approfondita della storia delle istituzioni ecclesiastiche ungheresi nella Città Eterna. La presenza ungherese a Roma (similmente a quella di innumerevoli altre nazioni europee) ha una storia alquanto articolata tanto dal punto di vista cronologico, quanto sotto l'aspetto tipologico/funzionale. Nell'ambito di tale contesto interpretativo,

3. Vedi gli esempi delle numerose chiese nazionali (italiane e straniere): O. F. Tencajoli, *Le chiese nazionali italiane in Roma*, Roma 1928; *Le chiese nazionali a Roma*, a cura di C. Sabatini, Roma 1979.

4. La pubblicazione in volume dei risultati delle mie ricerche sulle istituzioni della presenza ungherese a Roma è prevista per il 2018.

5. Tra i vari progetti di ricerca e le pubblicazioni su questo tema mi limito in questa sede a citare il volume degli atti di un convegno recentissimo: *Identità e rappresentazione. Le chiese nazionali a Roma, 1450-1650*, a cura di A. Koller, S. Kubersky-Piredda, con la collaborazione di T. Daniels, Roma 2016.

le istituzioni ecclesiastiche ungheresi a Roma costituirono realmente una struttura imperfetta poiché, nel corso della loro storia, non giunsero mai a realizzare un sistema di istituzioni che nella sua impostazione fosse in grado di garantirne il funzionamento in termini di durata e di rappresentare stabilmente la nazione.[6]

La storia delle istituzioni ecclesiastiche ungheresi a Roma nei secoli XI-XVIII può essere suddivisa in tre grandi periodi. Il primo comprende i secoli XI-XIV. Stefano I il Santo, re d'Ungheria (1000-1038), creatore dello Stato ungherese cristiano, fondò – presumibilmente negli anni 1020-1030 – accanto all'abbaziale di Santo Stefano Minore, situata sul lato meridionale della basilica vaticana di San Pietro, l'ospizio ungherese, la cui attività è attestata nel corso di tutta l'età medievale. La chiesa di Santo Stefano Minore a partire dal tardo medioevo venne considerata anche chiesa nazionale degli ungheresi (Santo Stefano degli ungari). La chiesa fu demolita insieme all'ospizio e alle case adiacenti nel 1776, quando venne edificata la nuova sacrestia della basilica di San Pietro.[7]

Il secondo periodo inizia con il regno dell'imperatore romano-germanico e re d'Ungheria Sigismondo di Lussemburgo (1387-1437) e dura fino al 1579. Una delle conseguenze della svolta della politica ecclesiastica di Sigismondo in direzione di un più forte assoggettamento della Chiesa al potere statale e della normalizzazione delle relazioni con il Papato fu l'insediamento a Roma dell'ordine di fondazione ungherese di San Paolo primo eremita nel 1404, inizialmente nella chiesa e nel monastero di San Salvatore in Onda e poi, dal 1454, nella chiesa di Santo Stefano Rotondo e nel cenobio adiacente. A partire dal 1423 re Sigismondo provvide anche a restaurare l'ospizio, che in seguito venne affidato a sacerdoti ungheresi e, dalla metà del secolo XV, ai paolini ungheresi.[8]

L'inizio del terzo periodo della storia delle istituzioni ungheresi a Roma data al 1579, anno in cui papa Gregorio XIII tolse ai paolini il monastero adiacente a Santo Stefano Rotondo per erigervi il Collegio ungarico, guidato dai gesuiti, il quale tuttavia già un anno dopo, nel 1580, si unificò con il

6. Per una sintesi: F. Banfi, *Ricordi ungheresi in Italia. Edizione aggiornata e ampliata*, a cura di P. Sárközy, Roma-Szeged 2005, pp. 188-246; K. Szelényi, K. Póczy, *La presenza millennaria ungherese a Roma. Istituzioni dall'epoca di Santo Stefano re ad oggi*, Veszprém-Budapest [2000].

7. F. Banfi, *Santo Stefano degli Ungari. La Chiesa e l'Ospizio della Nazione Ungherese a Roma*, in «Capitolium», 27, 1-2 (1952), pp. 27-40.

8. L. Weinrich, *Das ungarische Paulinerklöster Santo Stefano Rotondo in Rom (1404-1579)*, Berlin 1998.

Collegio germanico, assumendo il nome di Collegio germanico-ungarico. In seguito tutte le istituzioni ecclesiastiche ungheresi già presenti a Roma, ossia la chiesa e l'ospizio di Santo Stefano degli ungari vicino al Vaticano e la chiesa e il monastero di Santo Stefano Rotondo, con tutti gli immobili di loro pertinenza, divennero proprietà del Collegio germanico-ungarico e, con il tempo, persero progressivamente l'originario carattere nazionale. La chiesa di Santo Stefano Rotondo è a tutt'oggi affidata alla cura liturgica del Collegio germanico-ungarico mentre quello che, un tempo, era il vicino monastero dei paolini alcuni anni fa è stato donato dal Collegio alle suore missionarie del Sacro Costato e di Maria Santissima Addolorata.[9] Tra il 1669 e il 1785 i paolini ungheresi ebbero anche un ospizio e una chiesa nell'attuale via delle Quattro Fontane.[10]

La storiografia ungherese si è occupata molto delle istituzioni ungheresi a Roma e tuttavia disponiamo di due soli studi basati sulla documentazione d'archivio.[11] Proprio per questo, sin dall'inizio delle mie ricerche ho ritenuto importante svolgere indagini, oltre che nelle collezioni di fonti tradizionalmente utilizzate dai ricercatori ungheresi a Roma,[12] anche in archivi meno esplorati. A tale scopo nel 2013 mi sono rivolto – probabilmente primo fra gli storici ungheresi – all'Archivio della Fabbrica di San Pietro, dove ho potuto svolgere ricerche, nonché ho avuto indicazioni per la consultazione degli atti notarili della Fabbrica di San Pietro, oggi conservati presso l'Archivio di Stato di Roma, nell'archivio degli uffici dei Trenta Notai Capitolini.[13] Questo materiale documentario ha fornito nuove informazioni

9. I. Bitskey, *Il Collegio Germanico-Ungarico di Roma. Contributo alla storia della cultura ungherese in età barocca*, Roma 1996.

10. F. Galla, *Pálos missziók Magyarországon a 17-18. században. The Pauline Order's Missions in Hungary in the 17-18th Centuries*, a cura di I. Fazekas, Budapest-Roma 2015, pp. 139-146.

11. V. Fraknói, *A szent Istvántól Rómában alapított magyar zarándokház*, in «Katholikus Szemle», 7 (1893), pp. 169-195; Banfi, *Santo Stefano degli Ungari*. Fonte importantissima per entrambe le opere: F. Cancellieri, *De secretariis novae Basilicae Vaticanae Liber II. Sequitur diatriba de monasteriis vaticanis et lateranensibus*, Romae 1786, pp. 1545-1563.

12. *In primis* nell'Archivio Segreto Vaticano, dove è possibile rintracciare tra le visite apostoliche dati sulla storia delle chiese collegate alla presenza ungherese. Sulle ricerche ungheresi degli ultimi decenni nell'Archivio Segreto Vaticano vedi A. Molnár, *Le ricerche ungheresi nell'Archivio Segreto Vaticano (1980-2010)*, in *Religiosa archivorum custodia. IV Centenario della Fondazione dell'Archivio Segreto Vaticano*, Città del Vaticano 2015, pp. 685-698.

13. *Repertorio dei notari romani dal 1348 al 1927 dall'Elenco di Achille Francois*, a cura di R. De Vizio, Roma 2011, pp. 113-114; A. Di Sante, *L'Archivio della Fabbrica di*

principalmente sulla vendita e la demolizione di Santo Stefano degli ungari e dell'annesso ospizio. Nell'archivio del Collegio germanico-ungarico, che gestì per quasi duecento anni le istituzioni un tempo di proprietà ungherese nella Città Eterna, ho reperito naturalmente la quantità più ingente di documenti.[14] Nella corrispondenza e nei diari dei rettori e ministri e nei documenti dell'amministrazione di Santo Stefano Rotondo si delinea la storia delle istituzioni ungheresi a Roma tra XVI e XVIII secolo. Rappresentano inoltre una fonte importante gli stati delle anime: possiamo conoscere i residenti nel convento appartenente a Santo Stefano Rotondo dagli stati delle anime della parrocchia di San Giovanni in Laterano, custoditi nell'Archivio Storico del Vicariato di Roma, e troviamo la lista di coloro che abitavano nelle case e nell'ospizio di Santo Stefano degli ungari nei volumi degli anni compresi tra il 1570 e il 1776 degli stati delle anime della parrocchia di San Pietro, custoditi nell'Archivio del Capitolo di San Pietro in Vaticano. Queste rilevazioni ci presentano non soltanto la destinazione degli edifici e i loro inquilini, ma contribuiscono in misura significativa anche alla conoscenza della topografia dell'area situata a meridione della basilica di San Pietro e scomparsa con la costruzione della Sagrestia Nuova.

Nello studio che segue esamineremo i tre periodi della storia della presenza nazionale ungherese, tenendo ben presenti per ogni singola fase tre specifiche circostanze. Prima di tutto, le situazioni politiche e di politica ecclesiastica che poterono influire sull'istituzionalizzazione, al livello dato, della presenza nazionale ungherese e in quale misura le fondazioni rispecchiassero le relazioni diplomatiche tra Roma e l'Ungheria; in secondo luogo, in che rapporti stessero le fondazioni con le forme di rappresentazione nazionale all'epoca già funzionanti a Roma; in terzo luogo, quanto quella determinata struttura istituzionale ungherese fosse tale da prevedere garanzie interne atte ad assicurarne il funzionamento a lungo termine.

La fondazione dell'ospizio ungherese a Roma rappresentò una parte importante della politica estera di re santo Stefano I, per il quale assicurare al suo nuovo Stato un posto nell'Europa cristiana costituiva un obiettivo prioritario. In funzione della legittimazione europea del regno d'Ungheria

San Pietro in Vaticano. La storia e il patrimonio documentario, in *L'Archivio della Fabbrica di San Pietro come fonte per la storia di Roma*, a cura di G. Sabatini e S. Turriziani, Roma 2015, p. 34.

14. T. Tóth, *A Collegium Germanicum et Hungaricum levéltára*, in *Magyarország és a Római Szentszék. (Források és távlatok). Tanulmányok Erdő Péter bíboros tiszteletére*, a cura di P. Tusor, Budapest-Roma 2012, pp. 137-156.

appena convertito alla fede cristiana, il sovrano rese possibile il transito attraverso il Paese ai pellegrini europei in viaggio per Roma e per Gerusalemme, i quali, in base alle testimonianze fornite dalle narrazioni delle cronache, spesso venivano da lui accolti personalmente e colmati di doni. Secondo le leggende relative alla sua vita, datate alla fine del secolo XI, il re santo fondò per i pellegrini d'Ungheria quattro ospizi: a Costantinopoli, Gerusalemme, Ravenna e Roma.[15] Sui primi due non abbiamo dati ulteriori, mentre il documento di atto di fondazione dell'ospizio di Ravenna è pubblicato in un'opera storica del secolo XVI: sebbene gli storiografi del XX secolo abbiano stabilito che il documento è probabilmente un falso del XIII-XIV secolo, gli studiosi non ritengono affatto escluso che il re effettivamente sostenesse l'abbazia ravennate di San Pietro in Vincoli, affinché quella provvedesse ai pellegrini ungheresi e ai legati regi che vi trovavano alloggio.[16]

Delle fondazioni di santo Stefano si dimostrò duratura solamente quella di Roma, di cui tuttavia non si è conservato nessun documento di fondazione, mentre il resoconto della leggenda, di vari decenni più tardo, contiene senza dubbio elementi sia autentici sia fittizi. Secondo il vescovo di Győr Hartvik, autore della vita di Stefano, il re santo istituì infatti a Roma, nella capitale del mondo (*in capite mundi*), una congregazione per 12 canonici in onore del protomartire Stefano e fece erigere case e ospizii per i pellegrini ungheresi che si recavano alla chiesa dell'apostolo Pietro.[17] Tali affermazioni sono confermate solamente in parte nelle fonti documentarie di epoca successiva. Innanzitutto, coincide perfettamente con la realtà il fatto che la fondazione si installò nell'area della Città Leonina, sul lato meridionale della basilica vaticana (*beati principis apostolorum Petri limina*), nel luogo dove nei secoli VIII-IX si erano insediati altri ospizi nazionali medievali, le *scho-*

15. Gy. Győrffy, *István király és műve*, Budapest 1983, pp. 293-308.

16. *Diplomata Hungariae Antiquissima. Accedunt epistolae et acta ad historiam Hungariae pertinentia ab anno 1000 usque ad annum 1131*, edendo operi praefuit Gy. Győrffy, Budapest 1992, pp. 121-123; G. Thoroczkay, *Szent István okleveleiről*, in «Századok», 143 (2009), pp. 1410-1411.

17. «In capite quoque mundi Roma, sub titulo prothomartyris Stephani duodecim canonicorum congregationem cunctis pertinentiis habundantem statuit et maceriam in circuitu lapide muratam cum domibus et hospitiis Hungarorum, orationis causa beati principis apostolorum Petri limina querentium condidit». *Legenda S. Stephani ab Hartvico episcopo conscripta*, in *Scriptores rerum Hungaricarum tempore ducum regumque stirpis Arpadianae gestarum*, edendo operi praefuit E. Szentpétery, Budapest 1938, p. 419. Vedi ancora *ibidem*, p. 386.

lae di longobardi, frisoni, franchi e (anglo)sassoni.[18] D'altra parte, neanche la leggenda parla di edificazione o fondazione di una nuova chiesa "nazionale" per gli ungheresi. In effetti, l'ospizio fondato da santo Stefano venne eretto accanto a una chiesa già esistente, dedicata a santo Stefano protomartire (Santo Stefano Minore, detta anche Santo Stefano de Agulia). Questo piccolo edificio con impianto basilicale a tre navate era stata fatta edificare da papa Stefano II (752-757) affiancandolo a un monastero e portando in tal modo a quattro i cenobi addetti al servizio liturgico della basilica petrina (gli altri tre erano Santi Giovanni e Paolo, San Martino, Santo Stefano Maggiore).[19]

Per contro, la leggenda si dimostra assolutamente erronea nell'assegnare a santo Stefano l'istituzione di un capitolo ungherese nei pressi di Santo Stefano Minore. La chiesa e l'ospizio adiacente risultano infatti affidati continuativamente, sino all'inizio del secolo XV, alla Congregazione dei canonici addetti al servizio della basilica di San Pietro: diretta da un arciprete autonomo fino alla metà del secolo XII e poi – successivamente all'unificazione dei capitoli appartenenti alla basilica petrina e alla loro collocazione sotto la guida di un arciprete comune – da un rettore.[20] La prima menzione certa dell'ospizio ungherese in un documento risale al 1058, quando nella bolla di papa Benedetto X vengono assegnati al monastero di Santo Stefano Minore privilegi relativi ai pellegrini ungheresi. Gli ungheresi che si recavano a Roma *in primis* per pregare o in qualità di legati (*causa orationis aut legationis*) potevano alloggiare solamente nell'ospizio adiacente a Santo Stefano Minore; la sepoltura dei pellegrini ungheresi che morivano a Roma era compito esclusivo dei chierici della chiesa, al quale passavano i beni dei suddetti defunti.[21] I documenti pontifici dei secoli XI-XIII citano il monastero di San-

18. Mi limito in questa sede a citare alcuni saggi recenti: M. Perraymond, *Le scholae peregrinorum nel borgo di San Pietro*, in «Romanobarbarica», 4 (1979), pp. 183-200; P. van Kessel, *Frisoni e Franchi a Roma nell'età carolingia*, in *Les fondations nationales dans la Rome pontificale*, Roma 1981, pp. 37-46; A. Tomei, *Scholae peregrinorum, ospedali e altre strutture assistenziali nell'area vaticana*, in *Pellegrini alla tomba di Pietro*, a cura di G. Morello, Milano 1999, pp. 61-95.

19. Sulla chiesa di Santo Stefano Minore vedi le grandi opere di riferimento: M. Armellini, *Le Chiese di Roma dal secolo IV al XIX*, Roma 1891, pp. 747-749; Ch. Huelsen, *Le chiese di Roma nel Medio Evo. Cataloghi e appunti*, Firenze 1927, p. 472; F. Lombardi, *Roma. Le chiese scomparse. La memoria storica della città*, Roma 1998, pp. 377-378. Vedi ancora G. Ferrari O.S.B., *Early Roman Monasteries. Notes for the History of the Monasteries and Convents at Rome from the V trough the X Century*, Città del Vaticano 1957, pp. 328-330.

20. Banfi, *Santo Stefano degli Ungari*, pp. 29-30.

21. «Benedictus X [...] Adalberto archipresbitero Sancti Stephani [...] eorumque successoribus auctoritate apostolica statuit et corroborat, ut Hungari omnes causa orationis

to Stefano Minore sempre come istituzione con status giuridico equivalente a quello delle altre tre congregazioni canonicali,[22] mentre la chiesa figura nei registri delle chiese facenti parte del capitolo di San Pietro.[23]

Le conclusioni più importanti desumibili dalla storia dei primi quattro secoli della chiesa nazionale ungherese e del suo ospizio si possono pertanto riassumere secondo quanto segue: la fondazione di Santo Stefano costituì, nel segno della politica estera del re, un passo rilevante nella promozione della legittimazione e della rappresentazione di sé dell'Ungheria sul piano internazionale. La fondazione era inserita organicamente nella rete delle *scholae* insediate intorno alla basilica di San Pietro, pur costituendone una variante tarda e, sotto molti aspetti, carente: tarda, in quanto le altre *scholae* erano state istituite due-tre secoli prima – tanto è vero che, dopo l'ospizio ungherese, venne fondata una sola istituzione analoga, la *schola* degli abissini, nel XV secolo[24] – e, inoltre, carente sotto molti punti di vista. In primo luogo, infatti, non ci è pervenuto il documento di fondazione e, di conseguenza, anche nel prosieguo è mancato un punto di riferimento che facesse testo per eventuali beni e privilegi; inoltre, con la fondazione di re Stefano la chiesa non divenne comunque proprietà ungherese, né passò in gestione agli ungheresi, rimanendo invece sotto la giurisdizione e la cura liturgica della basilica vaticana. Infine il sovrano non fondò alcuna istituzione (congregazione o capitolo) autonoma di carattere ungherese, che ne prendesse in carico l'onere della gestione. Il compito di accogliere e provvedere ai pellegrini ungheresi in arrivo a Roma era dunque in sostanza assegnato a una chiesa appartenente alla basilica di San Pietro e all'annesso capitolo.[25]

aut legationis Romam venientes non habeant licentiam hospitandi in aliquo loco intra muros urbis Romae, nisi ad Sanctum Stephanum prothomartyrem qui appellatur minor, cuius ecclesiam Stephanus rex Hungarorum construxit, ut esset eorum hospitium, et quod quicunque ex his Romae moretur, non auderet eum aliquis sepelire aut eius bona quavis occasione vel pro aliquo debito accipere, nisi dicti clerici Sancti Stephani qui eos ex more sepeliunt, et eorum bona ad utilitatem dictae ecclesiae accipiant et pacifice habeant». L. Schiaparelli, *Le carte antiche dell'Archivio Capitolare di S. Pietro in Vaticano* I, in «Archivio della R. Società Romana di Storia Patria», 24 (1901), pp. 483-484.

22. Schiaparelli, *Le carte antiche* I, pp. 448-450, 477-480; Id., *Le carte antiche dell'Archivio Capitolare di S. Pietro in Vaticano* II, in «Archivio della R. Società Romana di Storia Patria», 25 (1902), pp. 296-300, 331-336.

23. M. Stocchi, *Il Capitolo Vaticano e le ecclesiae "subiectae" nel medioevo. I cataloghi del secolo XII-XIV*, Città del Vaticano 2010, pp. 43, 62, 91.

24. I. Delsere, O. Raineri, *Chiesa di S. Stefano dei Mori. Vicende edilizie e personaggi*, Città del Vaticano 2015.

25. Banfi, *Santo Stefano degli Ungari*, p. 30.

Tale struttura medievale cambiò agli inizi del XV secolo. Il re d'Ungheria Sigismondo di Lussemburgo aspirava a rafforzare la rappresentazione nazionale ungherese a Roma e a tal scopo si insediò nella Città Eterna l'ordine ungherese dei Paolini.[26] Sulla base del medesimo obiettivo si prefiggeva inoltre di ristrutturare il negletto ospizio, all'epoca già in cattive condizioni. Le aspirazioni di Sigismondo si inserivano organicamente nella serie delle fondazioni di chiese nazionali del secolo XV, ciononostante, ancora una volta non si riuscì a dotare la chiesa nazionale di fondamenta istituzionali in grado di consentirne il funzionamento in maniera duratura. Nella bolla che autorizzava i paolini a installarsi nella chiesa e nel monastero romano di San Salvatore in Onda, emessa da papa Innocenzo VII (1404), non figura alcun accenno che richiami l'origine o il carattere ungherese dell'ordine o il fatto che, nel futuro, la chiesa avrebbe avuto a che vedere, in qualsivoglia forma, con la nazione ungherese. Allo stesso modo non si fa riferimento a nulla del genere neanche nella bolla con la quale nel 1454 papa Niccolò V autorizzava i paolini a stabilirsi nella chiesa e nel monastero di Santo Stefano Rotondo.[27] Per dirla in altri termini: l'insediamento a Roma dell'ordine dei paolini, che era di fondazione ungherese ed era composto in maggioranza da ungheresi, non è sufficiente a permetterci di considerare le loro chiese come chiese nazionali ungheresi in senso propriamente istituzionale-giuridico. È peraltro evidente che la presenza dei monaci dell'ordine dei paolini ungheresi, in particolare dopo che ebbero assunto anche il ruolo di confessori ungheresi della basilica di San Pietro,[28] fece sì che queste chiese e questi monasteri divenissero centri di speciale rilevanza per gli ungheresi che vivevano a Roma o che si trovavano in visita nella Città Eterna.[29] Questo, tuttavia, sul piano formale non rese chiesa nazionale ungherese né San Salvatore in Onda, né Santo Stefano Rotondo, che possiamo considerare al massimo come chiese di carattere ungherese.

La stessa contraddittorietà caratterizza la storia dell'ospizio ungherese presso il Vaticano nei secoli XV-XVI. Il risultato più rilevante del desiderio di re Sigismondo di restaurarlo fu che la chiesa e l'ospizio vennero sottratti alla giurisdizione e alla gestione della basilica vaticana: se nella prima

26. Weinrich, *Das ungarische Paulinerkloster*, pp. 17-21.

27. *Ibidem*, pp. 13-17, 48-60.

28. F. Monay, *A római magyar gyóntatók*, Róma 1956, pp. 38-51.

29. Sui ricordi ungheresi legati alla presenza dei paolini vedi lo studio recente di G. Horváth, *A római Santo Stefano Rotondo bazilika pálos emlékei*, in *Decus solitudinis. Pálos évszázadok*, a cura di G. Sarbak, Budapest 2007, pp. 588-609.

metà del secolo XV i suoi rettori provenivano dal clero secolare, successivamente furono i paolini ungheresi ad assumere la cura delle istituzioni ungheresi in Vaticano.[30] Il silenzio delle fonti e l'incertezza della situazione giuridica sono bene evidenziate dall'assenza di un qualsiasi riferimento all'ospizio nelle succitate bolle pontificie. Disponiamo di notizie relative all'attività in tal senso dei paolini solamente nel secolo XVI: ampie porzioni degli edifici erano concesse in affitto e soltanto un numero ridotto di ambienti veniva destinato all'accoglienza dei pellegrini.[31] L'evento più importante nella storia dell'ospizio prima di questo secolo coincide con il suo restauro, attuato nel 1497 dall'arcidiacono di Esztergom Fülöp Bodrogi, penitenziere ungherese, grazie alle donazioni dei pellegrini e ricordato da un'iscrizione collocata sulla facciata dell'edificio.[32]

Dunque non si riuscì a istituzionalizzare la presenza ungherese neanche all'epoca della grande fioritura dell'attività di fondazione di chiese nazionali e di istituzioni nazionali annesse (confraternite, ospizi e capitoli), ossia nei secoli XV-XVI. La presenza nazionale ungherese si andava senza dubbio rafforzando, ma continuava a non disporre delle garanzie necessarie ad assicurarle un'operatività duratura nel tempo e basata su solide basi giuridiche.

Il terzo periodo della storia della chiesa nazionale ungherese è legato alle vicende del Collegio ungarico, poi Collegio germanico-ungarico. È in questa fase che si può cogliere in maniera evidente quanto divergessero la dinamica della Chiesa cattolica ungherese e quella del Papato. Si era riusciti infatti a inserire nel programma di fondazione di collegi nazionali di papa Gregorio XIII l'istituzione nel 1579 del Collegio ungarico. Negli intenti del suo promotore, il penitenziere ungherese István Szántó (Arator), religioso gesuita, il collegio avrebbe costituito una sede importante della rappresentazione nazionale ungherese e tuttavia, a causa dell'indebolimento del cattolicesimo in Ungheria, l'iniziativa si dimostrò insostenibile, persino per un tempo breve.[33] L'unificazione nel 1580 del Collegio ungarico con il Collegio germanico, che poteva contare su basi assai più solide e su un pas-

30. Fraknói, *A szent Istvántól Rómában alapított magyar zarándokház*, pp. 177-180; Banfi, *Santo Stefano degli Ungari*, pp. 31-33.

31. Weinrich, *Das ungarische Paulinerkloster*, pp. 339-345; L. Weinrich, *Hungarici monasterii Ordinis Sancti Pauli Primi Heremitae de Urbe Roma instrumenta et priorum registra*, Roma-Budapest 1999, pp. 294, 300.

32. Fraknói, *A szent Istvántól Rómában alapított magyar zarándokház*, p. 180; Banfi, *Santo Stefano degli Ungari*, p. 33.

33. Bitskey, *Il Collegio Germanico-Ungarico di Roma*, pp. 33-42.

sato pluridecennale, comportò fatalmente l'inesorabile indebolimento della componente ungherese per lungo tempo. Una delle cause dipendeva, da una parte, dalla inclusione del regno d'Ungheria nella struttura dell'Impero Asburgico, in conseguenza della quale non vi fu politica estera ungherese autonoma fino al 1918; dall'altra, dall'esiziale indebolimento della Chiesa cattolica d'Ungheria, causato dalla conquista ottomana e dalla Riforma protestante.[34] Fino al primo trentennio del XVII secolo persino coprire i posti del Collegio destinati agli ungheresi, assegnandoli a studenti che avessero un'idonea preparazione di partenza, costituiva costantemente un problema.[35] Date queste circostanze, appare assolutamente naturale che la necessità di garantire all'Ungheria una rappresentazione nazionale di livello adeguato non costituisse certo la principale delle preoccupazioni, né per i prelati ungheresi né per i rettori – in gran parte italiani – del Collegio.

A seguito dell'unificazione dei due collegi le chiese di Santo Stefano Rotondo e di Santo Stefano degli ungari, insieme con i fabbricati di loro pertinenza, divennero di proprietà del Collegio germanico-ungarico.[36] Alla fine del XVI secolo e nei successivi duecento anni, l'ospizio aveva solo 5-6 posti letto per accogliere i pellegrini ungheresi. P. István Szántó consigliò allora al cardinale Giulio Antonio Santoro di organizzare come ospizio il convento adiacente a Santo Stefano Rotondo,[37] ma il progetto non si concretizzò, probabilmente a causa della distanza del Celio dal Vaticano e dal centro della città. Nel convento abitavano i sacerdoti che officiavano in Santo Stefano Rotondo e il Collegio germanico-ungarico lo usava come villa.[38]

Michele Lauretano, rettore del collegio, nel 1583 fece restaurare entrambe le chiese, ponendo l'accento anche sul culto dei santi ungheresi nel nuovo programma iconografico della chiesa di Santo Stefano Rotondo.[39]

34. Per una sintesi: A. Molnár, *Relations between the Holy See and Hungary during the Ottoman Domination of the Country*, in *Fight against the Turk in Central-Europe in the First Half of the 16th Century*, a cura di I. Zombori, Budapest 2004, pp. 191-225.

35. Bitskey, *Il Collegio Germanico-Ungarico di Roma*, pp. 53-69.

36. A. Steinhuber, *Geschichte des Collegium Germanicum Hungaricum in Rom* I, Freiburg i. Br. 1896, pp. 133-141.

37. L. Lukács, *Monumenta Antiquae Hungariae* I, (1550-1579), Romae 1969, pp. 841, 891, 929, 957.

38. Numerosi dati in proposito sono reperibili nei diari dei rettori e dei ministri del Collegio germanico-ungarico.

39. M. Nimmo, *S. Stefano Rotondo: la recinzione dell'altare di mezzo*, in *Santo Stefano Rotondo in Roma. Archeologia, storia dell'arte, restauro*, a cura di H. Brandenburg e J. Pál, Wiesbaden 2000, pp. 97-109.

Ciononndimeno, nei due secoli successivi non ci è noto alcun tentativo di conferire alla chiesa di Santo Stefano Rotondo un carattere nazionale ungherese. Analogamente, anche il Santo Stefano degli ungari presso il Vaticano conservava pochissimo della sua funzione di chiesa nazionale. Dal secolo XVI si riteneva che il santo titolare fosse santo Stefano re e non il protomartire Stefano e nel giorno della festa del re santo, il 20 agosto (dal 1687 il 2 settembre), gli allievi del collegio partecipavano nella chiesa a una messa solenne.[40] Il Collegio, a partire dal 1634, cedette in uso la chiesa alla confraternita degli osti di Borgo – in tal modo, Santo Stefano degli ungari cessava praticamente di fungere da chiesa nazionale.[41] La confraternita utilizzò la chiesa continuativamente anche nel Settecento, come testimoniano dati sparsi rintracciabili nell'archivio del Collegio germanico-ungarico. Gli osti di Borgo sentivano la chiesa degli ungheresi a tal punto come propria, da considerare loro patrono santo Stefano re d'Ungheria.[42]

Nell'ospizio nei pressi della basilica di San Pietro alcuni ambienti erano riservati agli ospiti ungheresi, per mantenere i quali il collegio accantonava ogni anno una piccola somma, i pellegrini, però, preferivano abitare nelle camere a loro disposizione nel Collegio germanico-ungarico.[43] Bernardino Castorio, rettore del Collegio, nel 1627 racconta a un ex allievo che i pellegrini ungheresi non si recavano volentieri nell'ospizio distante dal centro della città, perciò venivano accolti nel collegio presso la chiesa di Sant'Apollinare e, in occasione dell'Anno Santo 1625, erano stati sistemati nell'edificio adiacente.[44] Nonostante la sua limitata capacità ricettiva, l'ospizio ungherese

40. *Diario III del Padre Fr. Meda e de' PP. Mossi, Concioli, Silvestri – dal 1717 al 1735*, ACGU, Hist. vol. 113, pp. 30-32.

41. ACGU, Rom B vol. 33, ff. 135v-136v. Sull'università degli Osti di Borgo e sulla loro presenza nella chiesa di Santo Stefano degli ungari vedi M. Romano, *Pellegrini e viaggiatori nell'economia di Roma dal XIV al XVII secolo*, Milano 1948, pp. 296-301.

42. A. Martini, *Arti mestieri e fede nella Roma dei papi*, Roma 1965, p. 114.

43. «Ecclesiae sunt annexi mansiones, quae a rectore Collegii Germanici et Ungarici locantur scutis 60 sub onere retinendi mansionem cum duobus cubilibus pro peregrinis Ungariae, quae mansio cum cubilibus fuit reperta, sed raro peregrini huc accedunt, quia commodius recipiuntur in Collegio Germanico». ASV, Sacra Congregazione della Visita Apostolica, vol. 4, f. 77v. (1630).

44. «Ungaros, quando ad nos veniunt, excipimus, quemadmodum dominatio vestra vidit, dum hic fuit; et quia longe nimis abest a collegio domus illa hospitalis apud Sanctum Petrum, ut ibi dormiant, plurimi non possunt adduci, ut eo eant, licet ea occasione multos lectos collegium amiserit, quos eorum ob causam ibi habebat, qui ablati a furibus fuerunt. Itaque opus esset bonum, si qua prope collegium emi domus posset in illum usum. Nos ideo in anno sancto in quadam vicina domo non paucos excepimus, ut vero excipiantur omnes, nemo non

era tenuto in considerazione nei secoli XVII-XVIII, dato che figura costantemente tra i 15-20 ospedali nazionali operanti a Roma nelle guide contenenti indicazioni sulle opere pie della città.[45] Coloro che alloggiavano nell'ospizio annesso alla chiesa di Santo Stefano degli ungari appartenevano con ogni certezza alla categoria dei viaggiatori meno abbienti;[46] ma ci è noto il nome di un unico ospite, il pastore protestante (riformato calvinista) e scrittore Albert Szenci Molnár, il quale nell'ottobre del 1596 vi trascorse otto giorni.[47]

Nella prima età moderna risulta un solo tentativo di restaurare l'ospizio, legato all'iniziativa del penitenziere Márton Cseles SJ. Figura importante della storia della cultura ungherese, alla fine del XVII secolo Cseles svolgeva ricerche di storia nell'Archivio Segreto Vaticano.[48] Voleva risistemare la chiesa e l'ospizio che portavano il nome di re Santo Stefano con l'aiuto degli alti prelati e degli aristocratici dell'Ungheria, tanto che vi fece traslocare due ungheresi perché curassero la manutenzione degli edifici e l'accoglienza dei pellegrini.[49] Si tratta dell'unica occasione in cui nei secoli XVII-XVIII i fabbricati situati nel cortile degli Ungari ebbero residenti stabili ungheresi, per il resto – secondo quanto attestato dagli stati delle anime – i locali venivano dati in affitto ad artigiani o negozianti e osti italiani e, talvolta, di altre nazionalità.[50] A causa del disinteresse delle massime autorità ecclesiastiche e laiche ungheresi, il proposito di Cseles non ebbe alcun seguito.

La storia della chiesa di Santo Stefano degli ungari si concluse nel 1776, quando, a causa della costruzione della nuova sacrestia della basilica di San Pietro, il collegio vendette chiesa e ospizio, insieme alle case pertinenti, alla Fabbrica di San Pietro, che fece demolire il complesso. Il

videt, fieri non potest.» Bernardino Castorio, rettore del Collegio germanico-ungarico, a Mihály Kopcsányi, canonico di Győr, Roma, il 17 luglio 1627. ACGU Hist. vol. 134, f. 90rv.

45. C. Fanucci, *Trattato di tutte l'opere pie dell'alma città di Roma*, Roma 1601, pp. 84-87; Th. Ameyden, *De Pietate Romana libellus in quoatuor partes divisus*, Romae 1625, pp. 33-34; C.B. Piazza, *Eusologio Romano overo delle opere pie di Roma*, Roma 1698, pp. 84-87.

46. I.S. Kovács, *A régi magyar utazási irodalom az európai utazáselméleti művek tükrében*, in Id., *Szakácsmesterségnek és utazásnak könyvecskéi*, Budapest 1988, p. 170.

47. Come ricorda nel suo famoso diario: «Per 8 dies sum commoratus Romae, in ecclesia hospitali Sancti Stephani Regis Hungarorum juxta basilicam Divi Petri in Vaticano». *Szenci Molnár Albert naplója*, a cura di A. Szabó, Budapest 2003, p. 63.

48. I. Vásáry, *A jezsuita Cseles Márton és a Julianus-jelentés. (A Magna Hungaria- és a Jugria-kérdés történetéhez)*, in *Középkori kútfőink kritikus kérdései*, a cura di J. Horváth e Gy. Székely, Budapest 1974, pp. 261-275.

49. Fraknói, *A szent Istvántól Rómában alapított magyar zarándokház*, pp. 185-186, 193-195; Monay, *A római magyar gyóntatók*, pp. 101-107.

50. Gli abitanti dell'"isola" degli Ungari saranno presentati nel volume in preparazione.

contratto di compravendita porta la data 25 giugno 1776: il Collegio poté dunque destinare i 7.500 scudi ricavati al restauro del collegio adiacente a Sant'Apollinare.[51] Sulla base delle Liste mestrue della Fabbrica di San Pietro e del Diario della Basilica Vaticana è possibile ricostruire le operazioni di misurazione e smantellamento delle strutture e la successiva edificazione della Sagrestia Nuova.[52]

I lavori di demolizione iniziarono il 1° luglio 1776, il 7 luglio anche papa Pio VI visitò il cantiere. La posa della prima pietra della nuova sacrestia avvenne il 22 settembre,[53] delle otto colonne in marmo bigio antico del Santo Stefano degli ungari sette (l'ottava era danneggiata) vennero collocate nel corridoio occidentale di questa.[54] Secondo la tradizione storiografica ungherese, all'epoca papa Pio VI dispose nella sua bolla che, in sostituzione della chiesa nazionale abbattuta, venisse eretta una cappella dedicata a re Santo Stefano nella chiesa di Santo Stefano Rotondo, che in tal modo sarebbe divenuta sostanzialmente la chiesa nazionale degli ungheresi.[55] Di contro, la bolla in oggetto non riporta una sola parola che citi l'obbligo di erigere la cappella né di compensare in qualsiavoglia maniera la nazione ungherese per la demolizione della chiesa nazionale.[56] È vero, in realtà, che la direzione del collegio aveva l'intenzione di erigere una cappella in onore del re santo Stefano in Santo Stefano Rotondo e che i lavori furono effettivamente affidati all'architetto romano Pietro Camporese, ma l'opera non venne mai realizzata e si restaurò la cappella di San Paolo Eremita, già esistente, aggiungendo alla sua intitolazione anche quella di re Santo Stefano.[57]

In seguito, la questione della chiesa nazionale ungherese e dell'ospizio a Roma scomparve dall'ordine del giorno fino alla seconda metà del secolo

51. Il contratto di compravendita e la relativa bolla papale, nonché la perizia di valutazione si sono conservati in varie copie. La copia originale e le relative planimetrie: ASR, Trenta Notai Capitolini, ufficio 38, vol. 266, cc. 325r-356v. Le copie: AFSP, Arm. 44. A. 117, ff. 355r-370r; ACGU, Rom B vol. 49, ff. 109v-121r.

52. AFSP, Arm. 44. A. 117-118, passim. Vedi ancora: S. Ceccarelli, *Carlo Marchionni e la Sagrestia Vaticana*, in *Carlo Marchionni, architettura, decorazione e scenografia contemporanea*, a cura di E. Debenedetti, Roma 1988, pp. 57-133.

53. *Diario della Basilica Vaticana dal 1774 al 1795*, Archivio del Capitolo di San Pietro in Vaticano, Diarii vol. 38, ff. 73v-74r, 75r, 80r-87v.

54. Cancellieri, *De secretariis* II, pp. 1472-1473, 1476, 1558.

55. Vedi a titolo d'esempio Banfi, *Santo Stefano degli Ungari*, p. 38; P. Sárközy, *Il Santo Stefano Rotondo nella storia culturale ungherese*, in *Santo Stefano Rotondo in Roma*, p. 182.

56. *Bullarii Romani continuatio*, Tom. V, Romae 1842, pp. 248-250.

57. C. Ceschi, *S. Stefano Rotondo*, Roma 1982, pp. 167-168; F. Di Marco, *Pietro Camporese architetto romano 1726-1783*, Roma 2007, pp. 125-126, 141.

XX e, paradossalmente, per la gerarchia ecclesiastica ungherese divenne nuovamente importante nei decenni del comunismo. Il cardinale József Mindszenty, strenuo oppositore del regime comunista, nel 1946 chiese, con riferimento alla secolare eredità ungherese di Santo Stefano Rotondo, che gli venisse assegnata come chiesa titolare, con l'intento di acquisirla alla Chiesa ungherese insieme all'annesso monastero per crearvi un centro sacrale e pastorale per gli ungheresi che vivevano a Roma e per quelli che vi si recavano in visita. Le sue aspirazioni non si concretizzarono, in parte a causa dell'opposizione dei dirigenti gesuiti tedeschi del Collegio germanico-ungarico e, in parte, in conseguenza dei cambiamenti politici in Ungheria.[58] La Chiesa cattolica ungherese, nella persona del cardinale László Lékai, riuscì a ottenere nel 1977 da papa Paolo VI l'autorizzazione a realizzare una cappella ungherese nelle grotte della basilica di San Pietro, in sostituzione della chiesa nazionale ungherese demolita. La cappella eretta in onore della Patrona Hungariae venne consacrata nel 1980 da papa Giovanni Paolo II.[59] L'erede dell'ospizio ungherese, la Casa di Santo Stefano, è stata inaugurata nel 1967 dal clero ungherese dell'emigrazione.[60]

Alla fine di questa panoramica, è legittimo chiedersi per quale motivo gli ungheresi, a differenza di numerosi altri paesi europei di importanza e collocazione geografica analoghe, non siano riusciti a creare a Roma una chiesa nazionale in grado di funzionare su basi solide. Possiamo rispondere indicando due fattori. Da un lato, a parte due periodi storici – l'epoca della fondazione dello Stato e i decenni dell'era comunista – l'élite laica ed ecclesiastica ungherese non ha mai avvertito la necessità di assicurare la presenza sacrale a Roma degli ungheresi attraverso la creazione di un sistema istituzionale autonomo. Nell'epoca della grande fioritura delle fondazioni delle chiese nazionali le aspirazioni di re Sigismondo non dimostrarono sufficiente determinazione; in seguito, la conquista ottomana e la Riforma protestante condussero all'indebolimento della Chiesa cattolica d'Ungheria e la questione venne per lo più valutata come irrilevante dai sovrani della dinastia asburgica. Dall'altro lato, a Roma non è mai vissuta una comunità ungherese stabile che fosse significativa per numeri e per importanza, capace cioè di far funzionare in maniera efficace il sistema istituzionale legato alle chiese nazionali.

58. L.I. Németh, *Mindszenty megvalósult álma. A Santo Stefano Rotondo és a Szent István Ház*, Budapest 2009, pp. 29-96.

59. L.I. Németh, *A magyarok római kápolnája*, Budapest 2007.

60. Németh, *Mindszenty megvalósult álma*, pp. 97-105.

Jadranka Neralić

Il ruolo delle istituzioni illiriche di Roma nella formazione della nazione croata

Situata nel cuore della città di Roma vicino al mausoleo dell'imperatore Augusto, la monumentale chiesa sistina di San Girolamo è un simbolo importante della nazione croata, suo centro liturgico e pastorale, luogo privilegiato di cultura religiosa per i croati residenti a Roma, per quelli in patria e per quelli dispersi nei vari continenti.[1] Attorno ad essa sono sorti i suoi istituti – la confraternita che amministrò l'ospizio-ospedale (fondata da Niccolò V con la bolla *Piis fidelium votis* il 21 aprile 1453), l'unico capitolo nazionale estero a Roma (istituito da Sisto V con la bolla *Sapientiam sanctorum* del 1 agosto 1589) e il collegio per la formazione del clero diocesano istituito da Leone XIII con la bolla *Slavorum gentem* del 1901, oggi conosciuto come Pontificio Collegio Croato di San Girolamo.[2] La chiesa e le sue istituzioni erano un centro per i pellegrini e per la numerosa comunità a Roma, ma la vera importanza consisteva anche nell'organizzazione di moltissime iniziative religiose, sociali e culturali in favore della patria. Inoltre esse davano la possibilità a molti connazionali, prevalentemente ecclesiastici, di trovare impiego come consiglieri per le questioni della Chiesa orientale nei paesi slavi, interpreti o collaboratori delle varie Congregazioni della Santa Sede, in particolare di quella *de Propaganda Fide*.

1. *La comunità croata a Roma nel '400 e gli inizi della confraternita*

A poco più di due anni dal tragico incidente del 19 dicembre 1450, quando erano morti calpestati o affogati nel Tevere centosettantadue

1. G. Kokša, *S. Girolamo degli Schiavoni (chiesa nazionale croata)*, Roma 1971, p. 5.
2. *Ibidem*, p. 31.

pellegrini,[3] alcuni dalmati e schiavoni consegnarono una formale supplica alle autorità curiali del primo papa umanista, Niccolò V Parentucelli.[4]

La comunità di ecclesiastici e laici, uomini e probabilmente anche donne, denominata "Societas Confalonorum Slavorum Burghi Sancti Petri",[5] guidata da Jeronim da Potomlja, proponeva di prendere e restaurare la chiesa abbandonata di Santa Marina sulla riva sinistra del Tevere, nel rione Campo Marzio,[6] prossima al mausoleo d'Augusto e dipendente da San Lorenzo in Lucina.[7] Visto che la nazione non aveva un proprio ospedale, chiedevano anche il permesso di costruirne uno nelle sue vicinanze alla stregua delle altre confraternite laicali attive dal primo Trecento nei rioni più popolosi e centrali della città. Lo avrebbero messo sotto la protezione di San Girolamo, protettore della Dalmazia, e vi avrebbero accolto poveri

3. M. Miglio, *Il giubileo di Nicolò V*, in *La storia dei giubilei*, II, *1450-1575*, Roma-Firenze 1998, pp. 57-73. Nel corso dell'anno giubilare alcune centinaia di pellegrini provenienti della costa orientale dell'Adriatico raggiunsero Roma. Il notaio e cancelliere del comune di Trogir, il veneziano Francesco, figlio di Giovanni de Viviano, registrò tra febbraio e dicembre 1450 più di 150 testamenti di persone che intendevano intraprendere il pellegrinaggio a Roma. Državni arhiv Zadar (DAZd), Arhiv Trogir, scatola XLVI, ff. 89r-237v.

4. ASV, Reg. Suppl. 465, ff. 268v-269r.

5. Molti dalmati e slavi abitavano anticamente nel Borgo San Pietro, come appare dall'ultima volontà di Giovanni che lasciò alla Società due ducati, e di «Caterina de Frigis Schiavona», vedova di Stefano, madre di Magdalena e Johanna, proprietaria della casa di sua abitazione in Borgo San Pietro nel rione Ponte. In presenza dei testimoni, i connazionali «Stephano Johannis de Sengnia, Antonio busignaco» (cioè bosniaco) e «Stephano Antonii», nonché di «Antonuccio de Lanciano» e «Stephano Petri de Gallipoli», il 21 gennaio 1451 nominò eredi universali ed esecutori testamentari i suoi connazionali Murello, Pietro di Spalato e Giovanni Friulano. La testatrice lasciò settanta ducati da dividere tra la chiesa di Santa Maria in Traspontina (insieme ad un calice d'argento), la basilica di San Pietro e l'ospedale Santo Spirito (dove fu sepolta). Testamenti come questo dimostrano che i residenti del Borgo di origine slava formavano una confraternita nazionale simile alle altre ancor prima della pubblicazione del breve di Nicolò V e che essa possedeva e amministrava beni provenienti da donazioni private. Purtroppo non conosciamo quasi niente della sua prima storia. I. Črnčić, *Prilozi k razpravi: Imena Slovjenin i Ilir u našem gostinjcu u Rimu poslije 1453 god.*, in «Starine JAZU», XVIII (1886), pp. 1-164, n. II, pp. 2-6, n. III, p. 6.

6. Santa Marina è menzionata nel *Liber censuum* di Cencio Camerario che le attribuiva un presbiterio di sei denari. M. P. Fabre, *Le Liber Censuum de l'Eglise Romaine*, Paris 1889, I, p. 303.

7. La chiesa parrocchiale aveva il diritto sulla comunione pasquale, la custodia dell'olio degli infermi e la sepoltura nella chiesa di San Lorenzo in Lucina. In un secondo tempo, il parroco di San Lorenzo ebbe diritto sulla benedizione delle stanze dell'Ospedale di San Girolamo. I. Fuček, *Chiesa Sistina centro liturgico e pastorale dei croati*, in *Chiesa Sistina 1589-1989*, II, Roma 1990, pp. 11-35, 15-16.

e pellegrini provenienti dalla Dalmazia e dalla Slavonia.[8] Per sostenere la richiesta aggiunsero che la chiesa era talmente piccola, distrutta e povera che il suo introito annuo ammontava appena a due fiorini.[9]

Con il breve *Piis fidelium votis* del 21 aprile 1453 il papa autorizzò personalmente la concessione, affidando l'inchiesta sui dati esposti nella supplica e il suo eventuale esaudimento a Filippo Calandrini (1403-1476), titolare dal 24 novembre 1451 al 1468 di San Lorenzo in Lucina.[10] Le indagini svolte dal cardinale Calandrini ebbero esito positivo e molto presto l'associazione prese possesso dell'antica chiesa. Quest'ultima fu rapidamente restaurata, segno che l'associazione disponeva di introiti sufficienti. Presto seguirono anche le donazioni in favore «venerabili hospitali sancti Jeronimi existente in regione Campi Martis» e dei suoi primi due officiali, «Georgio Johannis et Petro Spalatino» (uno dei tre eredi universali di Caterina de Frigis!), e di altri membri della Società: «Georgio Stephani busagnaco» (bosniaco!), Clemente Michaelis de Capransa (Koprivnica), Petro Giurcio e Stephano Galliotti, come si legge nell'atto di donazione di una vigna posta a Marinecta, fuori dalla Porta Castello, del 20 marzo 1454 da parte di Martino Petri de Sancta Cruce de Sclauonia, da tempo abitante nel rione Ponte, o nella donazione della vigna sita a Marinecta di

8. Venerdì 11 luglio 1438 (Trogir, Archivio del Capitolo, pergamene, n. 164) il primicerio della cattedrale locale Ivan Stojšić insieme ai canonici Luka Ivanov Škobalić e Grgur Duhović firmarono con Pietro di Nicola «de Andreis», procuratore della nobildonna Nicolota Sobota, il contratto relativo al finanziamento della costruzione della cappella di San Girolamo e del suo arredo liturgico. Avendola adeguatamente dotata di rendite, nominò il canonico Škobalić quale primo cappellano per la sua ufficiatura. Nel testamento redatto il 27 settembre 1444 la nobildonna precisò i doveri del cappellano: «[...] capellanum in dicta capella, quem exnunc ipsa testatrix deputat videlicet venerabilem virum presbiterum Lucam Iohannis, archidiaconum ecclesie Sancti Laurentii, cum prouisione salarii ducatorum vigintiquinque in anno quousque vixerit, qui capellanus exnunc institutus, et alii pro tempore substituendi teneantur et debeant perpetuis temporibus omni die in eadem capella missam celebrare in honore Dei ac pro anima ipsius testatricis, ser Jacobi viri sui et aliorum suorum defunctorum, et dare et manutenere oleum pro lampade ac ceram pro altari et eleuatione corporis Christi ad sufficientiam in dicta capella». DAZd, Arhiv Trogir, scatola XLVI, fasc. 5, atti del notaio Francesco de Viviano, ff. 22r-25r, f. 23r. Nel giugno 1450 l'arcidiacono Škobalić visitò Roma (lo troviamo di nuovo a Trogir il 25 luglio). Anche se al momento non abbiamo alcuna conferma documentaria, è altamente probabile che tra gli affari che doveva sbrigare ci fosse anche l'incontro con i membri della comunità dei dalmati e schiavoni del Borgo San Pietro.

9. Kokša, *S. Girolamo degli Schiavoni*, p. 7.

10. C. Gennaro, *Calandrini Filippo*, in *Dizionario biografico degli italiani (DBI)*, 16, Roma 1973, pp. 450-452.

Caterina, vedova di Pietro Paolo, abitante nel rione di Sant'Eustachio, del 6 ottobre 1454.[11] Gravemente malato, Stefano Galeotti «de Sclauonia» (nel 1454 era membro della Società), abitante nel «Burgo Sancti Petri», dettò il 31 maggio 1466 le sue ultime volontà al notaio Giovanni Battista «Jacobi de Sanctis» in presenza di sette testimoni. Dopo aver scelto il luogo della sepoltura nella chiesa di S. Maria in Traspontina, designò la moglie Maria sua erede universale. Tutte le vigne e terre di sua proprietà in «Valliferre» dovevano essere devolute all'ospedale «Sancti Hieronimi de Urbe prope sanctam Mariam del Populo».[12] Il 16 novembre dello stesso anno la vedova, che risiedeva sempre nel Borgo, donava «sponte et ex certa eius scientia, et non per errorem, causa mortis» la metà di tutti i suoi beni all'ospedale «Sancti Hieronimi de Urbe et Jorno de Monacho et Johanni dela Stufa guardianis dicti Hospitalis». In presenza di numerosi testimoni

11. Črnčić, *Prilozi k razpravi,* n. V, pp. 9-14. Molti residenti del rione Ponte di origine slava (croata) nel secondo Quattrocento erano proprietari di vigne intorno alla città Leonina, fuori della porta Castello o fuori della porta Pertusa, in località detta «Marinocta/ Marinecta». Una delle testimonianze più antiche è relativa a «Antonius Iohannispetri Sclavus, presbyter beneficiatus in basilica principis apostolorum et penitentiarius substitutus pro natione sclauonica» dal pontificato di Urbano VI fino all'11 aprile 1424, che lasciò la sua vigna «extra portam Pertusii in loco que dicitur Marinocta» alla chiesa di Santa Maria sopra Minerva. *Liber anniversariorum della Fraternita dei Raccomandati del SS. Salvatore ad Sancta Sanctorum*, in *Necrologi e libri affini della provincia romana*, I, *Necrologi della città di Roma*, a cura di P. Egidi, Roma 1908, pp. 311-541, 342. Il 23 gennaio 1457 «Bartolomeus Johannis della Pilosella» e suo fratello Antonio, abitanti nel rione Ponte, vendettero a Giovanni «Stefani de Trimacia de Sclauonia», abitante nello stesso rione, una vigna di valore di nove ducati sita «extra portam Pertusi in loco qui dicitur Marinecta» (Črnčić, *Prilozi k razpravi,* n. VII, pp. 14-15); il 3 novembre 1461 l'abitante del rione Ponte Jacopo Allegretti «schlauo» firmò il contratto di locazione di una vigna appartenente a Romano Scia, del rione Ponte, locatario, con il consenso di Giorgio protonotaio apostolico e rettore della chiesa di San Biagio «de Fovea», e canonico della basilica di San Lorenzo in Damaso, di una vigna fuori dalla porta Castello «Sancti Angeli», vicino alla vigna di «Martino sclauo» (*Ibidem*, n. IX, pp. 17-19). Il 14 marzo 1462 «Georgius Johannis de Singna de partibus Sclauonie», proprietario della vigna sita in località «Marinecta extra portam Castelli» e di una casa verso «San Seruestrolum» dove abitava con la moglie Stana e la figlia di lei Elena, gravemente malato fece redigere le sue ultime volontà. Le disposizioni testamentarie includevano la scelta della propria sepoltura nella chiesa di San Simeone nel rione Ponti, e la divisione della casa in parti uguali: una metà legata all'Ospedale «Immaginis Saluatoris ad sancta sanctorum de Urbe», mentre l'altra metà doveva essere devoluta all'Ospedale della Società «Sclauorum Urbis Sancti Jeronimi» alla morte della moglie Stana. All'Ospedale di San Girolamo lasciò anche la somma di quaranta ducati. *Ibidem*, n. X, pp. 19-21.

12. *Ibidem*, n. XII, pp. 22-23.

tra i quali «Thomas de Sclauonia, Stephanus Pauli de Buta de Ongaria, Thomassio de Signia de Sclauonia, e Clemente Michaelis de Carpecote sclauone» abitanti in «Burgo sancti Petri», la donazione fu registrata dallo stesso notaio che aveva redatto il testamento del marito.[13]

Una volta finito il restauro la chiesa fu dedicata a San Girolamo. In effetti il santo non era solo il protettore del sacerdote che guidava l'associazione. Era anche uno dei quattro padri della Chiesa occidentale, autore della più celebre versione latina della Bibbia, ed era generalmente ritenuto dalmata, per essere nato nel 347 a Stridone, un piccolo centro distrutto durante le invasioni barbariche.[14]

Il primo nucleo della società era composto da pochi confratelli, abitanti a Ponte e Parioli,[15] organizzati per soccorrere i bisognosi, malati e pellegrini provenienti dalla sponda orientale dell'Adriatico.[16] I loro testamenti, contratti di compravendita e donazioni furono trascritti da notai capitolini attivi nel rione Ponte nei decenni centrali del Quattrocento e ci rivelano donne e uomini, testatori e donatori, proprietari di terreni e vigne o di attività commerciali, venditori e compratori, semplici testimoni e conoscenti. Inoltre ci informano delle loro fortune economiche, del loro status sociale e culturale, delle loro reti di conoscenze e amicizie. Con le elemosine e l'aiuto dei connazionali fu costruito l'ospedale nelle immediate adiacenze della chiesa;[17] mentre i letti, i materassi, le lenzuola e i cuscini furono do-

13. *Ibidem*, n. XIII, pp. 23-26.

14. Secondo Julia Verkholantsev, tra il clero dalmata si credeva dal Duecento che San Girolamo fosse il creatore dell'alfabeto slavo (glagolitico). Tale convinzione fu registrata nella lettera di Innocenzo IV del 1248 che permetteva al vescovo Filippo di Senj l'uso della liturgia slava nella sua diocesi. J. Verkholantsev, *Littera specialis... a Beato Jeronimo*: *How did Sts. Cyril and Methodius lose recognition as inventors of the glagolitic letters to St. Jerome?*, in «Ricerche slavistiche», 8/54 (2010), pp. 225-263, 259-260.

15. Nel rione Ponte, caratterizzato dalla più ampia mescolanza sociale, risiedeva la potentissima famiglia degli Orsini. Sui legami del cardinale Giordano Orsini con la Dalmazia e in particolare con la città di Trogir nel primo Quattrocento vedi J. Neralić, *Odnos trogirskog klera s papinskom kurijom u vrijeme Ivana Duknovića / Le relazioni del clero di Trogir con la Curia Romana al tempo di Giovanni Dalmata (Ivan Duknović)*, in *Ivan Duknović i krugovi njegove djelatnosti*, Međunarodni znanstveni skup, Split, 27-28.9.2010, a cura di I. Fisković e R. Bužačić, in corso di stampa.

16. Secondo il testamento di «Johannes slauus» che le lasciò due ducati, la «Comunità slauorum de burgo» doveva essere nata prima del 1451. Črnčić, *Prilozi k razpravi*, n. III, p. 6.

17. Un possibile modello in patria per l'Ospedale di San Girolamo a Roma era l'ospedale fondato per iniziativa del ricco mercante Grgur Mrganić a Zadar, capitale della Dalmazia, un importante porto per il commercio tra Venezia e l'Oriente nonché un importante

nati anche per disposizioni testamentarie.[18] Callisto III Borgia (1455-1458) avrebbe concesso, in seguito ad una supplica degli amministratori della «Societas»,[19] la possibilità di ereditare la metà dei beni dei pellegrini e connazionali morti senza testamento a Roma o nel suo distretto, che non avessero genitori, fratelli o sorelle, coniugi o figli, ma per la morte dell'anziano pontefice la lettera apostolica non fu scritta. La decisione fu invece ratificata il 28 aprile 1461 da Pio II Piccolomini.[20] I primi amministratori dell'istituto dovevano probabilmente risolvere le drammatiche situazioni di anziani e vedove,[21] venuti da lontano e rimasti soli senza familiari accanto. Per assicurarsi vestiti, cibo, letti, conforto spirituale e cure ospedaliere, devolvevano i propri beni all'istituzione in cui erano ricoverati.

centro di pellegrinaggi. Il complesso ospedaliero «sancti Jacobi de Galicia o ospedale Morgane» associato all'omonima chiesa e alla confraternita, con il piccolo cimitero privato, era posto sulla piazza della cattedrale di Sant'Anastasia. Fu fondato verso il 1448, ricevendo le autorizzazioni dal doge di Venezia il 16 settembre 1451, e doveva accogliere tredici donne e uomini nelle sue comode stanze. J. Neralić, *Late Medieval Hospitals in Dalmatia*, in «Mitteilungen des Instituts für Österreichische Geschichtsforschung», 115, 3-4 (2007), pp. 271-289, 282-284. L'ospedale di San Girolamo a Roma disponeva di 13 posti letto ancora nel 1590, quando l'arciprete e presidente della confraternita Alessandro Comuli (Komulović) e i guardiani Domenico Allegri e Zephiro Fabiani ne fecero l'inventario: BAV, Vat. lat. 5440, f. 4r. Nel 1567 la Congregazione era talmente indebitata (2900 scudi all'8-10% di interessi) da essere costretta a vendere due case, per poter assistere i malati. J. Burić, *Iz prošlosti hrvatske kolonije u Rimu*, Rim 1966, pp. 33-34.

18. La nobildonna «Maria, filia quondam domini Georgii Misglenouich, de regno bosne nunc Rome in regione pinee», lasciò all'Ospedale «sancti Jeronimi nationis illirice ducatos tres et duo linteamina, unum tapetum et duo pulmentaria». Črnčić, *Prilozi k razpravi,* n. XX, pp. 35-38.

19. L'8 maggio 1455 la società si rivolse al pontefice, eletto appena un mese prima e coronato il 20 aprile, chiedendo che le proprietà delle persone «nacionis Sclavonie» residenti a Roma, decedute senza eredi e testamento, fossero cedute all'ospedale per finirne la costruzione. Il restauro della chiesa e la costruzione di alcune delle case risultano già conclusi. Il 5 giugno 1455 fu chiesta e ottenuta la plenaria indulgenza per tutti i «probi viri nationis Sclavonie [...] quam Bohemie et Ungarie nationum» che avrebbero lavorato per otto o quindici giorni o in qualche altro modo aiutato «perfectionem huiusmodi hospitalis». ASV, Reg. Suppl. 479, f. 151r e Reg. Suppl. 480, f. 200r. Le suppliche sono pubblicate in appendice a I. Golub, *Istituzioni collegate alla chiesa di S. Girolamo: Confraternita, Capitolo, Collegio*, in *Chiesa sistina 1589-1989*, II, pp. 37-54, 51-54.

20. Črnčić, *Prilozi k razpravi,* n. VIII, pp. 15-17.

21. Dover aiutare donne e vedove sole e abbandonate, senza legami familiari adeguati, in precarie condizioni economiche, era una costante quasi quotidiana per i vertici della confraternita anche un secolo più tardi. Durante il Cinquecento «alle povere donne della natione» la confraternita dava un giulio al mese; durante una epidemia nel 1580 il sussidio

2. *La regina di Bosnia e i curiati dalmati a Roma nel Quattrocento*

Nella galleria degli uomini e donne illustri e di quelli meno noti della comunità slava a Roma nel secondo Quattrocento, legati in qualche modo alla confraternita di San Girolamo, spiccano la regina della Bosnia Katarina Kosača Kotromanić, Fantino della Valle, Nikola Modruški, i fratelli de Baronellis, Ateresia e Pietro Passerini. Le loro ultime volontà rivelano non soltanto le rispettive fortune, il modo di fare beneficenza a favore delle istituzioni caritative romane e della confraternita nazionale o il grado di integrazione nella società romana, ma anche la rete di conoscenti e soci in affari, di connazionali, di eredi dei loro benefici ecclesiastici a Roma o in patria, oppure dei beni mobili e immobili accumulati a Roma, di testimoni.

Protetta da Sisto IV e sostenuta dalla Camera Apostolica, l'ultima regina della Bosnia Katarina Kotromanić Kosača (1424-1478) trascorse la parte finale della sua vita a Roma, dove arrivò dopo la conquista ottomana del suo regno nel 1463. Inizialmente abitò nella casa di Giacomo Montebono, al quale tra il 29 ottobre 1467 e il 1 ottobre 1469 pagava l'affitto mensile di 20 ducati. In seguito si trasferì in una casa nel rione Pigna, vicino alla chiesa di San Marco, probabilmente di proprietà della confraternita di San Girolamo. Qui viveva con alcuni parenti stretti e tre dame di corte: Paola, figlia di Miroslav Mirković, Maria, figlia di Juraj Mišljenović, e sua sorella Helena, moglie di Ivan Semković «de Bosna». In questa casa dettò le sue ultime volontà al pubblico notaio Antonio «Georgii de Sclauonia», presbitero della diocesi di Spalato e chierico della basilica di San Pietro.[22] Lasciò alla chiesa-compagnia di San Girolamo «pro natione Sclavorum» un frammento di legno della Santa Croce, un messale, il calice con la patena, il corporale, la casula e alcuni oggetti liturgici in uso nella sua cappella privata. Gli esecutori testamentari erano il canonico raguseo Matteo di Lo-

fu garantito due volte la settimana. Burić, *Iz prošlosti hrvatske kolonije*, pp. 22-23. Il 26 febbraio 1583 in presenza del cappellano e confessore della chiesa e dell'ospedale don Giovanni «Parentio da Nona» troviamo un'altra delle numerose donne sole che lasciano tutti i loro beni mobili e stabili a Roma e altrove alla «Chiesa et Hospitale di detto Santo Gierolimo del quale disse hauer hauuto più uolte agiuto tanto in sanità, come nelle molte infermità». Si tratta della «m(adonn)a Margarita fiola del quondam messer Martino Gourcouich da Sibenico città in Dalmatia, essendo amalata di corpo, et passata nel letto del detto Hospitale». Črnčić, *Prilozi k razpravi,* n. LVIII, p. 74.

22. Una copia è registrata nell'ASV, Misc. Arm. XV, vol. 1, ff. 266v-268r. Pubblicato in P. Fabre, *Le liber censuum de l'église romaine*, II, Paris 1905, pp. 78-81.

renzo Ragnina, «utriusque iuris doctor», protonotaio apostolico e uditore del palazzo apostolico nonché familiare del cardinale Giuliano della Rovere, Paola Mirković (morta nel 1479 e sepolta nella chiesa di San Girolamo, come testimonia la sua lapide funeraria con la relativa iscrizione, che oggi si trova murata nella nuova sacrestia) e un suo parente, Radić Klesić. Con il lascito di Maria Mišljenović, l'altra dama di corte, fu eretto un ospizio per le povere connazionali in una casa presso San Marco.[23]

Tutta la carriera di Fantino della Valle fu legata ai papi Pio II, Paolo II e Sisto IV. Non disponiamo di molti dati certi sulla sua giovinezza e la sua formazione giuridica.[24] Sappiamo soltanto che apparteneva all'antica famiglia nobile tragurina Cipriani. Il primo documento sul giovane chierico nei fondi dell'Archivio Segreto Vaticano risale al 10 gennaio 1448, quando durante il primo anno del pontificato di Nicolò V compì la «visita ad limina apostolorum» per il suo vescovo Angelo Cavazza. Il certificato dell'avvenuta visita porta la firma di Ludovico Trevisan Scarampi, cardinale camerlengo del papa, ma anche vescovo di Trogir dal 1435 al 1437.[25] Comunque, le informazioni su della Valle aumentano con il pontificato di Pio II, quando lo troviamo in alcune missioni diplomatiche. In seguito fu nominato uditore della Sacra Rota. Molto probabilmente era legato alla

23. Črnčić, *Prilozi k razpravi*, n. XX, pp. 35-38. Sebbene le tre dame della regina non abbiano avuto una vera responsabilità nella confraternita, indubbiamente mantennero un proprio ruolo istituzionale. La nobildonna Maria Mišljenović, probabilmente nella casa di sua proprietà, instituì la «domus pauperum mulierum» e la mise sotto la protezione dei vertici della confraternita di San Girolamo, alla quale avrebbero offerto ogni anno per la festa del santo una libra di candele di cera. Tra il 1503 e il 1504 il notaio Giovanni Mattia Taglienti scrisse i testamenti di tre slave, due vedove e una nubile, residenti nel rione Pigna, che si nominarono reciprocamente eredi universali e fecero piccoli lasciti alla chiesa dell'Aracoeli, dove volevano essere sepolte, alla confraternita nazionale di San Girolamo e alle donne residenti «in domo pincozharum sclavonarum prope plateam Sancti Marci». Nella Roma del secondo Quattrocento praticamente ogni nazione aveva una sua "casa di donne" religiose o laiche. Quasi sempre erano fondate da pie donne originarie di quel paese e spesso erano tenute da terziarie e bizzoche. A. Esposito, *I testamenti delle altre: le donne delle minoranze nella Roma del Rinascimento. Prime indagini*, in *Margini di libertà: testamenti femminili nel Medioevo*, Atti del convegno internazionale, Verona 23-25 ottobre 2008, a cura di M. C. Rossi, Verona 2010, pp. 475-487. I testamenti sono registrati in ASR, Coll. Not. Cap. 1733, ff. 57, 52, 111.

24. Il 31 agosto 1445 fu registrato come studente di diritto a Padova: G. Zonta, J. Brotto, *Acta graduum academicorum gymnasii Patavini ab a. MCCCCVI ad annum MCCCCL*, Padova 1922, p. 383.

25. ASV, Cam. Ap., Div. Cam. 26, f. 63v.

chiesa e alla confraternita di San Girolamo dagli inizi, come fa supporre la nota «fù vno de fondatori dell'Hospitale di San Girolamo de Illyrici di Roma, e nella casa vecchia d'esso hospitale si vedeuano le sue arme sotto li solari» pubblicata dallo storico tragurino Ivan Lučić. Nel testamento redatto nel 1475 ricordò la sorella Bettina, che continuava a vivere a Split,[26] e i connazionali della confraternita di San Girolamo, legando 400 fiorini per l'ampliamento e la ricostruzione dell'ospedale. Numerose provvisioni avvenute nei giorni immediatamente successivi alla sua morte[27] riguardano la rete di curiali provenienti dalle città dalmate sotto il dominio veneto, ai quali furono assegnati i suoi benefici. Tra di essi vi erano Giacomo «de Baronellis, continuus commensalis del pontefice»,[28] il cardinale Marco Barbo[29] e Nikola Modruški (morto prima del 29 maggio 1480), uno dei più altolocati funzionari della Curia quattrocentesca di origini slave, familiare di Sisto IV e dei suoi nipoti, governatore di Ascoli, Viterbo, Fano e Spoleto. Dopo la morte fu sepolto nella chiesa di Santa Maria del Popolo, non lontano quindi dalla chiesa di San Girolamo.[30]

«Mathias de Baronellis» il 5 maggio 1456 fu nominato abate di San Giorgio de Kopriva nella diocesi di Nin, su raccomandazione dei conti di Krbava Pavao e Ivan, patroni dell'abbazia che da anni era senza monaci,[31] e secondo Ivan Črnčić nel 1475 comprò una casa nel borgo San Pietro. Nel 1468 prestava servizio come penitenziere minore nella basilica di San

26. G. Praga, *L'arcivescovo di Spalato fra Zanettino da Udine e il priorato benedettino di San Leonardo di Padova*, ristampato in G. Praga, *Scritti sulla Dalmazia*, II, a cura di E. Ivetic, Rovigno 2014, pp. 269-278, 274: «Abbiamo nell'Archivio pretorio di Spalato un atto del 5 gennaio 1478 col quale Bettina, sorella del teste defunto uditore della Rota dell'Apostolico Palazzo, Fantino Della Valle, dichiara di aver ricevuto dal vicario arcivescovile di Spalato, Andrea Asquini, un importo di denaro inviatole da Roma dall'arcivescovo spalatino Giovanni, da questi riscosso dal Cardinale Napolitano, commissario testamentario del defunto Della Valle».

27. ASV, Sacra Romana Rota, Manualia actorum et citationum 7. f. 296v: «Die Jovis XXVI. Octobris circa horam quintam noctis vel circa bone memorie dominus Fantinus de Valle, auditor debitum nature solvendo ab hac luce migravit et obiit». P. Cherubini, *Della Valle Fantino*, in *DBI*, 37, Roma 1989, pp. 737-739; Farlati, *Illyricum Sacrum*, IV, pp. 305, 410; S. Gliubich, *Dizionario biografico degli uomini illustri della Dalmazia*, Vienna 1856, p. 100.

28. ASV, Reg. Vat. 571, ff. 35r-37r.

29. ASV, Reg. Vat. 571, ff. 129r-130v.

30. L. Špoljarić, *Ex libris Nicolai Episcopi Modrussiensis: knjižnica Nikole Modruškog*, in «Colloquia Maruliana», XXI (2012), pp. 25-68, 30.

31. ASV, Reg. Vat. 442, ff. 237v-238r.

Pietro.[32] Il 26 ottobre, da padre spirituale e confessore, presenziò insieme ai connazionali «Johanne de Dalmacia» (proprietario di una «domus habitationis in Burgo Sancti Angeli»), «Johanne slauo de Slauonia» e «Jacobo de Jadra» alla stesura delle ultime volontà di Giacomo «Allegretti de Dalmazia». Nominando «Mathias de Baronellis» suo esecutore testamentario, questi lasciò alla chiesa di San Girolamo «in Urbe Romana» la vigna di sua proprietà «sita prope Urbe extra portam Castelli in loco qui dicitur Marinetta» e dispose la propria sepoltura nella detta chiesa con l'obbligo di celebrare tre messe «pro anima sua» e di commemorarlo in occasione della solenne festa di San Girolamo il 30 settembre.[33] «Mathias de Baronellis» dovrebbe essere un parente stretto (forse il fratello) di due familiari e commensali di Sisto IV, che ho rintracciato in numerosi documenti dell'Archivio Segreto Vaticano. Le suppliche e lettere pontificie permettono di integrare il profilo biografico di questi due chierici dalmati. Con una ben programmata strategia durante i pontificati di Sisto IV e Giulio II, Giorgio e Giacomo «de Baronellis», nati da genitori di origini zaratine, tra il 1475 e il 1478 seguirono attentamente le vicende in materia beneficiale sia in Curia (partecipando alla spartizione dei benefici dei connazionali Fantino de Valle e Antonio de Pago),[34] sia nelle diocesi di Nin, Zadar, Šibenik,

32. Due suppliche con la richiesta di assegnazione in commenda di due abbazie – Santa Maria sull'isola di Mljet (Meleda) in patronato del comune di Dubrovnik (Ragusa), e Santa Lucia di Baška sull'isola di Krk (Veglia) – svelano il nome e la carriera ecclesiastica di un altro penitenziere minore. Il domenicano «magister theologiae Dominicus de Ragusio» serviva nella basilica di San Giovanni in Laterano, ma, più interessante ancora, era confessore e familiare domestico del vicecancelliere Rodrigo Borgia. ASV, Reg. Suppl. 754, f. 231v del 17 luglio 1476 (Santa Maria); Reg. Suppl. 795, ff. 208v-209r del 26 luglio 1480 (Santa Lucia). Prima di passare a Domenico, l'abbazia di Santa Maria era stata assegnata al raguseo Matteo, figlio di Lorenzo Ragnina, dottore «in utroque», notaio della Sede apostolica, familiare del cardinale Giuliano della Rovere ed esecutore testamentario della regina della Bosnia (ASV, Reg. Suppl. 753, ff. 207v-208r: Roma, 27 giugno 1476). Il 22 dicembre 1479 fu data in amministrazione a Nikola Modruški.

33. Črnčić, *Prilozi k razpravi,* n. XIV, pp. 26-29.

34. Rampollo della nobile famiglia Palčić dell'isola di Pag, «familiare e continuo commensale» di Eugenio IV e Nicolò V, era scrittore nella Cancelleria apostolica, canonico delle cattedrali di Zadar e Šibenik, abate commendatario di San Nicola di Lissa nella diocesi di Hvar. L'11 gennaio 1451 fu nominato vescovo di Osor, poi trasferito a Cattaro (Kotor) nel marzo 1471. Malato di podagra, probabilmente morì a Osor e fu sepolto nella sua cattedrale. J. Neralić, *Plemstvo i crkvena karijera u papinskim dokumentima 15. stoljeća*, in *Izabrane teme iz hrvatske povijesti. / Selected themes in Croatian history*, Zbornik radova sa znanstvenih kolokvija Dies historiae 2004.-2006., a cura di S. Miljan, M. Jerković, Zagreb

Trogir e Split. Poco più che diciottenni, risiedevano stabilmente a Roma ed erano legati alla famiglia del pontefice. Tuttavia erano riluttanti a troncare i legami con il luogo d'origine e, quando necessario, furono coinvolti nei lunghi e costosi processi giudiziari per assicurarsi benefici ecclesiastici – cappellanie, chiericati perpetui, canonicati e prebende, arcipresbiterati e arcidiaconati in patria.[35] Sotto Giulio II Giorgio prese in commenda l'abbazia di Sant'Ambrogio di Nin in seguito alla rinuncia del canonico zaratino Martin Mladošić.[36]

3. *Fonti notarili sui membri della comunità croata e sul quartiere "Schiavonia" a Roma nel '400*

L'ultima volontà di Ateresia, vedova di Pietro Passarini «de terra Hutine de Schiavonia», morto a Roma dopo il 1 luglio 1475, abitante nel rione Ponte, colpisce non soltanto per la ricchezza dei lasciti, ma per la fitta rete di conoscenti e soci in affari.[37] Nel testamento Pietro l'aveva nominata sua erede universale. L'anno dopo Ateresia, inferma, dettò allo stesso notaio le sue volontà, nominando Nicola, nipote del marito, suo erede universale e organizzando la propria sepoltura vicino a quella del coniuge in Santa Maria in Aracoeli, probabilmente non distante dalla sua abitazione, e una semplice iscrizione funeraria:

2007, pp. 155-182, 167-168. Un altro rampollo della famiglia Palčić, Lovro, fu presidente della confraternita nel 1571-1572. Burić, *Iz prošlosti hrvatske kolonije*, p. 73.

35. ASV, Reg. Suppl. 718, ff. 81v-82r, 122r; 720, f. 55r; 734, ff. 187v-188r; 740, f. 8r; 742, f. 111r; 752, f. 213r-v; 754, f. 258r; 765, f. 140v; 771, f. 258r; 772. f. 46r; 496, ff. 27v-28v; Reg. Vat. 580, ff. 266v-268r; 600, ff. 33v-34v.

36. ASV, Reg. Vat. 922, ff 162r-164r. Alla fine del Quattrocento il canonico Mladošić commissionò al giovane pittore veneziano Vittore Carpaccio il polittico per l'altare di San Martino nella cattedrale di Sant'Anastasia. I sei quadri della composizione ancora superstiti rappresentano San Martino, il patrono del canonico, Santi Simeone e Anastasia patroni di Zadar, Santi Pietro e Paolo patroni della antica cattedrale, e San Girolamo, patrono della Dalmazia, con il committente. N. Jakšić, *Kult sv. Petra u kasnoantičkom i srednjovjekovnom Zadru*, in *Scripta Branimiro Gabričević dicata*, a cura di J. Dukić, A. Milošević, Ž. Rapanić, Trilj 2010, pp. 305-340, 311-312.

37. Una prima notizia del testamento di Ateresia, vedova di Pietro Passarini, fu pubblicata da E. Lee, *Foreigners in Quattrocento Rome*, in «Renaissance and Reformation», n.s., 7 (1983), pp. 135-146, 143-144, e poi riproposta da Esposito, *I testamenti delle altre*, p. 6.

jussit atque mandauit quod expendantur ducatorum quindecim pro vno lapide marmoreo fiendo super sepulturam suam et sui condam mariti.[38]

Nel dettagliato testamento di Ateresia, rogato da Gaspare Pontano il 16 dicembre 1476,[39] troviamo un inventario dei debiti e crediti, dove sono ricordati: un vicino corso di nome Ricciardo; un Ambrosio milanese; Andrea orafo di Viterbo; Magdalena, la moglie del cocchiere di ignota origine; un pellicciaio fiorentino; lo scrittore della Penitenzieria apostolica Goro di Urbino, dal quale doveva avere un anello con una pietra turchina del valore di quindici ducati e che nominò esecutore del testamento; diversi banchieri fiorentini e un unico banchiere romano, Paolo dei Massimi. Tutto sommato, i suoi contatti erano eterogenei, con pochi romani e nessun connazionale facilmente identificabile. I legati caritativi di Atresia furono tanti. Prima di tutto provvide alla dote di tre orfane con una somma di venticinque ducati per ciascuna, come si usava nella confraternita di San Girolamo degli Schiavoni. Una di loro era una ragazza slava di nome Caterina, che al momento della stesura del testamento viveva con lei. L'unico lascito che ricorda la sua origine fu la donazione del letto all'ospedale di San Girolamo. Tuttavia la consistenza di questo legato era molto minore di quelli all'ospedale di San Lazzaro «extra moenia» e all'antico e ricco ospedale del Santissimo Salvatore «ad Sancta Sanctorum». Infine Ateresia contribuì ad alcune delle più importanti chiese di Roma (Santa Maria in Aracoeli, Santa Maria della Consolazione, Santa Maria del Popolo) e a Santa Maria della Quercia vicino a Viterbo. A ciascuna di esse destinò venticinque ducati, mentre ne lasciò soltanto dieci per la Cappella di Santa Maria della Febbre nella basilica di San Pietro. I suoi legati offrono uno sguardo sulla devozione di una delle tante famiglie di stranieri, residenti a Roma da molto tempo. La testatrice non aveva tagliato i legami con le proprie radici e quelle del marito, ma la sua devozione alla Vergine Maria era più forte della lealtà verso le istituzioni della sua nazione.

38. La semplice lastra di marmo con l'iscrizione: PETRO PASSERINO EX | FORO IVLII VTINENSI | FRATRI CONCORDIALI | Q. V. ANN. XXX. | ET EIVS VXORI | TIRRESIE NICOLAVS LIBENS | POSVIT. M. CCCC. LXXXVIII.|| è pubblicata in *Memorie istoriche della chiesa e convento S. Maria in Araceli di Roma* raccolte dal P. F. Casimiro Romano dell'Ordine de' Minori, Roma 1845, p. 78.

39. ASR, Coll. Not. Cap., 1313, f. 36r-v; la versione completa del testamento è registrata nel 1314, ff. 163v-166v. Il testamento del marito Pietro del 1 luglio 1475 è registrato nel volume 1314, f. 118r.

La maggioranza dei membri della *Societas Confalonorum Slavorum Burghi Sancti Petri* viveva nelle vicinanze della basilica di San Pietro: lì svolgevano le loro attività commerciali, possedevano case e vigne (segno di uno stanziamento stabile), rogavano contratti e testamenti dai migliori notai del rione Ponte, si sposavano, crescevano i loro figli, partecipavano alle cerimonie liturgiche e alle feste religiose nelle chiese parrocchiali, frequentavano la prestigiosa e romanissima Società del Salvatore «ad Sancta Sanctorum» e altre confraternite minori. Ciononostante scelsero di spostare le loro attività caritatevoli verso la chiesa di Santa Marina, situata in un luogo allora periferico, contraddistinto da orti e vigne, nei pressi del porto di Ripetta, importante snodo per il traffico fluviale verso l'interno della penisola. Da che cosa furono guidati? Oltre che allo spazio disponibile, la scelta poteva essere legata alle attività portuali di qualche gruppo di slavi (croati). Inoltre non era irrilevante il commercio di legna,[40] pesce salato[41] e grano fra il porto di Ancona e la Dalmazia, del cui arrivo a Roma si occupavano proprio i dalmati.[42] Infine la vicina Porta del Popolo era il principale ingresso nella città per i viaggiatori e pellegrini che vi giungevano attraverso la via Cassia e la via Flaminia. L'incremento delle attività commerciali nella zona aiutò lo sviluppo del porto e dell'area adiacente, che comprendeva la dogana, magazzini, botteghe per la riparazione di barche, taverne e locande. Con i servizi arrivarono anche artigiani e piccoli commercianti e si intensificò l'attività edilizia.

L'arcivescovo di Napoli Oliviero Carafa,[43] proprietario di terreni nella zona e primo cardinale protettore della confraternita, vendette all'Ospedale di San Girolamo una grande vigna che circondava il Mausoleo di Augusto da due lati verso l'occidente.[44] Nel 1486 si adoperò affinché papa Innocen-

40. BAV, Archivio del Capitolo di San Pietro, Censuali 1, f. 68v: nei mesi di luglio e agosto 1384 alcuni «sclauones» tagliavano la legna in Pantano; ff. 123v-126v: con la licenza dei canonici del Capitolo di San Pietro «Georgius Sclauus» trasportò a Roma nel mese di ottobre 1384 la legna raccolta nel sito chiamato *Pantano Valche*.

41. Come segno di stima e obbedienza l'arcivescovo di Zadar Maffeo Vallaresso (1450-1494) era solito spedire pesce salato al cardinale di San Marco Pietro Barbo. Il 7 febbraio 1460 sei barili grossi e due piccoli (con lo stemma del cardinale) salparono verso il porto d'Ancona, dove il vicario del vescovo li prese dal padrone della nave. Dei mulattieri spesati dal cardinale li portarono infine al suo palazzo romano. BAV, Barb. Lat. 1809, ff. 169-171 (lettere indirizzate al cardinale Pietro Barbo e al vicario del vescovo di Ancona).

42. M. L. Papini, *Palazzo Capponi a Roma*, Milano 2003, p. 22.

43. F. Petrucci, *Carafa, Oliviero*, in DBI, 19, Roma 1976, pp. 588-596.

44. Papini, *Palazzo Capponi*, p. 20; D. Rodriguez, *Trasformazioni urbane attorno alla chiesa di S. Girolamo dei Croati*, in *Chiesa Sistina*, II, pp. 91-102, 91-93.

zo VIII Cybo (1484-1492) con il breve del 10 ottobre donasse all'Ospedale l'attigua grotta sotto il Mausoleo. Il 12 dicembre 1491 la confraternita ottenne il permesso di lottizzare una vigna adiacente l'ospedale per farvi costruire case d'abitazione.[45] Dopo aver svolto un'accurata indagine i due vescovi, «commissarii ad infrascripta a sede apostolica specialiter deputati», il 3 gennaio 1492 concessero al priore, ai guardiani, al camerlengo e ai soci della confraternita la licenza e la facoltà

> domos, casas et domunculas siue habitationes in loco dicte vinee edificandi et componendi, cum tamen conditionibus et oneribus infrascriptis, videlicet: quod illi, qui voluerint edificare domos seu casas in dicta vinea, teneantur edificare honestas et congruas domos iuxta ipsarum personarum potestatem et facultatem, et soluere annuatim effectualiter Camerariis pro tempore existentibus dicto Hospitale pro qualibet canna ad mensuram Senatus urbis grossum unum: item in dictis domibus nulla persona inhonesta possit residere seu habitare; item quod si aliquem contigerit ab hac luce migrare ab intestato, dicte domus deuoluantur ad dictum Hospitale, viuentibus vero ipsis habitatoribus et eorum heredibus, possint uti, frui, et gaudere de dictis domibus tanquam de rebus propriis ipsis legitime spectantibus et pertinentibus.

L'atto, compiuto nella vigna di San Girolamo in presenza di testimoni, del presbitero e cappellano dell'Ospedale Simone Sellario, del clerico Conrado «Piscatoris» e di mastro Marco Cristofori «de Carauaso», fu trascritto dal pubblico notaio, il presbitero «Marino de Copitibus de Bosna», esecutore del testamento della nobildonna Maria Mišljenović, dama di corte della regina Katarina.[46] Queste donazioni segnano l'inizio del processo di formazione del quartiere "Schiavonia", nella parte settentrionale del Campo

45. A. Theiner, *Vetera Monumenta Slavorum Meridionalium historiam illustrantia maximam partem nondum edita ex tabulariis vaticanis*, Romae 1863, n. 702 pp. 522-523; Črnčić, *Prilozi k razpravi,* n. XX, p. 38. Vedi inoltre in Theiner, n. XXIII, p. 40, il breve scritto dal segretario Nicola Grati *de Comitibus*, arcivescovo di Conza (dal 1 ottobre 1484, morto prima del 13 novembre 1495: T. Frenz, *Die Kanzlei der Päpste der Hochrenaissance (1471-1527)*, Tübingen 1986, n. 1718, p. 413), indirizzato ai vescovi di Amelia e Modruš, rispettivamente Cesare *de Naccis* e Kristofor Stojković, residenti in Curia, con il quale essi vengono incaricati di condurre l'inchiesta in seguito alla supplica del priore, dei guardiani, del camerario e dei membri della confraternita «Hospitalis sancti Jeronimi in Lausta alme Urbis Illirice nationis», proprietari di una vigna nelle vicinanze del mausoleo, «verum si eis licentia concederetur, ut super illa domos, seu casas edificare possent cum pacto, quod pro qualibet canna terreni ad mensuram Senatus Urbis, quam capi contigerit, unum grossum annuatim dicto Hospitali soluere teneantur».

46. Črnčić, *Prilozi k razpravi*, n. XXIV, pp. 40-42.

Marzio, sino alla metà del Quattrocento poco abitata, se si esclude l'insediamento attorno alla chiesa di San Lorenzo in Lucina. Sta di fatto che la chiesa riattata e il nuovo ospedale ne divennero un elemento centrale. La cessione in enfiteusi dei terreni di proprietà assicurò un duplice vantaggio: prima di tutto, migliorarono notevolmente le condizioni di salubrità della zona; in secondo luogo, grazie all'acquisizione dei canoni d'affitto sia dai connazionali sia da altri forestieri,[47] la confraternita ebbe una rendita sicura e stabile. Le entrate furono usate per il mantenimento dei poveri pellegrini e per le necessità del culto. Benché la confraternita non fosse obbligata a ospitare infermi nell'ospedale, li accolse sempre assicurando loro anche la cura spirituale di un sacerdote, secolare o regolare, che parlasse la loro lingua.

Le prime locazioni a noi note risalgono all'anno 1491. Il 25 luglio 1494 i guardiani della confraternita Stefano «Corradi de Bosna et Georgius Jadrio de Tragurio» diedero in enfiteusi

> honestae dominae Helenae uxori quondam Lucae Jadrich Sclauonis triginta tres cannas dicte vinee dicti hospitalis posite in loco prefato iuxta quamdam grippa (!), cui ab uno latere tenet et est domus cuiusdam Sophiae.

Helena promise di edificare una casa e pagare il canone annuo entro il 30 settembre, festa di San Girolamo.[48] Due anni dopo, il 23 maggio 1496, i nuovi guardiani Johannes Marius e Paulus Aquarius, insieme al camerlengo Giovanni «de Segna», diedero in enfiteusi

> honesto viro Stephano Rado de Bosina et Helene eius uxori quoddam fundum seu terenum cannarum triginta secundum mensuram Romanam, positum prope Hospitale in Vico nouo Illyricorum, ubi fuit alias vinea dicti Hospitalis

47. Schiavoni abitanti nella parrocchia di San Lorenzo in Lucina a Campo Marzio furono registrati nel *Censimento* del 1517 e nella *Descriptio Urbis* del 1527. La Congregazione di «Santo Ieronimo de li Schiavoni» aveva in proprietà diciotto case che dava in affitto non solo ai connazionali (Marco taverniere, «Iohanne Maria Pulmisano» vignarolo, Pietro Santo mulatiere, «Ieronimo» scoparolo, Johanne Baptista «burcharolo» e la moglie di Fabiano schiavone); ma anche ad un Fiorentino «herbarolo» e a un taverniere-fornaio «maystro Rigo»; a Ciecho perugino e a Bartolino «da Bressa povero et mendico»; a Francesco «caluattare»; Lena schiavona venditrice di candele possedeva due case, ma abitava in affitto in una casa di «Santo Ieronimo». Come abitanti nel rione Campo Marzio erano registrate Elena, Caterina, Nicolosa, Vincentia, Diamanta, Catherina e Camilla e Iohanna ragusea, nonché Antonio, «Michael guardiano di lospitale di Santo Ieronimo» e Mateo. *Habitatores in Urbe. The Population of Renaissance Rome. La Popolazione di Roma nel Rinascimento*. ed. by / a cura di E. Lee, Roma 2006.

48. Črnčić, *Prilozi k razpravi*, n. XXVI, pp. 43-44.

vicina ai beni «presbiteri Valentini Johannis», cappellano a San Girolamo. L'atto fu scritto dal notaio pubblico con l'autorità imperiale e il giudice ordinario, presbitero Marco «de Vitis» di Šibenik.[49]

Nel chiostro della chiesa di San Girolamo «Gregorius de Consellis, ciuis Romanus» e notaio, fece il contratto di locazione tra «Stephano de Bosna, Georgio de Tragura et Andrea Barba», ufficiali della confraternita «sancti Hyeronimi de Hausta nationis ylirice e Johanne de Sibilia tabernario», di una «domus quandam dicti Hospitalis terraneam, soleratam et tectatam cum orto retro eam, positam in regione Campimartis in contrada sancte Cecilie [...] toto tempore vite sue pro annua pensione XII ducatorum de carlenis cum dimidio». La confraternita si impegnò ad aggiustare e riparare le scale, il tetto, le porte e le finestre a spese proprie.[50] Già all'inizio del Cinquecento la confraternita possedeva alcune case in Campo Marzio, in piazza San Lorenzo in Lucina, a Trastevere e nel Borgo. Un atto notarile del 21 marzo 1508 attesta l'affitto di due *domuncule* nel rione Campo Marzio al canone annuo di 14 carlini d'oro alla *Societas* di San Rocco, concluso dai vertici della confraternita, dal camerlengo Paolo «Nicolai Colutii Illirici» e dai «custodes» Pietro, «quondam Antonii Manarini» e Matteo «Radii». Il contratto fu firmato nella «sala magna palatii apostolici habitationis Oliverii cardinalis Neapolitani», cioè del cardinale protettore Oliviero Carafa, in presenza dei «confratres» Paolo «Cristhofori Mercur», Matteo «quondam Tornai Zabrabrii», Mario «quondam Petri de Nelzara» e Andrea «Pauli de Sebenico». La ratifica del 24 settembre 1509 della compravendita di una casa nel rione Campo Marzio offre i nomi dei vertici rinnovati: due «custodes seu guardiani venerabilis hospitalis seu ecclesie Sancti Hieronymi de Augusta»: Fabiano «quondam Simeonis» di Zagreb e Mario «quondam Georgii» di Zadar, del «camerarius» laico Paolo «quondam Christophori Cerdo Sencalzo» nonché del priore Paolo «Nicolai».[51] Questi documenti

49. *Ibidem*, n. XXVII, pp. 44-46.

50. *Ibidem*, n. XXVIII, pp. 46-48 del 10 luglio 1496.

51. A. Rehberg, *Le comunità "nazionali" e le loro chiese nella documentazione dei notai stranieri (1507-1527)*, in *Identità e rappresentazione. Le chiese nazionali a Roma, 1450-1650*, a cura di A. Koller, S. Kubersky-Piredda con la collaborazione di T. Daniels, Roma 2015, pp. 211-231, 215-216, 226-227, citando i documenti conservati presso l'Archivio Storico Capitolino, AU, sez. LXVI, Istrumenti, vol. 2, ff. 94r-95r; vol. 5, ff. 152v-154v. A. Rehberg (p. 216, nota 48: l'atto registrato in ASC, AU, sez. LXVI, Istrumenti, vol. 23, ff. 122v-123r) riferisce anche di un atto del notaio della confraternita «Marius Petri de Marmoraris», in data 27 febbraio 1515 e relativo alla contabilità della confraternita. Il camerlengo

offrono importanti informazioni sui nomi dei membri e sulle strategie di investimento immobiliare della confraternita. Nel censimento del 1543 la confraternita possedeva ventisette case in affitto in diversi rioni romani. Nel 1556 su ogni casa avevano posto l'immagine di San Girolamo con il numero distintivo; nel 1582 queste immagini furono sostituite dal rilievo marmoreo scolpito dallo scultore Nikola Lazanić.[52]

4. *La confraternita degli illirici*

I primi statuti della confraternita furono approvati dalla Curia e poi riformati il 22 maggio 1541. I due protettori della confraternita coinvolti nella loro stesura furono i cardinali di origine veneziana Gaspare Contarini (1489- 24 agosto 1542) e Pietro Bembo (1470-1547), elevato alla porpora nel 1539 e nominato protettore della confraternita per sostituire il Contarini, quando questi, appena nominato, nel 1541 partì per la lunga missione diplomatica in Germania.[53] Come molte confraternite nazionali a Roma anche quella degli illirici ebbe la direzione collegiale in carica per un anno. I ruoli direttivi e le cariche di responsabilità al suo interno divennero sempre più, con il passare del tempo, appannaggio di ecclesiastici. Secondo i nuovi statuti del 1541 a capo della confraternita vi era un presidente, preposto anche alla chiesa e all'ospedale. Questi era affiancato e aiutato da

«Antonius de Perucciis del castrum Perusinum» (oggi Pazin in Istria) chiese di potersi giustificare per la contabilità dell'anno precedente (1514). Il controllo gli era stato chiesto da Vincenzo de Andreis († 1524), rampollo di antica famiglia nobile di Trogir, vescovo di Otočac in Croazia dal 1493 al 1520, con importanti incarichi nella Curia. Un documento del 28 dicembre 1514 pubblicato da Črnčić, *Prilozi k razpravi*, n. XXXI, pp. 53-54, stipulato «in sala domus site in hospitali sancti hieronymi», in presenza dei presbiteri Mattia, canonico di Trogir e «capellano dicti reuerendi patris domini episcopi», e «Jacobo canonico spalatensi cum eodem episcopo» (cioè Vincenzo «de Andreis») svela che il vescovo era presidente dell'Ospedale di San Girolamo. Lo era ancora nel 1520, come testimonia il contratto di locazione di un «casamentum seu cappannam sitam in Regione Campi Martis» concluso il 26 febbraio tra «Vincentium de Andreis episcopum Ottociensem, presidentem dicte Societatis» e «magistrum Zanninum muratorem diocesis Cremonensis» scritto dal notaio Francesco Serrena. Črnčić, *Prilozi k razpravi*, n. XL, p. 67.

52. Burić, *Iz prošlosti hrvatske kolonije*, pp. 51-52.

53. H. Mackensen, *The Diplomatic Role of Gasparo Cardinal Contarini at the Colloquy of Ratisbon of 1541*, in «Church History», 27, 4 (1958), pp. 312-337, 314; *Cardinal Gasparo Contarini (1489-1542). A Collection of Published Correspondence*, compiled by P. Hanbridge OFM cap., Rome 2008.

sei membri del consiglio: due guardiani, un cappellano, un camerlengo e due sindaci.[54] Le pagine del *Liber bonorum Hospitalis* del 1590 spiegano il procedimento elettivo:[55]

> un presidente, doi guardiani, doi sindici che si fanno ogni anno la domenica in Albis in congregazione – che si fa secondo il solito con l'intervento del luogotenente deputato dal protettore, et tutti li fratelli della natione, et detti officiali per carità, e senza premio alcuno hanno cura con uno Banchero Depositario de l'entrate di far provedere di tutto quello ocorre giornalmente et ogni mese si radunano con li fratelli per trattare le cose de l'Hospitale.

Chi voleva diventare socio della confraternita doveva presentare una regolare domanda che veniva letta alla riunione. In seguito un'apposita commissione di due membri indagava sulla vita e i costumi del candidato. Una volta accertatane la buona fama, il criterio preferenziale di ammissione era la conoscenza della lingua "illirica" e il provenire dai paesi aventi diritto all'ospizio. Analogamente ogni pellegrino al suo arrivo doveva provare la propria origine e la conoscenza della lingua nazionale al fine di ricevere alloggio e vitto per tre giorni.

I due «custodes» avevano poteri e responsabilità molto ampi in quanto dovevano gestire il patrimonio immobiliare della confraternita. Infatti ne curavano i beni, comprese le case di cui era proprietaria, e curavano pure quelli della chiesa e dell'ospedale; inoltre si occupavano dell'assistenza a malati e pellegrini. Dall'inizio del Settecento uno dei due era anche il segretario della confraternita. L'assistenza spirituale dei pellegrini e dei membri della colonia romana era affidata a un cappellano nazionale, che teneva il registro dei membri e i verbali delle riunioni.[56] Doveva occuparsi della sagrestia e celebrare la messa almeno due volte la settimana e durante

54. Come abbiamo visto, nel periodo precedente la pubblicazione dei nuovi statuti il vescovo di Otočac Vincenzo «de Andreis» resse la presidenza dell'Ospedale almeno negli anni 1514 e 1520. Črnčić, *Prilozi k razpravi*, n. XXXI, pp. 53-54 e n. XL p. 67.

55. BAV, Vat. lat. 5440, f. 1r.

56. Il verbale di una riunione del 1664 conferma l'esistenza di una «matricula» in cui venivano registrati i nomi dei membri dal 1494. Essa fu copiata in un secondo momento dal canonico Jeronim Paštrić, ma purtroppo non fu preservata, come anche la «matricula» dei membri femminili (la decisione di ammettere le «sorelle» alla riunione del 2 febbraio 1676 per renderle partecipi dell'indulgenza concessa da Clemente X). Comunque, i nomi dei nuovi membri della confraternita erano regolarmente registrati nei verbali delle riunioni (Decreti). Črnčić, *Prilozi k razpravi*, pp. 11-19; F. Borroni, *Bonifacio, Natale, detto Bonifacio da Sebenico o Natale Dalmatino*, in *DBI*, 12, Roma 1971.

le feste principali. Qualora fossero mancati sacerdoti connazionali, veniva ammesso un cappellano di altre nazioni, purché avesse buona conoscenza della lingua "illirica". Nel 1632 Gasparo Sestio, sacerdote e agente per gli affari ecclesiastici, deceduto a Rocca Priora, lasciò in donazione all'ospizio di San Girolamo tutti i suoi beni per un valore di 3500 scudi, con l'obbligo di istituire una cappellania per l'altare della Madonna Addolorata, la «Pietà», dove un cappellano avrebbe dovuto celebrare ogni giorno una messa per la sua anima.[57]

La vita religiosa, la spiritualità e gli atteggiamenti devozionali dei membri dei sodalizi romani fondati nel Trecento ruotavano intorno a una religiosità più intima, che nel corso del Quattrocento fu travolta da importanti cambiamenti. Le opere di misericordia temporale, le cerimonie liturgiche, le processioni, le rappresentazioni dei misteri divini che coinvolgevano tutta la comunità furono soltanto alcune delle manifestazioni più rilevanti. Anche nel caso della confraternita di San Girolamo nel secondo Quattrocento e nel Cinquecento si osserva un analogo processo. Sin dalla sua istituzione svolgeva attività caritatevoli fra i connazionali a Roma (residenti o in pellegrinaggio): offriva alloggio nell'ospizio, assistenza nell'ospedale, sepoltura nella chiesa, doti alle povere nubende o alle fanciulle destinate alla vita religiosa, elemosina ai poveri, riscatto dei prigionieri e delle vittime delle guerre contro i turchi. Molte di tali attività erano concentrate il 30 settembre, festa di San Girolamo, e a Natale. Il sussidio era legato ad alcune condizioni, come l'obbligo della confessione e comunione almeno una volta al mese. Anche i membri della confraternita potevano contare su aiuti pecuniari o sull'affitto gratuito delle case, sulla visita e l'assistenza ai malati, sulla cura spirituale. I confratelli visitavano e aiutavano i carcerati nelle varie prigioni e i condannati alle galere.[58] Cercavano anche, tra gli schiavi comprati nei porti turchi, di scoprire connazionali per riscattarli.[59]

Nonostante le tante difficoltà economiche e i notevoli debiti, durante l'anno santo 1650 il sussidio alle persone sole, alle fanciulle povere,[60] a gruppi di persone o a famiglie numerose rimase una priorità della confraternita. Tuttavia, con il decreto dell'11 maggio 1651 il cardinale protettore Giulio

57. Fuček, *Chiesa Sistina,* p. 17.

58. Burić, *Iz prošlosti hrvatske kolonije*, p. 23.

59. Kokša, *S. Girolamo degli Schiavoni*, p. 12.

60. Fuček, *Chiesa Sistina*, p. 28: «le ragazze povere nell'entrare in monastero ricevevano 25-30 scudi e la veste religiosa, le fidanzate povere 25-30 scudi e il vestito nuziale», quanto ammontava lo stipendio annuo del cappellano.

Sacchetti abolì il sussidio alle nubende povere su proposta dello storico e canonico del capitolo geronimiano Jeronim Paštrić (Split, 1615-1700).[61]

La somma di 25-30 scudi e l'abito dell'ordine venivano offerti anche alle fanciulle che volevano prendere i voti,[62] ai seminaristi a Roma, ai singoli sacerdoti. Particolare cura veniva data all'organizzazione dell'ufficio del confessore nazionale nella chiesa di San Pietro, come confermano anche i testamenti finora citati.[63]

Tra le attività devozionali e caritative dei membri della confraternita era preponderante la liturgia funebre. La confraternita si prese cura dei defunti [con]nazionali e romani fino al 1858, quando fu abolita la sepoltura nelle chiese. Non conosciamo l'esatta posizione dei luoghi di tumulazione di tanti membri e benefattori della confraternita all'interno della vecchia chiesa di San Girolamo, ma nella nuova chiesa sistina vi erano almeno sei sepolcri comuni. I maschi morti nell'ospedale di San Girolamo erano sepolti nella cappella sotto l'altare dell'Annunziata, le donne invece sotto l'altare di Cirillo e Metodio; i pellegrini croati morti a Roma venivano sepolti sotto l'altare dell'Addolorata e i canonici sotto il coro. Non si sa, invece, l'esatto luogo di sepoltura dei membri della congregazione.[64] Nel 1679 fu creato anche un sepolcro per i membri dell'Arciconfraternita degli agonizzanti. Per i membri e benefattori della congregazione e per tutti i sepolti nella chiesa di San Girolamo il lunedì dopo la prima domenica del mese veniva recitato il breviario e celebrata la messa cantata. Per ogni defunto membro della congregazione erano celebrate dieci messe, per i benefattori cinquanta messe all'anno. Il 2 novembre, giorno dei morti, era celebrata la messa per i croati defunti a Roma.[65]

61. I. Golub, *Jeronim Paštrić o svetojeronimskom sporu oko ilirske zemlje* (1655, 1659), in «Croatica cristiana periodica», 6, 9 (1982), pp. 112-120, 117-118. Normalmente nelle riunioni il cardinale protettore era rappresentato da un suo vice, prelato uditore o giudice.

62. Burić, *Iz prošlosti hrvatske kolonije*, pp. 24-25 riporta, tra tanti altri, i casi di Ana Antonia Venturino che nel 1555 ricevette 20 scudi; Katarina ricevette il sussidio per l'abito nel 1564. Nel 1578 la confraternita offrì il sussidio alla dodicenne figlia di Ivan, pellicciaio di Zadar, per entrare nel monastero di Santa Caterina di Funasi a Palacina, mentre il papa Gregorio XIII continuò a pagare al monastero una quota mensile per il suo mantenimento. Nel 1604 la confraternita versò 30 scudi per Ivana, figlia di Vinko Cvitković di Šibenik, che entrò nel monastero di Santa Cecilia a Trastevere.

63. Fra Tiburzio Buccia di Cattaro (Kotor) fu il primo confessore per la lingua croata nella basilica di San Pietro; divenne membro della confraternita nel 1533. Burić, *Iz prošlosti hrvatske kolonije*, p. 12.

64. *Ibidem*, pp. 65-68.

65. *Ibidem*, pp. 65-68; Fuček, *Chiesa Sistina*, p. 29.

5. *L'ospizio e l'ospedale*

In pieno accordo con le disposizioni pontificie, le quali ridussero progressivamente il periodo minimo di permanenza dei pellegrini durante l'anno santo, anche l'ospizio-ospedale di San Girolamo assicurava ai connazionali impegnati nel pellegrinaggio vitto e alloggio gratuito, cioè la cena e il letto per tre notti. D'altronde questi ultimi raggiungevano presto lo scopo del loro viaggio: l'accesso facilitato alle reliquie (ogni sabato potevano presenziare all'esibizione delle spoglie dei principi degli apostoli, ogni domenica a quella della "Veronica") e la benedizione papale. Almeno per quanto riguarda il pellegrinaggio e il soggiorno sotto la protezione della confraternita nazionale, mancava il tempo per visitare le antiche rovine.[66] Al loro arrivo i pellegrini dovevano dimostrare la propria identità, l'origine e la conoscenza della lingua nazionale per poter ricevere il vitto e l'alloggio di tre giorni, e venivano dotati di attestato parrocchiale. Al termine delle pie pratiche il cappellano nazionale consegnava loro un certificato decorato con l'immagine di San Girolamo[67] e lo stemma dei paesi che avevano diritto all'ospizio: Dalmazia, Croazia, Slavonia e Bosnia.[68]

Il numero maggiore di presenze coincideva con la ricorrenza dell'anno santo. Nel 1575 furono registrati 1291 pellegrini, nel 1650 soltanto 470.[69]

66. A. Esch, *Roma come centro di importazioni nella seconda metà del Quattrocento ed il peso economico del papato*, in *Roma Capitale (1447-1527)*, pp. 107-143, p. 138.

67. I. Golub, *Istituzioni collegate alla chiesa*, p. 39.

68. Il *Chronicon Altinate*, scritto prima dell'XI secolo, è una delle più antiche testimonianze che la sponda orientale dell'Adriatico fosse conosciuta dagli abitanti delle lagune veneziane come «Sclavonia». *Cronache*, a cura di G. Fedalto, L. A. Berto, Roma 2003 (Scrittori della chiesa di Aquileia, XII, 2), p. 208. Sull'uso dei nomi "slavo", "croato", "illirico" per le popolazioni di queste regioni nel corso del medioevo e dell'età moderna: J. V. A. Fine Jr., *When Ethnicity Did Not Matter in the Balkans. A Study of Identity in Pre-Nationalist Croatia, Dalmatia, and Slavonia in the Medieval and Early-Modern Periods*, Ann Arbor 2006, pp. 171-275; Z. Blažević, *Ilirizam prije Ilirizma*, Zagreb 2008. Sul ruolo nella formazione dell'ideologema illirico di Juraj Šižgorić, autore del trattato *De situ Illyriae et civitate Sibenici*, di Vinko Pribojević («Vincentius Priboevius» m. dopo 1532), autore dell'*Oratio de origine successibusque Slavorum* nel 1525, e di Mavro Orbini (1563-1614), autore de *Il Regno de gli Slavi hoggi corrottamente detti Schiavoni* (a Pesaro 1601), *Ibidem*, pp. 114-136, 176-192; Z. Blažević, *How to revive Illyricum? Political Institution of the «Illyrian Emperors» in Early Modern Illyrism*, in *Welche Antike? Konkurrierende Rezeptionen des Altertums in Barock*, I-II, hrsg. von U. Heinen, Wiesbaden 2011, pp. 431-444.

69. Alcuni vescovi croati chiesero di essere accolti nell'ospizio per brevi periodi durante l'anno santo 1650, ma la congregazione rifiutò di ospitarli spiegando che «il povero

Venticinque anni dopo ve ne erano presenti 330, mentre nel 1700 soltanto 249.[70] Una delle ragioni di questa minore affluenza fu la guerra continua con i turchi. Comunque la confraternita spendeva fino a 400 scudi d'oro all'anno per l'ospitalità ai pellegrini, incluse le medicine per i malati, 208 scudi per il personale addetto alle cure mediche, 220 scudi per le spese di culto della chiesa e 45 scudi per le povere zitelle della «natione per maritarle».[71] Anche nel 1601 era sommersa di debiti per le spese affrontate durante l'anno santo del 1600 e per gli ingenti danni provocati dall'inondazione del Tevere, ma in qualche modo continuò a esistere.

Il regolamento più antico dell'ospizio e dell'ospedale a noi noto, indubbiamente rispecchiante le attività, i costumi e le usanze da tempo applicate nel trattamento dei pellegrini e malati, è quello redatto dal cardinale protettore Giulio Antonio Santori (Caserta, 6 giugno 1532 - Roma, 9 maggio 1602, protettore dal 1589),[72] letto alla riunione ordinaria del 15 luglio 1601. Le sue dieci fondamentali regole precisano nei minimi dettagli come dovevano esser accolti e trattati i pellegrini e i malati e perfino che cosa e quanto dovevano mangiare. Nel contesto viene menzionato anche il confessore destinato alla colonia croata a Roma – in particolar modo a coloro che non conoscevano l'italiano e abitavano nelle vigne fuori città.[73] Alla stessa riunione furono approvati cinque decreti per regolare il comportamento dei membri nelle riunioni ordinarie (che si svolgevano la prima domenica del mese nella sacrestia, nella casa del giudice delegato o nell'archivio della confraternita) e nelle assemblee generali, per esempio il divieto di portare le armi o di partecipare per chi aveva in corso una lite con un altro membro.[74]

6. *La celebrazione delle festività*

I membri della confraternita furono ovviamente sempre coinvolti nelle solenni e festose celebrazioni del santo protettore, come conferma-

ospedale fu fondato con il permesso pontificio per accogliere poveri pellegrini e assistere i malati provenienti dalle terre croate». Burić, *Iz prošlosti hrvatske kolonije*, pp. 50-51.

70. *Ibidem*, pp. 36, 45.

71. BAV, Vat. lat. 5440, f. 1r. Nel 1590 l'attivo ammontava a 895 scudi, il passivo a 1099 scudi.

72. Burić, *Iz prošlosti hrvatske kolonije*, pp. 14, 74.

73. *Ibidem*, pp. 34-35; Fuček, *Chiesa Sistina*, p. 30.

74. Burić, *Iz prošlosti hrvatske kolonije*, pp. 7-8.

no i loro testamenti. Le disposizioni testamentarie rivelano, per esempio, la loro volontà di essere ricordati in occasione delle solennità: così nelle sue ultime volontà, redatte il 26 ottobre 1468, Giacomo Allegretti «de Dalmazia» scelse di essere sepolto nella chiesa di San Girolamo con l'obbligo della celebrazione di tre messe «pro anima sua» e della commemorazione in occasione della festa di San Girolamo il 30 settembre.[75] Come già ricordato, la nobildonna Maria Mišljenović il 17 settembre 1485 ordinò alle donne ospitate nella sua fondazione di consegnare una libra di candele di cera «Hospitali sancti Jeronimi in festo ipsius in signum subiectionis».[76]

Nel corso del primo secolo dalla sua istituzione, la festa fu celebrata nella piccola chiesa «coll'altare decorato di ornamenti d'argento, con prediche festose, con canti e fiori, con l'elemosina distribuita ai poveri, e con doti di 25 a 30 scudi alle fidanzate croate povere».[77] Dopo l'innalzamento a titolo cardinalizio l'8 febbraio 1566 la festa di San Girolamo fu celebrata con maggiore solennità. Il cardinale Felice Peretti Montalto, futuro Sisto V e cardinale titolare dal 17 maggio 1570, donò un parato pontificale di damasco bianco tessuto a fioroni d'oro,[78] usato per la prima volta durante la celebrazione del 1578.[79] Il giorno della sua coronazione, Sisto V donò cinquanta scudi d'oro, con i quali la comunità commissionò all'orefice Domenico de Righi due candelieri d'argento con lo stemma del pontefice, la figura di San Girolamo e l'iscrizione commemorativa.[80] Il 14 giugno 1585 il papa assegnò il titolo al pronipote Alessandro, che ne prese il possesso il 30 settembre in presenza di tredici cardinali e quaranta maggiori prelati, patriarchi, arcivescovi e vescovi, mentre l'anno dopo ben quattordici cardinali presenziarono alla festa.[81] Prendendo possesso della chiesa alla vigilia della festa di San Girolamo del 1608, il cardinale titolare Bonifacio Bevilacqua fu accompagnato da 16 prelati. Il giorno seguente, alla celebrazione

75. Črnčić, *Prilozi k razpravi*, n. XIV, pp. 26-29.

76. *Ibidem*, n. XX, pp. 35-38, 37.

77. Fuček, *Chiesa Sistina*, p. 23. La Congregazione chiedeva specifiche informazioni sulla buona fama delle fanciulle che avrebbero ricevuto il sussidio. Burić, *Iz prošlosti hrvatske kolonije*, pp. 64-65.

78. R. Perić, *Sisto V – Titolare e costruttore della chiesa geronimiana*, in *Chiesa sistina 1589-1989*, II, pp. 55-68, 57 nota 7.

79. *Ibidem*, p. 57 nota 8.

80. *Ibidem*, pp. 58-59, nota 14.

81. *Ibidem*, pp. 59-60, note 16-17.

della messa sull'altare del santo, fu accompagnato da 9 porporati, tra i quali Roberto Bellarmino, insigne teologo e rettore del Collegio Romano.[82]

Per queste feste la facciata della chiesa veniva illuminata, mentre canti e programmi musicali erano eseguiti dai migliori cori romani diretti dai notissimi direttori del tempo. Le somme impiegate il giorno della festa per la musica di due vespri (vigilia e festa) e di una messa ammontarono a dodici scudi nel 1594. Con il tempo le spese aumentarono e si stabilirono sui venticinque scudi negli anni Venti del Seicento. Per gli anni 1596-1602 le fonti ricordano le esibizioni del maestro Giovanni Battista Zucchelli, organista della basilica di San Pietro. Dopo l'acquisto di un piccolo organo nel giugno 1609 la congregazione assunse il suo primo organista, il noto musicista Alessandro Costantini, che fu attivo come maestro a Sant'Apollinare e più tardi come organista della basilica di San Pietro. La confraternita contribuiva con quindici scudi l'anno alla spesa dell'«organista e di tutto quel che bisogna per l'organo». Nel 1614 fu presente il notissimo compositore croato Ivan Lukačić, frate francescano di Šibenik, che dal 1620 fino alla morte il 20 settembre 1648 fu maestro di cappella della cattedrale di San Doimo di Split.[83]

Dall'inizio del Cinquecento si celebrò la festa della Candelora (2 febbraio), durante la quale erano distribuite le candele ai membri della congregazione di San Girolamo e ai fedeli. Candele molto grandi e particolarmente ornate erano offerte al Pontefice, al cardinale protettore della congregazione e dal 1566 al cardinale titolare della chiesa. Verso la metà del Seicento (1652-1653) una candela benedetta era portata anche all'ambasciatore veneziano.[84]

7. *Il Capitolo e le controversie intorno alla nazione illirica*

Una volta eletto, papa Felice Peretti fece demolire la vecchia chiesa e, ingaggiando i migliori architetti e artisti del tempo, cioè Martino Longhi il Vecchio e Domenico Fontana, la ricostruì dalle fondamenta negli anni 1588-1589.[85] In seguito, per assicurare il futuro della chiesa, con la bolla

82. Fuček, *Chiesa Sistina*, pp. 23-24.

83. A. Morelli, *La musica a S. Girolamo dei Croati. Note d'archivio*, in *Chiesa sistina 1589-1989*, II, pp. 121-132.

84. Fuček, *Chiesa Sistina*, p. 26 e nota 73.

85. Sulle vicende della nuova chiesa sistina rimando al più recente studio di J. Gudelj, *San Girolamo dei Croati a Roma: gli Schiavoni e il cantiere sistino*, in *Identità e rappresentazione*, pp. 297-326.

Sapientiam Sanctorum[86] del 1 agosto 1589 istituì l'unico capitolo straniero nazionale a Roma, il capitolo degli illirici, composto da un arciprete, sei canonici e quattro prebendari, sacerdoti provenienti dalle provincie "illiriche" e che dovevano conoscere la lingua "illirica".[87] Nella riunione della confraternita convocata il giovedì 16 novembre 1589 dal suo presidente e il primo arciprete del neofondato Capitolo, Alessandro Komulović,[88] si volle chiarire il senso della bolla sistina relativo all'ammissione dei beneficiati. Dopo una vivace discussione tra i confratelli, si decise di incaricare Benedetto Gallo e Zephiro Fabiani di rivolgersi ad un avvocato per avere un parere legale.[89]

Considerato dai membri della Congregazione un particolare benefattore, papa Urbano VIII Barberini (1623-1644) confermò il privilegio concesso da

86. Črnčić, *Prilozi k razpravi*, n. LIX, pp. 75-84. Nel 1753 l'originale della bolla si trovava ancora nell'Archivio della confraternita di S. Girolamo, ma nel 1784 lo si poteva vedere presso la famiglia Sforza, che ereditò lo *ius patronatus* sopra il Capitolo di San Girolamo dalla famiglia Peretti, che consisteva anche nel diritto di presentare al cardinale titolare «[...] personas idoneas dictae Nationis Illiricae, seu alias etiam origenas eiusdem tamen Illyricae linguae, et idiomatis». Golub, *Istituzioni collegate alla chiesa*, pp. 41-42 e note 12, 16.

87. Istituendo il Capitolo Sisto V concesse il privilegio di cantare nelle messe più solenni l'Epistola e il Vangelo nella lingua slava, dopo averli cantati nella lingua latina. Ivan Tomko Mrnavić, da canonico della cattedrale di Šibenik, celebrò la messa in "glagolitico", cioè croato, il 10 dicembre 1623, il 18 giugno e il 30 settembre (la festa di San Girolamo) del 1626. Burić, *Iz prošlosti hrvatske kolonije*, pp. 56, 58.

88. Aleksandar Komulović (Split, 1548 - Dubrovnik, 1608) fu presidente della confraternita di San Girolamo dal 22 aprile 1582 al 9 gennaio 1584, e poi nel 1589-1590. Per lungo tempo fu considerato autore del primo catechismo in lingua croata, per la pubblicazione del quale nel 1582 chiese alla confraternita un sussidio (il 4 febbraio gli furono assegnati 5 scudi, il 4 marzo altri 20 scudi). Prima del suo, circolavano in croato i catechismi di Giacomo Ledesma, stampato a Venezia nel 1578, e quello di Agostino Valier, scritto per la diocesi di Verona, tradotto e stampato nel 1578-1579, e distribuito dallo stesso Valier durante la prima visita apostolica post-tridentina in varie diocesi della Dalmazia nel 1579. Entrò nella Compagnia di Gesù, e nel 1584 insieme a Toma Raggio («Radi, Radius, Ragius», nato a Forlì nel 1531, e primo rettore del Collegio Illirico di Loreto) fece una visita apostolica in Turchia, da dove tornarono a Roma nel 1585. Nel 1590 insieme ai con-canonici consegnò al pontefice il primo inventario della confraternita e della chiesa di San Girolamo, oggi in BAV, Vat. Lat. 5440. Su ordine del cardinale Aldobrandini, protettore della nazione slava, nel 1603 tradusse il *Breve catechismo* di Roberto Bellarmino. Nella chiesa di San Girolamo ancora oggi è visibile la lapide con l'iscrizione che fece eseguire per se stesso, il nipote Pietro, canonico di San Girolamo morto nel 1599, e il fratello Komulo. Burić, *Iz prošlosti hrvatske kolonije*, pp. 29, 30, 69, 73. Fine, *When Ethnicity did not matter*, pp. 234-235.

89. Golub, *Istituzioni collegate alla chiesa*, p. 43 e nota 20

Sisto V agli ecclesiastici della chiesa e dell'ospizio come «personas idoneas dictae Nationis Illyricae seu alias etiam origenis, eiusdem tamen Illyricae linguae et idiomatis».[90] Ancora alla metà del Seicento per la «Congregatio Sancti Hieronymi Illyricorum» l'Illiria comprendeva la Croazia, la Dalmazia, la Slavonia e la Bosnia, con una popolazione prevalentemente cattolica.

Una lunga controversia su cosa si dovesse intendere per "illirico" nell'ambito delle istituzioni del capitolo e della confraternita di San Girolamo, nonostante la procedura consolidata di quasi due secoli, scoppiò dopo la morte nell'ottobre 1651 del canonico Vincenzo Mazola Dalmata. I requisiti necessari richiesti per il posto di canonico dalle bolle di Sisto V e Urbano VIII nonché dai decreti della Sacra Visita Apostolica erano di essere «ex natione et prouincia Illyrica, et habet peritiam Illyrici idiomatis».[91] La candidatura di Ivan Jampšić, nato a Roma da madre italiana e padre di Lubliana nel ducato di Carniola, probabilmente sarebbe stata esclusa, perché il candidato non era pratico della lingua illirica. La lunga e accesa discussione tra i membri del capitolo creò due correnti. Da una parte, Jeronim Paštrić rifiutò la candidatura, sostenendo che il candidato non conosceva la lingua "illirica" e che la Carniola era sotto il dominio tedesco. Cercò quindi di restringere il diritto di appartenenza alla sola Dalmazia in senso lato, cioè rifacendosi al territorio della provincia romana che includeva la Dalmazia vera e propria, la Croazia, la Bosnia e la Slavonia. Dall'altra, Juraj Križanić appoggiò il candidato.[92] La decisione del giudice della Sacra Rota Girolamo Priuli del 10 dicembre 1655 dette ragione a Paštrić e pose fine alla controversia. A questo punto la regione illirica vera e propria equivaleva effettivamente alla Dalmazia romana, di cui facevano parte Croazia, Bosnia e Slavonia, mentre erano del tutto escluse Carinzia, Stiria e Carniola. La decisione del giudice Priuli fu motivata da una specifica controversia basata sul diritto dell'uso dell'ospizio, che evidentemente aveva spazi e risorse limitate.

John V. A. Fine Jr commenta così la situazione creatasi tra le due correnti coinvolte nella controversia:

> But frequently in creating a definition of a people, who gets included or excluded is a result of certain specific conditions. Paštrić spoke of Illyrian people, but he based his definition as to who they were on the territory they came

90. Fine, *When ethnicity did not matter*, pp. 425-426.

91. Črnčić, Prilozi k razpravi, p. 91.

92. I. Golub, *Juraj Križanić i pitanje prava Slovenaca na Svetojeronimske ustanove u Rimu,* in «Historijski zbornik», 21-22 (1968-1969), pp. 213-258.

from. The losers had a far more «ethnic» concept, since they ignored the territory one lived on or came from, but focused on simply being a member of a nation or a people.[93]

Sotto la guida dei due presidenti della confraternita di San Girolamo, lo storico Ivan Lučić Trogiranin («Johannes Lucius») e il raguseo Stjepan Gradić, prefetto della Biblioteca Apostolica Vaticana, venne disegnata una carta geografica delle terre illiriche che avevano diritto alle istituzioni di San Girolamo a Roma. Il prezioso documento è ancora conservato nel Collegio di San Girolamo dei Croati a Roma, successore dal 1901 delle antiche istituzioni geronimiane.

93. Fine, *When Ethnicity Did Not Matter*, p. 428.

Anna Esposito

Le *nationes* difficili. Albanesi e corsi a Roma nel primo XVI secolo e le loro chiese nazionali

Sulle minoranze che ho definito "difficili" in quanto creavano di frequente – a Roma o altrove – seri problemi di ordine pubblico e che avevano evidenti difficoltà d'integrazione nella società ospitante, come appunto i corsi e gli albanesi, ho già avuto modo di fermarmi in passato. In questa sede il *focus* del discorso riguarderà invece il lento processo che porta questi *forenses* al radicamento in seno alla società romana e all'istituzione – tra fine XV e inizio XVI secolo – delle rispettive "confraternite e chiese nazionali", sebbene attraverso un percorso non lineare e con esiti non del tutto sovrapponibili a quelli di altre istituzioni similari.

1. *I corsi*

Inizio dagli emigrati corsi in quanto la loro presenza nella Città Eterna è testimoniata in modo significativo già dai primi anni del XV secolo, quando la loro corrente migratoria, diretta tradizionalmente verso la Liguria e il territorio pisano, si sposta verso la Maremma senese e laziale e quindi nell'Urbe.[1] Se in questo periodo gli atti notarili romani mostrano la

1. Cfr. A. Esposito, *La presenza dei Corsi nella Roma del Quattrocento*, in «Melanges de l'Ecole française de Rome. Moyen Âge-Temps Modernes», 98, 2 (1986), pp. 607-621 (ripubblicato in *Forestieri e stranieri nelle città basso-medievali*, Atti del Seminario Internazionale di Studio, Firenze 1988, pp. 45-56 e col titolo *Una minoranza e il suo insediamento: i Corsi,* in A. Esposito, *Un'altra Roma. Minoranze nazionali e comunità ebraiche tra Medioevo e Rinascimento*, Roma 1995, pp. 93-106); Ead., *Corsi a Roma e nella Maremma laziale nel tardo Medioevo*, in *Le migrazioni in Europa. Secc. XIII-XVIII,* Atti della XXV Settimana di Studi dell'Istituto internazionale di Storia economica F. Datini, a cura di S. Cavaciocchi, Firenze 1994, pp. 825-838. Per un inquadramento più complessivo, cfr. Ead., *Le minoranze*

maggioranza degli immigrati corsi impegnata nei lavori agricoli e in quelli legati all'allevamento di bestiame (bovari, vaccai e fattori al servizio di enti ecclesiastici, come – ad esempio – l'ospedale di Santo Spirito in Sassia, oppure di privati, per lo più esponenti delle famiglie nobiliari cittadine, interessate a vari livelli all'allevamento del bestiame soprattutto bovino),[2] con l'ultimo lustro del secolo e il primo di quello successivo le loro attività cominciano ad avere maggiore articolazione. Legati alla zona mercantile del porto di Ripa per le tradizionali attività di trasporto e commercio dei prodotti isolani, seppure pur sempre occupati in gran numero nell'allevamento, vediamo in questo periodo i corsi inserirsi più stabilmente nella vita economica cittadina ed intraprendere sia il commercio al dettaglio delle derrate alimentari, sia diverse attività artigianali: troviamo così nominati nei registri notarili corsi attivi come *calciolarii, sutores, aurifices, tabernarii, pizicaroli, macellarii* insieme a balie e domestiche. Nelle stesse fonti, però, sono citati con sempre maggiore frequenza anche coloro che costituivano l'élite del gruppo corso: gli ecclesiastici (parroci, cappellani, frati per lo più francescani), gli addetti al servizio del palazzo pontificio e i militari, dai capitani di condotte ai semplici armigeri, ai balestrieri sia in servizio nell'esercito pontificio, sia al soldo dei baroni locali.[3]

Sebbene una presenza minoritaria sia attestata anche in altri rioni e particolarmente a Ripa,[4] la gran parte dei corsi, dai più modesti bovari e artigiani ai capitani, armigeri e soldati, risulta risiedere in Trastevere. Dovette costituire un polo di attrazione sia per i connazionali di passaggio che facevano scalo nel porto, sia per le nuove ondate migratorie che diventarono più frequenti alla fine del XV secolo, in relazione alla dura politica di repressione della feudalità ribelle attuata in Corsica dai genovesi del Banco di San Giorgio. Il risultato fu la formazione verso la fine del XV secolo di una comunità numerosa, quasi una vera e propria colonia, con un radicamento preferenziale in Trastevere. Dalla *Descriptio Urbis*, il primo censimento che resta per Roma,

indesiderate (corsi, slavi e albanesi) e il processo di integrazione nella società romana nel corso del Quattrocento, in *Cittadinanza e mestieri. Radicamento urbano e integrazione nelle città basso medievali (secc. XIII-XVI)*, a cura di B. Del Bo, Roma 2014, pp. 283-298.

2. Esposito, *La presenza dei Corsi*, p. 611.

3. *Ibidem*, p. 616; per il Cinquecento cfr. C. Trasselli, *Notizie economiche sui corsi in Roma (sec. XVI)*, in «Archivio storico di Corsica», 10 (1934), pp. 576-582.

4. Per la precisione, il 78% in Trastevere, il 9% a Ripa, il 3% a Borgo. Si veda anche L. Livi, *L'aspetto demografico di Roma ai primi del XVI secolo e il gruppo corso di Trastevere*, in «Economia», XVIII, 3 (1940), pp. 91-96.

del 1526-1527, se è praticamente impossibile identificare i corsi registrati, perché non presentano mai né cognome, né mestiere, si può però evidenziare la presenza di un numero veramente cospicuo di famiglie corse, ben 168 fuochi (per un totale di 956 bocche), che rappresentano il 4,80% dell'insieme dei capifamiglia di cui si rende nota la provenienza nel censimento. La percentuale diviene ancora più consistente se si considera solo il rione Trastevere – dove i corsi costituiscono il gruppo etnico prevalente – con 129 capifamiglia (per un totale di 586 bocche) sui 304 fuochi che dichiarano un'origine diversa da quella romana.[5] Questa immagine di "colonia" è ulteriormente confermata dall'esame della documentazione notarile: testamenti, accordi matrimoniali, società e contratti di lavoro ecc. evidenziano, da una parte, l'estrema precarietà economica dei corsi (le quote dotali delle donne corse sono – non a caso – le più basse di tutta la città)[6] e dall'altra la chiusura del gruppo al suo interno (l'endogamia è una regola strettamente osservata e non solo per i ceti inferiori) e inoltre legami ancora intensi con la terra d'origine (come mostrano i lasciti testamentari, dove di frequente sono ricordate persone e istituzioni religiose della madrepatria). Non stupisce quindi che i matrimoni siano conclusi per lo più tra connazionali o tutt'al più con stranieri, ma mai con romani, e che sempre connazionali siano gli attori di atti di prestito di denaro, oppure i testimoni vuoi per testamenti, vuoi per fidanze, vuoi per contratti d'affari, a sottolineare la frequenza delle loro relazioni e la solidarietà interna al gruppo, ma anche la relativa estraneità tra corsi e società ospitante, diffidente nei confronti di gruppi e persone connotate da una diffusa *mala fama*, com'erano appunto i corsi, protagonisti a Roma (e non solo) di molte azioni di violenza e banditismo.[7]

5. Esposito, *La presenza dei corsi*, p. 614.

6. Oltre a quanto emerge dagli atti di fidanze reperiti nei registri notarili, un'ulteriore prova è data dal verbale di una riunione della congregazione della confraternita della SS. Annunziata in data 8 marzo 1517, dove era posta all'ordine del giorno la proposta di diminuire la quota dotale a 75 fiorini «puellis corsicis stante quod cum minima dote locate consueverunt inter se», a cui si affiancavano anche le ragazze slave e albanesi, cfr. ASR, SS. Annunziata, reg. 299, c. 21r, cit. in A. Esposito, *Diseguaglianze economiche e cittadinanza: il problema della dote*, in «Mélanges de l'École française de Rome. Moyen Âge», 125, 2 (2013), on line http://mefrm.revues.org/1367.

7. A. Esposito, Probi viri pro improbis reputari non debent. *Il controverso problema della presenza dei Corsi nella provincia del Patrimonio di S. Pietro in Tuscia alla fine del Quattrocento*, in «Rivista storica del Lazio», 3 (1995), pp. 67-98; Ead., *La presenza corsa nelle Maremme (secoli XV-XVI)*, in *Corsica e Toscana: migrazioni e relazioni*, a cura di A. Barlucchi, in «Ricerche storiche», 42, 1 (2012), pp. 29-38.

Potrebbe stupire quindi che il fenomeno associativo, molto precoce per altri gruppi di *forenses* insediati a Roma, per i corsi risulti sviluppato in ritardo e con tutta probabilità sollecitato dai provvedimenti repressivi nei loro confronti, messi in atto nel terzo lustro del XV secolo dall'autorità pontificia. Infatti questi provvedimenti, se mancarono l'obiettivo della repressione della criminalità corsa, servirono invece a rendere più compatto e organizzato il gruppo di corsi possidenti, insediati da lungo tempo e desiderosi di rimanere nei luoghi in cui si erano radicati con le loro famiglie. A Roma, il 6 maggio 1476, all'indomani della dura bolla di papa Sisto IV del 5 settembre 1475,[8] vediamo per la prima volta i corsi inseriti in una struttura organizzativa di tipo comunitario per provvedere e trovare un rimedio «de et supra confinatione facta de prefatis corsis» da parte del pontefice. In quell'occasione tre *suprastantes*, eletti dagli uomini dell'*universitas insule Corsice* (una sorta di corporazione) sia di Roma che delle terre della Chiesa, per valutare le spese da sostenersi per risolvere il problema determinato dal bando papale d'espulsione, avevano imposto a tutti i membri dell'*universitas* una tassa di consistenza diversa a seconda dell'attività praticata (dai 2 carlini per capovaccai e bufalari, ad 1 carlino per i caprai, a mezzo carlino per ogni buttaro).[9] Nel 1501 l'*universitas corsorum de Urbe* risulta ancora operante, con sede sociale nella chiesa di San Giovanni Cantofiume (oggi Calibita) nell'isola Tiberina,[10] sebbene la chiesa di riferimento per le loro sepolture era (e sarà) di preferenza quella trasteverina di San Crisogono, dove a metà del XVI secolo verrà istituita la loro confraternita devozionale.[11]

In realtà la confraternita del SS. Sacramento e di Santa Maria Mater Dei del Carmine, istituita nel 1543 nella chiesa trasteverina di San Crisogono,[12]

8. La bolla è pubblicata in A. Theiner, *Codex diplomaticus dominii temporalis S. Sedis*, III, Roma 1862, pp. 484-486, nr. CCCCX. Fu emanata il 5 settembre 1475.

9. ASR, Collegio dei Notai Capitolini 1666, c. 91r.

10. ASR, Collegio dei Notai Capitolini 1296, c. 128r-v, 12 settembre 1501: nomina di tre sindaci per verificare l'operato di maestro Cerbone orefice, sovrastante dell'università dei corsi per l'anno precedente. Erano presenti maestro Francesco Petrilli «calsolarius in platea Iudeorum ad presens officialis vocatus soprastante, Angelottus Thomasii piscivindulus ad presens camerarius» e altre 18 persone *omnes corsi*. Furono eletti sindaci maestro Michele di Andrea barbiere, maestro Ambrosino di Ludovico sarto e Cruciano.

11. O.F. Tencajoli, *Le chiese nazionali italiane in Roma*, Roma 1928, pp. 119-125; P. Pecchiai, *I corsi sepolti nella chiesa di S. Crisogono a Roma,* in «Corsica antica e moderna», sett.-dic. 1937, pp. 1-6 (estratto).

12. D. Spadoni, *La chiesa e la confraternita dei corsi in Roma*, in «Archivio storico di Corsica», 15 (1939), pp. 508-517, e *I corsi in Trastevere (dai registri ed epitaffi di S. Criso-*

non era esclusivamente riservata alla loro "nazione" sebbene i corsi ne costituissero l'elemento prevalente, e difatti non ne veniva fatta nessuna menzione nell'intitolazione, come avveniva invece per altri sodalizi nazionali, ad esempio Santa Maria dell'Anima dei Tedeschi, San Giacomo degli Spagnoli etc. - ma tornerò su questo a breve. Con atto del 1° aprile di quell'anno, rogato dal notaio Pietro Farinacci, atto che ho reperito nei suoi superstiti protocolli conservati nell'Archivio di Stato di Roma, vengono stipulati i patti tra i frati carmelitani di San Crisogono e i guardiani dell'appena ricostituita confraternita, che si era già insediata nella cappella dedicata alla Madonna del Carmelo.[13] È bene ricordare, infatti, che dal giugno 1489, per desiderio dell'allora cardinale titolare di San Crisogono, Girolamo Basso della Rovere, papa Innocenzo VIII aveva affidato la chiesa ai carmelitani e con loro si era sviluppata una speciale devozione per la Madonna del Carmine, che aveva determinato la nascita di una confraternita denominata "S. Maria Mater Dei del Carmine", presto, però, decaduta. A ridare vita al sodalizio, seppur con altri fini e con denominazione parzialmente mutata, fu con tutta probabilità l'allora priore dei carmelitani, il mantovano Giovanni Battista Granelli *sacre theologie professor*, che certamente prese spunto per la nuova fondazione dalla bolla di Paolo III emanata nel novembre 1539, nella quale si raccomandava uno speciale culto per il Corpo di Cristo e si concedevano indulgenze e privilegi alle confraternite dedicate al SS. Sacramento.[14] Egli, di concerto con gli altri frati del convento, «pro commoditate dicte societatis» il 1° aprile 1543 concesse alla confraternita

gono), *ibidem*, 17 (1941), pp. 478-502. Con lo svilupparsi della Confraternita la cappella-oratorio divenne insufficiente e i confratelli chiesero ed ottennero dai carmelitani, il 5 febbraio 1588, anche un luogo adiacente al campanile della chiesa, dove costruirono un altro oratorio, cfr. G. Scarfone, *L'Oratorio dell'Arciconfraternita di S. Maria del Carmine in Trastevere*, in «Strenna dei Romanisti», 43 (1982), pp. 491-501. Per i numerosi meriti alla Confraternita (beneficiava sia delle indulgenze del SS.mo Sacramento, sia di quelle delle Confraternite del Carmine) fu concesso il titolo di Arciconfraternita e, dal 1605, anche il potere di liberare nel giorno di san Crisogono un condannato alla pena capitale.

13. ASR, Collegio dei Notai Capitolini 688, cc. 56r-v e 95r. Questo registro notarile di Pietro Farinacci (aa. 1540-1549) contiene molti atti relativi a corsi. Ugualmente per gli altri due conservati *ibidem* 687 (aa. 1530-1539) e 689 (aa. 1550-1555). Tra i numerosi testamenti, segnalo solo quello di «Gerialfus filius qd. Matthei de Ioanni de Monte Maiore corsus», che in data 17 aprile 1543 disponeva un legato di 3 scudi alla «venerabili societati Corpus Christi et S. Marie Matris Dei noviter facte in ecclesia S. Crisogoni» (*ibidem* 688, cc. 65r-66v, 85r-86r), dunque pochi giorni dopo la sua istituzione.

14. Spadoni, *La chiesa e la confraternita dei corsi*, p. 509.

«noviter fundata [...] que vocatur de S. Sacramento et de S. Marie matris Dei» la cappella dedicata alla Vergine del Carmine, situata in fondo alla navata destra della chiesa, dove era posto il mosaico di scuola cavalliniana (oggi visibile nel tamburo dell'abside) raffigurante la Vergine col Bambino assisa in trono fra i santi Crisogono e Giacomo il Maggiore.[15] Ed è proprio nei patti sottoscritti in quel giorno nella sacrestia della chiesa di San Crisogono, che emerge la presenza preponderante dei corsi tra i sodali che si trovano davanti al notaio a ratificare i patti con i carmelitani. Infatti, a parte il cittadino romano Giovanni Paolo *de Marchesiis*, indicato come guardiano del sodalizio, e il *dominus* Sante dell'Elba che deteneva la carica di tesoriere (e segretario), gli altri membri sono tutti corsi: così è per un secondo guardiano, il prete Francesco *de lo Forciolo*, così per i consiglieri della società ovvero il capitano Paolo de lo Giglio *corsus*, il capitano Baptista de Leca, il *dominus* Andrea del fu Cristiano, e infine Giovanni Antonio "alias Facendino".[16]

Nei sette capitoli concordati – scritti in volgare per una immediata comprensione del testo – si stabiliva che i carmelitani di San Crisogono concedevano irrevocabilmente *inter vivos* «a li prefati guardiani et camorlengho della prefata compagnia» la predetta cappella «libera et exempta de ogni peso», ma come corrispettivo pretendevano l'esclusiva direzione spirituale e cerimoniale del sodalizio. Infatti veniva stabilito non solo che «la sopraditta capella non si possi dare overo fare officiare da altri se non da li sopradicti frati», ma soprattutto che il priore del convento o altro frate di San Crisogono a ciò deputato «sempre habia ad essere patre spirituale de la predicta compagnia et habbia la medesima autorità che ha uno de li guardiani di detta compagnia overo ministri d'essa». In un successivo capitolo, poi, si insisteva sull'obbligo per i sodali affinché il priore del convento (o altro frate deputato dal capitolo generale) dovesse sempre far parte del collegio dei guardiani eletti e «con quella [stessa] auctorità, et senza quello non si possi congregare et disponere de le cose pertinente a la sopradicta compagnia». Per quanto riguardava la gestione amministrativa della fraternita, invece, si stabiliva che «dicti frati et monasterio non si possino ne debiano impiciarsi ne fare impicciare in modo nisuno ne le cose

15. Sulla basilica di San Crisogono, cfr. M. Armellini, *Le chiese di Roma dalle loro origini al secolo XVI*, a cura di C. Cecchelli, II, Roma 1942, pp. 847-849, 1281-1282; B.M. Apolloni Ghetti, *S. Crisogono*, Roma 1966.

16. ASR, Collegio dei Notai Capitolini 688, c. 57r-v.

de essa compagnia». Infine, «non volendosi continuare la prefata confraternita, che la ditta capella con soi miglioramenti se habia a restituire a li prefati frati et monasterio».[17]

Quanto scritto in questi patti si ritrova anche – e non poteva essere diversamente – nello statuto della compagnia, pure emanato il 1° aprile 1543, conservato nel codice pergamenaceo originale nell'archivio del sodalizio che oggi ha sede in Sant'Agata a Trastevere, di cui ha dato una sintetica notizia nel 1939 Domenico Spadoni.[18] Non è per il momento necessario entrare nei particolari della normativa confraternale – più o meno simile per pratiche caritative e finalità devozionali a quelli di altre fraternite coeve –, ma mi limiterò soltanto a quanto attiene propriamente ai corsi. Nel capitolo II: *Degli offitiali ch'anno ad essere nella nostra compagnia*, si dispone che «nella nostra compagnia ce siano quattro guardiani, uno dei quali sia sempre il padre priore del convento di S. Crisogono, [...] de l'altri tre, doi ne siano Corsi o vero nati de Corsi, e l'altro sia romano o d'altra natione, et siano persone idonee per tale offitio. Item ce sia uno camerlengo, [...] quattro consiglieri, un segretario et un notaro [...]». Inoltre nel cap. XVII si stabiliva che per l'elezione dei nuovi ufficiali, in carica per un anno, si doveva stilare una lista di trenta nominativi di persone «qualificate et timorose del Signore Iddio, [...] di età di almeno trenta anni in circa, et questa lista siano la metà della natione Corsa, et l'altra metà sia de Romani o altra natione». La loro preponderanza in questo sodalizio, che sarà in seguito comunemente chiamato Compagnia del Carmine, è attestata anche da un superstite registro di benefattori e benefattrici, dove almeno per tutto il XVI secolo quelli definiti "corsi" rappresentano la maggioranza per poi diminuire fino ad esaurirsi, mentre sempre molto richiesta rimane la sepoltura nella chiesa di San Crisogono, che continuerà ad essere considerata dai corsi come la loro chiesa nazionale nella Città Eterna.[19]

17. Testimoni all'atto furono: maestro Mario figlio *quondam Georgii de Petrasancta* carpentario e Iacopino figlio *quondam Francisci Panichi de Tizano Parmensis diocesis*.

18. Spadoni, *La chiesa e la confraternita dei corsi*, pp. 510-511.

19. «L'Arciconfraternita ha avuto uno sviluppo notevolissimo, si pensi che alla fine del XVII secolo numerava circa ventimila iscritti, molti di provenienza Còrsa, mentre per i primi anni del XX secolo in ogni famiglia trasteverina vi era almeno un membro iscritto, ancora oggi [...] il numero dei Confratelli è notevole. Nel corso dei secoli la Confraternita ha sempre mantenuto saldi i principi della verità nella divulgazione della buona dottrina: le solennità di luglio in onore della "Madonna de' Noantri" sono uno dei momenti più esaltanti della vita dell'Arciconfraternita, che non si limita solo al culto eucaristico e a cantare le

2. *Gli albanesi*

Anche gli albanesi hanno una storia simile a quella ora descritta, solo che la loro presenza nell'area tirrenica ed in particolare a Roma è più tarda e meno significativa numericamente rispetto ai corsi, ed è finora rimasta praticamente sconosciuta rispetto ai ben più noti insediamenti dell'Italia meridionale – in particolare in Calabria[20] – e delle Marche, Abruzzi e Veneto.[21] Gli albanesi cominciano ad essere attestati a Roma e sulle coste tirreniche a partire dalla metà del XV secolo e più intensamente nell'ultimo lustro di questo secolo, ovvero il periodo in cui – in seguito alla morte di Giorgio Scanderbeg (1468) e alla conquista dell'intera Albania da parte dei Turchi – si registra un più massiccio esodo sulle coste adriatiche italiane di slavi e albanesi che non volevano sottomettersi ai nuovi dominatori ottomani[22] e che successivamente cercheranno, anche al di là degli Appennini, terre e

lodi della Vergine Maria, ma si estrinseca anche nell'aspetto caritativo e formativo in sintonia con le direttive della Diocesi». Cfr. http://www.confraternite.it/confraternita/15#sthash.Dq63ko9I.dpuf.

20. Si confronti, da una vasta bibliografia, V. Giura, *Storie di minoranze: ebrei, greci, albanesi nel Regno di Napoli*, Napoli 1984; *Gli Albanesi in Calabria, secc. XV-XVIII*, a cura di C. Rotelli, Cosenza 1990, ed in particolare i saggi di V. Giura, *La vita economica degli Albanesi in Calabria nei secoli XV-XVIII*, e P. De Leo, *Mobilità etnica tra le sponde dell'Adriatico in età medioevale. I primi insediamenti albanesi in Italia*; G. La Viola, *Gli Albanesi in Calabria*, in *Storia e cultura degli Albanesi di Calabria*, Lucca 1994.

21. Molto si è scritto sull'immigrazione slava, dalmata e albanese sulla costa adriatica italiana nel tardo medioevo. Si confronti almeno *Le Marche e l'Adriatico Orientale. Economia, società, cultura. Dal XIII secolo al primo Ottocento*, a cura di S. Anselmi, in «Atti e Memorie della Deputazione di Storia Patria per le Marche», n.s., 82 (1977), e in particolare S. Lussu, *Gli albanesi nel Fermano attorno alla metà del '400*, pp. 85-92; F. Gestrin, *La migrazione slava a Fano nel Quattrocento: l'insediamento e la collocazione sociale*, in «Rivista storica del Mezzogiorno», 14 (1979), pp. 129-147; S. Anselmi, *Aspetti economici dell'emigrazione balcanica nell'Italia centro-orientale del Quattrocento*, in «Società e storia», 4 (1979), pp. 1-15; e i diversi saggi in *Italia felix. Migrazioni slave ed albanesi in Occidente. Romagna, Marche, Abruzzi. Secoli XIV-XVI*, a cura di S. Anselmi, Ancona 1988, in particolare quelli di S. Anselmi, G. Annibaldi, V. Bonazzoli, O. Delucca. Per Venezia cfr. almeno A. Ducellier, *Les albanais à Venise aux XIV et XV siècles*, in *Centre de Recherche d'Histoire et Civilization Byzantines*, *Travaux et mémoires*, II, Paris 1967, pp. 405-420; F. Thiriet, *Sur les communautés greque et albanaise à Venise*, in *Venezia centro di mediazione tra Oriente e Occidente: secoli XV-XVI: aspetti e problemi*, a cura di H.-G. Beck, M. Manoussacas, A. Pertusi, Firenze 1977, pp. 217-231; L. Nadin, *Migrazioni e integrazione. Il caso degli Albanesi a Venezia (1479-1552)*, Roma 2008.

22. L'esodo era iniziato già all'inizio del XV secolo, era divenuto più consistente dopo la caduta di Costantinopoli in mano turca nel 1453 e quindi con la morte del famoso condot-

borghi in cui trovare una sistemazione e un lavoro, non senza difficoltà di adattamento e di coesistenza con le società ospitanti.

Seppure in genere non facevano parte di quelle categorie professionali considerate di particolare utilità sociale e quindi favorite, per il loro insediamento, con speciali privilegi, gli albanesi non sembrano trovare ostacoli al loro insediamento a Roma, forse perché, nonostante la cattiva fama che li marcava, a differenza dei corsi, erano relativamente pochi e quindi non costituivano un problema, sebbene non manchino nel periodo da me considerato attestazioni di condanne a morte e di esecuzioni capitali di albanesi colpevoli di omicidio[23] o di detenzione per risse e furti, ma in numero contenuto e certamente non paragonabile a quello dei corsi.[24]

Per avere un'idea della consistenza del loro gruppo, nel caso degli albanesi a poco servono i dati forniti dalla *Descriptio Urbis* del 1526-1527, dove, com'è noto, le provenienze sono espresse in una percentuale molto ridotta.[25] I capifamiglia sicuramente «de Albania» sono solo dodici, per un totale di 57 bocche, di cui la maggior parte abitante nel rione Monti (dato che conferma quindi quello fornito dalla fonte notarile), ma sono attestati anche nei limitrofi rioni di Colonna e Trevi e altrove. Solo per uno di questi dodici individui è indicato il mestiere (un taverniere), ma per alcuni è possibile ricavarlo dall'identificazione con personaggi presenti nel dossier.[26] Non vi è dubbio che in questa fonte la presenza albanese in città sia sottostimata, sia perché – come ho appena accennato – la provenienza non viene indicata se non di rado in questo documento, ma anche perché a volte gli albanesi potrebbero venire indicati dai rilevatori sotto il generico termine

tiero, cfr. P. Bartl, *Fasi e modi dell'immigrazione albanese in Italia*, in «Rivista storica del Mezzogiorno», 14 (1979), pp. 197-211, in particolare 200-201; Nadin, *Migrazioni*, p. 20.

23. Cfr. S. Infessura, *Diario della città di Roma*, a cura di O. Tommasini, Roma 1890, p. 41 (a. 1442): «dell'anno 1442 a dì 15 di decembre furono iustitiati li infrascripti cioè Gino Albanese capo de squadra et lo cancellero suo cugino: ad esso li fu tagliato lo capo et lo cancellero fo appeso»; ASV, Diversa Cameralia, reg. 38, c. 12 (a. 1472); ASR, San Giovanni Decollato, b. 14, reg. 25, c. 13r (a. 1498).

24. Esposito, *Corsi a Roma*.

25. Cfr. *Descriptio Urbis: Il Censimento Romano del 1527*, a cura di E. Lee, Roma 1985, ripubblicata in *Habitatores in Urbe. The Population of Renaissance Rome / La popolazione di Roma nel Rinascimento*, a cura di E. Lee, Roma 2006.

26. Sicuramente "de Albania" sono del rione Monti: Cola 5 bocche, Bona 3 bocche, Andrea 13 bocche, Biasio 11 bocche, Bernardino 1 bocca; del rione Trevi: Michael 5 bocche, Bona 1 bocca; del rione Colonna: Petrus Paulus 3 bocche, Ian Franciscus 7 bocche, Andrea 4 bocche, Thomas tabernario 2 bocche, Iohannes de la Lira 2 bocche, cfr. *ibidem*, *ad indicem*.

di "slavi", presenti in misura molto più consistente nella *Descriptio*. Del resto, in alcuni testamenti di albanesi del primo XVI secolo, è la società di San Girolamo degli Schiavoni ad essere ricordata e non le istituzioni albanesi. Anzi il «discretus vir Andreas alias Radichius Georgii albanensis» residente in Borgo, nel suo testamento del 3 marzo 1514, si premura di informare che «ipse erat camerarius societatis S. Hieronimi sclavorum», cui lasciava 5 ducati «de camera».[27]

Per quanto attiene alle loro attività lavorative, gli atti notarili romani mostrano mestieri non particolarmente qualificati sul piano sociale – come quelli di taverniere, pescivendolo, candelottario, vignaiolo etc.[28] – e per le donne l'allocamento come serve e lavandaie.[29] A somiglianza dei corsi, anche per gli albanesi l'élite è costituita da connestabili al soldo del pontefice[30] e caporali,[31] oltre ai più modesti stradioti[32] *armigeri, squadierii, lanciarii* e generici soldati.[33] Per il 1513 è anche attestata la presenza a Roma di Giovanni figlio di Giorgio Scanderbeg il grande condottiero albanese,

27. ASR, Ospedale S. Spirito, reg. 204, parte II, cc. 4v-6v.

28. Per qualche esempio cfr. ASR, Collegio dei Notai Capitolini 1137, c. 57r, a. 1468: «Egidius Georgii albanensis tabernarius in taberna Prime Porte»; *ibidem* 848, c. 368, a. 1425: «Alessius albanensis piscivindulus»; *ibidem* 127, c. 151, a. 1493: «Georgius Egidii albanensis candeloctarius»; *ibidem* 1734, c. 532r, a. 1522: testamento di «Georgius qd Pauli albanensis canneloctarius»; *ibidem* 1733, c. 160r, a. 1505: «discretus vir Iohannes Serodi albanensis piscivindulus de regione S. Angeli»; *ibidem* 1327, c. 343r, a. 1518 «Alexius qd. Iohannis Pauli de Montenigro albanensis vignarolus in Urbe et regione Pinee».

29. Cfr. il mandato per 5 ducati da pagarsi a Margherita moglie di Lazaro albanese lavandaia, ASR, Cam. I, Mandati, reg. 859 bis, c. 6r.

30. Si confrontino i mandati camerali, che ricordano spesso connestabili albanesi, ad esempio ASR, Cam. I, Mandati, reg. 845, c. 213r, a. 1473: Pietro albanese; reg. 849, cc. 107v-108v, a. 1482: Antonio albanese *connestabili Castri S. Angeli*, che nell'aprile 1487 era tra i connestabili retribuiti posti «ad custodiam civitatis Corneti tempore guerre»; reg. 851, c. 10r, a. 1484: Cristoforo albanese allora di stanza in Campania; e inoltre ASV, Introitus et exitus, reg. 517, cc. 181r, 186v (aa. 1487-1488). Per «Ioryo albanese conestabile, che [...] stava alla guardia de Castello», ammazzato nel 1484 da Antonello Savelli e compagni, cfr. Infessura, *Diario*, pp. 124-125. Era probabilmente lo stesso che fu connestabile «fatto in campo» nel 1478 (ASR, Soldatesche e galere, b. 86, reg. 1, cc. 3rv).

31. Cfr. ASR, Soldatesche e galere, b. 86, reg. 1 (a. 1478), c. 3rv («caporali retenuti in campo: Giorgio albanese, Iohanne albanese, Dimitrio albanese; [...] caporali retenuti et mandati alle stantie: Iohanne albanese, Stefano albanese»).

32. Pagamenti a stradioti albanesi, il cui capo era Demetrio albanese, sono menzionati in ASR, Cam. I, Mandati, reg. 852, c. 6r, a. 1487.

33. Cfr. ASR, Soldatesche e galere, b. 80 (aa. 1431-1439), reg. 1, cc.3rv, 6v, 10v, 11r; b. 82 (aa. 1457-58); reg. 1, cc. 1r, 3v, 4r, 9rv, 14v, 30v, 31r, 40v; reg. 2, c. 14r; b. 86, reg. 1 (a.

cui un mandato camerale garantiva una pensione papale di 12 ducati d'oro al mese vita natural durante proprio per meriti di guerra.[34]

Dal mio dossier è possibile evidenziare l'esistenza di un gruppo albanese piuttosto numeroso e compatto nel rione Monti, una tra le zone ancora parzialmente disabitate della città, contraddistinto da orti e vigne tra un agglomerato e l'altro di case.[35] È in questo rione che in un testamento del dicembre 1497 troviamo per la prima volta attestato l'«hospitalis Albanensium»,[36] che da un altro atto, del 1517, veniamo a sapere che si denominava «S. Maria Albanensium».[37] Questa istituzione era gestita dalla «societas sive universitas Albanensium» che aveva al suo vertice tre guardiani, di cui uno anche con funzioni di camerario, e di cui sono noti altri membri, che compaiono in occasione della stesura di atti notarili, come la nomina di un procuratore[38] o l'acquisto di una vigna del sodalizio o il suo affitto,[39] vigne e qualche casa che costituivano un piccolo patrimonio immobiliare per finanziare l'istituzione assistenziale.[40] Ebbene tra questi *socii* la maggior parte aveva a che fare proprio con "il mestiere delle armi", ele-

1478), c. 3r. Per un caso di servizio presso un privato cfr. ASR, Collegio dei Notai Capitolini 1109, c. 10r, a. 1471: «Petrus Paulus albanensis armiger domini Iohannis Francisci de Mantua».

34. ASR, Cam. I, Mandati, reg. 859 bis, c. 17r.

35. Su questo aspetto del panorama cittadino cfr. D. Esposito, *Vigneti e orti entro le mura: utilizzo del suolo e strutture insediative*, in *Roma. Le trasformazioni urbane nel Quattrocento*. II: *Funzioni urbane e tipologie edilizie*, a cura di G. Simoncini, Firenze 2004, pp. 205-228.

36. ASR, Collegio dei Notai Capitolini 1310, c. 40r, 1497 dic. 2: testamento del «discretus vir Marianus Pelegrini albanensis de regione Montium». Tra i testimoni, oltre a due romani vi sono cinque connazionali: «Iohanne Petri albanense; Georgio Lei albanense, Andrea Iohannis albanense, Lazaro Tomasii albanense, Iohanne de Faure albanense».

37. *Ibidem* 1501, c. 21r: 1517 maggio 4.

38. ASR, Collegio dei Notai Capitolini 1503, c. 7r, 1523 febr. 22: «Michael qd. Pauli Bucci camerarius societatis Albanensium; Blasius qd. Iohannis albanensis, Dominicus qd. Martini albanensis, guardiani; Gilius qd. Iohannis albanensis, scinticus, Iohannes Maguliscie, Paulus Cucca, Andreas Blancus, Iohannes Franciscus de Coliscia, Christoforus Cucca scrimitare, Georgius de Neuco albanense, et Iohannes Spada», ovvero la *maior pars dicte sotietatis* nominano loro procuratore per ogni loro causa il prov. v. Iohannem della Lira albanensem.

39. ASR, Collegio dei Notai Capitolini 1389, I parte, c. 184rv, a. 1529: affitto di una vigna di proprietà del sodalizio. Per l'acquisto cfr. *ibidem* 1501, c. 21r, a. 1517: «Michael qd. Pauli Bucci, Iohannes qd. Bartholomei albanensis, et Andreas Bianco, officiales venerabilis hospitii S. Marie Albanensium» finiscono di pagare una vigna.

40. Qualche esempio: *ibidem* 1500, c. 8r, a. 1503: vendita di una casa; c. 179r, a. 1513: vendita di una vigna tra due albanesi. Tra i testi: «Iohanne qd. Petri Borodi, Lazarone

mento che si ricava sia dalle qualifiche presenti accanto ai nomi – ad esempio *Christoforus Cucca scrimìtor*, *Georgius Concha albanensis gladiator*, *Iohannes* detto Spada, *Petrus Nicolai armiger* – sia dal confronto delle informazioni raccolte sui singoli personaggi.[41] Gli iscritti al sodalizio non erano certo numerosi: in un atto del 22 febbraio 1523 sono presenti solo 12 persone che dichiarano di costituire la *maior pars dicte sotietatis*.[42]

Dalla schedatura dei numerosi testamenti, fonte che per i *forenses* – come ha osservato Arnold Esch – ci dice «molto sull'integrazione in un ambiente nuovo e sui legami con quello vecchio»,[43] si può rilevare – e questa è una sostanziale diversità rispetto ai corsi – il completo silenzio dei testatori albanesi su beni o persone o istituzioni della madrepatria. Quindi è possibile ipotizzare una rottura definitiva con il passato, da attribuirsi certamente alla contemporanea situazione politica ed economica dell'Albania, sebbene spesso il loro mondo rimane confinato nell'ambito del gruppo nazionale e poco altro, come rivelano i ricorrenti lasciti a connazionali e alla confraternita[44] (e come mostrano anche i legami matrimoniali, stretti quasi sempre nell'ambito del gruppo, almeno per il primo Cinquecento). Tuttavia con l'avanzare di questo secolo cominciano ad apparire precisi segnali di integrazione, a partire proprio dall'adesione alle istituzioni confraternali prettamente romane. Esemplare il caso del «providus vir Iohannes qd. Bartholomei albanensis de regione Montium» che, oltre a lasciare 100 fiorini all'ospedale degli albanesi «pro evidenti reparatione dicti loci»,

qd. Andree de casa Maestr(u)a et Antonio qd. Iohannis fideli dominorum Conservatorum albanensibus»; c. 178v, a. 1513: vendita di una vigna a Cola di Giorgio albanese.

41. Si veda, ad esempio, il testamento di «Alexander qd. Georgii albanensis» il quale lascia alla chiesa dell'Aracoeli le sue armi, ovvro corazza, spada e alabarda, ibidem 1734, c. 29v, a. 1510; e inoltre ibidem 1183, c. 43r, a. 1533: «discretus vir mag. Georgius Concha albanensis gladiator regionis Montium».

42. ASR, Collegio dei Notai Capitolini 1503, c. 7r: 1523 febbraio 22.

43. La citazione è tratta da A. Esch, *Un notaio tedesco e la sua clientela nella Roma del Rinascimento*, in «Archivio della Società romana di storia patria», 124 (2001), pp. 175-209: 196-7.

44. In quasi tutti i testamenti degli albanesi si trova un lascito al proprio ospedale. Cfr. il caso di Mariano di Pellegrino albanese, che dispose, oltre all'erogazione di 1 ducato per l'ospedale della Consolazione, pure 1 ducato per l'ospedale nazionale, dove voleva «quod scribatur et insculpitur imago S. Veneris in dicto hospitali», ASR, Collegio dei Notai Capitolini 1310, c. 40r, a. 1497. Il culto di santa Venera (o Veneranda) era molto diffuso tra gli Albanesi, cfr. M. Sensi *Fraternite di slavi nelle Marche: il secolo XV*, in *Italia felix*, p. 212, n. 46.

dispone – nel suo testamento del 1517 – la celebrazione del proprio anniversario da parte sia della società di San Giacomo degli Incurabili, sia di quelle del Gonfalone e della Consolazione, a ognuna delle quali lascia 50 fiorini, mentre stabilisce che alla morte della moglie Maddalena la sua casa di residenza sia ereditata per metà dall'ospedale degli albanesi e per metà dal prestigioso sodalizio del Salvatore *ad Sancta Sanctorum*.[45]

Ma vediamo più da vicino – per quanto possibile – la società degli albanesi, di cui finora non si sono reperiti statuti né altra documentazione, e che è anche completamente assente dai repertori dei sodalizi confraternali di Roma, probabilmente perché non dovette avere lunga vita. La chiesa in cui si riuniva l'*universitas Albanensium* era Santa Maria *de Puteo* posta ai piedi del Viminale nel rione Monti, a cui era annesso l'ospizio degli albanesi (o epiroti), ed era situata nella contrada detta Pozzo di Proba. Nel catalogo delle chiese di Roma dell'epoca di papa Pio V, come ricorda Mariano Armellini, essa è presente, sebbene venga già definita *diruta*: «nel rione delli Monti una chiesa ruinata detta S. Maria de Puteo che era degli albanesi, pei quali era anche annesso un ospedale».[46] Ebbe più tardi il titolo di Sant'Anna degli albanesi, denominazione con cui era conosciuta nel 1587 e così è ricordata dal Martinelli.[47]

3. *Conclusioni*

Per concludere, qualche rapida considerazione. A differenza dei loro connazionali attestati nei borghi e nelle città del Patrimonio ed in particolare nella Maremma laziale, considerati «huomini senza timor di Dio», dediti a vivere di espedienti, di violenza e in continuo attrito con la popolazione locale, i corsi e gli albanesi di Roma mostrano in parte altre caratteristiche. In primo luogo risultano entrambi insediati in un ben determinato quartiere cittadino; seppure con un certo ritardo rispetto ad altre comunità nazionali, anche corsi e albanesi procederanno all'istituzione di organismi comunitari e alla fondazione di ospedali per i propri connazionali.

45. ASR, Collegio dei Notai Capitolini 1734, c. 420r-v, 1517 agosto 14.

46. Armellini, *Le chiese di Roma*, I, pp. 133-134.

47. F. Martinelli, *Roma ex ethnica sacra Sanctorum Petri et Pauli apostolica praedicatione profuso sanguine exposita*, Roma 1653, p. 169.

Altre analogie: per tutto il XV secolo nessun corso e a maggior ragione nessun albanese risulta far parte di confraternite cittadine; nessuno di loro è mai definito *civis romanus*; nessuno di loro – anche quelli a più alto livello come i militari – stringe legami matrimoniali con partner romani. Una lenta evoluzione nel processo di assimilazione con la società ospitante, sempre più cosmopolita dalla fine del XV secolo, si avrà nel corso del XVI in particolare per la comunità corsa, che – alimentata continuamente dall'arrivo di nuovi membri e con una precisa funzione economica legata alle attività portuali e a quelle militari (ricordo che nel 1603 verrà istituita la "Guardia corsa pontificia") – riuscirà ad integrarsi stabilmente nella compagine cittadina e nelle sue istituzioni, senza però perdere la propria identità.

Laurent Tatarenko

I ruteni a Roma: i monaci basiliani della chiesa dei Santi Sergio e Bacco (secoli XVII-XVIII)

Le origini della presenza rutena[1] a Roma sono intimamente legate a tre istituzioni situate nei rioni di Campo Marzio e Monti: il Collegio greco di Sant'Atanasio, il Collegio Urbano della Congregazione di Propaganda Fide e il santuario dei Santi Sergio e Bacco. Il primo accolse dal 1577 gli alunni di "rito greco", la cui maggioranza proveniva dai territori ellenici del Mediterraneo orientale, ma anche dagli spazi slavi dell'Europa orientale e balcanica. L'arrivo degli alunni ruteni in questa istituzione precedette la promulgazione dell'Unione di Brest, che nel 1595 condusse la chiesa ortodossa polacco lituana nell'obbedienza pontificale. Già nel 1578 Leon Mamonicz, figlio di un tipografo ortodosso di Vilnius, era stato ammesso nel Collegio, dove rimase per circa sei anni prima di riprendere l'attività familiare nella capitale lituana.[2] Con la nascita della Chiesa uniate rutena, il papa Clemente VIII accordò ai metropoliti di Kiev il diritto di mandare i loro protetti a Roma.[3] Tuttavia, per molto tempo, nessun documento fissò con precisione il numero dei posti accordati ai ruteni, né le condizioni della loro accoglienza. La loro presenza a Sant'Atanasio restò dunque sporadica fino al 1616, quando il papa Paolo V fissò a quattro il numero delle borse riservate agli uniati kieviani nel Collegio.[4]

1. Il termine corrispondeva allora alle comunità slave di rito orientale stabilite in Polonia-Lituania.

2. D. Blažejowskyj, *Byzantine Kyivan Rite Students in Pontifical Colleges, and in Seminaries, Universities and Institutes of Central and Western Europe (1576-1983)*, Roma 1984, p. 82; E. Kuntze, *Monumenta Poloniae Vaticana*, t. 7/3-1, Cracovia 1939-1948, n. 38, p. 50.

3. Il vescovo di Volodymyr, Hipacy Pociej, uno dei due legati ruteni mandati al papa nel 1595, colse l'occasione per iscrivere nel Collegio greco il suo figlio Piotr che accompagnava la delegazione (A. Welykyj, *Documenta Pontificum Romanorum Historiam Ucrainae illustrantia*, vol. 1, Roma 1953, n. 186, pp. 298-299).

4. *Ibidem*, n. 252, pp. 356-357.

Nonostante questi chiarimenti, gli studenti ruteni del collegio continuarono a usufruire di un regime di eccezione. Secondo la costituzione Universalis Ecclesiae Regiminis, promulgata da Urbano VIII il 23 novembre 1624, i candidati ammessi a Sant'Atanasio «dovevano essere di famiglia onorabile, avere una conoscenza sufficiente della lingua greca, ed entrambi i genitori dovevano essere dei Greci di rito greco».[5] Il limite di età per l'ammissione fu fissato tra dodici e sedici anni.[6] La Propaganda Fide aggiunse, nel 1625, la promessa imposta agli alunni di non entrare in un ordine o in una congregazione religiosa prima di avere finito gli studi.[7] Nonostante queste indicazioni i giovani mandati dal metropolita di Kiev erano in genere più vecchi dei loro colleghi e non soddisfacevano nemmeno i criteri linguistici della selezione.[8] Per di più la grande maggioranza dei postulanti era reclutata tra i monaci, che avevano già preso i voti ed erano quasi tutti basiliani, organizzati dal 1617 in una congregazione di modello latino.[9] Queste caratteristiche lasciano immaginare che i ruteni costituissero un gruppo piuttosto singolare tra l'insieme dei borsisti del Collegio greco.

La stessa osservazione si applicava al Collegio Urbano, che offriva due borse supplementari ai ruteni e ricevette nel 1643 i primi alunni di questa origine. Le difficoltà di adattamento risaltano dai destini dei primi due arrivati: furono rinviati meno di un anno dopo la loro ammissione per non avere voluto «osservare le regole del Collegio» o aver rifiutato di «fare il giuramento».[10] Eppure i membri di questi due collegi fornirono, durante l'età moderna, la più grande parte degli individui che soggiornarono nella

5. J. Krajcar, *The Greek College in the Years of Unrest (1604-1630),* in «Orientalia Christiana Periodica», 32 (1966), p. 19.

6. J.W. Woś, *Cronaca degli allievi del Collegio Greco in Roma (1577-1640)*, in «Archivio storico per la Calabria e la Lucania», XL (1972), p. 133. Gli studenti tra sedici e diciotto anni dovevano presentare un'autorizzazione del cardinale protettore. Coloro che avevano superato i diciotto anni erano costretti a ricorrere al Sommo Pontefice.

7. Krajcar, *The Greek College*, pp. 22-23.

8. Una tale situazione era dovuta al posto del Collegio greco nel *cursus studiorum* dei ruteni: vi rappresentava infatti la tappa dei migliori alunni, passati dapprima nei collegi pontifici dell'Europa centrale.

9. П. Підручний, Початки василіанського чину і Берестейська унія [P. Pidručnyj, *Gli inizi dell'ordine basiliano e l'Unione di Brest*], in Беретейська унія і внутрішнє життя Церкви в XVII столітті. Матеріали Четвертих «Берестейських читань», Львів, Луцьк, Київ, 2-6 жовтня 1995 р. [*L'Unione di Brest e la vita interna della Chiesa nel XVII secolo. I materiali delle quarte «Letture di Brest»*, Leopoli, Luc'k, Kiev, 2-6 ottobre 1995], Leopoli 1997, pp. 79-101.

10. A. Blažejowskyj, *Ukrainian and Bielorussian students in the Pontificio Collegio* de Propaganda Fide, in «Analecta Ordinis Sancti Basilii Magni», 9 [15] (1974), pp. 205-206.

città pontificia. Tra il 1595 e il 1798, cioè fino alla promulgazione della Repubblica romana, il Collegio greco ed il Collegio Urbano accolsero rispettivamente 140 e 71 alunni, cioè 211 individui in circa duecento anni.[11]

La terza istituzione sopra ricordata corrispondeva alla procura rutena a Roma che, a partire dal 1639 e dopo tante tergiversazioni, si stabilì nella chiesa dei Santi Sergio e Bacco, ancora oggi amministrata dalla Chiesa greco-cattolica ucraina. La storia di questo edificio e dei procuratori ruteni, che si successero tra il 1626 e il 1829, è già stata trattata da Atanazij Welykyj e Ivan Choma.[12] Del resto, l'azione di questa procura, che fungeva da tramite tra gli episcopi o i basiliani uniati kieviani e Roma, si confonde con i grandi soggetti propri alla storia di questa Chiesa locale.[13] In compenso le condizioni della sua esistenza e il suo inserimento nel paesaggio urbano sono ancora insufficientemente studiate. Eppure il caso della procura rutena fornisce una testimonianza originale della diversità religiosa nella Roma barocca. Con i basiliani italo-greci, stabilitisi alla fine del XVII secolo intorno alla chiesa di San Basilio, costituiva un caso abbastanza raro di rappresentanza permanente di una Chiesa di tradizione bizantina nella città pontificia. Questo capitolo si concentrerà dunque sulla situazione materiale della procura e dell'ospizio nei secoli XVII e XVIII e poi analizzerà i rapporti tra i monaci ruteni e le altre comunità religiose legate alla storia della chiesa dei Santi Sergio e Bacco. Infine cercherà di mettere insieme elementi sparsi che rivelano il funzionamento e il posto di questa istituzione, cosiddetta "nazionale", nella vita del suo quartiere.

1. *Le sfide finanziarie e le difficoltà strutturali*

La storia dell'«ospizio» ruteno – termine comunemente utilizzato nell'epoca moderna – ha lasciato molte impronte in diversi archivi romani. Si tratta dei documenti in gran parte pubblicati nelle varie collezioni

11. D. Blażejowskyj, *Byzantine Kyivan Rite Students*, passim.

12. A. Welykyj, *Procuratores negotiorum Ecclesiae Ruthenae in Urbe*, in «Analecta Ordinis Sancti Basilii Magni», 1[7] (1949), pp. 57-78; I. Хома, *Нарис історії храму Жировицької Богоматері свв. Мучеників Сергія і Вакха в Римі* [I. Choma, *Breve storia del tempio della Madonna di Żyrovicy dei Santi Martiri Sergio e Bacco a Roma*], in «Bohoslovia», 35 (1971), pp. 129-174; A. Welykyj, *La casa e la chiesa dell'ospizio ruteno a Roma*, in «Analecta Ordinis Sancti Basilii Magni», 9[15] (1974), pp. 167-201.

13. Una delle migliori sintesi sul periodo moderno rimane Ludomir Bieńkowski, *Organizacja Kościoła wschodniego w Polsce* [*L'organizzazione della Chiesa orientale in Polonia*], in *Kościół w Polsce*, t. 2: *wiek XVI-XVIII*, Cracovia 1970, pp. 779-1048.

coordinate da Atanazij Welykyj e nella serie *Monumenta Ucrainae Historica* diretta da Andrej Šeptyc'kyj e Josyf Slipyj. Questi lavori si basano principalmente sui fondi conservati a Propaganda Fide, completati con alcuni documenti del Vicariato o del Collegio dei notai romani. Questo corpus permette generalmente di avere copie degli atti che erano stati riuniti nell'archivio dell'ospizio e poi trasferiti a Leopoli (in Ucraina occidentale) all'inizio del XX secolo, prima di essere dispersi. Tuttavia il contenuto dell'archivio dell'ospizio è presentato in un dettagliato inventario preparato e pubblicato da Cirillo Korolevskij.[14]

La lettura dei documenti conservati dà l'impressione che, all'infuori delle pratiche trasmesse dai metropoliti e delle negoziazioni corrispondenti, i procuratori dedicassero la maggior parte delle loro energie a tentare di fronteggiare le difficoltà economiche della loro istituzione, sommersa costantemente dai debiti ed incapace di provvedere al proprio fabbisogno quotidiano. Lo statuto dei procuratori è una delle ragioni di questi continui problemi. Fino all'anno 1625, il ruolo di rappresentanti della Chiesa rutena a Roma era assicurato dagli alunni kieviani del Collegio greco, che potevano intervenire come emissari del metropolita presso la Curia romana. Nel 1617 Jozef Rutski, terzo metropolita uniate di Kiev e già alunno del collegio Sant'Atanasio, non esitava a definire gli studenti basiliani come propri «oratores».[15]

L'invio nove anni più tardi del prete ruteno Mikołaj Nowak quale residente permanente a Roma era probabilmente legato alla moltiplicazione delle cause «rutene» presso la Curia, ma anche alla complessità di certe questioni (pubblicazione del messale ruteno, inizio del processo di canonizzazione di Giosafat Kuncewicz) che esigevano contatti regolari tra Roma e la gerarchia kieviana.[16] Fin da settembre 1626 Urbano VIII intese accordare ai ruteni la piccola chiesa di San Lorenzo in Fonte, che dipendeva allora dai canonici lateranensi di San Pietro in Vincoli, e chiese al procuratore basiliano di arrangiarsi («convenire») direttamente con essi.[17] Tuttavia la

14. C. Korolevskij, *Catalogus archivi procuratoris generalis Ecclesiae Ruthenae in Urbe*, in «Analecta Ordinis Sancti Basilii Magni», 2/1-4 (1926-1927), pp. 139-148, 362-375; 3/1-4 (1928), pp. 126-155, 521-536; 1[7] (1949), pp. 109-115, 292-338, 502-524.

15. T. Haluščynskyj, A. Welykyj, *Epistolae metropolitarum, archiepiscoporum et episcoporum*, vol. 1, Roma 1956, n. 6, p. 31.

16. Nelle lettere credenziali date al suo nuovo agente romano Rutski dichiarava: «[...] procurator negotiorum Ecclesiae nostrae Ruthenae [qui] de omnibus quandocunque requisitus fuerit, informare possit Curiam Romanam» (*ibidem*, n. 73, p. 175).

17. A. Šeptyckyj, *Monumenta Ucrainae historica*, tt. 9-10, Roma 1971, n. 458, p. 574.

negoziazione si rivelò più ardua del previsto e nel 1630 il metropolita chiese alla Propaganda di concedere ai ruteni un altro santuario.[18]

Con la morte di Nowak nel 1633, la carica di procuratore passò a Rafał Korsak e poi, nel 1638, agli alunni del Collegio greco Filip Borowyk e Jozafat Isakowicz. Welykyj suppone che, durante questo periodo e ad eccezione di alcuni sussidi ricevuti dal metropolita, i procuratori ruteni poterono sopravvivere grazie ad una pensione accordata direttamente dal papa, ma le fonti non permettono di confermare tale affermazione.[19] È probabile dunque che, al momento della loro installazione definitiva nella chiesa dei Santi Sergio e Bacco, essi avessero contratto parecchi debiti e fossero in una difficile situazione finanziaria.

Il santuario costruito sull'attuale piazza della Madonna dei Monti e concesso ai ruteni il 12 maggio 1639 dalla Congregazione della visita apostolica era una vecchia chiesa romana, affidata nel 1622 all'ordine dei minimi per essere trasformata in un convento.[20] L'ordine preferì comunque costruire un nuovo edificio, corrispondente all'attuale chiesa di San Francesco di Paola ai Monti, e lasciò in abbandono i Santi Sergio e Bacco. Quando quest'ultima chiesa fu recuperata dai basiliani ruteni, era un edificio vetusto e privo delle cappellanie trasferite nella nuova chiesa dei minimi. Inoltre, su autorizzazione della Congregazione della visita apostolica, i minimi trasferirono anche la sede della parrocchia nella chiesa di San Francesco, riducendo ancora di più le entrate dei basiliani.

Per questo motivo, la dotazione materiale della chiesa fu portata innanzitutto da Rafał Korsak, metropolita uniate di Kiev, venuto a Roma nel 1639 per una visita *ad limina* e deceduto nell'ospizio ruteno nell'agosto 1640.[21] I vestiti liturgici e le icone acquistati o portati dalla Polonia da questo prelato sono registrati nelle visite pastorali effettuate nel 1656 dall'oratoriano Virgilio Spada e nel 1661 da Giovanni Pastrizio (Ivan Paštrić)[22] su richiesta della

18. *Ibidem*, p. 787, n. 667. Il testo non nominava espressamente i nuovi occupanti del luogo, ma è probabile che si trattasse della «Congregazione urbana de' Signori Corteggiani di Roma», la cui sede fu istituita presso la chiesa di San Lorenzo con breve papale del 14 giugno 1628.

19. Welykyj, *Procuratores negotiorum*, p. 71.

20. A. Šeptyckyj, *Monumenta Ucrainae historica*, t. 11, Roma 1974, n. 237, pp. 264-266.

21. A. Welykyj, *Annus et dies mortis metrop. Raphelis Korsak*, in «Analecta Ordinis Sancti Basilii Magni», 1[7] (1949), pp. 145-160.

22. Era un croato di Spalato, che teneva a quel tempo la carica di correttore presso il Collegio Urbano di *Propaganda*. Tra 1654 e 1659 fu convittore al Collegio greco di Roma e probabilmente ebbe stretti contatti con gli studenti ruteni dell'istituzione, compresi coloro

Propaganda.[23] All'infuori dei differenti oggetti direttamente legati al culto, il metropolita lasciò all'ospizio una ricca biblioteca di circa 300 libri in lingua latina o rutena. Pertanto, già nel 1656, non restavano che 161 volumi, perché una parte era stata venduta dai procuratori successivi ed un'altra era stata chiesta in prestito dal missionario ruteno Paulin Dębski, partito nei Balcani occidentali per riportare al cattolicesimo gli ortodossi, dipendenti del patriarcato di Peć.[24] Questa collezione di opere liturgiche, teologiche o storiche era in origine destinata alla fondazione di un collegio riservato ai ruteni, i quali avrebbero avuto un luogo di formazione, dove poter studiare nel loro rito e nella loro lingua. Tale progetto spiega perché i procuratori possedevano anche il titolo di rettori dell'ospizio, che la Propaganda ed il metropolita ruteno speravano potesse diventare uno dei collegi nazionali presenti a Roma.

Tuttavia le difficoltà finanziarie resero vana questa speranza, anche se nel 1640 il contesto sembrava favorevole alla rapida crescita della nuova istituzione. Nell'agosto di quell'anno, il decesso del metropolita Korsak fu seguito dalla morte all'ospizio di Jan Dubowicz, figlio del console uniate di Vilnius Ignacy Dubowicz. Il giovane legò alla chiesa dei Santi Sergio e Bacco l'eredità ricevuta dal padre, ossia circa 20.000 zlotys, ai quali dovevano aggiungersi 16.000 zlotys promessi al rappresentante romano dai vescovi e dagli archimandriti ruteni.[25] Purtroppo la prima somma era in un deposito lasciato presso i carmelitani scalzi di Vilnius e questi ultimi, nonostante l'insistenza del metropolita e di Propaganda Fide, rifiutarono di inviare i soldi, considerando non valido il testamento, poiché Dubowicz non aveva raggiunto la maggior età.[26] Analogamente i sussidi promessi dal clero ruteno rimasero pii desideri.

che erano stati incaricati di occuparsi dell'ospizio ruteno nel 1661. Cfr. Ivan Golub, *Ivan Paštrić - Ioannes Pastritius polihistor i teolog (1636-1708): sabrana građa*, Zagreb 1988.

23. A. Šeptyckyj, *Monumenta Ucrainae historica*, t. 3, Roma 1966, nn. 7, 55-56, pp. 13-17, 112-121.

24. A. Welykyj, *Litterae basilianorum in terris Ucrainae et Bielorusjae*, t. 1, Roma 1979, n. 44, pp. 84-88.

25. Vedi Appendice 1. A. Welykyj, *Supplicationes Ecclesiae unitae Ucrainae et Bielarusjae*, t. 1, Roma 1960, n. 163, p. 111. Jan Dubowicz era membro di una delle principali famiglie rutene di Vilnius, impegnate a favore dell'Unione. Due dei suoi fratelli, Aleksy e un altro Jan, erano rispettivamente archimandriti di Santa Trinita di Vilnius e Santa Trinita di Derman', due grandi monasteri uniati. Le ragioni precise della sua presenza a Roma non sono note; tuttavia è probabile che facesse parte del seguito del metropolita Korsak e prevedesse di entrare in una delle istituzioni educative pontificie.

26. Welykyj, *Supplicationes*, t. 1, n. 167, pp. 114-115.

Di fronte a queste difficoltà l'unica sovvenzione stabile dell'ospizio fu quella accordata nel 1646 per il testamento del cardinale cappuccino Antonio Barberini, fratello del papa.[27] Consisteva in una rendita annua di 100 scudi pagabili in due rate a Natale e a San Giovanni e in un'altra somma di 200 scudi legati dal cardinale per il rinnovo della chiesa e dell'ospizio, che doveva accogliere il futuro collegio ruteno. Il cardinale aveva anche comprato dai minimi il terreno situato a sinistra della chiesa e vi aveva costruito una casa, che forniva alcune pigioni ai basiliani.[28] Altre sovvenzioni furono estremamente rare e l'unica conosciuta riguarda i terreni dati alla chiesa da Flavia Radi di Tomasi Rubimarca per una rendita annua di 21 scudi e 84 baiocchi in cambio di 200 messe annue celebrate per il riposo della madre defunta e dell'insieme della famiglia della donatrice.[29] Però, quest'accordo concluso nel 1688 col procuratore Giovanni Giuseppe de Camillis, un greco di Chios, passato al servizio della Chiesa rutena, non fu mai onorato, visto che l'anno successivo de Camillis fu nominato vicario apostolico per i ruteni di Mukačevo (nell'Ungheria regia).[30] Il suo successore a Roma, Polykarp Filipowicz, non esitò a vendere i terreni per finanziare il rinnovo e l'ampliamento dell'ospizio con la costruzione verso il 1695 di una nuova casa al posto del vecchio giardino a destra della chiesa.[31] Nel XVIII secolo le camere e le botteghe affittate fruttavano circa 150 scudi annui.[32] Così, i redditi più o meno regolari della chiesa e dell'ospizio arrivarono a circa 250 scudi annui, senza contare i rimborsi dei debiti e dei prestiti contratti dal rettore.

Lo stato di queste risorse, assai ridotte, era aggravato dalla gestione dei procuratori, spesso imputati di abusi e malversazioni. Di fatto il personale dell'ospizio era in genere ridotto a due persone, che vivevano in case separate e quasi indipendenti. La visita del 1656 notava che, sebbene tutti e due fossero dei monaci, l'assenza di vita comune provocava liti quotidiane, che avevano finito per creare una situazione deplorevole e più di 1.000

27. La trascrizione completa del suo testamento si trova in M.G. Paviolo, *I testamenti dei cardinali: Marcello Barberini (1569-1646)*, s.l. 2013, pp. 17-47.

28. Welykyj, *La casa e la chiesa*, pp. 191-192.

29. A. Welykyj, *Acta S.C. de Propaganda Fide Ecclesiam catholicam Ucrainae et Bielorusjae spectantia*, vol. 2, n. 676, Roma 1954, pp. 117-118.

30. A. Pekar, *Tribute to bishop Joseph de Camillis, OSBM (1641-1706)*, in «Analecta Ordinis Sancti Basilii Magni», 12[18] (1985), pp. 374-418.

31. Welykyj, *Acta S.C. de Propaganda Fide*, vol. 2, nn. 709, 775, pp. 140, 215; Id., *Supplicationes*, vol. 1, n. 416, pp. 322-323.

32. Welykyj, *La casa e la chiesa*, pp. 192-193; Id., *Acta S.C. de Propaganda Fide*, vol. 2, n. 775, p. 216.

scudi di debiti.[33] Il visitatore Virgilio Spada si mostrava poco ottimista sul futuro dell'istituzione e sottolineava che, siccome i redditi erano scarsi, i religiosi, anche se scelti con molta prudenza, finivano rapidamente per compiere abusi.[34] D'altra parte, dato che il regno di Polonia era troppo lontano da Roma, i rettori erano spesso scelti tra gli alunni del Collegio greco: erano dunque giovani e senza esperienza. In seguito a tali conclusioni il procuratore dell'epoca, Grzegorz Bieńkowski, fu accusato direttamente dalla Propaganda e dovette rifugiarsi in Polonia.[35] Conobbe poi una sorte rocambolesca, poiché alcune notizie indicano che, su domanda della Curia, il nunzio di Varsavia lo fece incarcerare in un convento dominicano di Cracovia; ma poco dopo Bieńkowski riuscì a fuggire durante una epidemia di peste e infine ad essere promosso dal metropolita ruteno a superiore del monastero di Čarlena e archimandrita di Grodno.[36]

Il debito non smise di crescere e raggiunse circa 1.850 scudi verso il 1712, creando col tempo interessi debitori che ammontavano a circa 53 scudi annui, equivalenti a più di un quinto del reddito totale dell'istitu-

33. Šeptyckyj, *Monumenta Ucrainae historica*, t. 3, n. 7, pp. 15-16. La stessa situazione si manteneva nei decenni seguenti: nel 1677, de Camillis scriveva alla *Propaganda Fide*, affermando «haver seco più che uno [compagno], il quale deve ordinariamente attendere alla cura della chiesa e casa», e supplicando per la licenza di poter «caminare solo senza [lui] per far i negotii pertinenti alla sua procura», conformemente all'uso dei chierici orientali (Welykyj, *Litterae basilianorum*, t. 1, n. 63, p. 122).

34. Šeptyckyj, *Monumenta Ucrainae historica*, t. 3, p. 16: «Cum redditus vix ad substentationem duorum religiosorum sufficiant nunquam regularem disciplinam esse observaturos, et si optimi mittantur, brevi pessimos evasuros».

35. Tuttavia, già nel 1652 Bieńkowski sottolineava che i suoi debiti corrispondevano agli importi necessari per le necessità quotidiane, poiché dal 1648, a causa della difficile situazione della Repubblica dopo la rivolta cosacca di Bohdan Chmielnicki, i basiliani polacco-lituani non avevano inviato alcun sussidio al loro rappresentante romano (Welykyj, *Supplicationes*, vol. 1, n. 265, pp. 182-183).

36. A. Welykyj, *Acta S.C. de Propaganda Fide Ecclesiam catholicam Ucrainae et Bielorusjae spectantia*, vol. 1, Roma 1953, n. 505, pp. 294-295; Id., *Acta S.C. de Propaganda Fide*, vol. 2, n. 550, p. 6; Ю. Крачковский, *Археографический сборник документов, относящихся к истории Северо-Западной Руси* [Ju. Kračkovskij, *Raccolta archeografica dei documenti riguardanti la storia della Rus' di nord-ovest*], t. 12, Vilnius 1900, p. 82. Il rifiuto del metropolita di punire il procuratore basiliano si spiega con la disorganizzazione della Chiesa rutena, profondamente colpita dalla guerra con la Svezia e la Moscovia, e il desiderio di risparmiare i pochi chierici uniati che avevano ricevuto una buona educazione ed erano in grado di occupare cariche importanti nella gerarchia. Su questo periodo: J. Praszko, *De Ecclesia Ruthena Catholica: sede metropolitana vacante 1655-1665*, Roma 1944.

zione.[37] Ciò portava i metropoliti uniati di Kiev, quando possibile, a mandare i soldi a Roma per rimborsare parzialmente i debiti contratti. Così accadde nel 1653 per un importo di 100 ducati o nel 1723 per 72 ducati.[38] Durante tutta la sua esistenza, la procura rutena non poté mai godere di una vera indipendenza finanziaria e dové trovare continuamente il modo di affrontare i debiti crescenti. Se questa debolezza era dovuta, almeno in parte, alla lontananza geografica, rendeva, nello stesso tempo, i monaci basiliani molto dipendenti dalla situazione locale della Repubblica polacco-lituana, poiché ogni ritardo dei sussidi aveva una ripercussione diretta a Roma.

2. *Una finestra sugli slavi cattolici*

La difficile situazione finanziaria, continuamente segnalata nelle lettere dei procuratori e nei rapporti di Propaganda Fide, spiega perché l'ospizio ruteno rimase durante l'età moderna una fondazione molto modesta. Il suo personale era limitato a pochi individui, la cui attività ricordava quella di una nunziatura ridotta a mere funzioni diplomatiche e destinata a fungere solo da tramite tra la gerarchia uniate di Polonia-Lituania e Roma, usando le strutture dell'ordine basiliano. Già nel 1658 e poi nel decennio successivo Propaganda Fide pensò di sopprimere l'ospizio o di annetterlo ai basiliani italo-greci, ma i vescovi ruteni, in particolare Jakub Susza e Gabriel Kolenda, la convinsero a non concretizzare tali progetti.[39] Malgrado la propria indigenza, la procura rutena riusciva infatti ad avere una certa influenza nella città pontificia come referente privilegiato di tutte le comunità slave che erano al difuori del quadro classico del rito latino. Lo testimoniano le edizioni della tipografia poliglotta, largamente influenzate dai ruteni a Roma. Questi nel decennio 1630-1640 difesero lo slavo come la lingua liturgica "universale" degli slavi e spinsero Rafael Levaković, autore della versione glagolitica del Messale romano per il clero croato, ad adattare la lingua delle sue opere

37. A. Welykyj, *Acta S.C. de Propaganda Fide Ecclesiam catholicam Ucrainae et Bielorusjae spectantia*, vol. 3, Roma 1954, n. 883, p. 54.

38. Šeptyckyj, *Monumenta Ucrainae historica*, t. 11, n. 497, pp. 479-481; A. Welykyj, *Litterae basilianorum*, vol. 1, n. 169, p. 273.

39. Welykyj, *Acta S.C. de Propaganda Fide*, vol. 1, nn. 476, 482, 488-489, pp. 269, 274, 279, 281.

alle forme grammaticali presentate nel *Sintagma regolare della grammatica slava* (1619) del religioso ruteno Melecjusz Smotrycki.[40]

In questo contesto l'ospizio dei Santi Sergio e Bacco era un luogo di passaggio per i cattolici di rito orientale, che dovevano soggiornare a Roma. La visita effettuata nel 1656 notava come uno degli inquilini di un appartamento nella casa nuova annessa all'ospizio fosse un abate greco, Giovanni Leo, conosciuto per il cattivo comportamento e per non pagare la pigione.[41] Nel 1674 l'ospizio ospitava Jeronim Obradović, un monaco «croato» passato all'Unione, che aveva chiesto di essere ammesso nel Collegio urbano o nel Collegio illirico di Loreto e ottenere qualche carica dal metropolita ruteno.[42] Talvolta la Propaganda o il papa imponevano ai basiliani di ospitare vescovi greco-orientali contro il parere della gerarchia rutena, che si lamentava nel 1680 del fatto che:

> [Graeci episcopi] habent ad gloriosam S. Athanasii ecclesiam longe iustiorem aditum, quam ad nostram Ruthenam. Deinde cum SS. Martyrum Sergii et Bacchi locus sit pauper, et modicam nostro procuratori sustentationem subministret, quomodo potest advenis Graecis episcopis sufficere? Potissimum, quod hoc ipsum esset contra mentem fundationis.[43]

La Curia poteva anche imporre ai rettori di accogliere prelati di rito orientale che trovavano rifugio a Roma, fissando le somme da pagare all'ospizio.[44] Tra questi inquilini troviamo ecclesiastici di altri riti, come il

40. D.A. Frick, *Meletij Smotryc'kyj and the Ruthenian Langage Question*, in «Harvard Ukrainian Studies», 9 (1985), pp. 25-52; G. Dalla Torre, *La tipografia poliglotta de Propaganda Fide. Il declino dell'istituzione. L'attività editoriale: i libri in lingua slava*, in «Studi e ricerche sull'Oriente cristiano», 17 (1994), p. 14; A. Nazor, *La scrittura glagolitica presso i Croati*, in *Tre alfabeti per gli Slavi*, Catalogo della Mostra per l'undicesimo centenario della morte di S. Metodio, Città del Vaticano 1985, p. 64. Secondo Nazor Roma vedeva una tale «russificazione» come «un ponte verso i cristiani» delle Chiese slave d'Oriente.

41. Šeptyckyj, *Monumenta Ucrainae historica*, t. 3, n. 7, p. 15. Tuttavia il testo aggiungeva che il greco «per diuturnam in Urbe et in Italia commorationem potius Romanus dicendus est».

42. Welykyj, *Supplicationes*, vol. 1, n. 330, pp. 236-237; Welykyj, *Acta S.C. de Propaganda Fide*, vol. 2, n. 601, p. 53.

43. A. Šeptyckyj, *Monumenta Ucrainae historica*, t. 12, Roma 1975, n. 351, p. 483. In questo caso si trattava di un prelato greco, originario di Chios, Cirillo Giustiniani (Welykyj, *Acta S.C. de Propaganda Fide*, vol. 2, n. 601, p. 53).

44. Nel 1711, il rettore parlava di un "vescovo" di Galata «da molt'anni [...] ivi collocato per ordine di N. Signore» (Welykyj, *Acta S.C. de Propaganda Fide*, vol. 3, n. 840, p. 5). Forse si trattava di Raphaele Angelo battezzato nella religione rutena ortodossa e poi partito per l'Oriente, dove aveva ottenuto diverse prelature dal patriarca di Costantinopoli, prima

vescovo armeno di Aleppo, Suchias Khaxavat, deceduto nello stabilimento nel 1743 dopo avere lasciato ai ruteni i suoi beni e la sua ricca biblioteca.[45] La chiesa serviva anche da rifugio agli uniati delle periferie dell'Europa balcanica: accolse così Inocențiu Micu-Klein, vescovo esiliato di Făgăraș, morto nel 1768 e sepolto nel santuario ruteno.[46]

L'immagine dei ruteni come vetrina dell'uniatismo slavo si riflette anche in una supplica del 1773, inviata al papa Clemente XIV da Maksim Tamarev, convertito moscovita.[47] Questi chiedeva di pronunciare la sua professione di fede davanti a Ignacy Wołodzko, rettore dei Santi Sergio e Bacco, e di ricevere da lui l'assoluzione, mentre questa cerimonia si svolgeva abitualmente presso il Sant'Uffizio.

I rettori dell'ospizio intrattenevano anche legami stretti coi polacchi presenti a Roma, in accordo con le proprie origini "nazionali" nella Repubblica polacco-lituana.[48] Nel 1689, prima della partenza verso l'Ungheria, de Camillis non esitò a lasciare la gestione provvisoria della procura a Samuel Władowicki, canonico di Vilnius, che viveva da tempo in un appartamento affittatogli dal rettore e accettava quindi gratuitamente questo carico.[49] Ancora all'inizio del XVIII secolo alcuni appartamenti della casa rutena accoglievano affittuari polacchi, che intervenivano nei conflitti interni tra i basiliani.[50] In questi litigi le istituzioni polacche di rito latino

di essere deposto. A metà degli anni 1680 trovò rifugio in Roma e fece la sua professione di fede cattolica. Poi lasciò la città papale per andare in Moscovia, dove i suoi genitori si erano stabiliti, ma ebbe problemi con i vecchi correligionari polacco-lituani e fu arrestato per ordine del re, dopo aver accettato una carica nella Chiesa ortodossa rutena. Nel 1690 il suo caso fu discusso a lungo dal Sant'Uffizio per decidere se era colpevole o no di apostasia (ACDF, S.O., St. St., QQ2-b, ff. 407r-415r). Alcuni documenti del fascicolo sono già stati pubblicati in A. Šeptyckyj, *Monumenta Ucrainae historica*, t. 4, Roma 1967, n. 94, pp. 181-182.

45. APF, Congressi, Ser. II, Ospizio dei Ruteni, vol. 1, ff. 39r-62v.

46. A. Šeptyckyj, *Monumenta Ucrainae historica*, t. 6, Roma 1968, n. 208, pp. 335-336.

47. A. Welykyj, *Audientiae Sanctissimi de rebus Ucrainae et Bielarusjae*, vol. 1, Roma 1963, n. 151, p. 167.

48. La prossimità tra soggetti di rito greco e latino della Polonia-Lituania si manifestò ancora più esplicitamente agli inizi dell'occupazione francese di Roma nel 1798 e garantì ai ruteni un trattamento più indulgente da parte delle nuove autorità, le quali consideravano la Polonia una "nazione" amica (vedi APF, Congressi, Ser. II, Ospizio dei Ruteni, vol. 1, ff. 356r-357v).

49. Welykyj, *Supplicationes*, vol. 1, n. 383, pp. 294-295; Šeptyckyj, *Monumenta Ucrainae historica*, t. 12, n. 397, pp. 535-536.

50. Nel 1723 Symfroniusz Wekulski, assistente del procuratore, chiese agli inquilini dell'ospizio di testimoniare contro il suo superiore Benedykt Trulewicz, denunciandone la cattiva gestione a *Propaganda Fide*. Egli sottolineò che il rettore lasciava alcune camere

potevano servire come intermediari per i monaci uniati che si opponevano alla gerarchia. Il miglior esempio è dato dal caso del protoarchimandrita Maksymilian Wietrzyński e del consultore Firmian Wolk, deposti nel 1719 dal capitolo basiliano di Navahrudak a causa di vari abusi e violazioni della disciplina.[51] I due vennero a Roma tra il 1720 e il 1723 per ottenere la propria reintegrazione.[52] In tale occasione fecero appello a Sebastian Mulinowicz, rettore dell'ospizio polacco di San Stanislao, che accettò di prestare loro 247 scudi e 80 baiocchi per le spese di soggiorno e la traduzione dei documenti necessari per la procedura.[53]

Questi esempi mostrano quanto sarebbe esagerato affermare che i ruteni costituivano a Roma una vera "nazione": erano infatti pochi ed erano considerati una delle strutture "polacche" della città. Tuttavia il loro ospizio rappresentava una istituzione perfettamente identificata nella sua singolarità e allo stesso tempo molto inserita nel mosaico delle strutture ecclesiastiche romane.

3. *I cattolici di rito orientale al servizio di quelli di rito latino: una inevitabile "romanizzazione"?*

Il 9 agosto 1639 i basiliani ruteni ottennero di celebrare la messa in lingua slava nel santuario appena acquistato.[54] All'epoca si trattava dell'unica chiesa di Roma che celebrava l'ufficio secondo questo rito. Quasi allo stesso tempo, Urbano VIII accordò alla chiesa tre indulgenze plenarie per le

senza inquilini e occupava personalmente ben tre appartamenti (Welykyj, *Litterae basilianorum*, vol. 1, n. 168, pp. 271-272).

51. *Ibidem*, n. 140, pp. 237-240; И. Козловскій, *Съѣзды базільянъ в Западной Руси* [I. Kozlovskij, *Congressi basiliani nella Rus' occidentale*], in «Вѣстникъ Западной Россіи», 2/4-2 (1870), pp. 37-39.

52. Roma rispose favorevolmente alla richiesta, ma Wietrzyński riprese a comportarsi come prima e fu nuovamente deposto dal nunzio nel 1724. Poi conobbe un destino rocambolesco. Abbandonò l'abito monastico e andò a Ginevra, dove si convertì al protestantesimo e si sposò. Infine, per motivi sconosciuti, ritornò al cattolicesimo e fu assolto nel 1729 (APF, Fondo di Vienna, vol. 57, ff. 244v-246v).

53. Welykyj, *Litterae basilianorum*, vol. 1, n. 167, p. 271; A. Welykyj, *Congregationes particulares Ecclesiam catholicam Ucrainae et Bielorusjae spectantes*, vol. 1, Roma 1956, n. 69, p. 213.

54. C. Korolevskij, *Catalogus archivi procuratoris*, in «Analecta Ordinis Sancti Basilii Magni», 2, 1-4 (1926-1927), p. 370.

feste di san Nicola, dei santi Sergio e Bacco e di san Basilio, cioè i patroni dei tre altari.[55] Nel 1667 il papa aggiunse un'indulgenza plenaria per la festa di san Giosafat Kuncewicz, arcivescovo uniate di Polack, ucciso nel 1623 e beatificato nel 1643.[56] Anche se i registri delle professioni di fede conservati nel Sant'Uffizio riportano passaggi regolari a Roma di ortodossi originari della Polonia-Lituania, la presenza rutena a Roma era limitata a pochi individui e sarebbe legittimo supporre che per il papa i basiliani uniati dovevano celebrare l'ufficio anche per una parte degli abitanti del quartiere, traendone qualche reddito.[57] Infatti la presenza delle casule e di messali latini, accanto a quelli ruteni, lascia pensare che nei primi tempi i rettori, i loro assistenti e addirittura gli alunni del Collegio greco, che potevano soggiornare nell'ospizio e celebrare nelle chiesa,[58] ricorressero talvolta al rito latino.[59] Tuttavia l'interesse degli abitanti del quartiere per la chiesa rutena sembra modesto, poiché i procuratori sottolineavano regolarmente che i redditi del culto erano scarsi a causa della ridotta frequentazione.

Nel 1718 la funzione cultuale dell'edificio prese comunque nuovo slancio grazie alla scoperta su uno dei muri della sagrestia dell'affresco rappresentante l'icona miracolosa di Żyrovicy. Questa era una località lituana, dove negli anni 1550 era stato costruito un monastero all'interno del quale era conservata un'icona della Vergine con il bambino di diaspro trovata alla fine del XV secolo.[60] La scoperta della sua rappresentazione romana durante lavori di rinnovo della chiesa attirò numerosi curiosi e, un anno dopo, attorno all'icona fioriva un culto informale. Un registro conservato nei fondi della Propaganda Fide presenta l'elenco dei miracoli tra il 25 agosto 1719 e il 10

55. *Ibidem.*

56. Šeptyckyj, Monumenta Ucrainae historica, t. 12, n. 156, pp. 195-196.

57. ACDF, S.O., St. St., P4-e (1655-1673), e RR3-a (1715-1732), b (1736-1750), c (1751-1807), d (1675-1710). Per i primi venti anni i registri menzionano meno di dieci slavi di rito greco. Il loro numero aumentò notevolmente nel decennio 1680-1690, con molte professioni di fede comune, presentate da gruppi provenienti principalmente dai territori ucraini, allora preda di conflitti incessanti e trasferimenti massicci di popolazione. Tuttavia è difficile seguire il percorso di tali gruppi e tutto sembra indicare che a Roma rimasero solo per poco tempo.

58. Questo diritto fu concesso nel 1645 (A. Welykyj, *Acta S.C. de Propaganda Fide*, vol. 1, n. 379, p. 220).

59. A. Welykyj, *Litterae basilianorum*, vol. 1, n. 44, p. 84-88. L'inventario dei paramenti liturgici figura nelle visite pastorali di 1656 et 1661 citate sopra.

60. P. Chomik, *Życie monastyczne w Wielkim Księstwie Litewskim w XVI wieku* [*La vita monastica nel Granducato di Lituania nel XVI secolo*], Cracovia 2013, pp. 431-435.

febbraio 1804, relativi, soprattutto, a casi di guarigione e possessione.[61] Su 151 casi elencati, 128 corrispondono al primo momento del culto, essendo registrati tra il 25 agosto ed il 7 settembre 1719. Mostrano inoltre che esso ebbe una certa eco, poiché tra le persone menzionate si trovano abitanti di parrocchie distanti, come quella di Sant'Agnese fuori le Mura, e persone di passaggio, provenienti da Gubbio, Bologna o Parma.

Gli *ex voto* depositati nella chiesa, come notava il rettore Ignacy Kulczyński, testimoniano la velocità con la quale la devozione per l'immagine miracolosa trovò posto nella vita dei fedeli di rito latino del quartiere.[62] Tant'è vero che le messe per la festa annua della Madonna del Pascolo (7 settembre) erano a volte celebrate secondo tale rito, come attesta una descrizione del 1730.[63]

In ogni caso questo culto sembra aver funzionato a corrente alternata, come suggerisce il succitato registro, e soprattutto sembra non aver migliorato la situazione finanziaria dell'ospizio ruteno. Nel 1735 Kulczyński asseriva che le entrate della chiesa erano instabili «perché consist[evano] in limosine le quali in questo tempo, per ragione del gioco detto il lotto, talmente sono calate, che non sono sufficienti a mantener la Chiesa».[64] Tuttavia lo stesso rettore poté eseguire alcuni lavori nell'interno dell'edificio grazie ai doni di qualche benefattore.[65] Nel 1741 tale sostegno finanziario permise una «rimodernizzazione» dell'edificio sotto la direzione dell'architetto Francesco Ferrari.[66]

Verso la fine del XVIII secolo la chiesa dei Santi Sergio e Bacco sembra avere avuto un ruolo maggiore nella vita religiosa del quartiere, ma era anche legata a culti che, a volte, prendevano spontaneamente forme potenzialmente inquietanti per le autorità ecclesiastiche. Nel 1784 Giovanni Francesco Albani, cardinale protettore della Polonia, incitava il rettore a ricollocare «in

61. APF, Congressi, Ser. II, Ospizio dei Ruteni, vol. 4: *Nota d'alcune grazie compartite dalla Gran' Madre di Dio [à suoi veri Devoti] sotto l'invocazione della Madonna B^{ma} del Pascolo scopertasi alcuni Mesi sono nell'Ospizio de S. S. M. M. Sergio e Bacco de P. P. Basiliani Ruteni nel Rione de Monti.*

62. I. Kulczyński, *Il diaspro prodigioso di tre colori, ovvero Narrazione istorica delle tre immagini miracolose della beata Vergine Maria: a prima di Zyrovvice in Lituania, la seconda del Pascolo in Roma, la terza copia della seconda parimente in Zyrovvice detta da quei popoli Romana*, Roma 1732.

63. C. Korolevskij, *Catalogus archivi procuratoris*, in «Analecta Ordinis Sancti Basilii Magni», 1[7] (1949), p. 305.

64. Welykyj, *La casa e la chiesa*, p. 193.

65. *Ibidem*, pp. 174-175.

66. A. Nibby, *Roma nell'anno MDCCCXXXVIII*, vol. 3, Roma 1839, pp. 712-713.

luogo più conveniente» un'immagine della Vergine, oggetto di devozione che attirava uomini e donne all'inizio della sera col rischio di scandali.[67]

I documenti dell'ospizio conservati a Propaganda contengono anche il registro della «compagnia dei benefattori» della chiesa per il periodo 1777-1788. Essa finanziava le messe per il riposo dei defunti, organizzava una cena annuale per i propri membri e finanziava lavori nella chiesa.[68] Questi registri riportano anche le quindici messe annue celebrate nella chiesa per le anime del purgatorio, ma non si sa se i defunti fossero seppelliti direttamente nel santuario. Il privilegio del 1639 concedeva alla chiesa rutena il diritto di sepoltura, tuttavia i casi conosciuti (quelli del vescovo Inocențiu Micu-Klein o di un certo Giuseppe Paganini)[69] mostrano come essi provocassero litigi col parroco di San Francesco di Paola ai Monti per la divisione delle entrate legate al funerale. In ogni caso questi diversi dati indicano chiaramente che l'istituzione rutena funzionava come una struttura ecclesiastica del quartiere e faceva pienamente parte delle pratiche sociali della popolazione locale.

4. *Conclusioni*

Il caso ruteno invita indubbiamente a riconsiderare la natura delle "piccole" nazioni a Roma. Nonostante l'importanza del ruolo diplomatico ricoperto dalla procura basiliana, l'ospizio dei Santi Sergio e Bacco non riuscì a promuovere la costituzione di una vera comunità locale durante i secoli XVII-XVIII. I problemi finanziari, ma anche il carattere esclusivamente ecclesiastico dei rapporti tra Roma e la Chiesa di Kiev spiegano in parte tale insuccesso. Questi due elementi hanno infatti obbligato i procuratori a cercare di continuo aiuti esterni senza poter appoggiarsi alla propria comunità. La mancanza di autonomia portò l'ospizio a funzionare su due livelli molto distinti, sia come annesso della Curia, cui garantiva periti sugli affari slavi di rito orientale, sia come "filiale" delle strutture parrocchiali locali al servizio della popolazione romana. Ecco perché sembrerebbe più pertinente vedere l'ospizio ruteno come una forma di legazione permanente, che servì innanzitutto quale interfaccia indispensabile nella costruzione della Chiesa uniate polacco-lituana tra le norme e le pratiche romane e gli usi della tradizione di rito orientale.

67. APF, Congressi, Ser. II, Ospizio dei Ruteni, vol. 1, f. 224r.
68. *Ibidem*, ff. 150r-293r.
69. *Ibidem*, f. 106r.

Appendice

Il testamento di Jan Dubowicz 19 settembre 1640[70]

f. 865r:

Die 19 mensis augusti 1640

Ill[ustrissimu]s D[ominus] Ioannes Ignatii Dubouicz filius *Polonus* Lithuanus sanus dei gratia mente, sensu, loquela uisu et intellectu licet aliquantulum morbo grauatus reminiscens se esse mortalem et sub hac lege natum ut semel moriatur. Ideo ante eius obitum infructum eius ultimum testamentum facere et condere procurauit prout fecit et condidit prout infra sequitur ut:

In primis incipiendo ab anima tanquam corpore digniori et cunctis rebus humanis praeferenda illam etc. corpus uero suum sepeliri uoluit et mandauit in Ven[era]b[i]li Ecclesia SS. Sergii et Bacchi quatenus Romae mori contigerit, si uero alibi in Ecclesia parochiali ubi casus mortis euenerit. Item legauit uiginti millia florenos monetae Polonicae pro studiosis quatuor p[at]ribus ordinis S[anc]ti Basilii Magni ritus Graeci Ruthenis qui Roma*m* ad studendum se contulerint uel etiam meorum consanguineorum unius aut duorum qui inter alios primum locum teneant qui omnes manere debent in d[ict]a Eccl[esi]a SS. Sergii et Bacchi de Vrbe cum oblig[ation]e autem quatenus qualibet hebdomada quatuor missat in perpetuum celebrent uel celebrare faciant in eadem Eccl[esi]a*m* in subsidiam animae ipsius testatoris et semel in anno curent [f. 865v] celebrari facere missa*m* cantatam in Eccl[esi]a*m* S[anc]ti Laurentii extra Moenia Vrbis.

Item legat D[omi]no Ioanni Dubouicz eius auunculo quatuor millia florenos Polonicae m[one]tae.

Item legat sibi pro funere sex millia florenos m[one]tae Polonicae impendens arb[itri]o infrascripti Ill[ust]r[issi]mi executoris testamentarii scili[ce]t Ill[ust]r[issi]mi D[omi]ni Valerii Sanctae Crucis.

Item legat D[omi]no Nicolao Burbae mille florenos Polonicos.

Item legat mille florenos Ven.[?] hospitali Vilnen[si] SS. Iosephi et Nicodemi exigens et recuperans ab eius matre ex mille sibi relictis a suo patre pro studiis.

In omnibus autem aliquis suis bonis haeredem suum un[iuersa]lem instituit prout ore proprio nominauit R[euerendissi]mum D[omi]num Archimandritam Vilnen[sis] Alexiu*m* Dubovicz ch[ristia]num f[rat]rem suum exequutores Ill[ust]r[issi]mum et R[euerendissi]mum D[omi]num Marcianum Triznam coadiutorem e[pisco]patus Vilnen[sis] Ref[er]nd[ariu]m Mang[ni] Ducatus Lit[huani]ae

70. ASR, Trenta Notai capitolini, Uff. 12, ff. 865r-865v, 872r [in copia: APF, Scritture originali riferite nei congressi, vol. 338, ff. 334r-335r].

et Ill[ust]r[issi]mum D[omi]num Marchionem Valerium Sacta Crucium [sic] et D[omi]num Stephanum Ryczkouschi notarium ci[ui]tatis Vilnen[sis] et D[omi]num Theodatum Zabrzeuschi consulem ciuitatis Vilnen[sis] et quem libet eorum in solidum et hoc etc. cassans etc. non solumque sed omni etc.

Ego Ioannes Dubouicz manu p[ro]pria.

Actus in collegio erigendo nati*onis* Ruthenae ad Eccl[esi]am SS. Sergii et Bacchi ad Montes p[raesen]tibus infra[scriptis] testibus qui sese eorum p[ro]priis manibus subscripserunt.

Ego Ioannes Neuelschi interfui ut supra m. p.

Ego Ioannes Dulsky interfui ut supra m. p.

Ego Philippus Borouicus or[di]nis S[ancti] Basilii Magni professus intefui m. p[ro]pria.

[f. 872r] Ego Ioannes Czemet secretarius Sere[nissi]mi Regis Polonae et Sueciae testis fui ut supra manu p[ro]pria.

Ego Stanislaus Zenouicz Serenissimi Regis Polonae et Sueciae secretarius interfui ut supra manu propria.

Ego Florianus Cosinschi poenitentiarius S[anc]ti Petri Societatis Iesu interfui ut supra manu propria.

Ego Ioannes Samuel Lacki Castelanides [sic] Samogitiae Aulicus Serenissimi Regis Polonae interfui ut supra manu propria.

Die 4 7bris 1640 Romae colla in archiuio g[enera]le Vrbano recte concordat salua semper etc. in quorum fidem etc. Franciscus de Falici loco archiuista etc.

Cesare Santus

Tra la chiesa di Sant'Atanasio e il Sant'Uffizio: note sulla presenza greca a Roma in età moderna

In questo articolo prenderò dapprima in considerazione la chiesa di Sant'Atanasio dei Greci, già molto studiata, cercando di mostrare quanto sia problematica la sua inserzione nella categoria delle «chiese nazionali»; in secondo luogo, mi concentrerò su di una fonte archivistica finora poco considerata – i registri delle professioni di fede conservati al Sant'Uffizio – per provare a ricostruire alcune caratteristiche della presenza greca a Roma in età moderna, non tanto dal punto di vista della costituzione di una comunità urbana, quanto della mobilità e del soggiorno temporaneo.[1]

1. *Una chiesa e un collegio per i "greci"?*

L'inserzione di Sant'Atanasio in un convegno dedicato alle chiese nazionali straniere sembra apparentemente scontata, ma pone in realtà numerosi problemi. Per cominciare, lo stesso appellativo di "chiesa nazionale" si rivela poco adatto al caso in questione, anche quando si voglia ritenere una definizione di *natio* tanto vaga da riferirsi essenzialmente al concorrere di comuni caratteristiche linguistiche, etniche o culturali tra i suoi frequentatori.[2] Il termine «greco», così come veniva inteso in età mo-

1. Desidero ringraziare A. Falcetta, A. Girard, B. Heyberger, G. Pizzorusso e L. Tatarenko.

2. Sull'utilizzo della categoria di *natio* nel contesto della Controriforma e delle missioni, cfr. G.Pizzorusso, *La Chiesa cattolica e le «nationes»: etnie autoctone, etnie migranti*, in *Dagli indiani agli emigranti. L'attenzione della Chiesa romana al Nuovo Mondo, 1492-1908*, a cura di Id. e M. Sanfilippo, Viterbo 2005, pp. 7-22. Nei documenti della Curia romana, tuttavia, la chiesa di Sant'Atanasio è spesso annoverata tra le chiese «nazionali» degli orientali a Roma (cfr. *infra*).

derna dalla Chiesa di Roma, aveva infatti una valenza molto più ampia di quella attuale, fino ad arrivare in alcuni casi ad essere impiegato come sinonimo *tout court* di «orientale»;[3] nell'uso più ristretto e appropriato, si applicava comunque indistintamente a tutti i fedeli della Chiesa bizantina, sia che fossero originari delle aree grecofone del Levante, sia che al contrario provenissero – ad esempio – dal mondo slavo o mediorientale.[4] Come è noto, la chiesa di Sant'Atanasio fu costruita tra il 1580 e il 1583 per rispondere alle esigenze liturgiche degli allievi dell'adiacente Collegio greco, convitto destinato all'educazione di «pueri et adolescentes graeci» in modo tale che una volta ritornati nei loro paesi potessero contribuire a diffondervi la dottrina cattolica.[5] Perché ciò avvenisse con successo, era essenziale che essi conservassero la lingua e il rito della Chiesa bizantina, cosa che li avrebbe resi ben accetti ai loro connazionali, ma interiorizzando al contempo la dottrina e la fede della Chiesa cattolica, che avrebbero a quel punto potuto diffondere «come usciti dal cavallo troiano».[6] Tali allievi

3. Ancora nel 1755 papa Benedetto XIV scriveva: «A tutti è noto che la Chiesa Orientale consta di quattro Riti: il greco, l'armeno, il siriaco e il copto, i quali Riti si intendono tutti compresi nell'unico nome di *Chiesa Greca o Orientale*» (*Allatae Sunt*, § 3, corsivo mio: trad. it. in *Tutte le encicliche e i principali documenti pontifici emanati dal 1740*, a cura di U. Bellocchi, vol. I, Città del Vaticano 1993, p. 324).

4. Anche nell'autopercezione dei sudditi ortodossi dell'Impero ottomano la fede religiosa e l'appartenenza al *millet-i-rum* erano elementi essenziali, almeno fino allo sviluppo di un'identità di tipo etnico-nazionale tra XVIII e XIX secolo: cfr. V. Roudometof, *From Rum Millet to Greek Nation: Enlightenment, Secularization, and National Identity in Ottoman Balkan Society, 1453-1821*, in «Journal of Modern Greek Studies, 16 (1998), pp. 11-48.

5. La chiesa fu inaugurata il 2 maggio 1583, festa di Sant'Atanasio: per notizie storico-artistiche e architettoniche sulla sua costruzione, cfr. A. Bedon, *Uniatismo, apostolato e colonialismo religioso nell'età di Gregorio XIII: la chiesa di S. Atanasio di rito greco in Roma*, in «Antichità viva», XXII/5-6 (1983), pp. 49-57 e R. Tancredi, *La costruzione della chiesa di S. Atanasio dei Greci a Roma (1578-1583)*, in «Palladio», 21 (1998), pp. 13-34. La dott.ssa Camilla Fiore sta attualmente conducendo un progetto di ricerca sulla chiesa nel contesto del progetto *Roma Communis Patria* della Biblioteca Hertziana.

6. Il paragone omerico viene dal memoriale «Dell'institutione del Collegio Greco eretto dalla Santità di Nostro Signore Gregorio XIII» che contiene il programma educativo dell'istituto ed è pubblicato in appendice all'importante saggio di V. Peri, *Inizi e finalità ecumeniche del Collegio Greco in Roma*, in «Aevum», XLIV (1970), pp. 1-71. Sul Collegio greco la bibliografia è molto nutrita: oltre alle notizie fornite da Rodotà, Legrand e Krajcar (vedi *infra*), mi limito a citare *Il Collegio greco di Roma. Ricerche sugli alunni, la direzione, l'attività*, a cura di A. Fyrigos, Roma 1983, e Z. N. Tsirpanlis, *Το Ελληνικό Κολλέγιο της Ρώμης και οι μαθητές του (1576-1700): Συμβολή στη μελέτη της μορφωτικής πολιτικής του Βατικανού*, Thessaloniki 1980.

e convittori «greci», però, comprendevano anche moltissimi italo-albanesi del Regno di Napoli e di Sicilia, molti «ruteni» di origine ucraina, alcuni «illirici» e, soprattutto a partire dal XVIII secolo, perfino qualche melchita siriano: insomma, giovani di etnie e lingue differenti, accomunati soltanto dalla pratica del «rito greco», cioè bizantino.[7] Per Sant'Atanasio si potrebbe allora forse parlare più correttamente di «chiesa rituale», piuttosto che «nazionale»? Anche in questo caso sorge una difficoltà, rappresentata dalla presenza tollerata di allievi e convittori provenienti sì da terre elleniche e parlanti greco, ma nati e cresciuti nel rito latino, in esplicita deroga rispetto alle costituzioni dello stesso Collegio.[8]

Se si passa poi ad esaminare nel dettaglio l'origine geografica degli allievi, si nota una progressiva ma inarrestabile decrescita della componente di provenienza propriamente ellenica: se nei decenni successivi alla fondazione i «greci orientali» (provenienti cioè dai Balcani o dalle isole del Levante) rappresentavano la grande maggioranza delle presenze, nel Seicento erano poco più della metà e nei primi decenni del Settecento risultano spesso in netta minoranza.[9] Poiché ciò andava a beneficio invece degli italo-greco-albanesi, dei ruteni e anche degli stessi levantini «latini», si assistette allora a contestazioni anche aspre: è il caso di un memoriale inviato negli anni 1720-1730 dal vescovo Filoteo Zassi, secondo il quale la pratica

7. Tra gli studi che prendono in considerazione l'ambiguità strutturale del termine «greco» in età moderna, si veda in particolare A. Fyrigos, *Accezioni del termine "Greco" nei secoli XVI-XVIII*, in «Bollettino della Badia Greca di Grottaferrata», 44 (1990), pp. 201-216, che affronta proprio «il problema relativo l'esatta definizione dei *greci* per i quali era stato istituito il Collegio gregoriano» (p. 205).

8. Nel suo testamento Leone Allacci aveva istituito come erede il Collegio greco, purché questi accogliesse ogni anno tre convittori «di Scio, nati da parenti Greci, battezzati in greco»: ma quasi la metà dei ragazzi accolti tra il 1669 e il 1837 furono in realtà greci etnici di rito latino, dato che sull'isola non si trovavano cattolici di rito greco. Come ben sottolinea Fyrigos, «la non univocità del termine *greco* offrì ai candidati la possibilità di accogliere, delle sue varie accezioni, quella di volta in volta più favorevole alla propria condizione, rivendicando il diritto d'ammissione sulla base della accezione prescelta» (*ibidem*, p. 213). Per una discussione settecentesca sul problema, cfr. ACGr, vol. 43b, cc. 60-66; molti esempi di domande di ammissione in deroga si trovano nel vol. 6.

9. Cfr. Z. N. Tsirpanlis, *Gli allievi del Collegio greco di Roma (1576-1700). Dati statistici e costatazioni generali*, in *Il collegio greco di Roma*, p. 5, e A. Fyrigos, *Catalogo cronologico degli alunni e dei convittori del pontificio collegio greco in Roma (1701-1803)*, *ibidem*, pp. 23-77. Se il *trend* appare evidente, va tuttavia precisato che in alcuni casi l'origine dei giovani non è chiara e che una ripartizione precisa è molto difficile a causa della laconicità delle descrizioni o dell'ambiguità delle etichette allora adoperate.

di ammettere i latini nel Collegio defraudava la nazione greca per la quale esso era stato pensato. In effetti, in quel momento gli allievi etnicamente, linguisticamente e ritualmente «greci» erano solo sei su venti.[10]

Tale decrescita si spiega certo con le difficoltà economiche periodicamente attraversate dal Collegio (che portarono a ridurre il numero degli allievi, preferendo gli abitanti greci dei domini cattolici rispetto ai sudditi della Sublime Porta), ma anche e soprattutto con la crescente ostilità e rigidità confessionale che si venne a creare allora tra le due Chiese. Da un lato, le gerarchie ortodosse si resero presto conto della pericolosità del proselitismo cattolico anche quando ammantato di finalità educative, rendendo molto difficile l'inserimento tra i propri ranghi degli allievi che avevano studiato a Roma;[11] dall'altro, anche nella Curia gli ambienti culturali ellenofili furono progressivamente incalzati dalle relazioni di alcuni missionari, secondo i quali tutti i greci erano naturalmente infidi e nemici del Cattolicesimo e bisognava dunque smettere «per qualche tempo d'aiutare e nutrire ne' Collegii li Greci sudditi del Turco, poiché quando ritornano alle Patrie sono peggiori degl'altri».[12] In particolare, il progressivo irrigidi-

10. ACGr, vol. 9, c. 160 v.n.: «il Collegio fondato dalla S. Sede per alimento de' giovani Greci, ne viene defraudato essendo costretto a cagione delle frequenti dispenze a divertire l'entrate nel mantenimento de' Latini, con grave pregiuditio della natione»; il cardinale protettore confermava che «delli circa venti alunni, quali si alimentano in quel Collegio greco, quindici solamente sono di rito greco [...] anzi delli detti quindici alunni Greci, sogliono tenersene tre monici ruteni di nazione polacchi, due monici di S. Basilio della Congregatione di S. Nilo, e anche quattro Italo-Greci, che in sostanza sono Italiani; sicché il minor numero è de' Greci Orientali» (c. 162rv v.n.).

11. Tale difficoltà, che minava alla base la finalità stessa dell'istituzione, non sembra esser stata avvertita al momento della fondazione, forse anche a causa delle buone relazioni intessute da Gregorio XIII con l'alto clero ortodosso: nel 1583 il patriarca di Costantinopoli Geremia II lodava l'attività del Collegio greco, due anni prima il patriarca di Antiochia riceveva una lettera in cui si diceva che a Roma «si nutrivano i giovani della natione con grande spesa e fatica, quali poi si rimandavano ne' propri paesi *per aiutare la Chiesa greca*» (cfr. Peri, *Inizi e finalità*, pp. 27-30, corsivo mio). Ancora nel XVII secolo si trovano alcuni casi di alunni del Collegio divenuti poi membri della gerarchia ufficiale ortodossa, con maggiori o minori ambiguità confessionali: si pensi a Nikiforos Melissinos, Ieremias Varvarigos e Paisios Ligaridis. La fondazione del Collegio Flangini a Venezia nel 1665 e la nascita nel XVIII secolo di alcune scuole in Levante finanziate da lasciti testamentari potevano inoltre soddisfare le esigenze educative dei greci.

12. APF, Acta, 1677, cc. 60v-61r (16 marzo 1677; la proposta viene dal Commissario di Terra Santa, come rappresaglia per la perdita del Santo Sepolcro a favore del patriarca greco di Gerusalemme e considerando che l'ambasciatore imperiale sul luogo «si serve d'un tale Gianachi stato alunno nel Collegio Greco di Roma, ed hora pessimo scismatico»).

mento dell'attitudine romana verso la pratica della *communicatio in sacris* con gli ortodossi e l'inasprirsi delle violenze contro i cattolici in alcuni contesti dell'Impero ottomano fecero apparire sempre più problematica ed in definitiva inutile l'accoglienza dei greci «sudditi del Turco», dato che non avrebbero potuto effettivamente esercitare il ministero apostolico nei loro paesi d'origine.[13] Tutto questo venne ad aggiungersi alle resistenze e ostilità che avevano accompagnato da subito la fondazione del Collegio, mentre periodicamente affioravano memoriali di protesta da parte degli allievi, in cui in pratica si sosteneva – non del tutto a torto – che il Collegio fosse ormai greco solo di nome, ma non di fatto.[14] Si pensi che tra i mezzi proposti nel 1711 da un certo Giorgio Condilli alla Congregazione di Propaganda Fide per il «bene spirituale della Grecia» vi era la fondazione di un Collegio «specialmente per li giovani Greci di Levante, giacché in questo Collegio Greco vi se ne ricevono pochissimi, et attualmente non ve n'è alcuno».[15]

Un altro e ancor più importante elemento di criticità sembra essere la sostanziale autoreferenzialità di Sant'Atanasio rispetto al tessuto cittadino e alla stessa vita religiosa dell'Urbe. La chiesa dei greci era innanzitutto e quasi esclusivamente la chiesa *del* Collegio greco: a differenza delle altre chiese "nazionali", non sembra cioè configurarsi come centro di gravità di una comunità straniera stabilmente radicata a Roma. Se si legge con attenzione il regolamento del Collegio, si può notare un'estrema attenzione nell'impedire agli allievi qualsiasi libertà di movimento o di comunicazione che non fosse mediata dai superiori: numerosi documenti ricordano interventi disciplinari contro quanti cercassero di stringere relazioni o con-

Nel 1711 anche l'ambasciatore di Francia a Costantinopoli osservava che gli ex alunni del Collegio erano «in Levante gl'inimici più fieri che abbiano li Cattolici, valendosi contro di essi delle scienze acquistate e de' beneficii ricevuti in questa città [Roma]» (APF, Acta, 1711, c. 370, 7 luglio 1711).

13. Cfr. APF, Congressi, Collegi vari, vol. 30 (= Collegio greco, vol. 1, 1577-1779), cc. 5r-6v, dove si propone di sostituire gli allievi «orientali» con Greci cattolici dell'Ungheria.

14. Cfr. J. Krajcar, *The Greek College in the Years of Unrest (1604-1630)*, in «Orientalia Christiana Periodica», 32-1 (1966), pp. 5-38: 37-38; Id., *Rectors of the Greek College and some problems they encountered, 1630-1680,* in *Il Collegio Greco di Roma*, pp. 149-199: 172-173 e *passim*. Anche se l'insegnamento avrebbe dovuto teoricamente incentrarsi sulle «lettere greche», esso era spesso affidato ad insegnanti che non padroneggiavano la lingua, come testimoniano diverse proposte per migliorarne la didattica: cfr. ad esempio ACGr, vol. 1, cc. 217r-220v.

15. APF, Acta, 1711, c. 175 (23 marzo 1711).

tatti al di fuori del perimetro del Collegio.[16] Le case e i beni di proprietà del Collegio, da cui si ricavavano buona parte delle rendite, non erano affittate a inquilini greci, ma a romani e spagnoli.[17]

Ecco dunque uno snodo cruciale: esisteva a Roma una "comunità greca" (comunque si voglia intendere il termine),[18] che prescindesse dalla temporanea presenza degli allievi del Collegio? Se la domanda riguarda semplicemente il numero di greci residenti a Roma in età moderna, per rispondere con sicurezza sarebbe necessario uno spoglio sistematico dei registri parrocchiali dell'Urbe conservati all'archivio storico del Vicariato, un lavoro ampio e complesso che resta ancora da fare.[19] Ma se invece l'attenzione è posta sull'esistenza di un insediamento stabile, più o meno organizzato, che potesse fare ricorso per le proprie esigenze spirituali a Sant'Atanasio, credo che, almeno per il XVI-XVII secolo, si debba essere scettici. Come sottolineava quasi vent'anni fa Heleni Porfyriou, Sant'Atanasio si differenzia in ciò dalle chiese greche delle altre città italiane. A Venezia, Napoli, Ancona e in altri porti della penisola i greci erano arrivati come effetto di una diaspora inizialmente politico-religiosa e poi soprattutto mercantile e marinara: secondo un processo ricorrente e facilmente comprensibile, le comunità si erano organizzate attorno ad una chiesa o confraternita che permettesse la conservazione della loro identità culturale, sviluppando poi anche strutture ricettive, scuole, cimiteri, ecc.[20] Inoltre, un

16. «Nessuno parli con Greci forastieri, specialmente d'Oriente, né in casa né fuori» (ACGr, vol. 2, c. 162v); «Non possino in modo alcuno gli scolari menar forastieri per la camera loro senza licenza del Rettore. Non eschino mai di casa senza licenza de' superiori, né soli, né accompagnati [...] vadino per la strada modestamente non ragionando, né fermandosi con alcuno» (dagli *Ordini per il Collegio Greco* del 1583, conservati nel codice Vat. Lat. 5527 e pubblicati da É. Legrand, *Bibliographie héllenique du dix-septième siècle*, vol. III, Paris 1895, p. 503). Per altri «Casi di Bolla, per i quali gl'Alunni del Collegio Greco devono esser licenziati dal Collegio», cfr. ad esempio APF, Congressi, Collegi vari, vol. 30, cc. 62v-63v (§§ 4-5).

17. ACGr, vol. 40. Nel Seicento la maggioranza delle rendite derivavano dall'abbazia della Trinità di Mileto, in Calabria.

18. Cfr. M. Grenet, *La fabrique communautaire: les Grecs à Venise, Livourne et Marseille 1770-1840*, Roma 2016.

19. Massimo Pomponi ha rintracciato in questo modo la presenza di tre artisti greci residenti nell'Urbe nel 1624: *Artisti stranieri a Roma nel primo trentennio del Seicento*, in *Alla ricerca di "Ghiongrat". Studi sui libri parrocchiali romani (1600-1630)*, a cura di R. Vodret, Roma 2011, pp. 169 e 177.

20. Tra le molte pubblicazioni di Heleni Porfyriou sull'argomento, cfr. *La presenza greca: Roma e Venezia tra XV e XVI secolo*, in *La città italiana e i luoghi degli stranieri,*

certo margine di ambiguità permetteva a molti di mantenere la fede ortodossa, più o meno nascosta dietro alla questione del «rito» e periodicamente riaffiorante a causa di tensioni interne alle comunità o nelle contestazioni delle locali autorità ecclesiastiche. Nel cuore della cattolicità le cose non potevano che essere differenti. Alle fondazioni collettive e «dal basso» del luogo di culto si contrappone il caso romano, che fu opera istituzionale e «dall'alto»: in altre parole, non fu l'esistenza di una comunità greca radicata nell'Urbe a giustificare l'erezione di Sant'Atanasio, ma fu piuttosto la fondazione nel 1576 del Collegio greco a richiamare a Roma «greci» provenienti dall'Oriente e dal Meridione d'Italia. Ciò avvenne inoltre nel quadro della più ampia visione di papa Gregorio XIII, per il quale la «reduttione degli scismatici» all'Unione con Roma passava innanzitutto per la politica culturale e l'erezione di istituti educativi espressamente dedicati alle varie nazioni orientali.[21]

A questo proposito, bisogna notare come il carattere allo stesso tempo educativo e conversionistico del progetto di Gregorio XIII e del cardinale Giulio Antonio Santoro avesse forti ripercussioni nel limitare la «grecità» della vita quotidiana e della pratica religiosa degli ospiti del Collegio. Se abbiamo prima sottolineato il carattere rituale rispetto a quello nazionale, bisogna però rimarcare come la chiesa di Sant'Atanasio non fosse affatto una chiesa greca "tradizionale", ma piuttosto un luogo di culto all'incrocio della tradizione latina e orientale. Ciò era visibile già nell'allestimento e nella decorazione interna: oltre all'altare maggiore greco erano presenti

XIV-XVIII secolo, a cura di D. Calabi e P. Lanaro, Roma-Bari 1998, pp. 21-38; Ead., *I Greci nei porti della penisola italica: la confraternita e la sua impronta sul quartiere*, in *Città portuali del Mediterraneo. Luoghi dello scambio commerciale e colonie di mercanti stranieri tra Medioevo ed età moderna*, a cura di T. Colletta, Milano 2012, pp. 220-235. Porfyriou assimila il caso di Livorno a quello degli altri porti d'Italia: per le particolarità di tale insediamento greco, si veda però il saggio di F. Funis, *Gli insediamenti dei Greci a Livorno tra Cinque e Seicento*, in «Città e Storia», II/1 (2007), pp. 61-75. Sulla diaspora mercantile e marittima greca, rinvio ai numerosi lavori di Olga Katsiardi-Hering e Gerlina Harlaftis; per una prospettiva diversa, che invita a ripensare il concetto di diaspora e prestare più attenzione al rapporto con il contesto locale italiano, così come agli insediamenti dispersi e meno istituzionalmente organizzati dell'Italia meridionale, cfr. A. Falcetta, *Ortodossi nel Mediterraneo cattolico. Frontiere, reti, comunità nel Regno di Napoli (1700-1821)*, Roma 2016 (ringrazio l'autrice per avermi permesso di visionare le bozze).

21. Oltre al Collegio greco di via del Babuino, ricordiamo il Collegio maronita, fondato nel 1584, e quello armeno, durato solo pochi mesi per la morte del pontefice l'anno seguente; sin dal 1566 o 1571, comunque, la chiesa di Santa Maria Egiziaca ospitava gli armeni di passaggio per la capitale.

infatti una sagrestia e due altari laterali latini, mentre l'iconostasi ospitava dipinti in stile barocco di Francesco Traballesi e non le classiche icone bizantine: tra i molti che vi mossero critiche, la più famosa è quella di un ex allievo del Collegio, l'erudito Leone Allacci, secondo il quale la chiesa presentava un impianto decisamente più latino che greco.[22] Compromessi di tal genere erano presenti nella stessa pratica liturgica: la divina liturgia bizantina era celebrata solo la domenica e in occasione delle festività, mentre gli allievi erano comunque tenuti a partecipare quotidianamente ad una messa latina; la possibilità di comunicarsi «alla greca», cioè sotto entrambe le specie, era concessa soltanto a Pasqua, Natale e Pentecoste; i digiuni orientali venivano spesso tralasciati, vista l'impossibilità pratica di cumularli a quelli del calendario latino, che dovevano essere rispettati anche dai greci per evitare «scandalo». Anche il percorso educativo degli alunni passava dallo studio di opere latine di catechesi (Bellarmino) e teologia (Tommaso) tradotte in greco, piuttosto che dal contatto diretto con i testi dei padri della Chiesa orientali.[23] Il fatto che gli allievi del Collegio fossero costretti a prestare un giuramento che li impegnava tutta la vita al rispetto del rito greco, proprio mentre questo stesso rito era posto in secondo piano durante gli anni della loro formazione, è stato giustamente definito dal Krajcar come una patente contraddizione, motivata dai timori per la conservazione dell'ortodossia e dal persistente sospetto nei confronti delle forme di culto e pietà alternative rispetto al modello tridentino.[24]

Dopo aver esaminato la «grecità» di Sant'Atanasio e il problema del suo riferirsi ad una comunità cittadina, bisogna infine porre in questione anche l'aspetto più propriamente confessionale del progetto. Se non v'è dubbio che il fine ultimo del Collegio (ancor più accentuato dalla progressiva clericalizzazione degli allievi) fosse quello di formare operai aposto-

22. Leo Allatius [L. Allacci], *De templis Graecorum recentioribus*, Colonia 1645, pp. 36-37: «[...] templum D. Athanasio sacro, quod Romae est, non ita ex nationis illius more extructum esse [...] cum potius Latinae Ecclesiae modum, eumque non ita antiquum, referat».

23. Peri, *Inizi e finalità ecumeniche*, pp. 12-13. Nei primi anni del Collegio, tuttavia, si hanno prove degli sforzi di Gregorio XIII e del vescovo greco Germano Kouskonari per mantenere una certa fedeltà al rito e alle tradizioni liturgiche proprie del mondo greco; l'arrivo dei gesuiti alla direzione del Collegio nel 1591 segnò una più decisa latinizzazione dei costumi e degli studi: *ibidem*, pp. 20-21.

24. Krajcar, *Rectors of the Greek College*, p. 175: «a glaring inconsistency». Oltre alla fedeltà al rito greco, gli allievi si impegnavano a ricevere gli ordini sacri e a non entrare in alcun ordine o congregazione religiosa (con l'esclusione dell'«ordine di S. Basilio», come a quel tempo si qualificava il monachesimo greco).

lici capaci di attuare la «conversione et reduttione di tutta la Grecia» alla fede cattolica, questo progetto rischiava paradossalmente di formarsi sul ricorso ad una pratica problematica per l'ortodossia cattolica, vale a dire la *communicatio in sacris* con gli «scismatici».[25] Da chi avrebbero potuto infatti ricevere gli ordini sacri gli alunni del Collegio se non da vescovi greci appartenenti alla gerarchia della Chiesa ortodossa? In caso contrario, anche ammettendo che fosse un vescovo latino a conferire l'ordine sacro (come accadde in alcune occasioni, derogando al principio stabilito da Pio IV circa la commistione rituale), una tale ordinazione non sarebbe mai stata considerata come valida dai fedeli orientali.[26] E una volta ritornati ai loro paesi d'origine, come avrebbero potuto compiere il loro operato apostolico i nuovi sacerdoti greci cattolici, se non tollerando per lungo tempo di mostrarsi parte della Chiesa «scismatica» dipendente da Costantinopoli e partecipando a liturgie giudicate spesso come macchiate di errori?

Per questo motivo, gli alunni del Collegio, sostenuti anche dai loro maestri gesuiti e da un eminente teologo come Andrea Eudemonoiannis, nel 1593 chiesero una dispensa papale per poter essere lecitamente ordinati dai vescovi orientali «scismatici», come secondo loro appariva implicito nello stesso statuto dell'istituzione cui appartenevano.[27] La soluzione approvata dai vertici romani fu, però, decisamente opposta. La «Congregazione dei Greci» – incaricata di regolare la condizione canonica e disciplinare delle comunità di rito greco in Italia e guidata dal cardinal Santoro,

25. Mi permetto di rinviare a: C. Santus, *La* communicatio in sacris *con gli «scismatici» orientali in età moderna*, in «Mélanges de l'École française de Rome. Italie et Méditerranée modernes et contemporaines - MEFRIM», 126/2 (2014), pp. 325-340 (on line: https://mefrim.revues.org/1790).

26. Si veda quanto asseriva già nel 1585 Alvise Grimani, governatore veneziano di Creta: «Essendosi alcuni di questi [allievi del Collegio] partiti da Roma ed ritrovati alle case loro, non fecero frutto alcuno, anzi venivano tenuti dalli Greci Italiani» (cfr. Peri, *Inizi e finalità*, p. 29, n. 90). Ancora nel 1740 un allievo del Collegio greco fu ordinato da mons. Baldassarre Remondini, che «in tale circostanza, non solo vestì i paramenti sacri della Chiesa Orientale, ma eziandio fece la consacrazione secondo il cerimoniale della medesima Chiesa» (cfr. ACDF, S.O., St. St., QQ3-l, fasc. 8, voto del commissario).

27. «Videtur enim valde favorabilis Graecis omnibus ordinandis a quocumque atque etiam ab Orientalibus episcopis licet schismaticis, tum quia nulla fit expressa mentio in contrarium tum etiam quia iisdem dari videtur facultas communicandi in divinis cum omnibus suae nationis» (APF, Miscellanee diverse, vol. 21, c. 266r; edito in: Peri, *Inizi e finalità ecumeniche*, p. 63). Per l'argomentazione teologica di Eudemonoiannis, si veda in particolare V. Peri, *Preti cattolici e vescovi ortodossi in una proposta di Andrea Evdemonojannis S.J. (1566-1625)*, in *Τόμος τιμητικός Κ. Ν. Τριανταφύλλου*, Patrai 1990, pp. 267-299.

protettore del Collegio – emanò nel 1595 una *Perbrevis instructio super aliquibus ritibus graecorum*, secondo la quale i vescovi privi del riconoscimento romano non potevano consacrare lecitamente, dato che erano sì in grado di conferire l'ordine, ma non la sua «esecuzione». D'altro canto, non si riteneva accettabile neanche ricorrere ai vescovi latini, ma si proponeva un'innovazione, cioè il ricorso ad un vescovo di rito greco appositamente destinato a ciò dal papa. Come ha dimostrato magistralmente Vittorio Peri, il problema sollevato negli ultimi anni del XVI secolo dagli allievi di Sant'Atanasio contribuì così a fissare più in generale i principi cardine del nascente uniatismo, vale a dire da un lato la riduzione del «rito» a particolarità liturgica separabile dall'appartenenza ecclesiale e dall'altro la creazione canonica di gerarchie orientali cattoliche dipendenti direttamente dal Romano Pontefice. Com'è ovvio, l'Ortodossia greca non poteva che rifiutare in blocco tale sistema e con esso anche quanti vi si sottoponevano facendosi ordinare a Roma, cosa che poneva un serio *vulnus* alla stessa finalità pratica del Collegio greco.[28]

Nonostante l'istituzione del «vescovo ordinante», il problema della *communicatio in sacris* continuò ad affliggere a lungo la vita dell'istituzione: sfogliando le carte conservate nell'archivio del Collegio greco e nella Vaticana, se ne ritrovano le tracce nelle riflessioni di Andrea Eudemonoiannis negli anni 1620-1630, nella di poco successiva *Dottrina del P.re Orazio Giustiniani circa le Ordinazioni fatte da Vescovi Scismatici*, fino ad un anonimo memoriale dei primi decenni del Settecento.[29] In tutti questi casi, si nota il tentativo di giustificare la ricezione dell'ordine sacro o altre forme di comunione sacramentale in caso di necessità, appoggiandosi a quei teologi e canonisti che ne facevano una questione non di diritto divino ma ecclesiastico (dunque dispensabile) o che in ogni caso rifiutavano l'assunto per il quale «in communione etiam sacramentorum cum heretico

28. V. Peri, *Chiesa romana e «rito» greco. G. A. Santoro e la Congregazione dei Greci (1566-1596)*, Brescia 1975; M. Foscolos, *I vescovi ordinanti per il rito greco a Roma*, in *Il Collegio Greco di Roma*, pp. 289-302. Nel 1735 e poi nel 1784 si istituirono vescovi ordinanti rispettivamente in Calabria e in Sicilia, appositamente destinati alle popolazioni italo-greche di quelle regioni, che prima dovevano recarsi fino a Roma.

29. Cfr. ACGr, vol. 4, cc. 38-47, 174 v. n. (63-71, 190); V. Peri, *Preti cattolici e vescovi ortodossi*; Id., *Due pareri inediti del cretese Andreas Evdemonojannis*, in *Ροδωνιά: Τιμή στον Μ.Ι. Μανούσακα*, vol. 2, Rethymno 1994, pp. 459-472; M. Foscolos, *Un documento cattolico del secolo XVIII sulla communicatio in Sacris e sulla giurisdizione dei Vescovi ortodossi*, in «Euntes Docete», XXIV (1971), pp. 112-126.

vel schismatico semper implicite contineri protestationem schismatis vel erroris». Ancora una volta Roma però scelse una direzione opposta e nel 1729 vietò in modo generale qualunque forma di *communicatio in sacris* con le gerarchie «scismatiche».[30]

Molti alunni partivano allora da Sant'Atanasio prima di ricevere l'ordinazione: sfogliando i registri delle ordinazioni tenutesi nella chiesa dopo il 1758, si nota subito come si tratti quasi esclusivamente di ruteni e italo-albanesi: solo molto raramente si riesce ad imbattersi in individui di lingua e «nazione» greca, per lo più peraltro originari della diaspora (ad esempio della colonia greca di Ajaccio, in Corsica).[31] In ogni caso, una volta tornati a casa, quanti avevano studiato a Roma si vedevano spesso costretti ad una scelta impossibile: o mantenere la fede cattolica col passare al rito latino, tradendo così il giuramento fatto in Collegio, oppure rimanere fedeli al proprio rito esercitandolo nel seno della Chiesa ortodossa, venendo dunque bollati come apostati e scismatici. Alcuni, in particolare i più brillanti e preparati, risolsero il problema restando nell'Urbe e mettendo le proprie competenze linguistiche al servizio dei cardinali e delle istituzioni curiali, come la Biblioteca Vaticana: ma quasi inevitabilmente finirono per domandare la licenza di poter passare al rito latino, nella speranza di una maggiore integrazione o vista la sostanziale impossibilità di rispettare gli impegni e le prescrizioni del rito greco al di fuori di una comunità organizzata in tal senso.[32]

30. BAV, Ms. Vat. Lat. 6427, f. 90v (citato da Krajcar, *The Greek College in the Years of Unrest*, p. 27). L'approdo all'istruzione del 1729 è ricostruito da Santus, *La* communicatio in sacris, p. 332.

31. Cfr. ACGr, vol. 32. Anche nel caso degli italo-greci, comunque, si possono trovare episodi in cui i candidati all'ordinazione scelsero di ricevere il crisma da vescovi «scismatici», recandosi in Levante o approfittando di un loro passaggio nei territori italiani (cfr. Falcetta, *Ortodossi nel mediterraneo*, p. 55, 74-75 e *passim*).

32. Si veda il memoriale redatto nel 1733 dal prefetto degli studi del Collegio: «In dieci e più anni che sto nel Collegio Greco, non ho veduto nessuno alunno collegiale orientale ordinarsi sacerdote, e nessuno tornare a far del bene ai suoi paesi, finiti gli studi, conforme il giuramento che si fa dagl'alunni [...]. La maggior parte dunque di detti alunni orientali partono doppo pochi anni di dimora in collegio, sotto vari pretesti; e specialmente di poca sanità, e di non se gli conferire l'aria di Roma. Altri vogliono restare in Roma, e tirarsi avanti nella Curia e Corte romana con appoggi di protezzioni etc. e, dove in Collegio sono tenacissimi del rito greco, anco troppo, fuori poi, colla speranza di avanzarsi e mutar condizione, fanno ogni sforzo di passare al rito latino, contro il giuramento che hanno fatto su ciò» (ACGr, vol. 9, cc. 394 sgg. v.n.).

2. «*Personaliter comparuit...*». *I greci di passaggio per l'Urbe attraverso le professioni di fede*

Abbiamo visto quanto sia problematico definire Sant'Atanasio come la «chiesa nazionale» dei greci. Ma il problema di ricostruire la presenza greca a Roma rimane e si pone particolarmente per quanto riguarda il XVIII secolo, nel momento cioè in cui l'affluenza di laici e religiosi greci a Roma aumentò notevolmente. La prima proposta di organizzare in Sant'Atanasio un catechismo per l'istruzione non solo degli allievi del Collegio ma anche degli altri «nazionali» presenti più o meno temporaneamente nell'Urbe risale al 1726, ma non è chiaro se fosse allora effettivamente messa in atto.[33] Essa era tuttavia una realtà nel 1763, allorquando l'abate Pietro Pompilio Rodotà dava alle stampe la sua opera fondamentale sul rito greco in Italia. Secondo l'erudito calabrese, i «nazionali [greci] che sparsi abitano per la città» potevano anche adempiere il precetto pasquale comunicandosi sotto entrambe le specie a Sant'Atanasio, ma dovevano mostrare il certificato di comunione ai rettori delle parrocchie latine nel cui territorio abitavano, alla cui giurisdizione erano normalmente sottoposti e dove avrebbero dovuto venire sepolti.[34] Questa affermazione, che sembra presupporre come nel XVIII secolo esistesse una presenza greca stabilmente radicata a Roma, benché «sparsa» e non organizzata istituzionalmente, si appoggia ad un editto emanato il 15 febbraio 1743 dal cardinale vicario di Roma. Tale bando, indirizzato agli «Ecclesiastici, e Laici Orientali, dimoranti in Roma», è in realtà l'applicazione diretta del desiderio di papa Benedetto XIV di regolare la vita religiosa e sociale di tutti gli «orientali» soggiornanti nell'Urbe: il caso di Sant'Atanasio vi è evocato insieme alle altre chiese e ospizi eretti per i pellegrini «orientali» (Santa Maria Egiziaca per gli armeni, Santi Sergio e Bacco per i ruteni, Santa Maria della Sanità per i siri, etc.), senza fare particolari differenze tra i casi. Per riferirsi alla loro complessità si utilizza l'espressione «chiese nazionali», che in effetti per comunità come gli armeni o i maroniti pone meno proble-

33. APF, Acta, 1726, c. 397v (7 ottobre 1726). La proposta veniva dall'abate don Antonio Balsarini, lettore di Logica nella Sapienza, originario dell'isola di Chio, che propose inizialmente se stesso o il proprio nipote Pantaleo per l'incarico, ripiegando successivamente su due gesuiti.

34. Rodotà precisa però che il 27 luglio 1761 la Congregazione del Concilio concesse a Sant'Atanasio «l'indulto della sepoltura per gli soli Greci stranieri, quando ivi l'eleggano: *salva quarta funerali pro parochis*» (P.P. Rodotà, *Dell'origine, progresso e stato presente del rito greco in Italia*, vol. 3, Roma 1763, p. 217).

mi rispetto a quelli già evidenziati per i greci. Se in alcuni luoghi del testo si arriva a regolare la disciplina delle sepolture e del battesimo, che paiono dunque riguardare un insediamento stanziale, in altri si ha invece l'impressione che si stia parlando di un domicilio temporaneo: si suppone ad esempio che gli orientali siano «affatto ignari, o poco periti della lingua italiana» e si sollecitano gli ufficiali dello stato pontificio a sbrigare nel modo più veloce possibile «le Cause, Liti et altri affari per li quali si sono qui portati [...] affinché volendo, possano fare sollecito ritorno alli loro Paesi».[35]

Se il funzionamento del Collegio greco e l'identità dei suoi allievi sono da tempo oggetto di approfonditi studi, quello che credo rimanga ancora da analizzare è proprio il ruolo di Sant'Atanasio rispetto ai visitatori greci di passaggio per la città, sia che fossero semplici pellegrini in visita ai luoghi santi, sia che cercassero dalle congregazioni romane una risposta alle loro esigenze spirituali e materiali. Una ricerca di questo tipo s'iscrive sulla scia di quelle che sempre più si concentrano sullo statuto degli stranieri a Roma, soggetto difficile e quanto mai ampio, anche a causa delle pluralità delle istituzioni e dunque delle fonti archivistiche coinvolte.[36] Il metodo utilizzato dovrebbe basarsi sull'esame incrociato della documentazione conservata nei diversi archivi romani al fine di ricostruire non solo frammenti biografici (che rischiano di rimanere al livello di testimonianze aneddotiche), ma anche e soprattutto un quadro complesso delle strategie di mobilità mediterranea in età moderna: in questo senso l'archivio della Congregazione di Propaganda si è già rivelato estremamente prezioso.[37]

35. ASR, Bandi, Coll. 2, busta 325: *Ordini, e Regolamenti per gli Ecclesiastici, e Laici Orientali, dimoranti in Roma*, 15 febbraio 1743. In effetti, tale bando era stato preceduto nel 1739 da una congregazione particolare di Propaganda Fide che, dopo aver raccolto il maggior numero d'informazioni possibili sugli orientali soggiornanti nell'Urbe, aveva raccomandato di allontanare chi non avesse seri motivi di risiedervi: APF, Congregazioni Particolari, 133, cc.19r-20v.

36. Pionieristico in questo senso il primo numero della rivista «Roma moderna e contemporanea», uscito nel 1993 e dedicato proprio agli *Stranieri a Roma*: tra i vari autori che vi compaiono, Irene Fosi è stata tra le più assidue produttrici di riflessioni sull'argomento. Cfr. anche i saggi raccolti in *Popolazione e società a Roma dal medioevo all'età contemporanea*, a cura di E. Sonnino, Roma 1998, e da ultimo gli interventi al seminario *Venire a Roma - Restare a Roma. Forestieri e stranieri tra Cinque e Settecento* (Università di Roma Tre, 28-29 aprile 2014).

37. Si veda il lavoro esemplare di B. Heyberger nel ricostruire «l'expérience de la migration, de ses routes et de ses réseaux» nel caso dei cristiani arabofoni del Levante: *Chrétiens orientaux dans l'Europe catholique (XVIIe-XVIIIe s.)*, in *Hommes de l'entre-deux. Parcours individuels et portraits de groupe sur la frontière méditerranéenne*, a cura

Per questo contributo ho deciso però di partire da un fondo archivistico finora meno considerato in tal genere di ricerche, quello della Congregazione del Sant'Uffizio.[38] Tale scelta è motivata anche da uno degli elementi caratteristici nel soggiorno dei «greci» a Roma, cioè l'esistenza non di un polo attrattivo unico, rappresentato come per altri stranieri dalla chiesa e/o ospizio «nazionale», ma piuttosto di una triangolazione fra tre istituzioni: oltre alla chiesa di Sant'Atanasio e forse più di essa, infatti, giocarono un ruolo fondamentale la basilica di San Pietro e soprattutto proprio il Sant'Uffizio. Nell'età post-tridentina la Santa Sede prestò un'attenzione particolare allo status confessionale di chi risiedeva nei territori sottoposti alla propria giurisdizione: e questo è tanto più vero nei casi in cui l'identità religiosa risultasse ambigua, come per gli orientali. A partire dal pontificato di Urbano VIII, con sempre maggiore insistenza venne richiesto a quanti di loro si presentavano a Roma di prestare una professione ufficiale di fede cattolica: e questo non soltanto negli ovvi casi riguardanti persone provenienti dallo scisma e bisognose quindi di assoluzione, ma anche relativamente a quanti si definivano già "cattolici" o "uniti", per aver abiurato in precedenza nel loro paese d'origine nelle mani dei missionari. In particolare, si richiedeva sempre la professione a quei religiosi greci che avessero ricevuto l'ordinazione dai vescovi orientali non in comunione con la Santa Sede: come abbiamo detto, essi dovevano essere assolti dall'irregolarità in cui erano incorsi.[39]

Tali professioni di fede potevano essere fatte o nella cancelleria del Sant'Uffizio o nella residenza privata di uno dei cardinali inquisitori, nel caso di prelati orientali di alto rango; nel XVIII secolo la pratica corrente prevedeva comunque che il candidato si presentasse *personaliter* nel palazzo sede della Congregazione e lì, davanti al Commissario del Sant'Uffizio e a due testimoni più un eventuale interprete, leggesse ad alta voce la formula della professione di fede, apponendo quindi una sottoscrizio-

di B. Heyberger e Ch. Verdeil, Paris 2009, pp. 61-94. Più recentemente, cfr. le riflessioni di Falcetta, *Ortodossi nel Mediterraneo cattolico.*

38. Mi riferisco alle ricerche sui cristiani orientali; per quanto riguarda invece i protestanti o più in generale il controllo dell'inquisizione sui forestieri, rimando all'opera di Irene Fosi, *Convertire lo straniero. Forestieri e inquisizione a Roma in età moderna*, Roma 2011; su ebrei e musulmani, si pensi ai lavori di Marina Caffiero e dei suoi allievi.

39. ACDF, S.O., St. St., QQ2-i, c.13r: «die 3 Januarii 1619 SS.mus ordinavit ut in futurum Graeci ordinati ab Episcopis suspectis de schismate faciant professionem fidei in S. Officio». È la testimonianza più antica che ho trovato di una professione di fede davanti al Sant'Uffizio imposta a un greco capitato nell'Urbe: si tratta di Alessio Boscicchi di Costantinopoli, giunto due mesi prima a Roma, «dove si more di necessità senz'aiuto nessuno» (14r).

ne nella propria lingua (o una semplice croce se analfabeta) in calce alla registrazione dell'atto; su richiesta, poteva anche ottenere un attestato da esibire in seguito come prova dell'avvenuta professione. Come ha sottolineato Aurélien Girard, l'esigenza di controllare l'ortodossia degli orientali portò nella seconda metà del Seicento all'elaborazione di elenchi sempre più sistematici di tali professioni, raccolte in volumi provvisti di utili indici alfabetici.[40] Tali elenchi sono conservati nell'Archivio della Congregazione per la dottrina della fede e coprono quasi ininterrottamente un secolo e mezzo di attività, dalla metà del Seicento ai primi anni dell'Ottocento, costituendo uno strumento prezioso per una ricerca interessata agli orientali di passaggio a Roma.[41] Per questo contributo ho svolto uno spoglio che è arrivato ad identificare un corpus di 325 individui che è possibile definire come "greci" (con tutte le problematicità che questo termine comporta qualora lo si utilizzi come etnonimo), non soltanto secondo l'attribuzione dell'epoca, che come sappiamo poteva essere piuttosto imprecisa,[42] ma per il carattere delle loro sottoscrizioni autografe, il luogo d'origine menzionato e il ricorso ad interpreti di lingua greca.[43]

40. A. Girard, *Comment reconnaître un chrétien d'Orient* vraiment *catholique? Élaboration et usages de la profession de foi pour les Orientaux à Rome (XVIe-XVIIIe siècle)*, in *L'Union à l'épreuve du formulaire: professions de foi entre Églises d'Orient et d'Occident (XIIIe-XVIIIe siècles)*, a cura di M.-H. Blanchet e F. Gabriel, Paris 2016, pp. 235-257 (ringrazio l'autore per avermi lasciato leggere le bozze del contributo); cfr. anche S. Giordano, *La* Professio Ortodoxae Fidei ab Orientalibus facienda *elaborata da Urbano VIII*, in *Confessional identities in Central-Oriental Europe in the 17th-21th centuries*, a cura di N. Bocşan *et al.*, Cluj 2009, pp. 95-111.

41. ACDF, S.O., St. St., P4-e (1655-1673), RR3-d (1675-1710), RR3-a (1715-1732), RR3-b (1733-1750), RR3-c (1751-1807); sono state aggiunte anche alcune professioni conservate nel volume QQ2-i, mentre non è stato possibile colmare la lacuna tra 1710 e 1715. Gli allievi del Collegio prestavano normalmente la loro professione a Sant'Atanasio (i gesuiti avevano la facoltà di assolverli per la prima volta) e questo spiega la loro assenza dai registri, tranne in alcuni casi particolari.

42. Si prenda il caso di «Stadius filius quondam Josephi, graecus catholicus [...] de civitate Diarbechir in Mesopotamia»: dovrebbe in realtà trattarsi di un armeno (cosa che spiegherebbe il luogo d'origine), come si evince dalla lingua della sua sottoscrizione: ACDF, S.O., St. St., RR3-c, cc. 8r-v (31 marzo 1752). Anche molti melchiti sono semplicemente definiti «graeci».

43. Definire cosa sia un «greco» prima dell'età dei nazionalismi è operazione ardua e sempre suscettibile di critiche e anacronismi. Pur consapevole di ciò, considerando il focus di questa comunicazione e la presenza di saggi dedicati ad altre comunità di «rito greco», ho utilizzato nello spoglio dei registri un criterio linguistico-territoriale ristretto, non considerando ad esempio gli individui di origine e lingua slava («moscoviti», «ruteni», «illirici», etc.) o provenienti da Valacchia, Ungheria o Transilvania né gli *arbëreshe* del Sud Italia.

Professioni di fede dei greci davanti al Sant'Uffizio. 1655-1805
(lacuna 1710-1714)

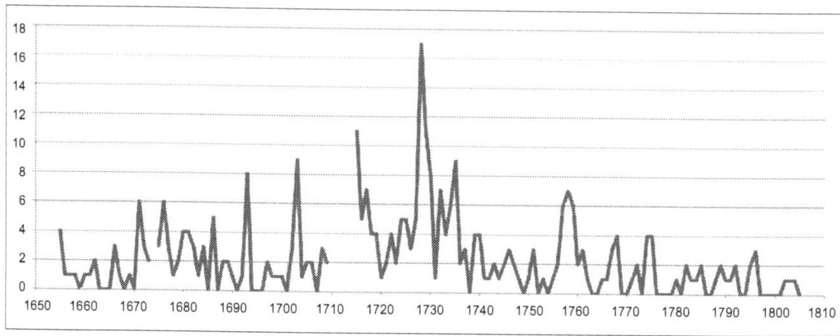

Come si vede dal grafico, il momento di maggior frequenza è rappresentato dai primi decenni del XVIII secolo, in particolare gli anni 1728-1729: non credo sia un caso che proprio allora la polemica confessionale con la Chiesa ortodossa raggiunse l'acme, con la definitiva proibizione della *communicatio in sacris*.[44] Nella maggioranza dei casi, tuttavia, la comparsa di greci a Roma non era frequente, soprattutto se confrontata con un'altra comunità orientale, quella armena, alla quale appartiene la stragrande maggioranza dei comparenti, con ordini di grandezza di molto superiori, fino a svariate decine ogni anno.[45] Tornando ai greci, per lo più si trattava di uomini tra i 25 e i 30 anni, anche se agli estremi si trovano il caso di un bambino di 12 anni e di un vecchio di 80. Dati più interessanti sono quelli relativi alla provenienza geografica: non stupisce di vedere che la maggioranza dei comparenti proveniva da luoghi dove esisteva da secoli una radicata minoranza latina (arcipelago egeo), che erano stati sottoposti, in diversi momenti, al controllo della Repubblica di Venezia (isole Ionie, Creta e Peloponneso), che erano oggetto di una efficace missione cattolica (Alba-

Tale criterio non è esente da problematicità e non permette di eliminare alcuni casi dubbi, ad esempio per persone provenienti dalla regione albanese o bulgara, dove la lingua scritta e la cultura erano greche: in tali casi la classificazione rischia di essere in ogni caso arbitraria, per questo motivo il numero dei casi considerati può oscillare di qualche unità.

44. Anche per quanto riguarda il passaggio in Italia di cristiani arabofoni del Levante, sembra che i primi trent'anni del XVIII secolo costituiscano il periodo più ricco di documentazione: Heyberger, *Chrétiens orientaux dans l'Europe*, p. 63.

45. Sto preparando un contributo dedicato allo studio delle ragioni e delle caratteristiche dell'affluenza dei cristiani orientali a Roma, basato su di un esame complessivo di tutte le professioni di fede conservate nei registri e particolarmente di quelle degli armeni.

nia) o di reti commerciali particolarmente strette con la penisola (l'Epiro, in particolare Giannina). Capitavano a Roma anche mercanti o marinai insediati nelle comunità greche dei porti della penisola, ma di solito avevano già fatto la professione della fede di fronte all'ordinario di Napoli, Venezia o Ancona; sin dal 1622 l'arcivescovo partenopeo aveva ottenuto la facoltà di ricevere le professioni dei sacerdoti greci provenienti dall'Oriente e di abilitarli all'esercizio dell'ordine, purché fossero di sentimenti cattolici.[46]

Provenienza dei greci professanti la fede cattolica davanti al Sant'Uffizio. 1655-1805*

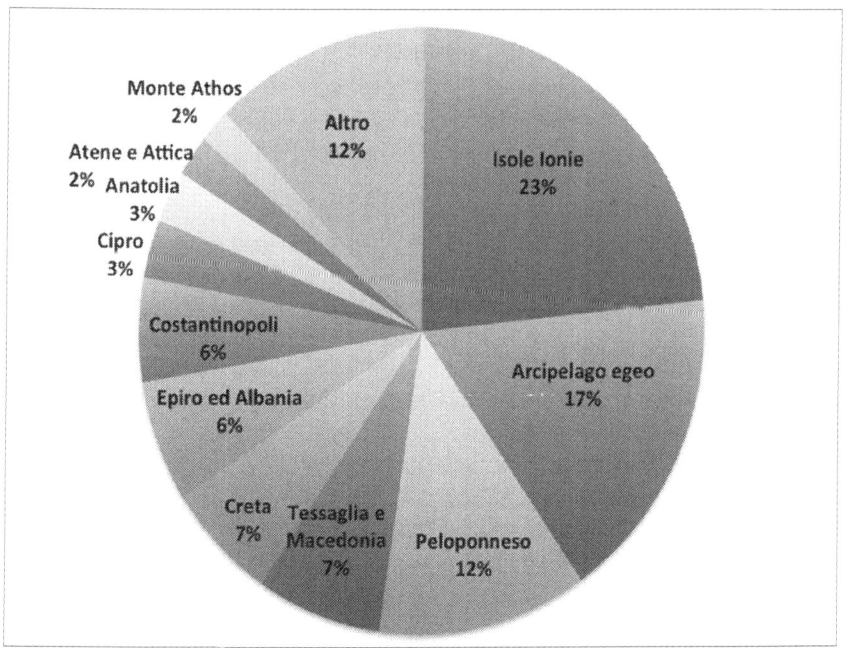

* I luoghi indicati, raggruppati in macro-regioni, riguardano non il luogo di nascita ma quello da cui proviene l'individuo al momento della professione. In alcuni casi non è stato possibile identificare con sicurezza il toponimo fornito (ad esempio, «Zagora in Lepanto»), in altri rimangono possibili interpretazioni alternative («de Xante» in almeno un caso indica sicuramente l'isola di Zante, ma in altri potrebbe indicare la città di Xanthi in Macedonia).

46. ACDF, S.O., St. St., QQ2-i, fasc. 4: «Archiepiscopo Neapolis conceditur facultas admittendi ad Fidei Professionem Sacerdotes Graecos ab Oriente advenientes, et cum eis dispensandi, ut in Ordinibus ministrent, dummodo Graecorum erroribus non adhaeserint».

Spesso (ma non sempre) la breve annotazione relativa all'identità del professante ne esplicitava lo statuto confessionale, ovvero se si trattava di un «graecus catholicus» e «unitus», oppure di uno «schismaticus» venuto ad abiurare; sembra che questo determinasse anche il tipo di testo impiegato per la professione, dato che si trova a volte specificato che essa avveniva «juxta formam graecis unitis [oppure: schismaticis] praescriptam». Forse questa distinzione rispecchia il ricorso alla formula di Urbano VIII (1634) per chi veniva ad abiurare e a quella precedente (1582) di Gregorio XIII per i greci già cattolici,[47] ma il principio non si trova mai stabilmente enunciato e potrebbe trattarsi anche di una semplice variante stilistica. In generale, comunque, si ha l'impressione che la formula gregoriana sia rimasta più a lungo in vigore per i greci, differentemente da quanto avvenuto con altre nazioni orientali: basti dire che nel volume che copre gli anni 1675-1710 si conservano numerosi esemplari a stampa della formula di Urbano VIII in varie lingue (armeno, siriaco, «illirico», polacco, ecc.), ma la formula «graeca» allegata è invece quella di Gregorio XIII, riedita ancora nel 1671 e sicuramente utilizzata nel 1679 per la professione del metropolita Cirillo Giustiniani.[48]

Se nella seconda metà del XVII secolo le professioni riguardano maggioritariamente dei religiosi, nel secolo successivo le percentuali s'invertono: dopo la metà del XVIII i laici costituiscono quasi la totalità dei comparenti. D'altro canto, a partire dal 1740 si trovano anche una dozzina di professioni di fede sottoscritte da donne greche. La mobilità femminile era allora estremamente limitata e ci si potrebbe aspettare che i casi registrati riguardino solo figlie o mogli che accompagnavano gli uomini nel loro viaggio a Roma, ma non è così: a parte il caso di Caterina Caravia di Cefalonia, che si presentò al Sant'Uffizio nell'aprile 1789 per abiurare lo scisma insieme al marito, il *papas* Evangelista Arseni, nelle altre occorrenze padri e mariti sono menzionati ma non sembrano esser stati fisicamente presenti o aver prestato in

47. Così sembrerebbe nel caso ruteno studiato da L. Tatarenko, *Confesser l'Union: les professions de foi des évêques ruthènes des XVIe-XVIIe siècles*, in *L'Union à l'épreuve du formulaire*, pp. 207-234, p. 221 n. 50.

48. ACDF, S.O., St. St., RR3-d, cc. E_1-12. Nel primo registro delle professioni (P4-e) si trovano invece due esemplari di entrambe le formule (*Professio orthodoxae fidei a Graecis facienda iussu fe. re. Gregorii Papae XIII edita*, Roma 1623; *Professio orthodoxae fidei ab orientalibus facienda iussu SS. D. N. Urbani PP. VIII edita*, Roma 1634). Il Giustiniani, originario di Chio, era stato metropolita di Grevena in Macedonia e «episcopus Beneti in Bulgaria». Si hanno pochissime notizie su di lui: è comunque da notare che al momento della professione venne assolto dallo scisma, cosa che sembra contraddire l'ipotesi appena formulata.

quegli anni la loro professione.[49] In almeno un caso, tuttavia, emerge come la presenza a Roma di una donna greca non sia transitoria ma permanente: la sedicenne Maria, figlia di Nicolai Rafiò e originaria di Costantinopoli, è registrata infatti come moglie del romano Luigi Venturelli.[50] Si nota infine che alcuni individui rinnovano la loro professione di fede a distanza di anni, come Fozio Psaromiti (1719 e 1730) e Spiridione Bua (1757 e 1761).[51]

Alcuni dati interessanti si possono ricavare anche dalla menzione degli individui che prestarono funzioni di mediazione linguistica. In primo luogo, si nota la frequenza del ricorso alle competenze del «penitenziario greco della Basilica vaticana». A San Pietro, infatti, era possibile rivolgersi ad un sacerdote capace di ascoltare le confessioni dei penitenti di lingua greca, come del resto avveniva per altre lingue europee diverse dall'italiano. Tale incarico era ricoperto da membri della Compagnia di Gesù, in particolare da appartenenti alla provincia di Sicilia, cui era affidato il convento sull'isola di Chios: è da lì che sembra provenire la maggioranza dei penitenzieri di cui si conosce il nome per il XVII e primo XVIII secolo.[52] Molti di loro prima di venire a Roma si erano preparati ricoprendo un ruolo analogo nella basilica di Loreto, come nel caso di Ignazio Tubini, Giovan Battista Lelmi, Giorgio Marcopoli, ecc.[53] Appare dunque naturale che il Sant'Uffizio si rivolgesse ai penitenzieri di San Pietro nei casi in cui fosse necessario un interprete, come accadeva per gli orientali non solo nel caso greco, ma ad esempio anche in quello «illirico».

Oltre al conforto spirituale, i penitenzieri potevano rappresentare uno strumento di controllo confessionale, come emerge da un caso del 1715. In quell'anno «Dionisio Cigala, protosincelo del Patriarca di Alessandria, abitante in Roma per il spacio d'anni tre» accusò davanti al Sant'Uffizio

49. *Ibidem*, RR3-c, c.129r (errore numerazione per 139r), 4 aprile 1789.

50. *Ibidem*, 29 gennaio 1790.

51. *Ibidem*, RR3-a, cc. 37r e 159r; RR3-c, cc. 35v e 65r.

52. Krajcar, *Rectors of the Greek College*, pp. 177-178.

53. Cfr. ad esempio la lettera del generale dei gesuiti Francesco Retz al Penitenziere maggiore Besozzi, 10 maggio 1750: «Essendo in necessità di valermi altrove del P. Ignazio Tubini, che ha servito oltre la Penitenzieria di Loreto anche questa di Roma per lo spazio di più di dieci anni per la lingua Greca, ho stabilito di sostituirgli il P. Gio. Battista Lelmi, che per altrettanto tempo ha servito il santuario di Loreto. Il posto, che resterà vacante in Loreto, sarà rimpiazzato dal P. Giorgio Marcopoli, il quale a tale effetto vien chiamato dalla Provincia di Sicilia» (APA, Penitenzieri Minori, vol. 4, c. 102r; caso analogo a c. 154r). Lelmi, oriundo greco di rito latino, era stato allievo del Collegio: cfr. Fyrigos, *Catalogo cronologico*, n. 72.

«alcuni Greci, li quali mostrano di essere Catolici senza voler fare la professione della Santa Fede»: uno di essi, Demetrio Mazuchi della città di Larissa, in Tessaglia, avrebbe giustificato pubblicamente il proprio rifiuto col dire «che quando anderano tutti li Italiani a fare la detta professione, sarà esso ultimo», rivendicando in sostanza di non aver bisogno di tale certificazione. Tale atteggiamento, ripetuto più volte, aveva provocato scandalo ed emulazione da parte di altri greci, che ben sapevano che al momento del ritorno nei loro paesi sarebbero stati «interogati da i confessori scismatici se [h]ano fatta la professione della unione con la Santa Chiesa Romana, et interogando di sì non li asolveno, perciò non la vogliono fare»; del resto, non ne vedevano la necessità, visto che anche senza una sanzione ufficiale della loro cattolicità riuscivano comunque ad accedere ai sacramenti durante il soggiorno nell'Urbe, «burlandosi» della Chiesa romana. Per questo, insisteva Cigala, era assolutamente necessario «di far fare a tutti i Greci la professione della Santa Fede Cattolica Romana, prima che siano ammessi in essa a Sacramenti»[54]. In teoria, però, questa doveva già essere la prassi seguita: per accertarsene, l'assessore del Sant'Uffizio chiese lumi proprio al penitenziere greco di San Pietro, che in quel momento era il gesuita Francesco d'Andria. Quest'ultimo replicò che nei sei anni in cui aveva esercitato il proprio ruolo, «non ho mai udita la confessione di nessun Greco che fosse di rito greco, senza aver fatta la prima la professione della fede, e mostratami sigillata e firmata dal notaro del SS. Tribunale del S. Uffizio». Ovviamente ciò non valeva per quei seguaci del rito greco che conoscevano la lingua italiana, dato che non erano costretti a confessarsi da lui. Quanto al Mazuchi, erano più di dieci anni che abitava a Roma e si era confessato spesso con il suo predecessore: non poteva quindi assicurare che avesse effettivamente fatto la professione al momento del suo arrivo a Roma, ma di certo lui non lo aveva mai sentito proferire frasi come quelle riportate dal Cigala.[55] Meno di un mese dopo, ad ogni buon conto, Demetrio Mazuchi si presentò al Sant'Uffizio per fare la sua professione.[56]

54. ACDF, S.O., St. St., QQ2-l, fasc. XII («Petitio, ut omnes Graeci ad edendam Fidei professionem cogantur priusquam ipsis sacramenta conferantur»), cc. 110r-114v, c. 111r-v. Divenuto parroco della chiesa greca di Napoli nel 1717, Cigala non smise di formulare insinuazioni e esplicite accuse di eterodossia nei confronti dei propri connazionali giunti in Italia: cfr. Falcetta, *Ortodossi nel Mediterraneo*, pp. 86, 128-133, 220-221 e *passim*.

55. ACDF, S.O., St. St., QQ2-l, fasc. XII, c. 112rv (la decisione di consultare il Penitenziere porta la data del 10 luglio 1715).

56. *Ibidem*, RR3-a, c. 5v (2 agosto 1715).

Scorrendo i registri, si nota che a volte compaiono come interpreti anche persone comuni che a loro volta avevano già prestato la professione di fede: questo testimonia che, nonostante il carattere teoricamente temporaneo della loro venuta a Roma, per qualche ragione essi avevano prolungato il loro soggiorno nell'Urbe, a volte di qualche mese, altre volte addirittura di anni. Farò solo alcuni esempi: il 26 settembre 1727 Andrea Vido, originario di Nafplio ed ex rinnegato, si presentò al Sant'Uffizio per professare la fede cattolica; nel marzo dell'anno successivo lo troviamo come interprete per cinque persone provenienti dal Peloponneso e dalla Tessaglia; dopo aver messo nel luglio del 1728 le proprie abilità linguistiche al servizio di un vescovo greco in cerca di elemosine a Vienna, il suo nome compare in altre quattro professioni romane tra il dicembre del 1729 e il dicembre 1730.[57] Per Domenico Gizzo di Corfù il passaggio dal ruolo di protagonista a quello di mediatore fu ancora più veloce: fatta la professione il 7 marzo 1729, poco più di due mesi dopo tradusse quella di un certo Mattia di Nicolò, «religiosus laicus ordinis Sancti Basilii», originario di Costantinopoli.[58]

Si sarebbe portati a credere che la funzione dell'interprete, quando non era ricoperta dal penitenziere greco, fosse affidata a religiosi orientali di provata cattolicità, ma in molti casi si ritrovano invece personaggi dall'identità confessionale ambigua o contestata. Basti pensare al caso di due vescovi greci la cui sottoscrizione ricorre più volte, Sofronio Grassi (al secolo Spiridione Crassà) e Dionisio Modinò. Il primo, vescovo di Corone, era il prelato al cui servizio si era messo Andrea Vido ed era in odore di «scisma», comportamenti immorali e simonia: cosa che non gli impedì di venire più volte impiegato come interprete dal Sant'Uffizio nel corso del 1735.[59] Il secondo, consacrato nel 1704 vescovo di Milos nelle Cicladi dal patriarca di Costantinopoli e in seguito convertitosi al cattolicesimo, si era rifugiato a Roma alla fine del 1718, risiedendo nell'ospizio per sacerdoti di Ponte Sisto: è a quell'epoca che risale un'accusa contro il suo modo di celebrare la messa, ritenuto «da eretico»; l'episodio non gli fu d'ostacolo nella carriera, visto che nel 1737 venne addirittura nominato vescovo ordinante a Sant'Atanasio.[60]

57. *Ibidem*, cc. 133v, 137v, 154v, 157r, 162v; APF, SOCG, vol. 668, cc. 109v-110r.

58. ACDF, S.O., St. St., RR3-a, cc. 147r, 149r.

59. *Ibidem*, cc. 12r e 14v. Le vicende personali di Crassà e Vido si intersecano a quelle della comunità greca di Napoli e sono raccontate più nel dettaglio da Falcetta, *Ortodossi nel Mediterraneo*, pp. 9, 131 e *passim*.

60. ACGr, vol. 6, c. 310 e ACDF, S.O., St. St., RR3-a (professione di fede il 29 gennaio 1719, c. 35v; la prima firma come interprete è del 16 agosto 1720 e si trovano anche casi

Un caso su cui merita soffermarsi è poi quello di Giovanni Stamno: originario della città di Larissa in Tessaglia, si era trasferito in giovane età a Malta, dove «acciecato da humana fragilità hebbe commercio carnale per lo spatio di tre anni in circa» con una donna non più vergine, rendendosi dunque complice di «bigamia». Poiché la gravidanza della donna la metteva in serio pericolo di vita, l'aveva quindi sposata secondo il rito latino (il solo, affermava, che consentisse la celebrazione mentre lei giaceva a letto). Tre anni dopo, volendo intraprendere la carriera ecclesiastica, si era recato a Roma e nella chiesa di Sant'Atanasio aveva ricevuto gli ordini sacri dal vescovo ordinante per i greci cattolici, Onofrio Costantini; a quest'ultimo aveva tuttavia taciuto la propria condizione, non sapendo (o pretendendo di non sapere) che il diritto canonico orientale vietava l'ordinazione dei «bigami». Resosi conto della propria irregolarità, nell'aprile del 1720 era quindi tornato a Roma per ottenere una dispensa, valendosi di una serie di testimonianze favorevoli che lo presentavano come «uomo da bene, et honoratissimo». Il dispendioso soggiorno, tuttavia, era riuscito vano: mosso dalla disperazione «per non haver modo per sostentarsi», decise di spostarsi sull'isola di Corfù, dove dopo un anno ottenne invece di essere ordinato dall'ex metropolita ortodosso di Creta Ioasaf Kiminis, venendo quindi destinato dal *protopapas* dell'isola Spiridione Bulgari a svolgere le funzioni di parroco nel villaggio di Kopsochilades. Ma Giovanni Stamno era un uomo inquieto: nell'estate del 1723 si ripresentò per la terza volta a Roma per abiurare i propri errori e chiedere il permesso di poter celebrare lecitamente secondo il rito greco.[61]

Questa volta non gli fu facile trovare scusanti: appariva chiaro come egli avesse infatti preferito ricorrere alle gerarchie «scismatiche» per ottenere ciò che i tribunali romani gli avevano negato. Il suo parroco di Malta, che tre anni prima aveva scritto in suo favore, ora si premurò di avvertire la Congregazione di non concedergli alcuna dispensa, «poiché altrimenti sarebbe l'istesso che tacitamente aprire una nuova via contro tutti li sagri canoni e costituzioni apostoliche et ammettere ad ogni pravo uomo e greco in farne d'ogn'erba un fascio, con sommo scandalo de' nostri cattolici»[62]. Di

negli anni 1740-1750). Su di lui, cfr. Rodotà, *Dell'origine, progresso e stato presente*, vol. 3, pp. 219-220; Foscolos, *I vescovi ordinanti*, p. 296. Per l'accusa, vedi *infra*.

61. ACDF, S.O., St. St., QQ2-l, fasc. XVIII (*Graeco Bigamo et Schismatice ordinato negatur dispensatio ab Irregolaritate et Facultas celebrandi. 1720-1724*), cc.163r-170r.

62. *Ibidem*, c. 179r-v: memoriale di Emanuele Castrizio, vicario della chiesa parrocchiale di Nostra Signora Damascena Liberatrice di Malta, ex alunno del Collegio greco (25 agosto 1723).

fronte ad ulteriori accuse circa la scarsa moralità dell'uomo, il Sant'Uffizio lo abbandonò al suo destino, come sembra di ricavare da una lettera del settembre successivo, in cui Stamno si lamenta di essere a Roma ormai da due mesi, patendo la fame e il freddo, «dormendo nello spitio di Santa Galla et andando spesso per li conventi mendicando il solo pane per sostentarsi in piedi»; supplicava «con le lagrime sugl'occi» che i cardinali lo abilitassero alla celebrazione della messa, in modo da potersi mantenere.[63] Ammesso a fare la professione di fede nell'ottobre seguente (previa confessione generale presso il penitenziere greco di San Pietro), non sembra però che la sua richiesta di dispensa sia stata accolta. La storia sembrerebbe dunque finire male, ma ben due anni dopo, all'inizio del 1725, improvvisamente il suo nome riemerge dalle carte come interprete nella professione di fede di «Stamati filius quondam Demetri» di Corinto.[64] Sarebbe interessante capire come Stamno sia riuscito a guadagnarsi da vivere nel frattempo e per quale motivo il Sant'Uffizio sia tornato a servirsi di lui, ma purtroppo seguire le tracce d'individui del genere è un'impresa ardua.

Ad ogni modo, questo non è l'unico caso in cui veniamo a sapere delle difficoltà patite dai greci soggiornanti a Roma, cosa che getta luce sulla mancanza di una rete di solidarietà o di accoglienza "nazionale" univoca, come accadeva invece per altre comunità. Diversamente da armeni, siri, etiopi, ruteni ed altri orientali, per i quali erano disponibili ospizi nazionali appositamente istituiti per l'accoglienza dei pellegrini, i greci non potevano utilizzare a tal scopo il complesso di Sant'Atanasio, riservato agli alunni del Collegio. Rimaneva dunque loro la possibilità di alloggiare in case private (per coloro che potevano permetterselo) oppure di ricorrere ad ospedali e ad altri luoghi pii di carattere pubblico. Abbiamo evocato l'ospedale di Santa Galla, ma sappiamo ad esempio che nel 1785 il penitenziere greco di San Pietro raccolse la professione di fede di un certo Giovanni

63. *Ibidem*, c. 175r. Il rescritto della Congregazione, in data 15 settembre 1723, fu un laconico: «Lectum».

64. La professione di fede è registrata in ACDF, S.O., St. St., RR3-a, c. 84r (2 ottobre 1723, momento in cui Stamno dichiara di avere circa 35 anni). In *ibidem*, QQ2-l, fasc. XVIII, cc. 180r-181v si trova un parere legale difensivo del 1724 che prova a citare altri precedenti di sacerdoti orientali «bigami» per giustificare la dispensa, ma il responso della Congregazione è sempre «Lectum». L'8 gennaio 1725 la sottoscrizione di «Gio. Stamno della cità di Larissa» riappare in calce alla professione di fede di Stamati, nel luogo che di solito è occupato dalla firma dell'interprete; pochi mesi dopo lo stesso riappare esplicitamente in tale veste per la professione di Basilio Collivas: *ibidem*, RR3-a, c. 104r, 113r.

Ricci mentre questi giaceva moribondo nell'ospedale di Santo Spirito e che i sacerdoti orientali potevano essere accolti nell'ospizio di Ponte Sisto; negli ultimi decenni del XVIII secolo si trovano poi alcuni greci ricoverati nell'Ospizio dei Convertendi del rione Borgo, teoricamente destinato ai protestanti. Il palazzo che esso occupava, strategicamente vicino a San Pietro, al Sant'Uffizio e alla casa madre dei Gesuiti, permetteva che vi agissero numerosi catechisti e confessori versati nelle lingue più disparate.[65] I sacerdoti greci privi di mezzi erano normalmente accolti nell'ospizio ecclesiastico di ponte Sisto, che nel 1739 venne designato come domicilio per chi non potesse godere di un ospizio nazionale: l'obiettivo era comunque quello di controllare più da vicino il clero orientale.[66]

Finora abbiamo incontrato soprattutto laici e religiosi venuti a Roma per motivazioni strettamente religiose, ma non bisogna credere che esse fossero le uniche. Al contrario, tra i motivi più frequenti dell'arrivo dei greci nell'Urbe vi erano questioni di carattere economico. In un mondo in cui i corsari cattolici attaccavano le navi levantine senza troppa attenzione all'identità religiosa dei proprietari delle merci razziate, il ricorso alle autorità romane era spesso l'ultima speranza da parte di chi cercava un indennizzo o una garanzia di protezione.[67] I monaci e gli abitanti dell'isola di Patmos, in particolare, riuscirono nel 1681 ad ottenere un breve di Innocenzo XI che avrebbe dovuto metterli al riparo dagli attacchi delle navi maltesi e toscane: nella prima metà del XVIII secolo, però, si trovano tracce di loro emissari giunti fino a Roma per lamentarsi delle trasgressioni al breve e per domandarne il rinnovo o il rafforzamento. La condizione posta da Roma per tale protezione, ovviamente, era la professione della fede cattolica ed è per tale motivo che

65. Sull'Ospizio dei Convertendi, cfr. S. Pagano, *L'Ospizio dei Convertendi di Roma fra carisma missionario e regolamentazione ecclesiastica (1671-1700)*, in «Ricerche per la storia religiosa di Roma», 10 (1998), pp. 313-390, e R. Matheus, *Konversionen in Rom in der Frühen Neuzeit: Das Ospizio dei Convertendi 1673-1750*, Berlin 2012 (pp. 102, 182). Il padre Columbanus Pfeiffer dell'Ospizio risulta come interprete in alcune professioni tra il 1782 e il 1784: ACDF, S.O., St. St., RR3-c, cc. 130v, 132v.

66. APF, Congregazioni Particolari, 133, cc. 8v-11v, 19v. In molti ospizi, come nel caso di Santa Maria Egiziaca per gli armeni, condizione necessaria per l'accoglienza era la certificazione dell'avvenuta professione di fede cattolica: ACDF, S.O., St. St., P4-e.

67. I migliori lavori sul tema sono quelli di B. Heyberger, *Sécurité et insécurité: les chrétiens de Syrie dans l'espace méditerranéen (XVIIe-XVIIIe siècles)*, in *Figures anonymes, figures d'élite: pour une anatomie de l'Homo ottomanicus*, a cura di M. Anastassiadou e B. Heyberger, Istanbul 1999, pp. 147-163, e M. Greene, *Catholic Pirates and Greek Merchants. A Maritime History of the Early Modern Mediterranean*, Princeton-Oxford 2010.

tracce di tali inviati si ritrovano nei registri del Sant'Uffizio, mentre nell'archivio di Propaganda si conservano anche le sottoscrizioni personali apposte da tutti i religiosi e laici dell'isola alla professione spedita per lettera.[68]

Oltre a quanti si presentavano nell'Urbe per fare ricorso ai suoi tribunali, tuttavia, c'erano anche coloro che vi capitavano nel corso di lunghe peregrinazioni nei paesi europei: era il caso dei numerosi monaci questuanti, particolarmente del Monte Athos, spediti dai superiori a cercare elemosine in Cristianità, ottenute il più delle volte raccontando storie (vere o più spesso accomodate) di vessazioni e soprusi subiti a causa del dominio «turco».[69] Se nel primo Seicento questo era stato possibile e redditizio, a partire dalla fine di questo secolo l'atteggiamento di Roma cambiò notevolmente, fino ad arrivare in quello successivo ad una proibizione severa della pratica, permessa solo in casi molto rari. Il pretesto per tale giro di vite fu una lamentela formale avanzata nel 1675 dalla Custodia di Terra Santa, che fece come il patriarca di Gerusalemme fosse riuscito a strappare ai francescani il controllo del Santo Sepolcro corrompendo le autorità ottomane proprio «per mezzo de' denari che sono andati detti Greci questuando nelli stati de' Principi cattolici».[70] In questo modo le autorità romane si conformavano in realtà alla pratica di repressione del vagabondaggio tipica degli stati mo-

68. APF, Acta, 1710, c. 475; Acta, 1711, c. 53 (3 febbraio); Acta, 1723, cc. 197 e 579; Acta, 1724, c. 15; Acta, 1726, c. 17 (14 gennaio); Congressi, Greci, vol. 3; Congregazioni Particolari, vol. 69; ACDF, S.O., St. St., QQ2-l, fasc. 21 e RR3-a, c. 88r. Si vedano anche i documenti riprodotti da G. Hofmann, *Patmos und Rom. Darstellung der Beziehungen zwischen dem griechischen Johanneskloster und der römischen Kirche nach ungedruckten Quellenschriften*, Roma 1928. Nel Cinquecento gli abitanti di Patmos avevano invece dovuto far fronte alla pirateria anatolica dei *levend* e nel Seicento avevano spesso fatto un doppio gioco tra corsari occidentali e autorità ottomane: N. Vatin, *Les Patmiotes face à la piraterie entre le début du XVIe siècle et la Guerre de Crète*, in *La frontière méditerranéenne du XVe au XVIIe siècle. Échanges, circulations et affrontements*, a cura di A. Fuess e B. Heyberger, Turnhout 2013, pp. 200-214.

69. Per un esempio, cfr. ACDF, S.O., St. St., QQ2-i, fasc. XLV, c. 466r: «Theodoro d'Emanuele monaco greco del Monte Santo, essendo stato spedito dal superiore del suo monasterio di S. Giorgio per cercare limosina a pro della sua comunità, secondo il solito di poveri religiosi, come fa fede la sua patente, capitò a Roma dopo esser stato in Polonia [...]». In generale, cfr. G. Hofmann, *Rom und Athosklöster*, Roma 1926.

70. Perciò, «la S. Sede col parere di questa Congregatione, dopo haver scritto a Principi che per mezzo de' loro Ambasciatori alla Porta procurassero in tutti i modi la recuperatione del detto Santuario, ordinò che in avenire *non si permettesse ad alcun Greco, ancorché facesse o havesse fatta la professione della fede, di questuare per la Christianità senza espressa licenza della Congregatione* medesima, che derogasse in specie alla detta proibitione, et havesse posterior data; e tal decreto ad istanza del Commissario Generale di

derni e contemporaneamente cercavano di esercitare uno stretto controllo sull'identità confessionale dei questuanti orientali che sempre più numerosi affluivano in Italia.[71] Così, quando nel settembre del 1711 l'abate del monastero di «S.Maria di Portaitissa» (Iviron) nel Monte Athos si presentò con attestazioni anche illustri della propria cattolicità e la professò di fronte al Sant'Uffizio, questo non gli valse per ottenere una lettera pontificia che esortasse i fedeli «a somministrare limosine all'oratore».[72]

Ciò che a Roma era vietato, tuttavia, altrove era ancora possibile e questo spiega un caso esemplare come quello di Callinico Anapliotti. Questo monaco professo del monastero di Pantokratoros, girò tra l'Italia meridionale, la penisola iberica, la Francia e la Toscana per quasi vent'anni, affermando di esser stato mandato «nelli paesi d'Occidente a questuare per la liberazione d'alcuni monaci dati al Turco in ostaggio e pegno degl'annui tributi da essi non pagati». Grazie a numerose lettere commendatorie e licenze dei vari ordinari diocesani, era così riuscito a raccogliere la somma di tremila scudi romani: ma una lettera delatoria in cui lo si accusava di non aver mai inviato il denaro raccolto al proprio monastero di appartenenza provocò il suo arresto a Livorno nel 1735. Non appena la Congregazione ne fu informata, richiese il sequestro delle elemosine, dato che erano state raccolte contro il menzionato divieto e soprattutto da parte di un membro di una comunità notoriamente «scismatica», checché attestassero le varie professioni di fede del monaco. A partire da quel momento Callinico provò in tutti i modi a riavere indietro il denaro, riuscendo anche a convincere i propri confratelli dell'Athos a nominarlo abate, così da avere più margine nella trattativa, che cercò di condurre recandosi personalmente a Roma. Ma la Propaganda fu irremovibile: impossibilitato a fare un ritorno dignitoso nel proprio paese d'origine (i creditori turchi del monastero non lo avrebbero risparmiato), Callinico si rassegnò a vivere nell'Urbe da cattolico, cercando di tirare avanti «con un miserabilissimo assegnamento di scudi tre il mese che gli paga la Sacra Congregazione». La Propaganda poté dunque impiegare il denaro sequestrato a beneficio dei veri «greci cattolici», ma al prezzo del mantenimento a Roma di Callinico fino alla

Terra Santa è stato dato alle stampe, affinché più facilmente pervenga alla notita di tutti» (APF, Acta, 1677, §9, cc. 60v-61r, corsivo mio).

71. B. Heyberger, *Chrétiens orientaux dans l'Europe*, pp. 61-94.

72. APF, Acta, 1711, cc. 371, 466 (7 luglio e 7 settembre 1711). Quasi un quindicennio dopo, l'abate Abacum rinnovò la propria professione (ACDF, S.O., St. St., QQ2-l, fasc. 24; RR3-a, c. 124v).

sua morte.[73] Si capisce perché quando un altro monaco si presentò in cerca di elemosine, gli si ordinò tassativamente di lasciare la città entro massimo tre giorni.[74] Bisogna ricordare che nel XVIII secolo la città eterna ospitava già un discreto numero di prelati orientali costretti a lasciare le proprie diocesi a causa delle persecuzioni degli «scismatici» o delle autorità ottomane: il problema di limitare le loro sempre crescenti richieste di denaro e in generale il desiderio dei convertiti cattolici di venire a vivere a Roma sulle spalle della Propaganda era allora molto pressante.[75]

Per alcuni di tali rifugiati un modo onesto di guadagnarsi da vivere era celebrare la messa, grazie alle offerte per le intenzioni e all'obolo normalmente ricevuto in tali occasioni. Poiché qualunque celebrazione nella chiesa di Sant'Atanasio doveva essere preventivamente autorizzata dal rettore del Collegio e da uno dei cardinali protettori, l'archivio del Collegio conserva accuratamente le domande di licenza. Incrociando tale documentazione con gli elenchi delle professioni di fede, si ottiene un quadro interessante. Nel 1671 incontriamo ad esempio un prelato, Neofito Sofolea, rifugiatosi nell'Urbe dopo esser stato costretto ad abbandonare il proprio vescovato di Miriofiti in Turchia (probabilmente a causa della conversione al cattolicesimo).[76] La maggior parte dei casi di quegli anni riguarda, però, semplici sacerdoti, come Teodosio Balta e Nicolò Venegli: il primo venuto

73. APF, Acta, 1735, cc. 395r-401r, 522r-531v (5 settembre e 12 dicembre 1735); Acta, 1736, cc. 451r-456v (18 dicembre 1736); vedi anche Acta, 1737, cc. 256v-258v, 381; Acta, 1738, cc. 381r-382v; Acta, 1739, cc. 6v-8v, 172rv; Acta, 1740, cc. 10v-11r; Acta, 1741, cc. 4r, 188v-189v; Acta, 1742, cc. 5v-6v; Udienze di Nostro Signore, vol. 5, cc. 165r- 166v (29 ottobre 1744). La professione di fede davanti al Sant'Uffizio è del 25 giugno 1735: ACDF, S.O., St. St., QQ2-l, fasc. 43, cc. 380r-v e RR3-b, c. 18r. Vari documenti in Hofmann, *Rom und Athosklöster*, pp. 21-32.

74. APF, Acta, 1736, cc. 451-455v (18 dicembre 1736).

75. Come ricorda B. Heyberger, *La carrière manquée d'un ecclésiastique oriental en Italie: Timothée Karnûsh, archevêque syrien catholique de Mardîn*, in «Bulletin de la Faculté des Lettres de Mulhouse», XIX (1995), pp. 31-47, in più occasioni all'inizio del XVIII secolo la Propaganda cercò di rinviare in oriente i vescovi siri e armeni rifugiatisi a Roma, arrivando a sospendere la loro «parte di palazzo»; nel 1739, gli ecclesiastici orientali stipendiati dalla Curia e residenti nell'Urbe ammontavano a quattordici (APF, Congregazioni Particolari, 133, c. 5r).

76. «[...] perché molte volte per sua devotione vorrebbe celebrare privatamente, supplica l'Em.za sua resti servita concedergli licenza come di sopra nella Chiesa di S. Athanasio del Collegio Greco» (ACGr, vol. 4, c. 225r). Il rescritto positivo è del 4 marzo 1672, firmato dal cardinale Rasponi. Sofolea aveva fatto la professione di fede il 1° maggio 1671 nel palazzo della Cancelleria, abitazione del cardinal Barberini (ACDF, S.O., St. St., QQ2-i, fasc. XXVI).

da Cefalonia a Roma per curare certi suoi «negotii», il secondo originario di Costantinopoli e giunto «in questa alma città per visitare i luochi santi e bagiare li piedi di N.ro Sig.re» ottennero entrambi la facoltà di celebrare nella chiesa di Sant'Atanasio dopo aver fatto la loro professione.[77] Tuttavia, a volte si verificavano resistenze: proprio il Venegli, nonostante la licenza ottenuta dal cardinale vicario di Roma, fu impedito nell'esercizio del suo diritto dal Rettore della chiesa. Poiché il greco era stato ordinato sacerdote dal Patriarca di Costantinopoli, «quale è scismatico», automaticamente era incorso nel caso sanzionato dalla *Perbrevis instructio* di Clemente VIII e necessitava dunque di aggiungere alla semplice professione di fede anche l'assoluzione dall'irregolarità, senza la quale non poteva esercitare legittimamente le funzioni sacerdotali.[78]

Vi erano infine due ulteriori possibilità, testimoniate nell'archivio del Sant'Uffizio: innanzitutto si trovano numerose richieste da parte di «orientali» di passaggio in Italia sulla possibilità di celebrare la messa greca nelle chiese latine.[79] Tale pratica, piuttosto diffusa, non era esente da problematiche, dato che i prelati celebravano senza le dovute formalità e senza i paramenti previsti dal loro rito, attuando spesso una mescolanza illecita tra la tradizione latina e bizantina. Nel 1725, in particolare, il sacerdote melchita «Neofito Name Giubeir» (Ibn Jubayr) denunciava all'inquisizione il comportamento tenuto dal vescovo greco Dionisio Modinò nella chiesa della Trinità dei Pellegrini:

> celebrava messa da eretico, tutta segreta, cosa non più da me udita, né vista; né potei capire una parola, o sapere che rito facesse, con tutto che io avessi governate molte chiese in Levante, non ho mai veduta una messa simile. Porta certi pezzi di pane, che avanzano in tavola, li fa in pezzetti nella patena, comincia segretamente la messa, e subito consuma; e tutto questo per non commemorare nella messa il Sommo Pontefice. Nel suo messale stanno descritti li nomi de' quattro Patriarchi. Per l'amore di Gesù mandino l'EE. VV. ad osservare il suo rito, et il suo messale; ma non mandino un greco simile a lui, ma un sacerdote di coscienza pratico de' riti greci: perché li Greci si cuoprono l'uno l'altro per li loro cattivi fini.[80]

77. ACGr, vol. 4, cc. 219r, 221r (234 e 236 secondo la nuova numerazione). Professioni di fede in ACDF, S.O., St. St., P4-e, cc. 24r (3 dicembre 1666), 47r (21 febbraio 1672).

78. ACDF, S.O., St. St., QQ2-i, fasc. 26, c. 211r sgg. Il pontefice lo assolse il 17 marzo 1672: ACGr, vol. 4, c. 218rv.

79. Si vedano le numerose richieste conservate in ACDF, S.O., St. St., QQ2-i e QQ2-l.

80. ACDF, S. O., D.V. 1708-1730, fasc. XXII, cc. 495r-505; APF, Acta, 1725, c. 586 sgg. (11 dicembre 1725). Anche in precedenza, durante il suo soggiorno a Malta,

Al di là dei sospetti sulle intenzioni eterodosse del celebrante, il problema delle mescolanze rituali e delle liturgie modificate per adattarsi alle necessità imposte dal soggiorno a Roma riguardava tutti gli orientali, come non mancò di rimarcare il consultore di origini maronite Giuseppe Assemani.[81] La soluzione auspicata era il ricorso ad un controllo più stretto sulle messe svolte secondo il rito orientale, «essendo conveniente più tosto di farli passare totalmente al rito latino, che di permettere che si mescoli, come fanno, un rito con l'altro». Nella pratica, il 6 dicembre 1725 il cardinal vicario fece promulgare un editto che imponeva ai parroci e sagrestani di Roma di non concedere l'utilizzo delle loro chiese ai sacerdoti orientali quando non vi fossero i requisiti necessari (licenza del tribunale, cappella apposita o sotterranea lontana dal popolo, paramenti e ostia propria con sé). Poiché la maggioranza degli ecclesiastici orientali dell'Urbe continuava a celebrare in chiese latine (soprattutto a Santa Maria Liberatrice al Foro), usando quasi sempre paramenti latini, nel 1739 si progettò di rendere *tout court* obbligatorio l'utilizzo delle chiese nazionali o della chiesa del Collegio Urbano.[82]

Alla luce di quanto detto, non stupisce che i religiosi e prelati greci che risiedevano a Roma per incarichi di curia inoltrassero sovente richiesta di poter passare al rito latino, a causa della lunghezza dell'ufficio bizantino, delle doppie prescrizioni alimentari da rispettare e della difficoltà a trovare paramenti, libri e inservienti necessari alla celebrazione della divina liturgia. Sebbene in generale la normativa fosse piuttosto rigida nel regolare tali passaggi (nell'archivio di Propaganda si conservano numerose istanze

Ibn Jubayr aveva denunciato la liturgia dei «Greci» all'inquisitore: cfr. Heyberger, *La carrière manquée*, n. 5.

81. «[...] non solamente i Greci, ma anche gl'Armeni et universalmente anche gl'altri Levantini fanno in Roma ciò che né pure si pratica da essi in Levante intorno ai loro riti: imperoché, 1° si celebrano da essi con paramenti latini, che sono diversi dai paramenti orientali; 2° si celebra communemente senza incenso, non usandosi mai in Oriente di dire messa senza di esso; 3° si celebra senza il ministro, ma con l'assistenza di qualche ragazzo, che gli porge solamente le ampolline e risponde qualche volta "Amen", mentre nel rito orientale di tutte le nazioni gran parte della liturgia spetta al ministro; 4° si tralasciano molte preci e funzioni spettanti al celebrante, e finalmente si dice la S. Messa in una maniera assai impropria, e tutta a capriccio» (ACDF, S.O., D. V. 1708-1730, fasc. XXII, cc. 499r-503r).

82. *Ibidem*, c. 503r. APF, Congregazioni Particolari, 133, cc. 6r-13v, 19r-25v. Tale obbligo fu però moderato dal ricordato bando del 1743, che garantiva la possibilità di celebrare nelle chiese latine ai religiosi orientali dotati dei requisiti menzionati che ne facessero domanda.

respinte), particolarmente contro gli ex allievi del Collegio Sant'Atanasio a causa del giuramento da essi prestato di perseverare nel loro rito, quando si trattava di persone impiegate al servizio della curia o dei cardinali sembra che si adottasse un approccio un po' più elastico; in tal caso era comunque irrinunciabile la clausola «dummodo ad proprium Ritum non redeat», che rendeva assolutamente proibito un eventuale ripensamento (l'impossibilità di abbandonare il rito latino, nativo o acquisito, ne rimarcava ancora una volta la superiorità).[83]

In conclusione, la presenza greca a Roma in età moderna si contraddistingue per un'interessante duplicità. Da un lato vi sono gli allievi del Collegio, la cui «grecità» è allo stesso tempo istituzionalizzata e sempre più messa in discussione; dall'altro si osserva il passaggio di pellegrini, prelati e questuanti più o meno irregolari, di cui si cerca in ogni modo di controllare il flusso. In entrambi i casi, a differenza delle città italiane dove la comunità orbitante attorno ad una chiesa o «scola» greca s'inserisce nei circuiti della diaspora mercantile, si tratta per lo più d'individui venuti apposta per ricevere qualcosa dai vari organi della Santa Sede: educazione, elemosine, dispense, risoluzioni di litigi giudiziari o di casi di coscienza, sanzioni di cattolicità. Le Congregazioni romane cercano di gestire questo afflusso in modo da evitare il più possibile il vagabondaggio, la devianza, l'ambiguità confessionale e soprattutto l'eccessivo sfruttamento del sistema «assistenziale» da parte del clero orientale. Per scelta o per necessità, il soggiorno della maggior parte dei greci a Roma si configura dunque come temporaneo, anche se non mancano i casi d'individui in grado di ripresen-

83. Il corfiota Apostolo Mico, ex allievo di Sant'Atanasio divenuto *scriptor graecus* della Biblioteca Vaticana, nel 1724 motivò la propria richiesta di passare al rito latino per «non poter celebrare la S. Messa se non rare volte, sì per esser longa sì per esser lontane le chiese di rito greco, come pure per non avere paramenti secondo il detto rito, né chi gliela servi quando voglia dirla in qualche chiesa latina [...] e finalmente dal dover digiunare quasi tutto l'anno, obbligandolo da una parte il rito greco all'astinenza dalle carni il mercordì e dall'altra parte dovendo ancora osservare il sabbato, le vigilie e le *tempora* secondo l'uso latino per non scandalizare quelli coi quali coabita; pertanto rappresenta il desiderio e bisogno che tiene di passare al rito latino, colla clausola ancora *dummodo non redeat*, secondo che si è praticato con Leone Alemanno, Giorgio Scuffo, de Marchis, et ultimamente col Rodotà et altri alunni del Collegio Greco» (ACDF, S.O., St. St., QQ2-l, c. 204r). Per una discussione sui termini in cui il passaggio di rito poteva venire concesso, cfr. il parere steso nel 1738 dal cardinale Vincenzo Petra: *ibidem*, cc. 388r-389v. Per alcuni esempi di istanze invece respinte, cfr. P. Chiocchetta, *Tra Fede e Disciplina. L'opera della S. C. per i fedeli di rito greco in Italia*, in *Sacrae Congregationis de Propaganda Fide Memoria Rerum*, a cura di J. Metzler, vol. II, Roma-Freiburg-Wien 1973, pp. 555-576: 557-558.

tarsi con frequenza. Gli allievi del Collegio e molti dei semplici visitatori o pellegrini giungono a Roma dopo aver preso già contatto con le gerarchie cattoliche in terra di missione, cercando di appoggiarsi a reti di solidarietà locale; chi è sprovvisto di conoscenze o di protezione difficilmente riesce a trascorrere serenamente la propria permanenza nell'Urbe e rischia continuamente la fame e l'accattonaggio. La grande maggioranza dei religiosi torna quindi in Oriente, sia che questo avvenga nel quadro delle missioni organizzate dalla Propaganda (per coloro che rimangono fedeli alla professione cattolica), sia che si tratti invece di un ritorno alla comunità d'origine e alla tradizione ortodossa; alcuni si inventano una nuova vita in Cristianità, mettendosi al servizio delle varie chiese greche della penisola.[84] Una parte ancora minore, composta soprattutto d'ecclesiastici, riesce ad utilizzare le proprie competenze linguistiche o i propri contatti personali per restare a Roma, inserendosi in modo più o meno stabile nella vita cittadina e curiale: ma in questi casi il desiderio di integrazione rende il passaggio al rito latino sempre più appetibile.

84. In questo caso poteva entrare in gioco anche un altro *network*, quello che legava alcune delle comunità mercantili greche dei porti italiani con le istituzioni ecclesiastiche ortodosse. Come osserva Angela Falcetta, le reti di affiliazione su cui potevano contare i religiosi orientali – «quella controllata dalle istituzioni cattoliche e l'altra generata dai contatti tra i migranti ortodossi – non sempre erano in contrapposizione tra loro. La ragione di ciò stava innanzitutto nel carattere transconfessionale che connotava le traiettorie biografiche degli individui inseriti all'interno di queste reti» (*Ortodossi nel Mediterraneo cattolico*, p. 154).

Giovanni Pizzorusso e Matteo Sanfilippo

Dalle frontiere dell'Europa cattolica alla Città Eterna: chiese nazionali e comunità straniere in età moderna

1. *Dai margini della cattolicità al crogiuolo romano: stranieri, eretici, scismatici...*

La presenza di chiese o altre strutture religiose nazionali pone, qualsiasi cosa esse siano, il problema della presenza a Roma di stranieri.[1] Sull'argomento ormai esiste una notevole concordia tra gli studiosi, che postulano la presenza di vere e proprie comunità sin dal medioevo e ricordano come fonti locali lamentino nel Rinascimento una sorta di invasione.[2] Tuttavia la maggior parte degli studi a disposizione si concentra sui macro-gruppi, in particolare quelli soggetti alle Corone di Spagna, alla Monarchia francese e all'Impero. In questo volume vogliamo al contrario porre l'accento su altri gruppi provenienti dalle aree balcaniche (soprattutto dalle odierne Grecia e Albania), centro-orientali (pur quando appartengono al mondo imperiale, come Boemia, Ungheria e Fiandre) e settentrionali (Isole britanniche e Scandinavia). Come abbiamo visto nei capitoli precedenti, il censimento di tali gruppi non è semplicissimo, perché nella maggior parte dei casi le notizie non sono tantissime, anche in ragione del minor numero di questi immigrati rispetto a quelli spagnoli, francesi e austro-tedeschi. Questo è inoltre un portato rispetto alle fonti a nostra disposizione, ad un tempo abbondanti e spesso sfuggenti, forse proprio la ragione per la quale non è stato ancora possibile cogliere con precisione il problema dell'immigrazione straniera a Roma.

1. Sebbene il testo di questa conclusione sia stato discusso congiuntamente, il primo paragrafo spetta a M. Sanfilippo, il secondo e il terzo a G. Pizzorusso.

2. A. Esposito *"La minor parte di questo popolo sono i romani". Considerazioni sulla presenza dei "forenses" nella Roma del Rinascimento*, in Istituto Nazionale di Studi Romani, *Romababilonia*, Roma 1993, pp. 41-60, e *Un'altra Roma. Minoranze nazionali e comunità ebraiche tra Medioevo e Rinascimento*, Roma 1995.

Nelle altre capitali degli stati regionali italiani la presenza straniera, stabile o temporanea, è facilmente circoscrivibile, ma a Roma vi è una maggior fluidità delle fonti e della realtà. Nell'Urbe si arriva non soltanto per il commercio, ma per tanti altri motivi: lavorativi o turistici, di studio o religiosi. Inoltre ci si ferma a lungo, visto che il viaggio è faticoso e pericoloso, o addirittura per sempre, ma quasi per casualità e non per una scelta programmata. Per di più la città è abituata a questa situazione e non rileva sempre, o almeno non rileva completamente, le presenze allofone. Da un lato, la comune appartenenza religiosa mette tutto in sordina: Roma è la capitale spirituale del mondo cattolico e dunque è per definizione normale andarvi. Dall'altro, la città si caratterizza per la relativa mancanza di chiusure sociali. L'accesso all'aristocrazia urbana è aperto per tutta la prima età moderna. Come segnala il purtroppo scomparso Antonio Menniti Ippolito, il primo libro d'oro della nobiltà romana è del 1746.[3] Analogamente sono elastiche anche le possibilità di accesso agli altri livelli sociali, mentre in tutte le restanti città italiane, almeno in quelle oggi studiate da questo punto di vista, l'inserimento appare rapidamente e rigidamente regolamentato. Nella città dei papi l'integrazione è facilitata dalla comunanza religiosa e dal particolare sistema politico: una "monarchia elettiva" con specifici meccanismi di *spoils system* che comportano l'importazione di élite amministrative, finanziarie, commerciali, curiali, cardinalizie e dei singoli ordini religiosi: queste a loro volta chiamano ulteriori immigrati di alto e di basso profilo, formando una continua e frastagliata serie di nuclei, attorno ai quali possono disporsi ulteriori tipologie di arrivi.[4]

Non tutto è senza problemi per chi viene da fuori e un ambiente inizialmente accogliente può rivelarsi ostile, soprattutto se i nuovi arrivati toccano interessi specifici. L'integrazione ha infatti comunque un prezzo, ma questo può variare, anche per chi non goda di protezioni particolarmente forti.[5] Inoltre le associazioni nazionali, i consolati e ancora di più

3. A. Menniti Ippolito, *Il cimitero acattolico di Roma. La presenza protestante nella città del papa*, Roma 2014, p. 23.

4. A. Menniti Ippolito, *Il governo dei papi nell'età moderna. Carriere, gerarchie, organizzazione curiale*, Roma 2007.

5. Cfr. in particolare A. Arru, *Il prezzo della cittadinanza. Strategie di integrazione nella Roma pontificia*, in «Quaderni storici», 91 (1996), pp. 157-171, e *The Rights of Foreigners and Access to Citizenship in Eighteenth and Nineteenth Century Rome*, in *Family History Revisited. Comparative Perspectives*, a cura di R. Wall, T.K. Hareven e J. Ehmer, Newark-London 2002, pp. 74-92.

le associazioni di mestiere possono aiutare i nuovi arrivati, perché sono solidamente inserite nel tessuto urbano e perché a loro volta contrattano favori, diritti ed eccezioni.[6] Talvolta persino chi si trova ai margini di questi mondi può beneficiare di una qualche garanzia.[7]

Vi è, però, chi sembra non avere per definizione possibilità di godere di alcuna protezione, per esempio i gruppi esterni alla religione cattolica.[8] Sennonché anche per questi il discorso è meno lineare di quanto si possa ritenere. In primo luogo, in alcuni casi, possono beneficiare di un'aura di martirio. Le minoranze balcaniche di religione ortodossa fuggite davanti all'avanzata turca nei secoli XV-XVI sono avvantaggiate dall'aver partecipato a un'esperienza considerata eroica. Parte dei fuggiaschi resta ortodossa, parte aderisce alla Chiesa cattolica, ma optando per il rito greco: in ogni caso, pontefici e Curia cercano di proteggerli e accontentarli dal punto di vista dell'assistenza spirituale, pur non rinunciando a controllarli, come spiega Cesare Santus in questo volume. Persino il famoso cardinal Giulio Antonio Santori, prefetto del Sant'Uffizio e persecutore degli eretici, si occupa dell'assistenza ai fedeli di rito greco e della fondazione del Collegio greco a Roma.[9]

6. Cfr. E. Canepari, *Immigrati, spazi urbani e reti sociali nell'Italia d'antico regime*, in *Annali della Storia d'Italia*, vol. 14, *Migrazioni*, a cura di P. Corti e M. Sanfilippo, Torino 2009, pp. 55-74; Ead. e B. Zucca Micheletto, *Le travail comme ressource: parcours individuels, mobilité et stratégies économiques dans les villes d'Ancien Régime*, in «Mélanges de l'École française de Rome. Italie et Méditerranée», 123, 1 (2011), pp. 5-10.

7. A. Groppi, *Jews, Women, Soldiers and Neophytes: The Practice of Trade under Exclusions and Privileges (Rome from the Seventeenth to the Early Nineteenth Centuries)*, in *Guilds, Markets and Work Regulations in Italy, 16th-19th Centuries*, a cura di A. Guenzi, P. Massa e F. Piola Caselli, Aldershot-Sidney 1998, pp. 372-392.

8. La letteratura è ormai enorme, per un quadro sintetico: M. Sanfilippo, *Il controllo politico e religioso sulle comunità straniere a Roma e nella penisola*, in *Ad ultimos usque terrarum terminos in fide propaganda. Roma fra promozione e difesa della fede in età moderna*, a cura di M. Ghilardi, G. Sabatini, M. Sanfilippo e D. Strangio, Viterbo 2014, pp. 85-110. Vedi, però, anche i successivi J.W. Nelson Novoa, *Being the Nação in the Eternal City: New Christian Lives in Sixteenth-Century Rome*, Toronto-Peterborough 2014, e B. Pomara Savarino, *Storie di moriscos nella Roma del Seicento*, in «Rivista storica italiana», 127, 1 (2015), pp. 5-43.

9. V. Peri, *Chiesa romana e "rito" greco. G.A. Santoro e la Congregazione dei Greci (1566-1596)*, Brescia 1975; G.M. Croce, *La stratégie missionnaire de l'Eglise romaine à l'égard des communautés orthodoxes grecques et russes en Italie et en France aux époques moderne et contemporaine (XVe-XXe siècles)*, in *Les missions intérieures en France et en Italie du XVIe siècle au XXe siècle*, a cura di Ch. Sorrel e F. Meyer, Chambéry 2001, pp. 63-72; S. Ricci, *Il sommo inquisitore. Giulio Antonio Santori tra autobiografia e storia*, Roma 2002.

L'aver menzionato Santori ci ricorda il ruolo del Sant'Uffizio nel controllo degli stranieri residenti o di passaggio a Roma e quindi il problema delle minoranze ebraiche, musulmane e soprattutto protestanti.[10] Le necessità del commercio, del turismo e della politica spingono le autorità locali, anche quelle inquisitoriali, a chiudere progressivamente un occhio sulla fede di tanti nuovi arrivati. Il colpo finale a qualsiasi pretesa di stretto controllo è dato dall'arrivo degli Stuart, ancora pretendenti al trono di Inghilterra e Scozia.[11] Parte del loro *entourage* è composto di protestanti e questi sono non soltanto tollerati per rispetto dei loro sponsor, ma ottengono pure privilegi notevoli, sia pure *obtorto collo*. Ancora Antonio Menniti Ippolito ha studiato la genesi del Cimitero acattolico e ha mostrato come il Sant'Uffizio, già allertato da suppliche inglesi dell'impossibilità di lasciar seppellire i «cristiani non cattolici [...] nell'infame luogo di Muro-torto nel mezzo de' cadaveri delle pubbliche meretrici»,[12] sia alla fine convinto a fare qualcosa per la sepoltura dei membri della corte degli Stuart.[13] Bisogna inoltre tenere conto che la particolarità di Roma "città del papa" offre agli stranieri, fermati come protestanti, un'ottima giustificazione, basta che si dichiarino pronti a mutare fede, anzi dichiarino di essere venuti a Roma proprio per questo, come ha provato Irene Fosi.[14]

Roma è dunque una città per molti versi peculiare, nella quale possono inserirsi persino coloro che non dovrebbero avere nulla a che fare con la città santa del cattolicesimo, talvolta con disdoro degli stessi ambienti curiali. Tra il 1676 e il 1679 monsignor Urbano Cerri, segretario della Congregazione di Propaganda Fide, scrive una relazione per Innocenzo XI sullo stato delle missioni nel mondo e lamenta, trattando della lotta al protestantesimo, che «in nessun luogo suol essere un maggior numero d'Eretici e Scismatici, che in Roma».[15] Da notare che ci tiene a specificare

10. P. Schmidt, *L'Inquisizione e gli stranieri*, in *L'Inquisizione e gli storici: un cantiere aperto*, Roma 2000, pp. 365-372; K. Siebenhüner, *Conversion, mobility, and the Roman Inquisition in Italy around 1600*, in «Past & Present», 200 (2008), pp. 5-36.

11. E.T. Corp, *The Stuarts in Italy. 1719-1766. A Royal Court in Permanent Exile*, Cambridge 2011, e *I giacobiti a Urbino 1717-1718. La corte in esilio di Giacomo III re d'Inghilterra*, a cura di T. Carpegna Falconieri, Bologna 2013.

12. ACDF, Sant'Uffizio, Stanza Storica, M-4b, vol. 2, fasc. su Roma, non foliato.

13. Menniti Ippolito, *Il cimitero acattolico di Roma*.

14. I. Fosi, *Convertire lo straniero. Forestieri e Inquisizione a Roma in età moderna*, Roma 2011.

15. *Relazione di Mons. Urbano Cerri* [...] *dello stato di Propaganda Fide*, in APF, Miscellanee Varie, vol. XI, ff. 48-179, in particolare 153-154.

di non avercela con i viaggiatori, i quali anzi venendo a Roma imparano ad apprezzare i cattolici e quindi si possono avviare alla conversione, ma con i predicatori delle varie "sette". Le lamentele di Cerri sono esagerate, perché di predicazione protestante a Roma non si ha traccia, almeno in quegli anni. Tuttavia rivelano qualcosa che è confermato dalla documentazione successiva: dal censimento dal 1736 risulta infatti che decine di "eretici" o di "infedeli" abitano stabilmente ed ufficialmente in città.[16] La progressiva accettazione della presenza protestante è confermata dalle vicende settecentesche del già menzionato cimitero presso la Piramide Cestia. Qui, nel 1732, è sepolto sir William Ellis, tesoriere della già ricordata corte in esilio di Giacomo III Stuart.[17] Il resoconto del suo funerale ci mostra come il campo di Testaccio sia ormai un cimitero ufficiale e vi si celebri un rito funebre secondo i dettami della Chiesa anglicana.[18]

I luoghi degli stranieri non sono dunque soltanto cattolici, ma possono essere anche protestanti. In ogni caso le prime conversioni dal protestantesimo suggeriscono che alcune comunità si rafforzano anche nella loro componente cattolica. I lavori di Anu Raunio e Ricarda Matheus mostrano tali nuovi apporti e il loro approdo romano. Per quanto riguarda gli svedesi, studiati dalla prima, è noto che cercano e ottengono lavoro e appoggio nella "corte" romana di Cristina di Svezia.[19] Le chiese nazionali, i collegi, gli istituti per favorire la conversione degli "eretici" e degli "infedeli", gli ordini religiosi a maggioranza stranieri divengono allora collettori di nuove presenze e soprattutto di documentazione su di esse, restituendoci lo sviluppo di una città che si caratterizza proprio per la presenza alloctona.

16. F. Cerasoli, *Censimento della popolazione di Roma dall'anno 1600 al 1739*, in «Studi e documenti di storia e diritto», 12 (1891), pp. 169-199.

17. F. Valesio, *Diario di Roma (1708-1745)*, a cura di G. Scano, vol. V, Milano 1979, p. 504.

18. Vedi il già citato Menniti Ippolito, *Il cimitero acattolico di Roma*.

19. A. Raunio, *Conversioni al cattolicesimo a Roma tra Sei e Settecento La presenza degli scandinavi nell'Ospizio dei Convertendi*, Turku, Istituto di Lingue Classiche e Romanze, Dipartimento di Italianistica, 2009, tesi di dottorato disponibile a https://www.doria.fi/bitstream/handle/10024/52510/AnnalesB324Raunio.pdf, e *Scandinavian converts to catholicism in Rome, 1673-1706*, in «Scandinavian Journal of History», 36, 3 (2011), pp. 279-297; R. Matheus, *Konversionen in Rom in der Frühen Neuzeit. Das Ospizio dei Convertendi 1673-1750*, Berlin-Boston 2012, e *Als Protestant gekommen, als Katholik gegangen. Konfessionelle Grenzgänger in Venedig und Rom*, in *Protestanten zwischen Venedig und Rom in der Frühen Neuzeit*, a cura di U. Israel e M. Matheus, Berlin 2013, pp. 179-202.

2. *La questione missionaria e il rinnovamento delle presenze e delle istituzioni straniere: i collegi "nazionali" e la rappresentazione delle comunità*

Come si può notare dalla scelta dell'ambito geografico prescelto, dalla Scandinavia ai Balcani, questo volume punta l'attenzione sulle chiese nazionali relative a comunità, più o meno formate, o comunque nuclei di fedeli provenienti dal cattolicesimo di frontiera, da quelle chiese definite da Ronnie Po-chia Hsia come chiese militanti e chiese martiri.[20] A queste definizioni si potrebbero aggiungere altre due parole chiave: chiese minoritarie e chiese missionarie. La presenza a Roma di membri di queste *nationes* provenienti dall'Europa settentrionale e centro-orientale ha un particolare rilievo nella prospettiva dell'azione missionaria della Chiesa dell'età della Controriforma volta alla salvaguardia della fede di queste minoranze. Come è noto, a questo scopo si inizia dall'epoca di Gregorio XIII una politica di fondazione a Roma di collegi e seminari per la formazione dei missionari cosiddetti "nazionali", cioè appartenenti alle *nationes* presso le quali erano destinati a svolgere l'apostolato. Nel 1623 questi collegi, restando sotto la direzione dei gesuiti, sono posti sotto la giurisdizione della Congregazione di Propaganda Fide, tra i cui compiti fondativi stava anche, in modo esplicito, quello di assistere e difendere, soprattutto fornendo missionari, le minoranze cattoliche nelle terre degli infedeli. Il perseguimento di questo obiettivo è incentivato dalla fondazione nel 1627 del Collegio Urbano, posto direttamente sotto la direzione di Propaganda (anche perché è ospitato nel palazzo della Congregazione in Piazza di Spagna), che ha una dimensione internazionale: accoglie cioè allievi, futuri missionari nei loro paesi, che provengono da continenti diversi, in particolare membri delle *nationes* che non hanno un proprio seminario a Roma.[21]

20. R. Po-chia Hsia, *La Controriforma. Il mondo del rinnovamento cattolico (1540-1770)*, Bologna 2009.

21. Il Collegio Urbano non ha gesuiti tra i propri docenti e si pone a un livello più alto rispetto ai collegi nazionali. Gli sono infatti riconosciuti gli stessi privilegi accademici della Sapienza. Cfr. R.M. Wiltgen, *Propaganda is placed in charge of the Pontifical colleges*, in *Sacrae Congregationis De Propaganda Fide Memoria Rerum*, a cura di J. Metzler, I/1, Rom-Freiburg-Wien 1971, pp. 483-505. Per una indagine nominativa, cfr. G. Pizzorusso, *Una presenza ecclesiastica cosmopolita a Roma: gli allievi del Collegio Urbano di Propaganda Fide (1633-1703)*, in «Bollettino di Demografia Storica», 22 (1995), pp. 129-138. Per l'importanza nel contesto culturale romano: Id., *I satelliti di Propaganda Fide: il Collegio Urbano e la Tipografia Poliglotta. Note di ricerca su due istituzioni culturali romane*

Una domanda che ci siamo posti è se questi collegi, da quelli delle isole britanniche a quello maronita, costituiscano poli di attrazione per i connazionali presenti a Roma e se le chiese ad essi annesse siano frequentate da questi stranieri o se invece questi luoghi servano prevalentemente per i seminari per la formazione di clero nazionale. Questo problema non ci sembra di dettaglio nella definizione di chiesa nazionale nel contesto romano. Una corposa storiografia ci può infatti illustrare le numerose chiese nazionali delle principali comunità dell'Europa maggioritariamente cattolica (Portogallo, Spagna, Francia). Al contrario, nei confronti di luoghi di culto collegati a *nationes* cattoliche minoritarie molte domande restano senza risposta o non sono state addirittura mai formulate. La presenza a Roma di membri laici ed ecclesiastici di queste nazioni è sufficiente per definire "nazionale" la chiesa o il luogo di culto da un punto di vista sostanziale (cioè la frequentazione come fedeli da parte degli stranieri) e formale (cioè se ci siano atti e documenti ufficiali)? Istituzioni fondate per la formazione missionaria possono fungere da chiesa nazionale, solo perché vi si parla la lingua degli stranieri oppure perché vi si adotta il loro rito.

Per fare un esempio relativo a una *natio* non studiata in questo volume, vediamo cosa succede ai maroniti stabilmente o temporaneamente residenti a Roma. Sappiamo dagli studi di Bernard Heyberger che alcuni vi sono rimasti dopo essere usciti dal Collegio maronita o dal Collegio Urbano di Propaganda Fide e aver abbandonato sia gli studi, sia lo stato ecclesiastico. Vanno alla messa nella chiesa del Collegio maronita, oppure nella parrocchia territoriale di appartenenza, come accade in altre città? Certamente questa non deve essere una preoccupazione dei maroniti eruditi che lavorano alla Biblioteca Vaticana, il loro ruolo prevede infatti un passaggio al rito latino (da Abraham Ecchellensis alla stirpe degli Assemani e lo stesso si potrebbe dire per i greci come Leone Allacci), ma gli altri? Ma poi quali sono gli altri? Come ha scritto Heyberger, dal Libano si inviano giovanissimi allievi a Roma al Collegio maronita e al Collegio Urbano, anche perché si favoriscono così le connessioni familiari e commerciali con la città del papa e comunque con l'Italia, ma non è chiaro se queste presenze costituiscano una comunità o siano realtà individuali.[22] In se stesso, il Collegio maronita può essere un veicolo di

nel XVII secolo, in «Mélanges de l'Ecole Française de Rome. Italie et Méditerranée», 116, 2 (2004), pp. 471-498.

22. B. Heyberger, *Les chrétiens du Proche-Orient au temps de la Réforme catholique (Syrie, Liban, Palestine, XVIIe-XVIIIe s.)*, Rome 1994, pp. 418 e seguenti. Ad esempio dai registri del Collegio Urbano risulta che la famiglia maronita Shalaq invia a Roma in

futura immigrazione, ma in modo irregolare. Certamente i giovani, spesso giovanissimi, allievi non hanno molti contatti con l'esterno. Tuttavia esistono continuità familiari che abbozzano forme di catene migratorie, ancora da studiare.[23] Insomma, uscendo dall'esempio maronita, sembra non immediatamente riconoscibile la consistenza stessa di questa presenza straniera, né se si tratti di viaggiatori, pellegrini, immigrati stanziali... Il punto centrale è che, per queste *nationes*, nel tessuto urbano romano sono molto più visibili le istituzioni missionarie come i collegi che non quelle legate al culto come le chiese, e questo è un tema distintivo del nostro volume.

Forse tra XVI e XVII secolo, quando i collegi delle nazioni minoritarie vengono fondati, siamo in un momento di passaggio della presenza straniera a Roma. Per ritrovare una continuità nella presenza degli stranieri a Roma si è insistito sul collegamento tra la Roma degli stranieri dei pellegrinaggi e giubilei medievali, dei censimenti come la *Descriptio Urbis* del primo XVI secolo,[24] la Roma *communis patria* che mostra un precoce cosmopolitismo e la Roma della Controriforma che, facendo riferimento alle varie *nationes*, cerca di ripristinare una nuova forma di universalismo pontificio attraverso lo slancio missionario. Ma, come si è detto, resta un'enorme differenza tra le grandi e secolari istallazioni delle principali *nationes* e le micro-comunità neppure troppo coagulate che provengono da territori di frontiera.

Come è stato ricordato, nel secondo XVII secolo la venuta a Roma di stranieri da territori protestanti ha costituito una vera e propria strategia di conversione,[25] ma in precedenza, durante il periodo caldo della Controri-

un paio d'anni a cavallo del 1660 ben tre giovani, oppure che Nima Dik di Damasco sia dedito all'attività mercantile, senza alcuna vocazione religiosa. Il contatto tra commercio e religione è molto forte in questo periodo anche per quanto riguarda l'Europa protestante, come emerge dalle ricche fonti inquisitoriali. Un caso che investe il Collegio Urbano è quello di un giovane mercante protestante di Francoforte attivo a Genova, convertito da un cappuccino e mandato al collegio per essere formato come missionario, cfr. Pizzorusso, *Una presenza ecclesiastica cosmopolita*, p. 135.

23. Ancora sui maroniti e il loro Collegio: Aurélien Girard e Giovanni Pizzorusso, *The Maronite college in early modern Roma: Between the Ottoman Empire and the Republic of Letters*, in *College Communities in Exile: Education, Migration, and Catholicism in Early Modern Europe*, a cura di L. Chambers e Th. O'Connor, Manchester in corso di stampa. Lo studio più completo su questa istituzione è quello di S. Tabar, *Fondation et premier siècle de vie du Collège Maronite, 1584-1684*, Roma, Pontificio Istituto Orientale, 1978-1979, tesi di dottorato.

24. E. Lee, *Descriptio Urbis: the Roman census of 1527*, Roma 1985.

25. Fosi, *Convertire lo straniero*. Evidentemente la nozione di straniero investe anche le conversioni di ebrei e musulmani e le istituzioni ad esse preposte come l'Ospizio dei

forma, è prevalsa non tanto la preoccupazione di attirare e stabilizzare gli stranieri nelle comunità e nelle chiese nazionali, quanto quella di formare clero missionario nei collegi nazionali con la conseguenza di una clericalizzazione dell'immigrazione verso la città del papa (che vediamo anche con esempi chiarissimi nella fondazione di nuovi ordini regolari, spesso di origine "forestiera" come i chierici della Madre di Dio di Giovanni Leonardi detti "preti lucchesi" perché l'ordine è in gran parte formato nei primi anni da originari della Repubblica di Lucca, così come lo è il fondatore).[26] Questo afflusso di seminaristi ed ecclesiastici verso Roma contribuisce, nel contesto del più generale afflusso immigratorio, a far prendere a questa il carattere di "città maschile", come ha scritto Eugenio Sonnino.[27]

Si può affermare che tra XVI e XVII secolo si è avuta una fase di sovrapposizione, di incastro, tra il tradizionale cosmopolitismo romano e il nuovo universalismo pontificio, rilanciato attraverso le istituzioni conversionistiche della Città Santa.[28] Tale fenomeno, che unisce piani diversi, ha inizialmente risentito della temperie della Controriforma e della frattura confessionale che ha costituito un freno agli spostamenti verso Roma, pur se in modo minore per alcune categorie come i mercanti, come si vede dai documenti inquisitoriali. Comunque sia, questo periodo ha lasciato un segno. Queste realtà "deboli" del panorama cattolico europeo, sia perché legate a Roma da poco tempo come gli uniati, sia perché rese fragili rispetto al passato dall'impatto della Riforma, rappresentano quindi un caso diverso rispetto alle consolidate comunità cattoliche maggiori e ai loro prestigiosi edifici ecclesiastici romani, ben inseriti nella città. In ogni caso sembra che

Convertendi (e il relativo controllo inquisitoriale): M. Caffiero, *Battesimi forzati. Storie di ebrei, cristiani e convertiti nella Roma dei papi*, Roma 2005 e S. Di Nepi, *Incontri inaspettati. Il confronto con l'Islam a Roma in età moderna (XVI-XVIII sec.). A proposito di Roma e Islam. Note a margine e prospettive di ricerca*, in «Giornale di storia», 8 (2012), rivista on-line, www.giornaledistoria.net.

26. Cfr. G. Ausenda, *Chierici regolari della Madre di Dio*, in *Dizionario degli istituti di perfezione*, a cura di G. Pelliccia e G. Rocca, vol. II, Milano 1972, coll. 927-945. Si può segnalare come la chiesa dei "lucchesi" in Roma sia stata prima quella dell'ordine di Santa Maria in Portico (concessa dal cardinale diacono Bartolomeo Cesi nel 1601) e poi quella "nazionale" di Santa Croce e San Bonaventura concessa alla *natio lucensis* nel 1631 da Urbano VIII.

27. E. Sonnino, *Roma, secolo XVII: popolazione e famiglie nella "città maschile"*, in SIDES, *La popolazione italiana nel Seicento*, Bologna 1999, pp. 777-796.

28. Per la dimensione internazionale cfr. il quadro offerto dal volume collettivo *Papato e politica internazionale nella prima età moderna*, a cura di M.A. Visceglia, Roma 2013, in particolare l'*Introduzione* della curatrice.

esaminare queste *nationes* di frontiera religiosa (ma anche etnica, culturale, rituale)[29] a Roma e le loro istituzioni non possa prescindere dall'aspetto conversionistico e missionario, anche per operare una distinzione dei diversi piani del tema di cui questo libro si occupa.

L'arco cronologico del nostro volume è sufficientemente lungo per poter osservare se e quando ciò avvenga, come queste realtà si coagulino intorno a fondazioni effimere quali ospizi o luoghi di culto o si appoggino a parrocchie romane. Ci è sembrato quindi opportuno che la serie dei casi nazionali fosse introdotta da un quadro generale sul sistema parrocchiale romano e sulle confraternite (presentato da Domenico Rocciolo) per vedere anche se e come esso possa assorbire presenze straniere originarie di nazioni non formalizzate e strutturate. Il ruolo del Vicariato è di primo piano relativamente alla presenza del clero straniero. Già nei primi anni della Congregazione di Propaganda Fide il 1622 il segretario Francesco Ingoli propone che il cardinale vicario faccia parte della Congregazione sia per controllare i collegi nazionali, sia per aiutare i religiosi stranieri in visita nell'adempimento delle pratiche amministrative, nella pratica del foro romano e nel rispetto dell'osservanza romana.[30] Del resto ancora nel XVIII secolo nell'opera sulla giurisdizione e le prerogative del vicario di Roma del canonico Nicolò Antonio Cuggiò, segretario del tribunale del Vicariato dal 1700 al 1739, si registrano con cura gli adempimenti relativi all'ordinazione romana del clero straniero per nazione e per rito.

L'ordinazione a Roma ha, come è ovvio, un significato particolare ed è infatti spesso praticata dagli stranieri, siano essi forestieri, ultramontani od orientali, indicazioni che richiamano i due concetti di nazione e di rito sopra indicati. L'ordinazione ricade sotto la responsabilità del cardinale vicario o del vicegerente, che la amministrano direttamente oppure la autorizzano in favore di un cardinale o di un vescovo, avendo cura che vengano rispettati i principi tridentini e i decreti pontifici al riguardo. L'attenzione e la preoccupazione di Cuggiò per una corretta amministrazione del sa-

29. Sulla complessità del concetto di frontiera, di contro all'apparente univocità, vi è una lunga bibliografia; in breve cfr. L. Jeanpierre, *Frontière*, in *Dictionnaire des concepts nomades en sciences humaines*, a cura di O. Christin, Paris 2010, pp. 157-169, che riparte da un vecchio saggio geografico (1928) di L. Febvre, *Frontière: le mot et la notion*, già ripubblicato in *Pour une histoire à part entière*, Paris 1962, pp. 11-24.

30. APF, Congregazioni Particolari, vol. 2, f. 444rv. Vi è poi la specifica questione della concessione delle reliquie ai religiosi stranieri in visita a Roma per portarle nelle chiese dei loro paesi: Ph. Boutry, P.-A. Fabre e D. Julia, *Reliques modernes. Cultes et usages chrétiens des corps saints des Réformes aux Révolutions*, Paris 2009.

cramento mostra quanto esso fosse diffuso nelle varie branche del clero straniero, sia quello secolare, numericamente più consistente, sia quello regolare. Il controllo del vicariato è centrato sulle false "dimissorie", le autorizzazioni dei vescovi delle diocesi di origine. Tanta è la confusione che Urbano VIII deve intervenire proibendo i vari livelli dell'ordinazione dalla prima tonsura, agli ordini minori e infine a quelli solenni, in mancanza di una dimissoria del vescovo, certificata dal nunzio apostolico in carica nella rispettiva nazione. Si tratta infatti di combattere falsificazioni grossolane di firme e di sigilli, che il nunzio avrebbe potuto evitare. Ma non basta: una seconda ricognizione avveniva a Roma presso il Vicario dove, scrive Cuggiò, la "sottoscrizione" del nunzio è conosciuta e certificata. Ottenute le due ricognizioni della dimissioria, in patria e a Roma, finalmente «l'oltramontano [...] puol ordinarsi non solo in Roma ma in tutta Italia», il che non lo esime, a partire dal 1662, dall'esser soggetto a una costituzione di Alessandro VII che obbliga a un esame degli ordinandi. Nel caso che le dimissorie non passino l'esame del Vicariato, resta il diretto appello al pontefice, che rimanda nuovamente al cardinal Vicario, il quale con l'intervento di due testimoni può infine accettare la dimissoria dubbia.

Più complessa è la questione per l'altro macrogruppo di stranieri a Roma, gli orientali, perché subentra la questione di rito. Clemente VIII stabilisce che ci sia un vescovo di rito greco ordinante, nominato da Propaganda Fide e svolgente le sue funzioni episcopali alla chiesa del Collegio Greco di Sant'Atanasio. In virtù del "vescovo ordinante" i greci sfuggono al tribunale del vicario.[31] Non così invece gli altri orientali (armeni, siri) che, mancando del vescovo, dal 1622 fanno diretto riferimento a Propaganda. La Congregazione garantisce per loro, ma li manda al Vicariato, dove con l'ausilio di interpreti sono esaminati per esser poi inviati presso un vescovo cattolico del loro rito, la cui presenza a Roma è, però, molto rara: alla fine la maggior parte torna così in Oriente senza esser stata ordinata.[32] Questo può accadere anche nel Collegio maronita, dove gli allievi possono restare a Roma senza voti, oppure cercare in Oriente presso la sede patriarcale l'occasione per ordinarsi.[33]

31. Su questo si veda il saggio di Cesare Santus in questo volume e la relativa bibliografia.

32. *Della giurisditione e prerogative del vicario di Roma. Opera del canonico Nicolò Antonio Cuggiò segretario del tribunale di Sua Eminenza*, a cura di D. Rocciolo, Roma 2004, pp. 203-207.

33. Girard e Pizzorusso, *The Maronite college in early modern Rome*.

Il dispositivo di regole elaborato per far passare comunque coloro che vengono a Roma per ordinarsi e gli stessi allievi dei collegi sotto il vigile controllo del Vicario di Roma ottiene quindi riscontri diversi, in particolare quando ci si trova in presenza di differenze di rito. Nel XVII secolo si è infatti consolidata la politica pontificia di conservare i riti per gli orientali e di evitare la *communicatio in sacris* con i latini. Di conseguenza, talora il Vicario non può assolvere questo compito e quindi il programma di controllo e verifica del clero straniero a Roma resta inattuato.

Certamente bisogna distinguere tra gli aspiranti sacerdoti arrivati da lontano con mezzi e documenti un po' arrangiati e gli allievi dei collegi, inquadrati da insegnanti gesuiti in istituzioni concrete, ma il problema del controllo rivela comunque l'ampiezza del tema. Abbiamo sottolineato il problema del clero nazionale proprio perché rappresenta per molte *nationes*, poste sulla frontiera religiosa dell'Europa e impegnate dallo sforzo missionario della Chiesa di Roma, una presenza percentualmente rilevante, costante nel tempo, anche se sottoposta a continuo ricambio. Tale presenza, nonostante l'esigua consistenza della comunità, costituisce una sorta di segnale sulla carta topografica di Roma, spesso confermato dalla denominazione della strada o della piazza, situata in corrispondenza della chiesa, del collegio o dell'ospizio.

3. *La comunità, la chiesa e i luoghi "nazionali": un modello con molte varianti*

Lasciamo questa parte relativa alla presenza "nazionale" di ecclesiastici sulla quale ci siamo particolarmente soffermati. Insieme ai convertiti, ai pellegrini, e anche a nuclei identificabili socialmente nella pratica di un mestiere o di una professione, essa è una componente importante dei piccoli gruppi minoritari, che non sempre arrivano a costituire una comunità riconoscibile e ad avere una chiesa e neppure un luogo di culto. Il contrasto è evidente se consideriamo l'esempio più vistoso preso in considerazione nel nostro libro, la chiesa di Santa Maria dell'Anima, e quello della "non comunità" dei boemi. I saggi presenti in questo volume hanno proprio lo scopo di rappresentare questo ventaglio di situazioni.

Una loro prima lettura ci riporta all'idea di Roma come "teatro", un'immagine non nuova che, in questo caso, vuol recuperare figure e ruoli minori del palcoscenico romano collegate tra loro dal fatto di provenire, come si è già detto, dalla sfuggente e porosa frontiera del cattolicesimo europeo. Alcune di queste componenti, ad esempio i tedeschi e gli inglesi e le loro fondazioni nazionali, fanno parte a pieno titolo del gruppo di presenze di lungo periodo e di ricorrente importanza nel generale panorama romano, di cui si è occupato un recentissimo volume.[34] Questa immagine esterna del composito mondo romano nella quale le chiese degli stranieri riproducono nella Città Eterna il quadro europeo non deve però essere considerata in modo astratto. Può essere utile, soprattutto per recuperare alcune componenti minori, fissare sulla carta di Roma tutti i luoghi degli stranieri, ma questo non significa evidentemente porli su uno stesso piano e, tanto meno, considerarli il riflesso romano di entità ben definite né dal punto di vista politico, né da quello religioso. Se si considera, grazie al saggio di Tobias Daniels, la chiesa di Santa Maria dell'Anima e la comunità tedesca, che nello spettro di questo libro costituisce il nucleo maggiore, si vede come non ci si possa esimere da uno sguardo critico e complesso che segue l'evoluzione dell'idea stessa di comunità, dall'aggregazione etnico-linguistica quattrocentesca, all'effetto della spaccatura religiosa nel secolo della Riforma che introduce l'elemento religioso nella connotazione identitaria (non tutti i tedeschi a Roma sono cattolici, come si è già detto), al tentativo di appropriazione politica nel XVII secolo da parte del potere politico che mette in evidenza proprio quelle indeterminatezze (in questo caso la commistione tra tedeschi e fiamminghi) che si erano consolidate nel tempo.

Le altre istituzioni nazionali esaminate in questo volume non hanno l'articolazione del caso tedesco, ma purtuttavia ne mettono in evidenza alcuni aspetti consimili. In particolare appare chiaro come la definizione identitaria sia un elemento che richiede assolutamente una storicizzazione e una relativizzazione. Senza entrare in discussioni di più ampio respiro critico sul concetto di identità[35] e utilizzando questo termine per comodità pratica, per così dire, su piccola scala, va detto che, in tutti i casi di cui si parla in questo volume, la costituzione di una chiesa e di una *natio* ben definita ad essa afferente non è un processo che si attui necessariamente e neppure che si svolga secondo un modello ricorrente. Il momento fondati-

34. *Identità e rappresentazione. Le chiese nazionali a Roma, 1450-1650*, a cura di A. Koller e S. Kubersky-Piredda, con la collaborazione di T. Daniels, Roma 2015 in cui si parla delle chiese delle grandi comunità del cattolicesimo europeo, come gli spagnoli e i francesi anche con saggi di taglio comparativo.

35. Sul concetto di identità nella storia, cfr. il recentissimo intervento critico di A. Prosperi, *L'identità. L'altra faccia della storia*, Roma-Bari 2016.

vo, sul quale viene a volte elaborata una retorica tale per cui possiamo fare non tanto una storia di esso quanto una storia della rappresentazione di esso (il caso dei fiamminghi raccontato da Johan Ickx costituisce una "genealogia incredibile"), risponde a una situazione eccezionale e momentanea e può portare a uno sviluppo, ma anche a un arresto di tale sviluppo seguito da una ripresa a distanza, oppure da una conclusione del fenomeno.

Dal sistema parrocchiale romano, sul quale l'archivio del Vicariato constituisce la fonte primaria più importante almeno da una certa data (che non è uguale per tutte le parrocchie), emergono dati che tuttavia non danno un quadro generale, malgrado il fatto che dalla seconda metà del XVI secolo, come scrive Domenico Rocciolo, ci fossero visite apostoliche. Ma il sistema è lungi dall'esser razionale, non c'è ancora una divisione tra parrocchie diocesane-territoriali e parrocchie personali-nazionali giuridicamente definita, un modello che sarà attuato per gli emigranti cattolici in America a fine XIX secolo con le parrocchie tedesche o italiane che si sovrappongono a quelle americane. Gli stranieri spesso devono ricorrere alle parrocchie romane per l'amministrazione dei sacramenti, perché i loro sodalizi nazionali (non sempre si tratta di chiese vere e proprie) non hanno tale facoltà oppure perché, più semplicemente, gli stranieri non si rivolgono a tali istituzioni durante la permanenza romana.

Un altro aspetto che caratterizza le chiese nazionali romane di cui ci occupiamo in questo libro è quello della composizione plurima di esse dal punto di vista della definizione e pure della autopercezione degli stranieri che vi aderiscono. Questo è naturalmente un ostacolo a una descrizione razionale del sistema, ma nello stesso tempo è una caratteristica, quasi generalizzata e costante, che ci aiuta a rappresentarlo. I già citati fiamminghi hanno origini molto specifiche, ma anche molto diverse: per la mancanza di frontiere naturali e per la natura urbana della loro società. Le singole città costituiscono infatti le patrie di ognuno, anche se poi si costruisce una *natio* complessiva. La definizione polacca emerge distinguendosi dai lituani e dai ruteni. Tra gli scandinavi prevale la presenza svedese, ma non mancano i danesi. Qui vediamo una sostanziale differenza con le presenze dei grandi stati dell'età moderna, cioè Spagna e Francia, che si permettono chiese diverse per le varie componenti: castigliana e aragonese, nel primo caso; lorenese, borgognona e bretone nel secondo. Invece la "polverizzazione" di questi piccoli gruppi fatica a concretizzare un semplice luogo di culto, come accade ai boemi, oppure porta a perderlo, come accade agli ungheresi e a una parte dei fiamminghi "inghiottiti" dai tedeschi. Le vicende della fondazione ungherese (riconsiderata da Antal Molnár sulla base di una nuova documentazione) hanno un particolare significato, perché seguono una tipologia complessa: il passaggio attraverso un ordine religioso nazionale, i paolini, che si installa a Roma, ma non produce di per sé una chiesa nazionale (si confronti con il caso lucchese citato in precedenza); le conseguenze, negative, del decadimento dell'Ungheria come entità politica, divisa tra Impero asburgico e Impero ottomano. Trovarsi poi nei pressi della Basilica Vaticana ha costituito un motivo di eliminazione anche fisica del luogo di culto ungherese di Santo Stefano Minore, abbattuto nel XVIII secolo per l'ampliamento di San Pietro.

Lo statuto debole delle istituzioni, che stiamo esaminando sulla scorta dei contributi a questo volume, porta a discutere dei boemi, studiati da Tomáš Parma. Essi hanno a Roma ben due luoghi, entrambi di livello minimo (un altare in San Pietro e un ospizio in Campo Marzio) e con durate diverse nel tempo. Il loro peso è inconsistente per la loro scarsa presenza, per il fatto che essi soggiornano presso i tedeschi, o ancora perché non c'è un cardinale di Curia che svolga il fondamentale ruolo di loro "protettore". Tuttavia nella Roma dei papi nulla sparisce definitivamente: la memoria dell'ospizio, questa struttura così diffusa fin dal Medioevo e così poco strutturata, così "debole" rispetto ai collegi, resiste nella speranza di un ritorno dei boemi e funge da luogo di rappresentanza ideale del rapporto tra boemi cattolici e Chiesa di Roma.

Quella simbolica è una funzione che non va dimenticata, insieme a quelle assistenziali e religiose svolte da chiese nazionali e collegi. Se le comunità non ci sono o sono esigue, la presenza pur solo simbolica è importante e lo è tanto più, quando il papato la incoraggia e la finanzia. Si pensi alla strategia relativa ai collegi inaugurata da Gregorio XIII Boncompagni, un papa molto attento alla geopolitica e persino alla sua rappresentazione, come sappiamo dalle carte geografiche da lui fatte dipingere nel Palazzo Vaticano.

Qui torniamo all'età della Controriforma e ai suoi effetti sull'istituzionalizzazione della presenza straniera a Roma. Come si è detto, da un lato, vediamo un affievolimento, però mai una chiusura, della presenza oltramontana a Roma (almeno fino al primo XVII secolo). Dall'altro, notiamo una politica di formazione romana del clero nazionale che stimola i contatti e le presenze. Il saggio di Matteo Binasco prospetta proprio questo caso per le *nationes* delle isole britanniche. Dal medievale ospizio per i pellegrini si passa, non senza un certo ritardo, alla trasformazione di questo in collegio e alla nascita di istituzioni simili sia per gli scozzesi, sia per gli irlandesi che nel XVII secolo con il sostegno dei Barberini ne hanno ben due: una secolare e l'altra regolare (francescana: Sant'Isidoro dove agisce il noto Luke Wadding). Per i molto meno numerosi scandinavi la destinazione è piuttosto l'Ospizio dei Convertendi e anche il Collegio Urbano. Mentre per i primi l'arrivo a Roma segue un progetto missionario, quindi prevede il pur difficilissimo ritorno in patria, per i secondi, in particolare in coincidenza con la venuta della regina Cristina, Roma sembra una tappa per un itinerario europeo che permette una vita da cattolico (proibita in patria) e la ricerca di qualche lavoro. Anu Raunio cita al proposito la speciale vocazione degli svedesi venuti a Roma, di solito di nobili origini, per la vita militare.[36]

Seguendo la pluralità di "identità" arriviamo al tema dei riti orientali, di cui si è già discusso sopra. I ruteni, pur venendo dall'area polacca, hanno aderito ufficialmente alla chiesa cattolica con l'unione di Brest del 1595, quindi si collegano al discorso missionario. A Roma non c'è un collegio ruteno e i giovani seminaristi vanno soprattutto al Collegio Urbano. Tuttavia, come scrive Laurent Tatarenko, è attribuita loro la chiesa, oggi dei Santi Sergio e Bacco ai Monti grazie all'istallazione di un solido ordine religioso di rito orientale, i basiliani, che diversamente dal caso ungherese, mantengono la chiesa che diviene parrocchia e, soprattutto, luogo di rappresentanza "diplomatica" e procura romana del clero ruteno a Roma per i molti affari di natura religiosa e no. Con il XVII secolo nel contesto dei rapporti all'interno del mondo cattolico (a somiglianza di quello tra Stati) la rappresentanza assume quindi un valore autonomo rispetto alla reale presenza di una comunità. Questa funzione è utile nel rapporto con la Curia, il quale nasce, come si sa, da forme di accordo e di negoziato (l'uniatismo) in un'epoca, quella dei papati di Clemente VIII e Paolo V, segnata da forme di missione che costituiscono vere e proprie spedizioni diplomatiche miranti all'allargamento della sovranità spirituale del ponte-

36. La vita militare è uno sbocco preferenziale per gli allievi del Collegio Urbano che rinununciano alla vita ecclesiastica e non sorprende vista l'età dei giovani. Tra gli svedesi troviamo Giona Getingh (detto Vulfis), mandato in Collegio da Cristina, che, però, prima prova a fare il barbiere a Roma. L'obbligo di dare notizia di sé attraverso la cosiddetta lettera di stato ci fa conoscere altri destini di giovani che si danno alla "gloria militar" nel XVII secolo: Giovanni Mida, albanese, viene ucciso in una rissa tra soldati dell'esercito veneziano; il siriano Elia Fara presta servizio a Roma; l'armeno di Siria Pietro Bedich va a Vienna e muore dopo molti anni in Ungheria; un etiope esce dal Collegio per arruolarsi nella milizia di Castel Sant'Angelo. Parzialmente assimilabile a questi casi è quello del giovane dei Grigioni che diviene il cappellano dei soldati svizzeri a Perugia; cfr. Pizzorusso, *Una presenza ecclesiastica cosmopolita*, p. 136.

fice romano.[37] Così come nel caso dei greci, ampiamente trattati da Cesare Santus con nuove ricerche archivistiche di prima mano, e di cui si è già detto, non si formano vere e proprie comunità di queste *nationes*. Per avere quindi un'idea di questa presenza, che per i "greci" (cioè i fedeli di rito greco, non ad esempio i greci delle isole veneziane spesso passati al rito latino) doveva comunque esserci, si fa riferimento a una fonte individuale, la professione di fede, fatta a Roma soprattutto presso il Sant'Uffizio, che riesce a individuare lo straniero anche laddove manchino documenti sulla dimensione sociale e urbana di una inesistente comunità.[38]

Tutto diverso il discorso sulle restanti comunità, dagli illirici agli albanesi ai corsi. In questo caso trattiamo gruppi originati da luoghi prossimi all'Italia. Non stupisce che la loro presenza risalga al Medioevo e non è un caso se sono due medieviste, Anna Esposito e Jadranka Neralić, che se ne occupano con un taglio metodologico differente da quello utilizzato dai modernisti, autori dei saggi sin qui citati. In particolare le due studiose propendono per l'elaborazione e la ricerca di tipo socio-demografico; d'altronde nei casi affrontati diminuisce l'importanza dell'elemento missionario, mentre si osserva una continuità e un radicamento della presenza. Vengono quindi interrogate le fonti notarili, ricostruendo le figure citate attraverso i matrimoni, un procedimento che parte dalla comunità e inserisce la chiesa nazionale nello specifico *case-study*. L'attività degli illirici a Roma nel settore del trasporto fluviale e marittimo (la "Schiavonia" di Ripetta) con la chiesa di San Girolamo, oppure lo stanziamento a Trastevere dei corsi anch'essi collegati al commercio delle derrate e del vino con la chiesa di San Crisogono. Per questi gruppi l'insediamento è di lungo periodo e non mancano contatti con la madrepatria. Gli albanesi invece, giunti in pieno XV secolo, in seno al complesso movimento di espulsione dai Balcani, che ha interessato come luogo di arrivo finale larga parte dell'Italia centro-meridionale,[39] si stabiliscono ai Monti dove hanno la chiesa di Sant'Anna.

37. Nello stesso tempo il papa riceve a Roma numerosi inviati stranieri, cfr. G. Pizzorusso, *Il papato e le missioni extra-europee nell'epoca di Paolo V. Una prospettiva di sintesi*, in *Die Außenbeziehungen des Römischen Kurie unter Paul V. (1605-1621)*, a cura di A. Koller, Tübingen 2008, pp. 367-390.

38. Riguardo ai riti orientali abbiamo già citato la rilevante presenza maronita e troviamo anche la chiesa di Santo Stefano degli Abissini affidata al clero di rito copto, pur se non ci sono comunità abissina: Mauro da Leonessa, *Santo Stefano Maggiore degli Abissini e le relazioni romano-etiopiche*, Città del Vaticano 1929.

39. A. Ducellier, B. Doumerc, B. Imhaus e J. de Miceli, *Les chemins de l'exil, bouleversements de l'Est européen et migration vers l'Ouest à la fin du Moyen-âge*, Paris 1992.

Dall'esame comparativo di queste situazioni specifiche potrebbero venire fuori altri spunti di analisi, ad esempio il ruolo che questi piccoli nuclei più o meno istituzionalizzati hanno nello sviluppo di una apertura di Roma a lingue e culture poco note e in generale a una circolazione delle conoscenze che la collega alle altre grandi capitali europee. Di queste minoranze infatti fanno parte figure che poi si inseriscono stabilmente nei luoghi di cultura romani e che possono svolgere il ruolo di agenti di diffusione di cultura, dai croati Rafael Levaković e Ivan Pastrić, al greco Leone Allacci, per tacere dei già citati maroniti attivi presso la Biblioteca Vaticana e la Sapienza. Oppure potremmo alludere al fatto che in questi luoghi si accumulino spesso libri e biblioteche nelle varie lingue.[40]

Nella Roma cosmopolitica che si appresta a ricevere i viaggiatori del Grand Tour lo spettro delle presenze straniere si allarga. Alle cospicue comunità che provengono dai grandi stati cattolici europei si collega una struttura formalizzata come la chiesa nazionale. Parallelamente, la spaccatura religiosa dell'Europa e l'importanza del problema della preparazione di un clero missionario ha provocato la nascita o il rinnovamento di altre istituzioni legate alle *nationes* come i collegi cui, non sempre, si affiancano le chiese. Essi, pur se non costituiscono un centro di aggregazione di una comunità nazionale, finiscono per svolgere una funzione di rappresentanza di Chiese piccole e lontane all'interno del cosmopolitismo romano, come si vedrà in modo più formalizzato nel XIX secolo.[41]

L'assenza e la scarsa continuità di un collegamento stretto tra la chiesa e la comunità, che emerge in alcuni casi trattati in queste pagine, potrebbe significare un fallimento del progetto di ricerca che ha dato origine a questo libro, ma in realtà ci sembra che i saggi qui raccolti mettano in discussione soprattutto la mutabilità nel tempo sia dell'esistenza stessa, sia della funzione di un luogo concreto e simbolico della *natio* immigrata (per l'assistenza materiale e spirituale, per il culto religioso, per la rappresentanza "diplomatica" in Curia, per il richiamo alla tradizione romana della *natio* stessa) che a Roma gravitava soprattutto intorno alla Chiesa e a una chiesa, intesa come edificio sacro, o a qualche altra istituzione religiosa più o meno rappresentativa di un sentimento di appartenenza.

40. APF, Congressi, Collegi Vari, vol. 53, ff. 1rv, 7rv, 9rv.

41. Basta consultare il *Dizionario storico ecclesiastico* di Gaetano Moroni alle voci *Collegi*, *Ospizi* o *Ospedali* per averne conferma.

Indice dei nomi*

* Gli autori moderni sono stati indicizzati solo quando citati in forma discorsiva. Non sono stati indicizzati i nomi dei santi quando indicano patrocini e reliquie, né i nomi senza cognome o senza alcun altro riferimento.

Gli autori

Matteo Binasco è ricercatore post-dottorando presso il Cushwa Center for the Study of American Catholicism, University of Notre Dame, presso il Rome Global Gateway, e professore a contratto presso l'Università degli Studi di Genova. I suoi campi di interesse sono lo sviluppo dei networks missionari fra Roma e l'area atlantica e le comunità irlandesi nel Mediterraneo in età moderna. È autore di tre libri e di una trentina di articoli e saggi.

Tobias Daniels è ricercatore presso la Ludwig-Maximilians-Universität di Monaco di Baviera, già collaboratore scientifico della Biblioteca Hertziana, Istituto Max-Planck per la storia dell'Arte, nell'ambito del progetto Minerva: "Roma communis patria. Le chiese nazionali a Roma tra medioevo ed età moderna" (2012-2016). I suoi interessi scientifici sono rivolti verso la storia diplomatica e culturale tra medioevo ed età moderna nonché verso i processi di scambi interculturali tra l'Italia del Rinascimento ed il mondo d'oltralpe. Tra le sue pubblicazioni si ricordano le monografie: *Diplomatie, politische Rede und juristische Praxis im 15. Jahrhundert. Der gelehrte Rat Johannes Hofmann von Lieser*, Göttingen 2013; *La congiura dei Pazzi: i documenti del conflitto fra Lorenzo de' Medici e Sisto IV. Le bolle di scomunica, la "Florentina Synodus", e la "Dissentio" insorta tra la Santità del Papa e i Fiorentini. Edizione critica e commento*, Firenze 2013; *Umanesimo, congiure e propaganda politica. Cola Montano e l'"Oratio ad Lucenses"*, Roma 2015.

Anna Esposito è professore associato di Storia medievale (Dipartimento Storia Culture Religioni – Sapienza-Università di Roma). Ha come peculiare interesse la storia sociale urbana del Rinascimento, indagata nelle sue connotazioni economiche, religiose e culturali, con particolare riferimento alla città di Roma e allo Stato pontificio. Tra le sue numerose pubblicazioni si ricordano i volumi (con D. Quaglioni): *I processi contro gli ebrei di Trento (1475-1478)*, I, *I processi del 1475*, Padova, 1990; *I processi contro gli ebrei di Trento (1475-1478)*, II, *I processi alle donne (1475-1476)*, Padova 2008; la monografia *Un'altra Roma. Minoranze na-*

zionali e comunità ebraiche tra Medioevo e Rinascimento, Roma 1995; la curatela di *Donne del rinascimento a Roma e dintorni*, Roma 2013, e di *Lucrezia e le altre: la vita difficile delle donne (Roma e il Lazio, secc. XV-XVI)*, Roma 2015.

Hieronim Fokciński SI è rettore del Pontificio Istituto Polacco di Studi Ecclesiastici a Roma dal 1971, storico. Dal 1991 consultore e poi relatore presso la Congregazione delle Cause dei Santi. Ha scritto oltre trecentocinquanta articoli o saggi in riviste scientifiche e opere miscellanee e cura la redazione dei libri, dei quali l'Istituto si fa promotore della pubblicazione. Si interessa soprattutto della storia religiosa dei XVI-XVII secoli, del funzionamento della Curia romana e delle nomine ai benefici ecclesiastici maggiori.

Johan Ickx è attualmente Responsabile dell'Archivio Storico della Sezione per i Rapporti con gli Stati della Segreteria di Stato e consultore presso la Congregazione per le Cause dei Santi. Specialista della storia ecclesiastica dell'Ottocento e Novecento e dell'archivistica, molte delle sue pubblicazioni riguardano temi connessi alla storia del papato o della Curia romana, spesso in relazione con il Belgio. Tra le sue pubblicazioni: *La Santa Sede tra Lamennais e san Tommaso d'Aquino. La condanna di Gerard Casimir Ubaghs e della dottrina dell'Università Cattolica di Lovanio (1834-1870)*, Città del Vaticano 2005; (con M. Pizzo), *Inventario. Chiesa e Fondazione San Giuliano dei Fiamminghi a Roma. Archivio Storico*, Roma 2016.

Antal Molnár, giá direttore dell'Accademia d'Ungheria in Roma (2011-2016), è professore associato all'Universitá di Budapest, ricercatore presso il Centro per le Ricerche Umanistiche dell'Accademia d'Ungheria delle Scienze, Istituto di Storia (Budapest). Storico moderno, i suoi interessi di ricerca sono prevalentemente rivolti verso tematiche religiose, con speciale riguardo per lo studio della presenza ungherese e balcanica a Roma, delle missioni cattoliche e del mondo mercantile nei Balcani. Ha pubblicato tredici libri e un centinaio di saggi. Tra le sue pubblicazioni in lingua non magiara si ricordano i volumi: *Le Saint-Siège, Raguse et les missions catholiques de la Hongrie Ottomane 1572-1647*, Roma-Budapest 2007; *Eine Handelsgesellschaft aus Ragusa im osmanischen Ofen. Geschichte und Dokumente der Gesellschaft von Scipione Bona und Marino Bucchia (1573-1595)*, Budapest 2009.

Jadranka Neralić è ricercatrice dell'Istituto Storico Croato (Dipartimento di Storia medievale) a Zagabria, docente di storia del papato medievale, diplomatica, paleografia e archivistica alla Facoltà di Teologia e Centro di studi croati dell'Università di Zagabria. Le sue ricerche sono rivolte alle tematiche religiose, in particolare alle relazioni del clero delle diocesi della Dalmazia medioevale con la Curia romana e la Repubblica di Venezia. Ha diretto i progetti "Storia ecclesiastica e culturale della Croazia medievale", "Patrimonio storico-culturale della sponda orientale dell'Adriatico" e attualmente dirige il progetto "Mobility and Hospitality in Monastic Networks" con l'Istituto FOVOG di Dresda. Dal 2010 è vicepresidente della Commission Internationale d'Histoire et d'Etudes du Christianisme (CIHEC). Tra i suoi libri si ricordano *Daniele Farlati, Trogirski biskupi*, Split 2010, *Put do crkvene nadarbine*, Split 2007, *Priručnik za istraživanje hrvatske povijesti u Vatikanskom tajnom arhivu: Schedario Garampi*, Zagreb 2000.

Tomáš Parma è docente di storia della chiesa alla Facoltà di Teologia dell'Università Palacký a Olomouc in Repubblica ceca. La sua ricerca è orientata sulla storia religiosa dei paesi boemi nei suoi rapporti internazionali, soprattutto con la Roma dei papi. È coinvolto nel progetto dell'edizione di nunziature alla corte imperiale, specialmente della nunziatura di Carlo Caraffa sen., nunzio a Vienna negli anni 1621-1628. Ha pubblicato e curato quattro libri e decine dei saggi scientifici. Tra le sue pubblicazioni: *František kardinál Dietrichstein a jeho vztahy k římské kurii. Prostředky a metody politické komunikace ve službách moravské církve (Francesco cardinale Dietrichstein e le sue relazioni con la curia romana. Mezzi e metodi della communicazione politica nel servizio di chiesa di Moravia)*, Brno 2011; *Dal Bohemicum al Nepomuceno. La cultura ceca e la formazione sacerdotale in un contesto di scontri nazionalisti e di coesistenza*, Olomouc 2011.

Giovanni Pizzorusso è docente di Storia moderna e Storia delle Americhe in età moderna presso il Dipartimento di Lettere, Arti e Scienze sociali dell'Università "G. d'Annunzio" di Chieti-Pescara. Specialista della storia delle missioni cattoliche nell'età della Controriforma ha pubblicato molti studi in proposito. Tra i più recenti *La Congregazione pontificia de Propaganda Fide nel XVII secolo: missioni, geopolitica, colonialismo,* in *Papato e politica internazionale nella prima età moderna*, a cura di Maria Antonietta Visceglia, Roma 2013, pp. 149-172 e *Milano, Roma e il mondo di Propaganda Fide* in *Milano, l'Ambrosiana e la conoscenza dei Nuovi Mondi (secoli XVII-XVIII)*, a cura di Michela Catto e Gianvittorio Signorotto, Milano-Roma 2015, pp. 75-107.

Anu Raunio ha conseguito il dottorato di ricerca in Lingua e cultura italiana presso l'Università di Turku e attualmente è Visiting Research Fellow presso l'IFK Internationales Forschungszentrum Kulturwissenschaften a Vienna. Le sue ricerche sono legate allo studio di manoscritti italiani; i suoi principali interessi sono i rapporti culturali tra l'Italia e la Scandinavia nei secoli XVII e XVIII, in particolare le conversioni al cattolicesimo e la letteratura di viaggio. Autrice di diversi articoli in volumi collettivi e riviste specializzate, tra le sue pubblicazioni si ricordano *Sono li svetesi chiamati l'italiani della Germania. Il viaggio di Alessandro Bichi in Svezia nel 1696* (Carte di viaggio, 2012) e *Scandinavian Converts to Catholicism in Rome, 1673-1706* (Scandinavian Journal of History, 2011).

Domenico Rocciolo è direttore dell'Archivio Storico del Vicariato di Roma. Ha insegnato archivistica nelle Università degli Studi di Roma "Tor Vergata" e "Roma Tre" e storia religiosa di Roma in età moderna alla Pontificia Università Gregoriana. Per molti anni ha collaborato con la Fondazione Camillo Caetani. È membro di redazione della rivista «Roma moderna e contemporanea» ed è socio effettivo della Società Romana di Storia Patria. Fa parte del Gruppo dei Romanisti. Le sue pubblicazioni riguardano per lo più la storia religiosa e sociale di Roma. Si ricordano i volumi da lui curati: *Della giurisdittione e prerogative del Vicario di Roma. Opera del canonico Nicolò Antonio Cuggiò segretario del tribunale di Sua Eminenza*, Roma 2004; *Chiesa romana e Rivoluzione francese, 1789-1799* (in collaborazione con L. Fiorani), Roma 2004; *Luigi Fiorani storico di Roma religiosa e dei Caetani di Sermoneta* (in collaborazione con C. Fiorani), Roma 2013.

Matteo Sanfilippo è professore ordinario di Storia moderna e dirige il Centro Studi Emigrazione di Roma. Ha scritto o curato una sessantina di volumi e firmato oltre trecento saggi in riviste scientifiche e opere miscellanee. Si occupa di storia della Chiesa e di migrazioni tra età moderna e contemporanea. Fra i suoi ultimi lavori: *Nuovi problemi di storia delle migrazioni italiane*, Viterbo 2015; *Dal giubileo al centenario. Strategie di comunicazione politico-religiosa tra il Trecento e il primo Novecento*, Viterbo 2016.

Cesare Santus, dottore di ricerca in storia moderna (2015), è membro scientifico dell'École française de Rome. Dopo essersi occupato della presenza islamica in Italia nel XVII secolo, da alcuni anni i suoi interessi vertono sulle relazioni tra il mondo cattolico e le società orientali (in particolar modo le comunità cristiane dell'Impero ottomano) e sul modo in cui a Roma furono affrontate le sfide poste dall'espansione del cattolicesimo su scala globale. Tra le sue pubblicazioni: *"Moreschi" in Toscana: progetti e tentativi di insediamento tra Livorno e la Maremma (1610-1614)*, «Quaderni Storici», 144 (2013), pp. 745-778; *La communicatio in sacris con gli «scismatici» orientali in età moderna*, «Mélanges de l'École française de Rome - Italie et Méditerranée modernes et contemporaines», 126-2 (2014), pp. 325-340.

Laurent Tatarenko, membro della Scuola francese di Roma (2013-2016), dottore in storia moderna (2014), è ricercatore associato presso il Centro di studi dei mondi russo, caucasico e centro europeo (CERCEC-Parigi). Le sue ricerche vertono, principalmente, sulla storia sociale e istituzionale delle Chiese slave di rito orientale, ortodosse e uniate, dell'Europa centrale, orientale e balcanica nei secoli XVI-XVIII.

Finito di stampare
nel mese di marzo 2017
dalla Grafica Editrice Romana s.r.l.
Roma